2014年度山西经济社会发展重大课题

2016年度山西省哲学社会科学规划课题

顾　　　问：申纪兰

编委会主任：李中元

编委会成员：（以姓氏笔画为序）

马志超　王根考　孙丽萍　刘晓丽　杨茂林

宋建平　张章存　赵双胜　高春平　郭雪岗

主　　　编：李中元　杨茂林

执 行 主 编：刘晓丽

副 主 编：马志超

课题组成员：（以姓氏笔画为序）

王勇红　刘晓丽　张文广　张侃侃　李　冰　陕劲松

柏　婷　赵俊明　郭永琴　秦　艳　董永刚

西沟口述史及档案史料

（1938—2014）

李中元　杨茂林　主编

刘晓丽　执行主编

土地林权卷

本卷编者　王勇红　张文广

人民出版社

出版说明

　　《西沟口述史及档案史料（1938—2014）》是2014年度山西经济社会发展重大课题，2016年度山西省哲学社会科学规划课题，是山西省社会科学院"西沟系列研究"课题组历时3年的研究成果，从2013年3月至2014年6月，课题组核心团队经过了艰苦的田野调查、深度访谈与原始档案的拍摄及扫描，拿到了大量的极其宝贵的第一手资料，这些资料全面深刻地反映了山西省平顺县西沟村，怎样从太行山深处的一个偏僻小山村，凤凰涅槃般地成为互助合作化时期的中国名村、成为全国农业金星奖章获得者所在地、第一届至第十二届全国人大代表诞生地的历史图景；到2015年3月，经过课题组全体成员艰苦紧张的专业性努力，这些原始资料成为在乡村社会史、当代中国史、口述史学、妇女史学等研究领域具有很大价值的学术成果。再经过一年多的修改打磨，2016年7月，全套书籍正式交由人民出版社，又经过一年多的出版方与作者双方的多次沟通、协商、精细化打磨，现在，这项研究成果终于要与读者见面了！其间艰辛自不必说！

　　《西沟口述史及档案史料》涵盖两大内容：一是西沟村民群体性口述史成果，二是从1938年至2014年间西沟村完整原始档案的整理与发掘，它们与本课题另一重要成果——反映西沟专题人物的口述史著作《口述申纪兰》相互印证，在西沟这个小小山村范围内，集专题人物、村民群体、原始档案整理于一体，在相关学术领域内的意义是有目共睹的。

　　"西沟系列研究"课题是立体性学术研究成果，首先，它突破了书斋式研究范式，课题组成员走向田野，走进被研究者生活之中，走进鲜活的社会现实，将平生所学运用于广泛深刻的中国农村变迁。这种科研体验是全新的，有生命力的，课题组的每一位成员，都在这种科研体验中得到了成长；其次，"西沟系列研究"课题从开题到正式出版，得到了方方面面人士的关注，除课题组成员付出大量的艰辛的劳动之外，从申纪兰以下，本套书中出现的每一位工作人员，都从不同方面为它的成功出版作出了努力。

　　整套书除已经明确署名部分外，其他分工如下：西沟口述史部分，第一章、第五章、第七章由赵俊明编撰，第二章由刘晓丽编撰，第三章、第四章、第六章由郭永琴编撰，第八章、第九章、第十章由张文广编撰。整套书由刘晓丽最后统稿。

本套书不足之处：口述访谈部分过于碎片化、一些提问缺乏深度，显示访谈者前期功课不足；档案史料部分，注重了史料的内容，忽视了拍摄清晰度，由于重新拍摄难度太大，只能对清晰度加以调整。这两个不足，既有主观原因，也有客观原因，不能不说是一大遗憾。

编　者

2017年7月29日

凡例二

一、本档案史料为《西沟口述史及档案史料（1938—2014）》的子课题，内容涵盖西沟村经济、土地林权、农林牧业、政治活动、人口、养老、青年工作、科教文卫、民事调解、人物手稿、照片、锦旗等。

二、本档案史料涵盖1938年到2014年的历史阶段。

三、本档案史料按不同专题分卷出版，有一个专题一卷，也有多个专题一卷，共分八卷。

四、所选档案史料一般以同一内容为一类别，或彼此有直接联系的组成一类别，同一类别内按照年代先后排序。

五、档案史料中涉及个人隐私部分，如姓名、证件号码等，一律作屏蔽处理。

六、所选档案史料如需注释，则在页下作注。

七、文中数字用法：

使用阿拉伯数字的情况：说明中的公历年月日、年龄等，一般用阿拉伯数字；一般有精确统计概念的十位以上数字用阿拉伯数字；一组具有统计意义的数字中，为照顾段落格式统一，个位数有时也使用阿拉伯数字。

使用汉字的情况：一个数值的书写形式照顾到上下文，不是出现在一组表示有统计意义数字中的一位数字，使用汉字，如一个人、三本书等；数字作为词素构成定型的词、词组或具有修辞色彩的语句用汉字。如：十来岁、二三十斤、几十万等；星期几一律使用汉字，如星期六等。

八、正文之后附录两篇：

附录一：西沟大事记述。简略记述从1938年至2014年间西沟重要历史事件及人物活动轨迹。

附录二：课题组采访编撰纪事。时间为2013年3月16日至2016年7月，即课题组的工作日志，从中可以了解本课题研究的基本脉络，成为重要的补充资料。

总　序

一

人类文明的演进经历了原始文明、农业文明和工业文明三个阶段。在历时上百万年原始文明阶段，人们聚族而居，食物完全依靠大自然赐予，必须依赖集体的力量才能生存，采集和渔猎是主要的生产活动。大约距今一万年前，人类由原始文明进入到农业文明，通过创造适当的条件，使自己所需要的物种得到生长和繁衍，不再依赖自然界提供的现成食物，农耕和畜牧成为主要的生产活动。在这一阶段，以畜牧为生的草原游牧民族逐水草而居，经常性地迁徙流动，居无定所；以农耕为生的农耕民族通过开荒种地，居住地逐步固定下来，在此基础上形成了农耕文明的重要载体——村庄。纵观历史，不论是社会生产关系的变革还是国家方针政策的调整，作为地缘和血缘关系组成的共同体，村庄始终能够保持一种较为稳定的结构。

放眼中华文明发展的历史长河，农业文明时代经历的时间漫长，在中华民族的形成和发展过程中具有不可替代的作用。中华民族创造了灿烂辉煌的农耕文明。历经几千年的发展，农耕文明成为中华民族的珍贵文化遗产之一，是中华文明的直接源泉和重要组成部分。农耕时代，特别是原始农耕时代，由于生产工具简陋，单个的人难以耕种土地，需要多人合作，甚至是整个部落一起耕种，由此产生了人与人之间的合作共存。可以说农耕时代是人和人关系最为密切的时代，也是人和自然关系最为密切的时代。

随着社会生产力的发展，人类征服和改造自然的能力日趋提高，随着铁器、牛耕的运用，单个的农户逐渐成为农业生产的核心，村庄成为组织农业生产最基本单元，在农业生产和农耕文明发展过程中起了重要作用。作为族群集聚地的村庄同时也是中华传统文化形成和发生的主要载体。村庄的历史，可以看成是一个民族一个时代的历史缩影。与时代发展有着特殊紧密联系的村庄，它的历史可以说代表着那个时代的历史，蕴含着那个时代的缩影。

西沟，一个深藏于太行山深处的小山村，是数十万中国村庄中的一个典型代表。她是中国第一个互助组的诞生地，她曾被毛泽东称赞为边区农民的方向，她是全国第一批爱国丰产金星奖章获得者。在相当长的一段时间里，她是共和国版图上唯一被标出名字的行政村。

清代理学家李渔在《闲情偶寄》中说过"辟草昧而致文明"，意即"文明"与"野蛮"是相对的，越是文明的社会，社会的进步程度就越高。马克思认为："文明是改造世界实践活动的成果，他包括物质和精神两个方面"。西沟人用自己的实践，不仅创造出了丰富的物质财富，创造出了更为丰富的精神财富。由于西沟的典型性和特殊性，村庄中留存有丰富的历史文化信息，保存下了大量的珍贵的档案史料。这些都极具价值，因而引起了我们的关注。

二

西沟是一个什么样的村庄呢？

明代以前的西沟，人烟稀少，还没有形成真正意义上的村落。明代洪武至永乐年间的大移民后，当地人口逐渐增多，村落渐趋形成。清代咸同年间以后，河南省林县（今林州市）的大量移民迁居当地，李顺达便是其中之一，今日西沟的村庄基本形成。在这几百年的历史进程中，西沟和当地的众多村庄一样，始终默默无闻。

历史更迭白云苍狗、风云际会，从上世纪三十年代末开始，西沟这个小山村与中国960万平方公里国土上发生的许多重大事件开始产生千丝万缕的联系。伴随着中国革命、建设和改革的历程，这里出了两位在共和国历史上有着相当影响的人物李顺达和申纪兰，西沟的历史也由于这两位人物的出现而发生了翻天覆地的变化。

山连山，沟套沟，山是光头山，沟是乱石沟，冬季雪花卷风沙，夏天洪水如猛兽。这就是民谣中所唱的过去的西沟。这样一个自然条件非常恶劣的穷地方，由于一个人物的出现而发生了根本改变。李顺达朴实、憨厚、善良，是中国农民的典型代表，在他的带领下，西沟的历史掀开了崭新的一页。在抗日战争最艰苦的岁月里，李顺达响应太行区边区政府"组织起来，自救生产"的号召，组织贫苦农民成立了全国第一个互助生产组织——李顺达互助组，组织群众开荒种地，度过饥荒。互助组通过组织起来发展生产，通过合作生产度过困难，在发展生产、支援前线的斗争中做出了突出的成绩，李顺达因此被评为民兵战斗英雄、生产劳动模范，西沟被评为劳武结合模范村。1944年，李顺达出席太行区召开的群英会，被评为一等劳动模范，晋冀鲁豫边区政府授予李顺达"边区农民的方向"的光荣称号，西沟成为中国农民发展的方向。

新中国成立后社会主义建设初期，西沟李顺达互助组向全国农民发出了爱国增产竞赛倡议，得到全国农民的热烈响应，极大地带动了全国农业生产的发展。1952年，中央人民政府农业部给李顺达颁发了爱国丰产金星奖状，他的模范事迹开始在国内外广为传播。1951年到1955年4年间，西沟农业生产合作社农林牧生产和山区建设都取得了显著成就。合作社的公共积累由120元增加到11000多元。1955年，社员每人平均收入粮食884斤，比抗日以前增加77%，比建社之前增加25.1%。这一成就得到了毛泽东主席的充分肯定。合作社副社长申纪兰动员妇女下田参加集体生产劳动，并带领西沟妇女争得了男女同工同酬。《劳动就是解放，斗争才有地位——李顺达农林牧生产合作社妇女争取男女同工同酬的经过》通讯1953年1月25日在《人民日报》发表后，在全国引起轰动，申纪兰由此名扬天下。1950年和1953年，李顺达和申纪兰先后成为全国劳动模范；1954年，李顺达、申纪兰当选第一届全国人民代表大会代表，两人双双出席了第一届一直到第四届全国人代会；李顺达于1969年和1973年分别当选为中共九届、十届中央委员。在20世纪50年代至60年代，西沟村成为共和国版图上唯一被标名的行政村。这期间，西沟的社会经济有了长足的发展。1971年，全村总收入达到33.64万元，粮食亩产533公斤，总产量达73.9万公斤，交售国家公粮15万公斤。为了改变恶劣的生态环境，在李顺达和申纪兰的带领下，西沟人开始大面积植树造林，70年代末，有林面积达10000余亩，零星植树100多万株，恶劣的生态环境逐步趋好。西沟成为那个时期太行山区农村建设中的一刻璀璨明珠。

党的十一届三中全会以来，农村发生了举世瞩目的变化，在这场伟大变革中，农村始终处于最活跃的状态。改革开放使得村庄这个社会经济细胞更具活力，成为家庭经营为基础、统分结合为特征的双层经营体制的主要载体，在农村经济中发挥着日益显著的作用。西沟在全国人大代表申纪兰为核心的领导班子带领下，把工作重点转移到调整产业结构、发展市场经济上来。村集体先后兴办了铁合金厂、饮料公司、"西沟人家"及房地产开发公司等企业，西沟初步形成了建筑建材、冶炼化工、农副产品加工等外向型企业为主的新格局。2008年，西沟经济总收入达到1.5亿元，实现利税1000万元，农民人均纯收入达到4000余元，是平顺县农民人均纯收入最高的村庄。此后，为了开展爱国主义教育和生态环境旅游，建设了金星森林公园，修复扩建了西沟展览馆，修建了金星纪念碑和互助组纪念雕塑。在改善生态方面，继续不断地植树造林，现今已有成林15000多亩，幼林10000多亩。光头山都变得郁郁葱葱，乱石沟到处都生机勃勃。

如今的西沟，已经由过去的农业典型变为绿色园林生态村、老有所养的保障村、西沟精神的红色村、平安敦厚的和谐村。西沟是一个缩影，它浓缩了新中国成立以来中国农村的发展和变迁，承载了中国几亿农民几代人追求富裕生活的梦想。今天，在西沟这种梦想正在一步步变为现实。

随着人类社会的发展，一个个自然村落的消失，从某种意义上讲，可以说是时代的必然，但从另一个方面而言，消失的又是一种传统和记忆。我们就是要传递和记载西沟这样一个村庄的变迁，把这种消失变为历史的存照，把传统和记忆原原本本地留给后人，原汁原味地展示在世人面前。代代相传的不仅是生活，更重要的是精神。建设一个新西沟，让村民一起过上幸福舒心的生活，是西沟人世世代代追求的梦想。望得见山水，记得住乡愁；梦想不能断，精神不能忘。

三

为了能够将西沟这样一个记录中国乡村几十年变迁的村庄的历史真实而详尽地展示给读者，研究选择通过口述史的方式来进行。以山西省社科院历史所研究人员为主体的研究团队，先后编撰出版了《山西抗战口述史》和《口述大寨史——150位大寨人说大寨》两部口述史著作，得到了学术界乃至全社会的认可，在口述史研究方面有着丰富的经验。让西沟人说话，让老百姓讲述，他们是西沟历史的创造者和见证人。通过他们的集体记忆，以老百姓原汁原味的口述来最大限度地还原真实的历史。课题组进行口述访谈的过程中，发现了西沟建国后至今的各种档案资料保存极为完整，为了弥补口述历史的不足，课题组从西沟现存的档案资料中选取价值较高的部分将其整理出版。经过课题组成员三年多的辛勤工作，《西沟口述史及档案史料（1938–2014）》（十卷本）终于完成了。

希望这套书能够真实、立体、全面地展现西沟的历史，并且希望通过课题组成员的辛勤工作，通过书中的访谈对话，通过对过去时代的人物、事件的生动、详细的描述，并且对照留存下来的档案资料，展现出西沟这个中国村庄几十年的历史变迁。同时力求能够为学界提供一批新的研究资料，为合作化时代的农村研究贡献一份力量，也为今天的新农村建设提供更多有益的借鉴。

由于课题参与者专业与学识积累的不同，编撰过程中遗漏、讹传甚至谬误之处，肯定难免，虽然竭尽全力去查实考证，去粗取精、去伪存真的任务很难全部完成。衷心希望社会各界众多有识之士提出宝贵的批评意见。

本套书出版之际，特别感谢西沟村民委员会、西沟展览馆，是他们为访谈活动、收集资料提供了诸多便利条件；感谢所有接受过课题组访谈的人们，正是他们的积极配合和热情支持，才使课题研究能够顺利完成；同时，也要特别感谢接受过课题组访谈的专家学者、作家记者以及曾经担任过领导职务的老同志们的热情支持。可以说，这套书是他们与课题组集体合作的结晶。

是为序。

山西省社会科学院院长、党组书记、研究员

李中元

2017年7月11日

序二

众所周知，乡村文化是中国文化的依托和根基，乡村又是连接过去和未来的纽带。在中国这样的农业大国，研究乡村就是寻找我们的根脉和未来发展的方向。

关于乡村的研究早在20世纪20年代就已开展，当时学者们已经将社会学和人类学的研究方法应用到村落研究当中，对中国乡村社会的政治、经济、文化、习俗和社会结构，以及其中的权力关系进行分析和综合。比较有代表性的论著有李景汉的《定县杜会概况调查》、费孝通的《江村经济》和《乡土中国》、林耀华的《义序的宗教研究》和《金翼》、李珩的《中国农村政治结构的研究》等。在实证性资料收集方面，为了侵略中国，日本在我国东北设置了"南满洲铁道株式会社"，其庶务部的研究人员于1908年至1945年间在我国的东北、华北和华东进行了大规模的乡村习俗和经济状况调查，记录了大量的一手资料。

与学院式研究的旨趣完全不同，中国共产党人的乡村研究，是在大规模开展农民运动的同时展开的。他们更关注对乡村社会政治权力关系的改造，并写出了大量的社会调查报告。其中，毛泽东的《中国农民中各阶级分析及其对于土地革命的态度》《湖南农民运动考察报告》和彭湃的《海丰农民运动报告》最为著名。

学术界大范围多角度地对中国乡村社会进行深入细致的研究是从20世纪80年代才开始的。这一时期学者们收集资料的方式开始多元化，研究的角度也越来越丰富，从而诞生了一大批有影响的村落研究著作。如马德生等人通过对广东陈村26位移民的多次访谈而写成的《陈村：毛泽东时代一个农村社区的现代史》和《一个中国村落的道德与权力》等著作，侧重探讨了社会变革与中国传统权力结构的关联性，以及"道德"和"威严"等传统权力结构与全国性政治权力模型的联系。美国学者杜赞奇运用华北社会调查资料写成的《文化、权力和国家》，提出了"权力的文化网络"概念，用以解释国家政权与乡村社会之间的互动关系。萧凤霞在《华南的代理人和受害者》一书中通过对华南乡村社区与国家关系的变化过程的考察提出，本世纪初以来，国家的行政权力不断地向下延伸，社区的权力体系已完成了从相对独立向行政"细胞化"的社会控制单位的转变。90年代以后，张厚安等人系统地论述了研究中国农村政治问题的重要性，并出版了《中国农村基层政权》这部当代较早系统研究农村基层政权的专著。王沪宁主持的《当代中国村落家族文化》的课题研究，揭示了中国乡村社会的本土特征及其对中国现代化的影响。王铭铭和王斯福主编的《乡土社会的秩序、公正与权威》等著作，通过对基层社会的深入考察，关注了中国乡土社会的文化与权力问题。徐勇在《非均衡的中国政治：城市与乡村比较》这部专著中，从城乡差别的历史演进出发，运用政治社会学和历史比较分析等方法，对古代、近现代和当代城市与乡村政治社会状况、特点、变迁及历史影响进行了系统的比较分析。黄宗智的《华北的小农经济与社会变迁》及《长江三角洲小农家庭与乡村发展》从社会学和历史学的视野，分析了近一个世纪以来村庄与国家之间的相互关系。中国社会科学院农村发展研究所主持编写的《当代中国的村庄经济与村落文化丛书》对乡村社会结构及权力配置问题也给予了一定的关注。其中，胡必亮在《中国村落的制度变迁与权力分配》一书中对制度创新与乡村权力的关系进行了实证分析。

毫无疑问，这些研究成果对我们认识中国村落经济社会政治关系和权力结构提供了许多相关性结论和方法论启示。但是，这些从不同的理论视野及不同的理性关怀所得出的研究成果，或是纯理论的推论而缺乏实证考察，或者是在实证研究中简单地论及乡村问题，而没有将村落问题作为一个专门的领域来进行全面而系统的实证研究，缺乏在观念、制度和政策层次上进行深入、精致、系统的分析，尤其是对村落社会整体走向城市变迁过程中村落经济、社会、政治、文化结构的连续转换缺乏细致的研究。之所以出现这些不足，除了我们需要新的理论概括和更高层次的综合外，还在于我们对于基本资料的掌握不够完善，无论是在区域的广度上，还是个案资料的精度上，都有继续探寻和整理的必要。

如前所述，早在20世纪上半叶，在乡村研究进入学者视野之时，资料搜集工作便已开始。到了20世纪80年代以后，随着学术视野的开阔和多学科研究方法的引入，学者们资料搜集的方式也日趋多元化，口述访谈、田野调查、文本收集等方法都被普遍采用。这一时期，乡村档案资料受到了学者更多的关注。

相比口述史料，档案资料有其先天的优势。所谓档案："是指过去和现在的国家机关、社会组织以及个人从事政治、军事、经济、科学、技术、文化、宗教等活动直接形成的对国家和社会有保存价值的各种文字、图表、声像等不同形式的历史纪录。"[1]也有学者指出："档案是组织或个人在以往的社会实践活动中直接形成的清晰的、确定的、具有完整记录作用的固化信息。"[2]简言之，档案是直接形成的历史纪

---

① 《中华人民共和国档案法》（1988年1月1日执行）。

② 冯惠玲、张辑哲：《档案学概论》，中国人民大学出版社2006年第二版。

录。它继承了文件的原始性和记录性，是再现历史真实面貌的原始文献。原始性、真实性和价值性是档案的基本属性。而这些属性也恰恰反映出了档案资料对于历史研究的重要意义。可见，乡村社会研究若要更加深入决然离不开这些宝贵的乡村档案资料。

西沟村位于山西省平顺县的太行山区，与现在的生态环境相比，曾经是山连山，沟套沟，山是石头山，沟是石头沟，冬季雪花卷风沙，夏季洪水如猛兽，真可谓是穷山恶水，不毛之地。西沟土地贫瘠，最适合种植的经济作物是当地人称之为地蔓的土豆，土地利用率也很低，一般只有三年时间，即第一年种土豆，第二年种谷子，第三年种些杂粮，到第四年地力基本就耗尽了。历史上这里的常住人口除少量为本地居民外，大多为河南迁移来的难民。而今的西沟甫入眼中的却是一片郁郁葱葱，天然氧吧远近闻名。而西沟人也住进了将军楼，吃上了大米白面，过上了衣食无忧的生活。可以说，西沟人的生存环境和生活状态都有了天翻地覆的变化。纵观西沟村的形成和发展史，无不与中国共产党的领导紧密相连。西沟村发迹于中国共产党领导下的农业生产互助合作组，成长于农业合作化和新农村建设时代。在新中国建立的最初十几年中西沟代表了中国农村发展的方向，在中国农村发展史上具有里程碑式的地位。

西沟是典型的金木水火土五行俱缺的穷山沟，西沟人在中国共产党人的带领下用艰苦奋斗、自力更生、顽强拼搏的精神，以无比坚强的意志坚持互助合作、科学建设，用自己的劳动改变了穷山恶水的生态环境。改变自己的境遇虽是人性最深处对生存的渴望和作为社会的人的一种追求的体现，但是必须肯定的是中国共产党的领导是这种境遇得以改变的关键。从西沟的发展过程来看，党的领导在西沟发展的各个时期都发挥着主导的作用，西沟党支部在任何时候都是人们的主心骨，党的领导催发了西沟人锐意进取、奋发向上的精神。现在的西沟是平顺县最富裕的村庄，在许多老人眼里，村里提供的福利待遇在整个平顺县都是"头等"水平，村集体的实力也是最强的。然而我们还必须正视西沟在历史上和当下遇到的问题。它既是中国共产党领导下的代表了中国农村方向十余年时间的一面旗帜，同时也是改革开放后中国农村中发展缓慢的村庄之一。如此大的差距，应当如何理解？从更广的层面来看，当下中国农村社会发展同样出现了不平衡问题，而且差距越来越大，这一难题又应当如何破解？可以说小到一个个体村落，大到全中国的所有农村，都面临着严峻的发展问题。这是我们国家发展的全局性、根本性问题和难题。我们认为要破解这一难题需要回到历史中去寻找它的根源。

我们无法还原历史的真实，只能无限地接近历史的真实，那么原始资料可谓是实现这一愿望的最好选择。西沟村在这一方面便有着得天独厚的优势。从李顺达执掌西沟村开始，西沟村的档案管理工作就开始有条不紊地展开。直到20世纪80年代，随着社会形势的改变，长期积累的档案资料面临散失的危险。这时西沟村党总支副书记张章存在村两委的支持下，组织人手对20世纪30年代到80年代的档案资料进行归类整理，完整地保留了西沟村在集体化时代的档案资料。此后，村两委又建立了规范的档案存放体制，延续至今。可以说，西沟档案资料无论在保存的完整性，数量的众多性和内容的丰富性上，都是其他地方保存的同时期档案资料无法比拟的。现在呈现在大家面前的《西沟档案史料》，正是从山西省社会科学院"西沟系列研究"课题组于2014年4月16日到5月29日期间，历时一个半月在西沟村搜集的原始资料中抽取的精华部分汇编而成。这批内容丰富且极具研究价值的档案资料，不仅是典型村庄生产生活全景的详细记录，也是研究山西乃至中国农村历史珍贵的原始文献资料，对于重新认识当时的历史具有重要的价值与意义，也可为新农村建设和破解当前中国农村遇到的发展难题提供有益的借鉴。

《西沟档案史料》共分为八卷，即《西沟口述史及档案史料（1938—2014）》的第三卷至第十卷，包括村政、村务经济、社会人口、土地林权、单据、历史影像等六个专题。

《西沟档案史料》基本上每个专题单独成卷。由于村政类和单据类档案资料内容最为丰富，因此选择的资料较多，将其各分为两卷。

村政类档案资料收录在第三卷和第四卷。此类资料时间跨度很长，从1938年至2014年，历时70余年。其内容非常丰富，涉及政治、经济、科教文卫、社会救助、村民矛盾调解、精神文明建设等各个方面，几乎覆盖了西沟村发展的方方面面。村政卷虽名为村政，但由于西沟村的特殊性，其内涵实则极为丰富，不仅是西沟社会管理工作的汇编，其实更是西沟村级事务的综合。通过村政卷的资料，人们不仅能够了解西沟的社会管理和村级事务变迁，也能了解中国近现代基层农村的发展历程。

单据类档案资料是西沟村档案资料中保存最多的一类。此次呈现给大家的主要是1970年和1975年部分月份的会计凭证，分别收录在第八卷和第九卷。为保证单据的原始性，我们保留了单据保存时期的初始状态，按原档案保存形式，整体收录。这就造成了一个年份分布在两卷资料中，而且月份也未能按照顺序排列的缺憾。但是这些单据之间有着天然的相关性，不仅可以进行统计分析，而且也能够给我们提供20世纪70年代有关西沟村产业结构、生产经营、收入水平、商业贸易等集体经济活动方面的诸多信息。其中有关收入和支出的财务单据客观反映出了西沟村集体经济生产、经营、流通、销售的情况，西沟村商业贸易活动所覆盖的地区以及西沟村民当时的生存状态。

第五卷为村务经济卷。该卷成分单一，主要反映的是20世纪50年代到70年代西沟村经济活动的详细情况，包括财务状况和经营成果。包括分配表、工票领条表、记工表、粮食结算表、粮食分配表、金额分配决算表、参加分配劳动日数统计表、预分表、包产表、任务到队（初步计划）表、固定资产表、账目、小队欠大队粮登记表、历年各项统计表等十四类。这些财会信息保存完整，内容丰富，是研究中国农村生产生活难得的资料。

第六卷为社会人口卷。该卷分为人口和社会保障两大部分。人口部分以西沟村二十世纪七、八十年代的常住人口和劳动力及青壮年人口统计表为主，能够反映不同阶段男女劳动力比例和工分分配情况。社保服务的内容主要为2011-2013年的村民医疗和参保的部分数据，反映出西沟近年来在社保服务这一方面所做的工作和取得的成绩。

第七卷为土地林权卷。该卷涵盖了20世纪50年代到21世纪初期西沟村重要的林木入股、林权证、土地入股、土地所有证和宅基地申请、审批等资料。该卷是对我国农村土地、山林等生产资料进行四次确权过程的鲜活例证，反映了我国农村土地制度由农民私有制发展到土地合作社、人民公社，再到农村村民自治的村民委员会所有的集体所有制的演变过程。

第十卷为历史影像卷。该卷收录的资料从图像和文本的角度反映了西沟七十余年的发展历程，不仅生动体现了西沟人改天换地的战斗精神，再现了西沟进行社会主义农村建设的生动画面，而且也显示出了西沟对于中国农村发展的影响，是深入研究中国农村历史的重要依据。本卷根据资料的相关性将其分为书信手稿、领导题词、照片资料、锦旗、会议记录以及工作笔记等六大类。这些资料真实的体现了西沟村为探索中国农村的发展道路做出的卓越贡献。

保持西沟档案资料的原始性是我们进行此次资料汇编坚持的重要原则。此次收入的资料全部原图拍摄，不进行任何加工，档案排序也遵照原有序列不做任何调整。同时由于篇幅有限，我们还会对收录的资料进行一些选择，力争收录内容有代表性且相对完整的材料，这样就可能将一些零散的资料剔除，因此会出现一本档案不能全部收录的情况。由此给大家带来的不便，我们深表歉意。尽管我们在资料的选择和编辑上进行了多次的讨论和修改，但是由于学识有限，其中一定还存在不少问题，衷心希望资料使用者能提出宝贵的批评意见。

在本书出版之际，我们特别感谢西沟村两委，尤其是西沟村党总支书记王根考、原党总支副书记张章存、村委办公室主任周德松、村支委委员郭广玲的大力支持。在他们的积极配合和热情支持下，我们才得以将这些尘封的档案资料搜集、整理、选择，并汇编成册，奉献在大家的面前。

杨茂林

2017年4月

目　　录

本卷序

　　本卷为西沟村土地林权等资料，主要收录了1956年、1961年、1962年、1982年、1984年、1992年和2004年共七个年份西沟村有关林木入股、林权证、土地入股、土地所有证和宅基地申请、审批等资料。我国对农村土地、山林等生产资料大体上进行了四次确权的过程，即土地改革、合作化、1962年的"四固定"和1982年《宪法》颁布前后土地权属的重新登记，本册收录的资料对这一过程有一定的反映。具体内容如下。

　　1.林权资料。"1961年西沟大队管委会林木作价登记表"的形成时间是1961年12月10日，封面编号是"（一）"说明本资料仅是西沟村在1961年所做的林木作价登记表的一部分，其他或已遗失。资料中按照西沟村所属的古罗村、刘家底、池底、东峪、东峪沟五个自然村分类，将每位社员所有的数目分种类、列单价，标明作价金额。从资料中可以看出，在二十世纪六十年代，西沟村种植的数目主要有：榆树、柳树、杨树、松树、椿树、槐树、核桃树、梨树、苹果树、花椒树、桑树、杏树等，其中以杨树、柳树、榆树、椿树、核桃树居多，就经济价值而言核桃树的价值要高一些。在编号1-1-28中还记录了树木的高度和直径，一棵高3.3丈直径4尺的杨树作价75元。此份资料对于了解六十年代山西农村林木情况有很大的史料价值。

　　"1962年西沟大队管委会逐户林权证汇集"包含有西沟大队社员的林木所有证的存根。资料的形成时间是1962年9月23日。从存根内容可以看出，西沟大队社员所有的这些林木所有证都是由"山西省平顺县人民委员会"核发的，存根中详细注明了该名社员所有的林木坐落的具体位置，如"房前屋后""坟地""自留地"，或者是有具体地名的某块地；存根中还详细的注明了树种或林木的用途以及数量，如"苹果树""桃树""核桃树""枣树"及作为用途的"木料"这一类别。此外，存根中还明确这些林木"业经审核属实，根据国

1

家谁种谁所有的林业政策的规定，上述林木永远归其所有，任何人不得侵犯其所有权。"此份资料应与我国1962年的农村生产资料的"四固定"有关。"四固定"是指劳动力、土地、耕畜、农具固定给生产队使用的制度。"四固定"的内容最早出现在1958年4月中央政治局上海会议纪要《关于人民分社的18个问题》中，1961年3月和6月在《农村人民公社条例(草案)》和《修正草案》中进一步予以修改和充实。第一次用"四固定"一词进行表述是1962年2月13日中共中央《关于改变农村人民公社基本核算单位问题的指示》，规定：原来"四固定"的土地……固定给生产队长期使用，原来"四固定"的牲畜、农具一般不再变动。1962年9月27日党的八届十中全会通过的《农村人民公社工作条例修正草案》(即16条)将土地、山林等的所有权和经营权固定给生产队，其中规定："生产队范围内的土地都归生产队所有"，"山林、水面和草原凡是生产队所有比较有利的都归生产队所有"，"土地、牲畜、农具、山林、水面、草原的所有权和经营权……固定来以后长期不变"。"四固定"的精神一直延续到党的十一届三中全会和农村的改革开放，对我国的农业生产的发展起了积极的作用。

"1982年西沟大队集体林权证"这份资料包括西沟大队林地的林权证，林权证的发证时间是是1982年3月7日。林权证详细列明每块林地的地名、四至、林种、面积、起源、树种、发证机关和发证时间。有资料内容可知西沟大队所有林木的林种有"用材林""经济林"等类别，起源则分为"人工"和"天然"，树种则有"油松""侧柏""核桃""刺槐""山桃"，面积最大的是2594亩的人工油松林，最小的是25亩的核桃树林，林权证登记的总数为11074亩，以人工油松为主。林权证的发证机关为"平顺县人民政府"，盖有红章。

"1982年逐户林权证存根"包括西沟大队社员的林权证存根，资料的形成时间是1982年6月4日，同上述资料"1962年西沟大队管委会逐户林权证汇集"中类似，此份资料也是社员所有的树权证，树木的种类和数量及位置。两份资料相隔二十年，从中可分析、整理出西沟大队社员所有数目的特征和变迁。

本资料集将一份形成于1982年11月7日的"西沟大队树权落实综合统计表"单列一小类。此表是西沟大队有关树权的统计表，表内是关于西沟大队集体所有和社员个人所有树权的统计，按照树种、数量等统计数字，此表是西沟村在二十世纪八十年代全村林木所有情况的总表。

2. 土地资料。"1956年西沟乡金星合作社土地入股登记表"形成于1956年，没有具体日期。资料中共记载了西沟村社员的原属私人所有的土地入股金星合作社的登记簿。其中编号为2-1-48的表格为西沟大队属五个小队所有土地的亩数和总产，其中第五小队土地最少，仅有184亩多，然后是第四小队拥有土地362亩有零，第一、二、三小队的土地数量接近，有四百多亩，表内均有准确数字。登记表内详细列明了每户社员在参加合作社时的"入社土地""调拨土地""自留土地""结余"等项目。从具体的填表情况可看出，社员的所有土地都已列入"入社土地"项内，表格所列的"自留土地""结余"等项目，仅形式而已，或许与当时的政治形式有关，值得学者深入研究。在"入社土地"内又细分为"地名""亩数""单位""总产"等项目，详细记载社员在各处所有的土地的亩数及产量。从资料中可发现，西沟村社员原所有的土地数量在1亩至20亩之间，其中不到10户所有的土地超过了10亩，拥有土地最多的是编号为2-1-21户名为李顺达的土地16.6亩；其余的都少于10亩。

"2004年西沟村的集体土地所有证"的颁发时间是2004年9月，颁发机关是"平顺县人民政府"，从中可知，西沟村集体土地所有者为西沟村村民委员会，总土地面积为30520亩，其中农用地23244.5亩，农用地中有耕地309.9亩，林地21050.1亩。从本册收录的两份土地资料可见我国农村土地制度由农民私有发展到土地合作社、人民公社，再到农村村民自治的村民委员会所有的集体所有制的演变过程。

3.宅基地资料。"宅基地花名单"含一份1984年的西沟村审批宅基地花名单、一份1992年的西沟村审批宅基地花名单和十二份1992年的西沟村分小组的审批宅基地个人申请花名表。此资料亦是研究我国农村农民宅基地审批制度的一份宝贵史料。

　　本卷为西沟村土地林权等资料的汇编。主要收录了1956年、1961年、1962年、1982年、1984年、1992年和2004年共七个年份西沟村有关林木入股、林权证、土地入股、土地所有证和宅基地申请、审批等资料。"1962年西沟大队管委会逐户林权证汇集""1982年逐户林权证存根"两份资料都是西沟村社员所有的树权证，记载了树木的种类和数量及位置，两份资料相隔二十年，从中可分析、整理出西沟大队社员所有树木的特征和变迁。从"1956年西沟乡金星合作社土地入股登记表""2004年西沟村的集体土地所有证"可知，西沟村集体土地所有者为西沟村村民委员会，总土地面积为30520亩，其中农用地23244.5亩，农用地中有耕地309.9亩，林地21050.1亩。从这两份土地资料可见我国农村土地制度由农民私有发展到土地合作社、人民公社，再到农村村民自治的村民委员会所有的集体所有制的演变过程。

　　我国对农村土地、山林等生产资料大体上进行了四次确权的过程，即土地改革、合作化、1962年的"四固定"和1982年《宪法》颁布前后土地权属的重新登记，本册收录的资料对这一过程有一定的反映。

　　王勇红，男，1975年6月出生，山西省太原市人。2002—2005年就读于山西大学经济与工商管理学院经济史专业，获经济学硕士学位。现为山西省社会科学院晋商文化研究中心副主任、助理研究员。研究方向为区域经济史。

　　张文广，男，1981年12月出生，山西省阳城县人。2001—2005年就读于山西师范大学政法学院思想政治教育专业，获法学学士学位，2007—2010年就读于西北大学中东研究所国际关系专业，获法学硕士学位。现为山西省社会科学院历史所助理研究员。研究方向为山西历史文化和山西廉政文化。

土地林权卷

一、林权资料

（一）1961年西沟大队管委会林木作价登记表

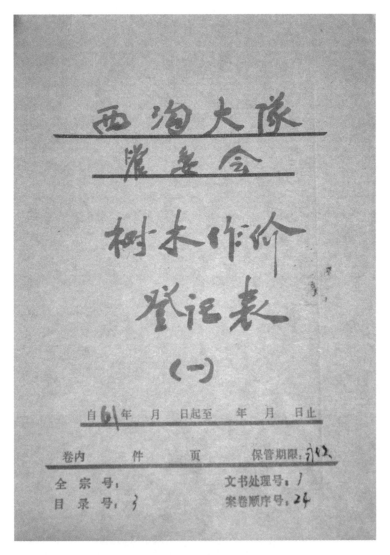

图1-1-1 西沟大队管委会林木作价登记表（1961年）封面

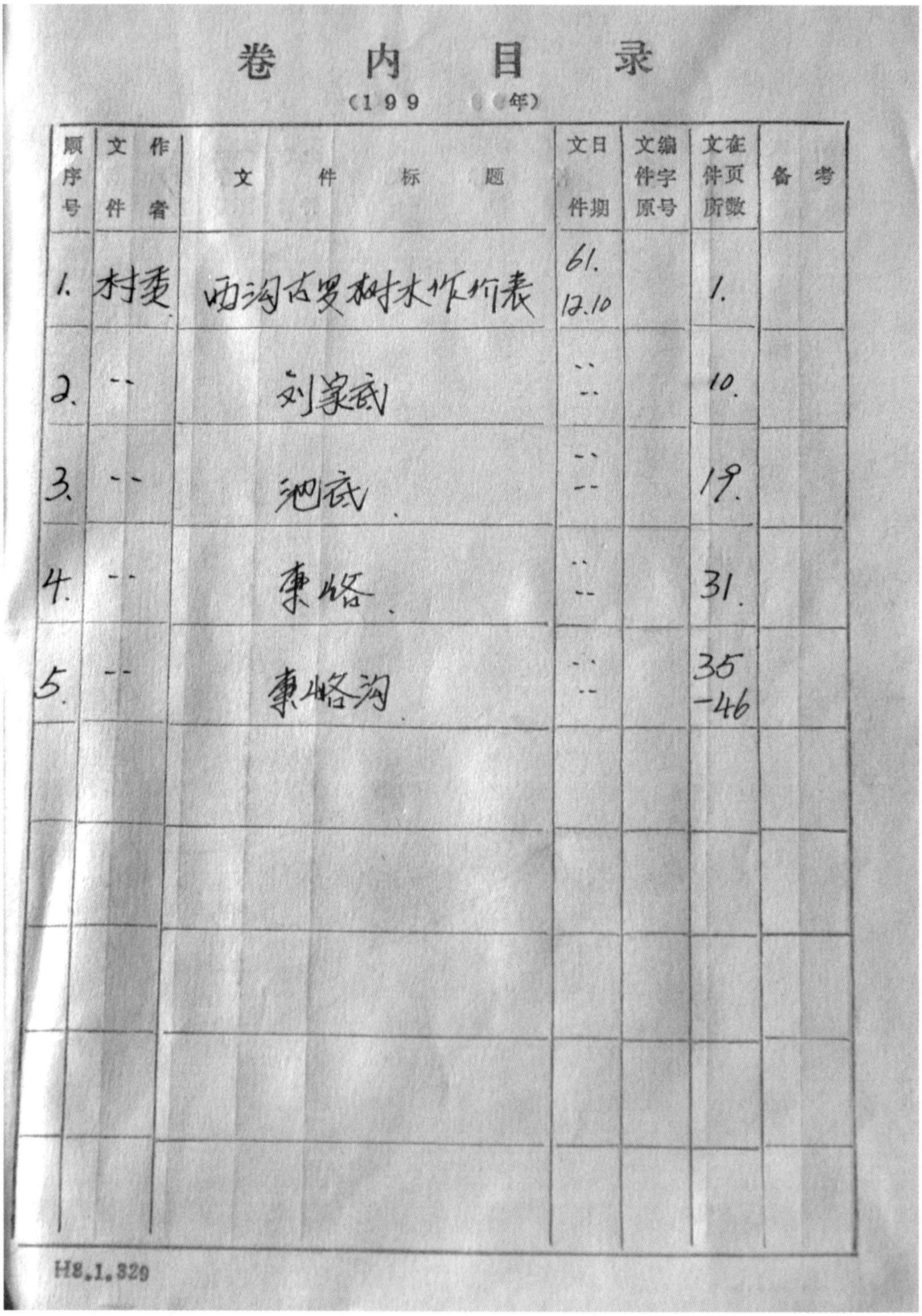

卷 内 目 录
（199　　年）

顺序号	文件作者	文　件　标　题	文件日期	文件编字原号	文在件页所数	备　考
1.	村委	西沟古罗树木作价表	61.12.10		1.	
2.	..	刘家武	..		10.	
3.	..	泡武	..		19.	
4.	..	東峪	..		31.	
5.	..	東峪沟	..		35-46	

H8.1.329

图1-1-2　西沟大队管委会林木作价登记表（1961年）卷内目录

2

图1-1-3 古罗村

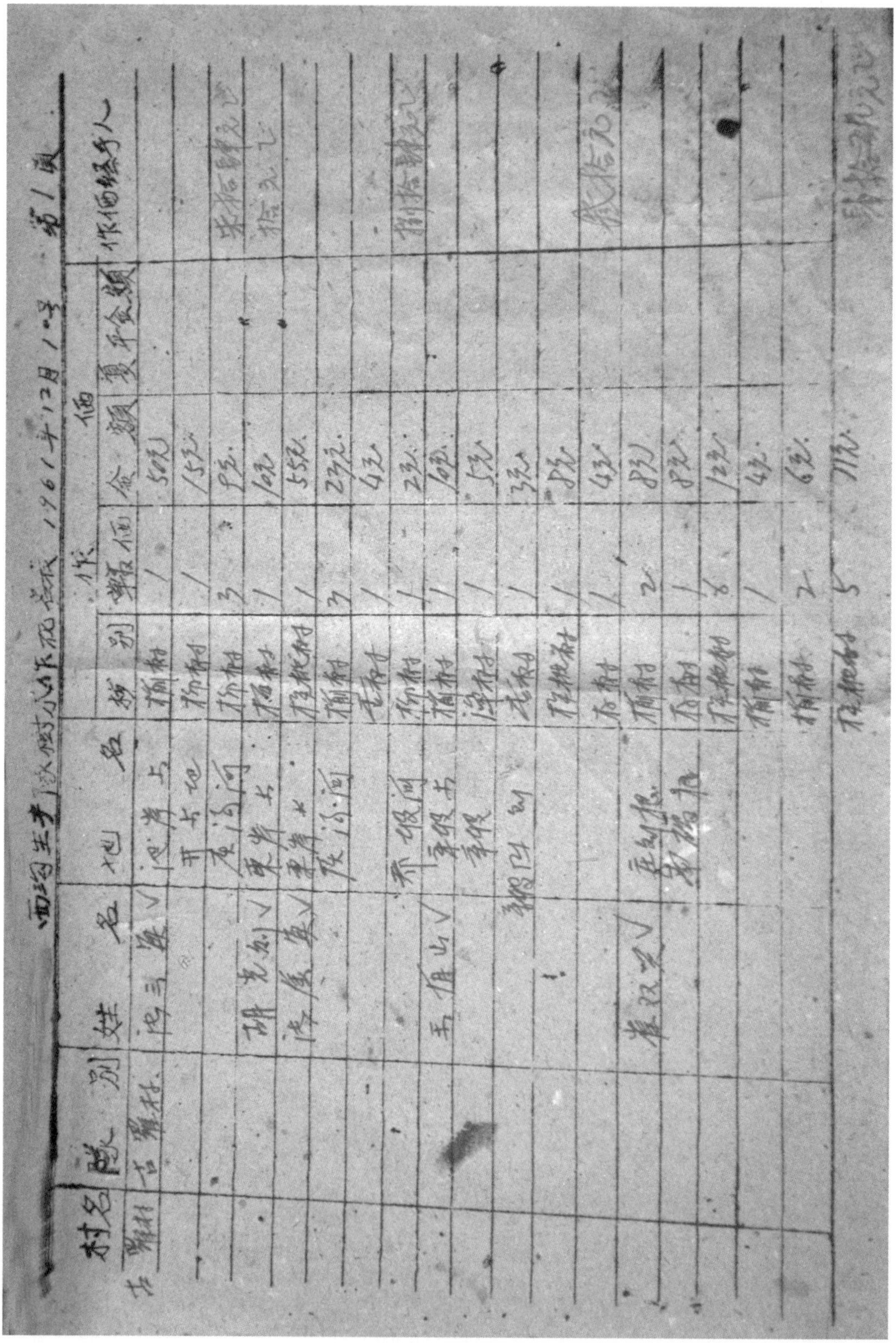

图1-1-4　西沟生产队树木作花名表 表1（1961年12月10号）

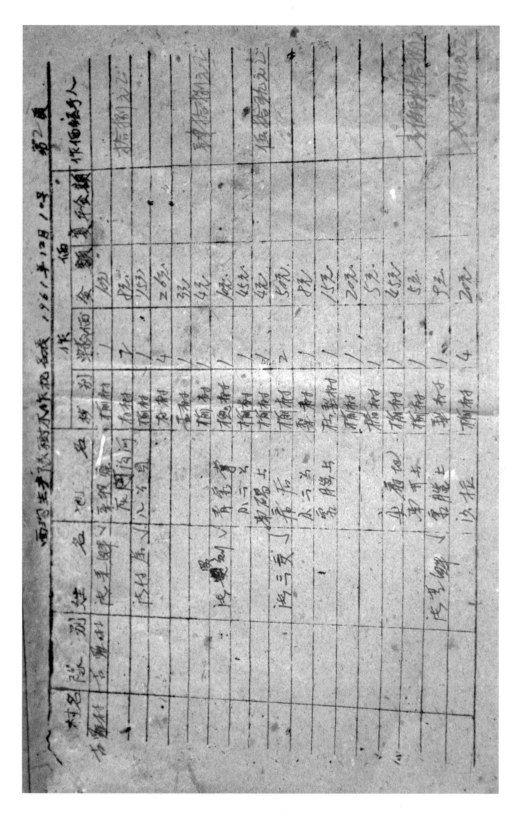

图1-1-5 西沟生产队树木作花名表 表2（1961年12月10号）

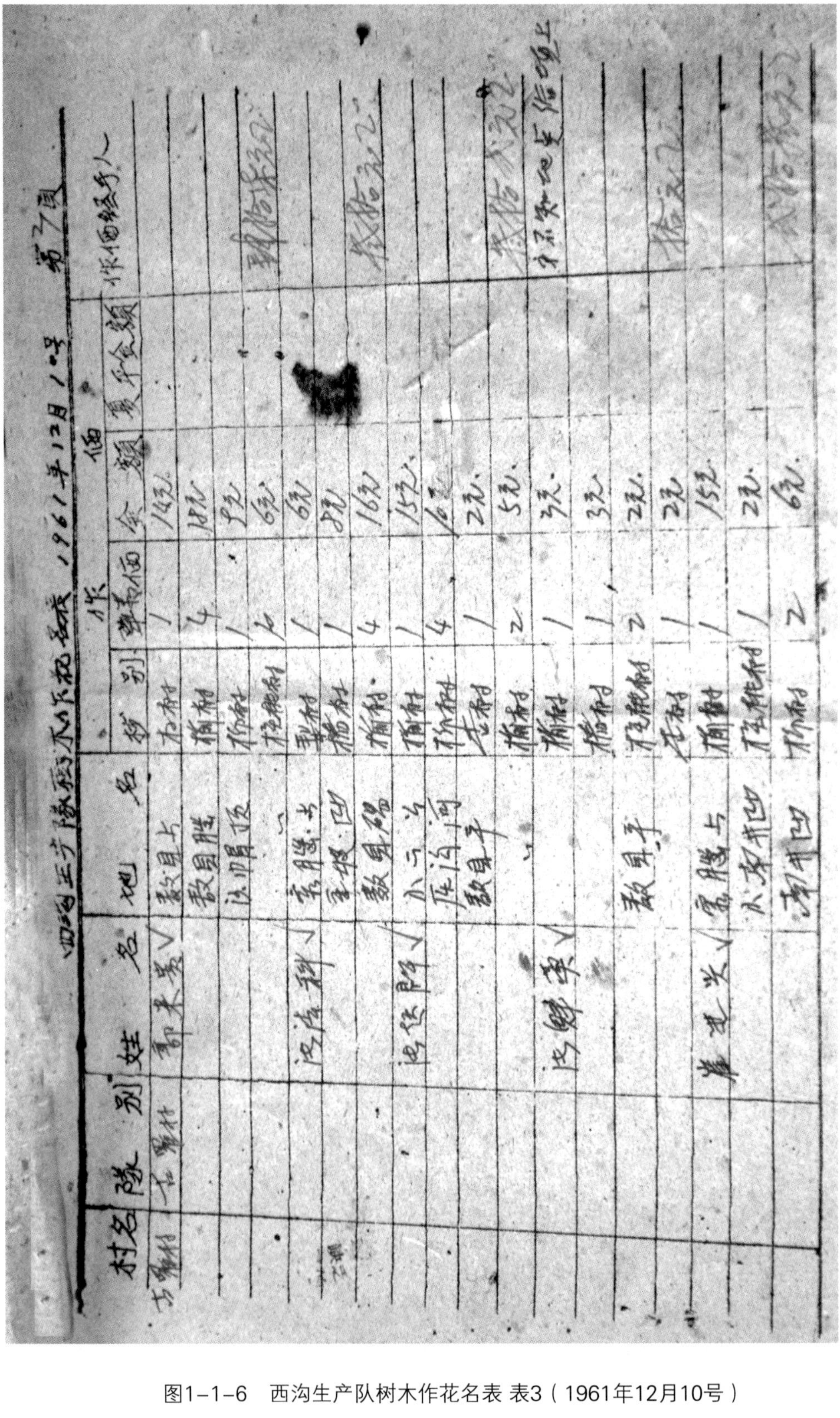

图1-1-6　西沟生产队树木作花名表 表3（1961年12月10号）

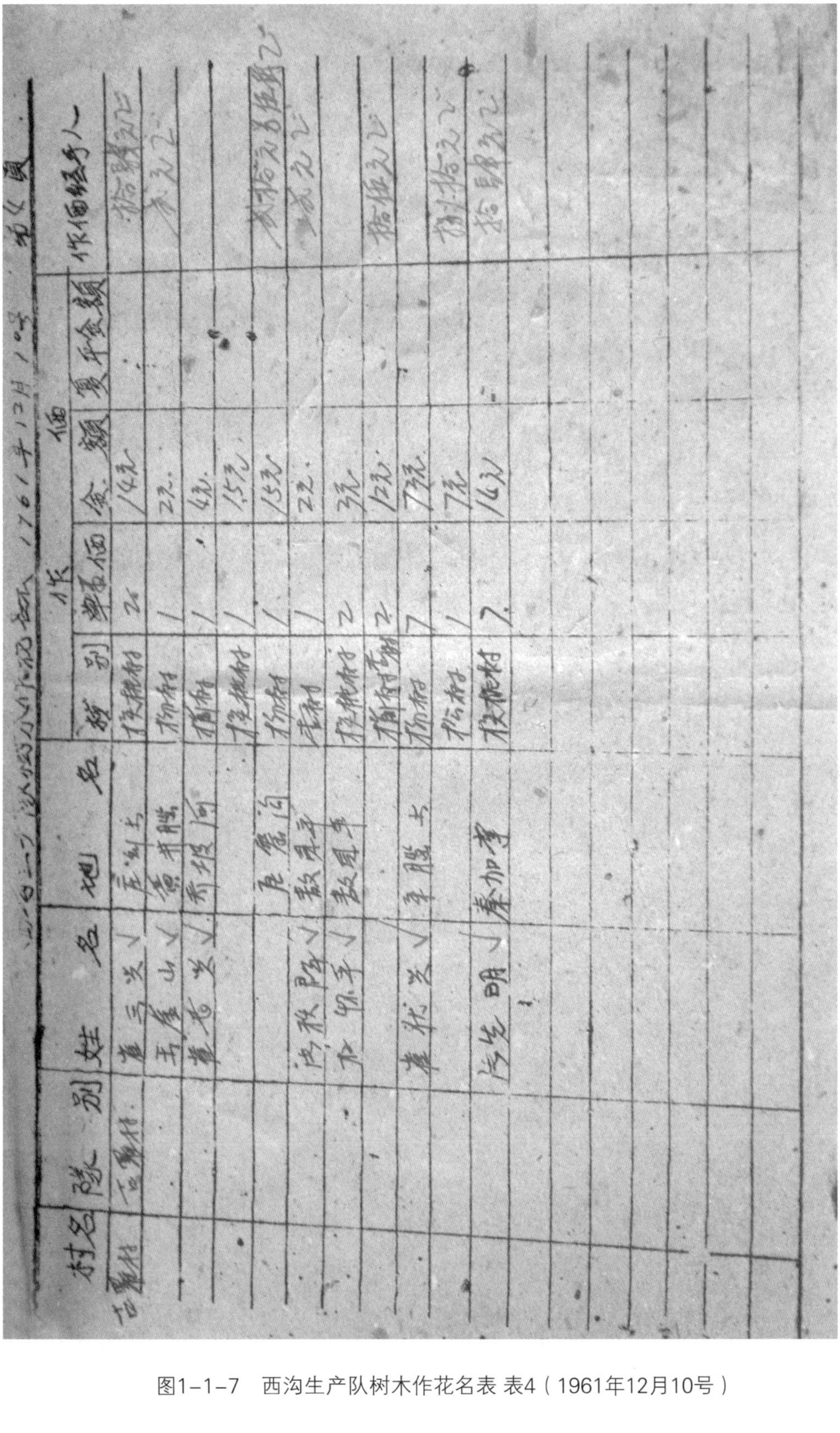

图1-1-7　西沟生产队树木作花名表 表4（1961年12月10号）

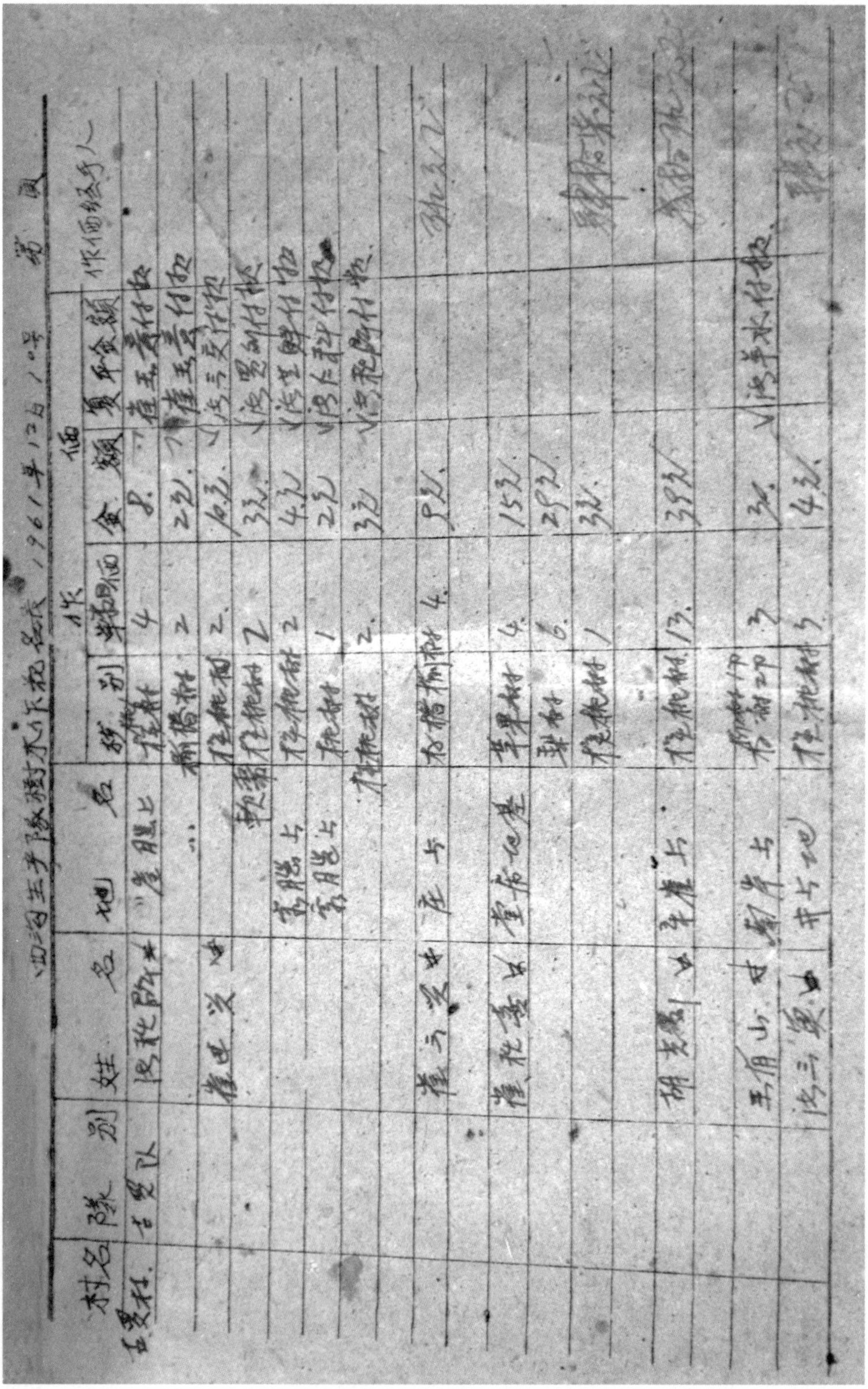

图1-1-8　西沟生产队树木作花名表 表5（1961年12月10号）

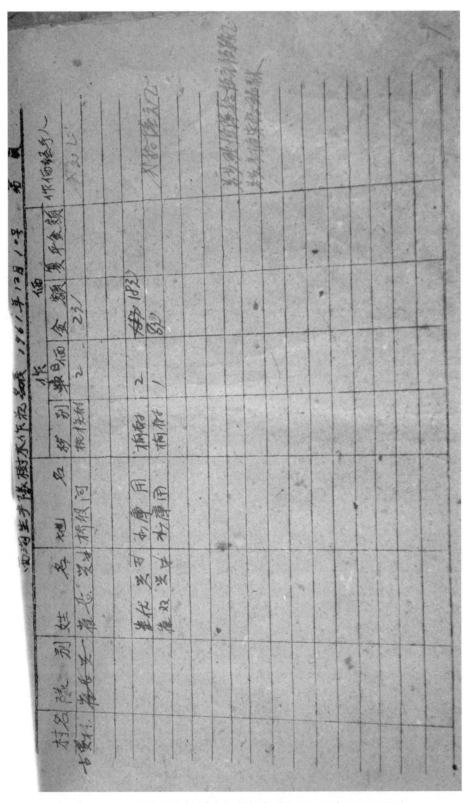

图1-1-9　西沟生产队树木作花名表 表6（1961年12月10号）

9

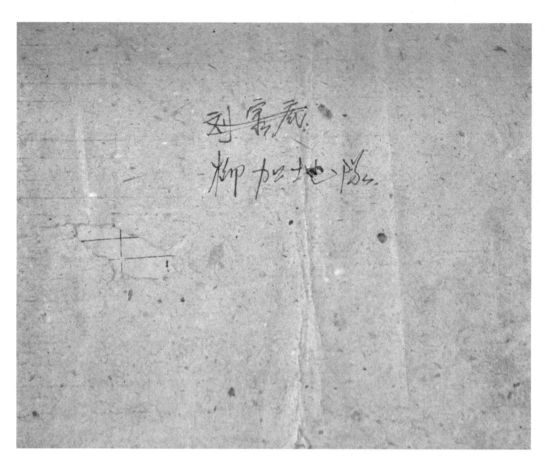

图1-1-10　柳加地队

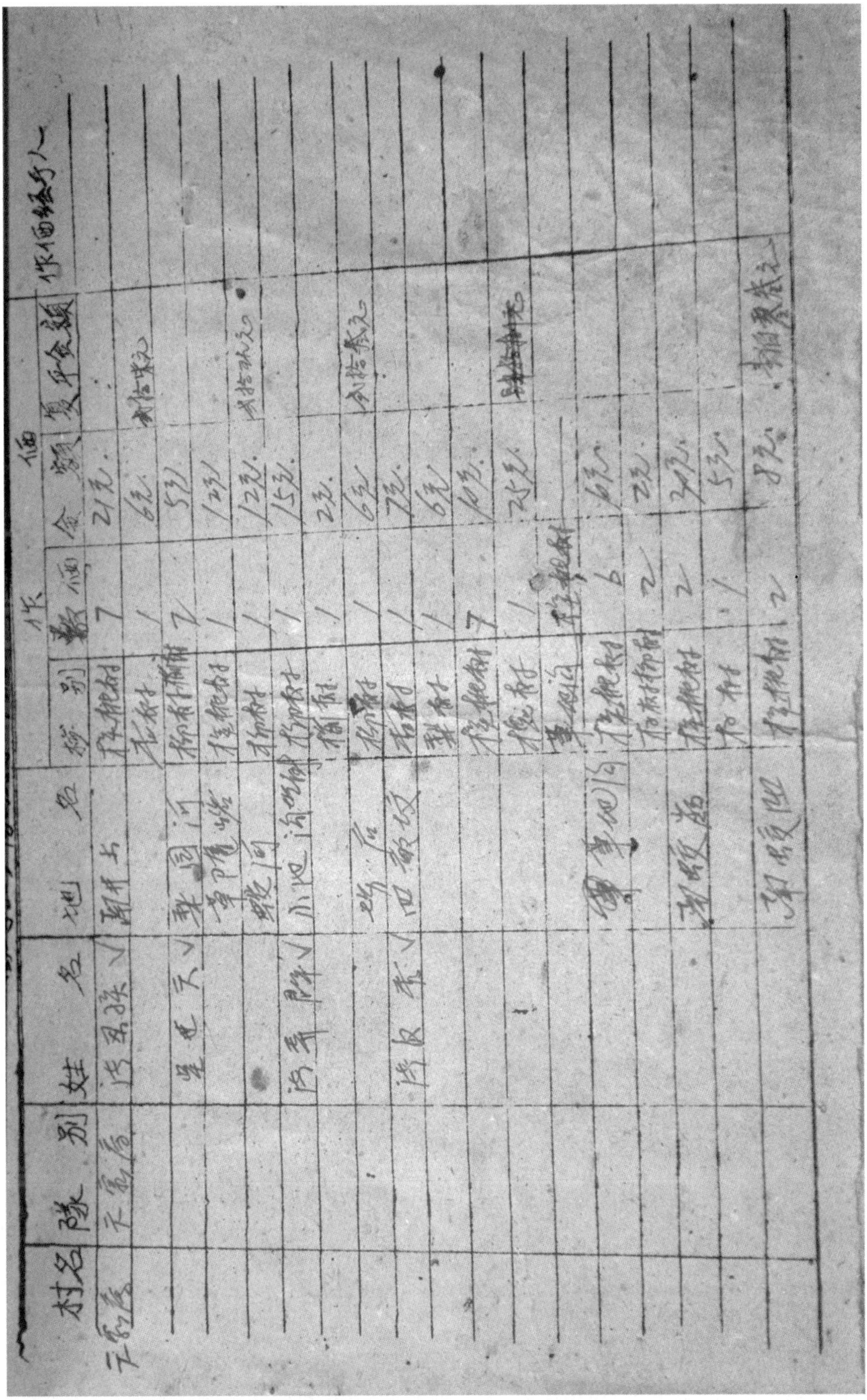

图1-1-11 西沟生产队树木作花名表 表7（1961年12月10号）

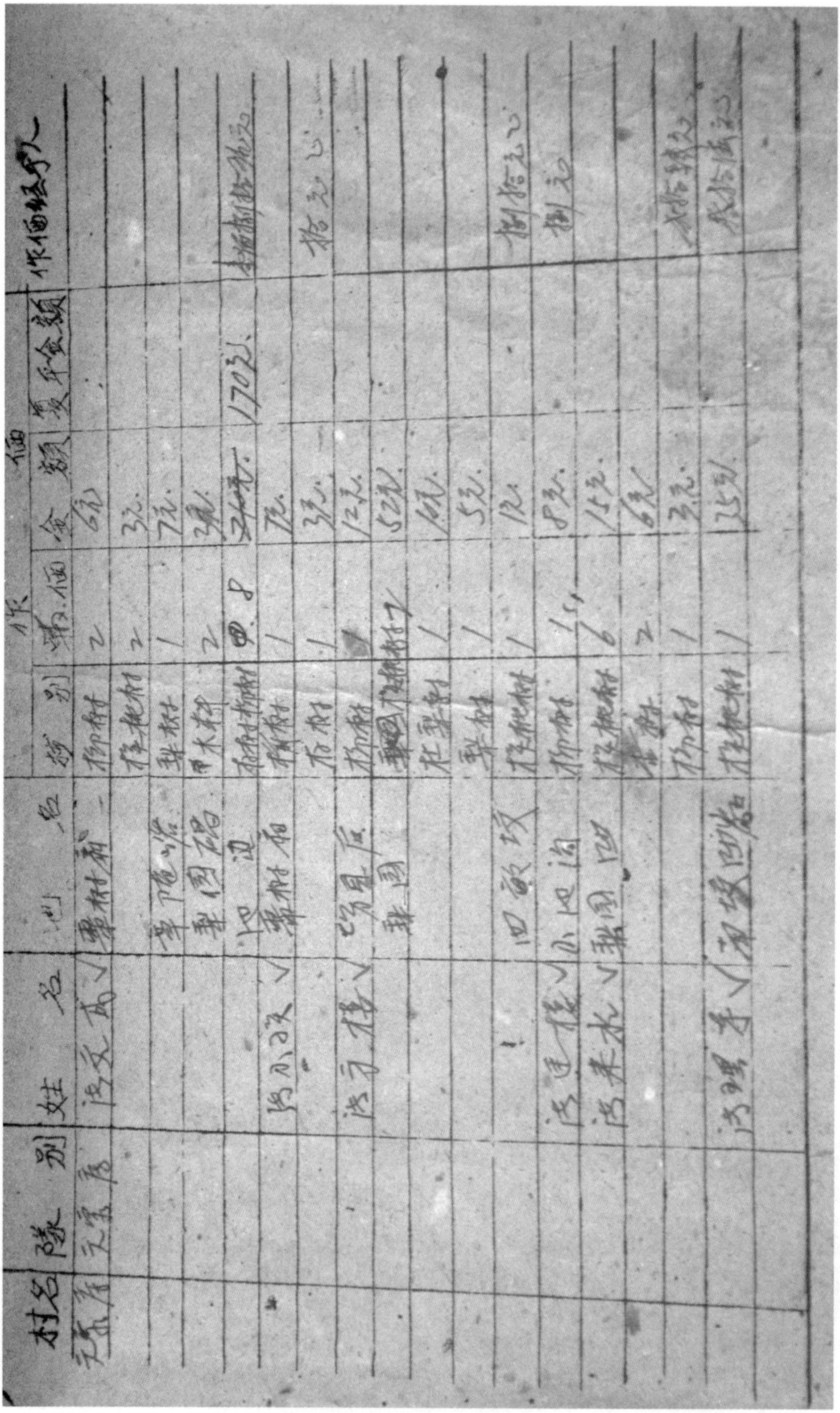

图1–1–12　西沟生产队树木作花名表 表8（1961年12月10号）

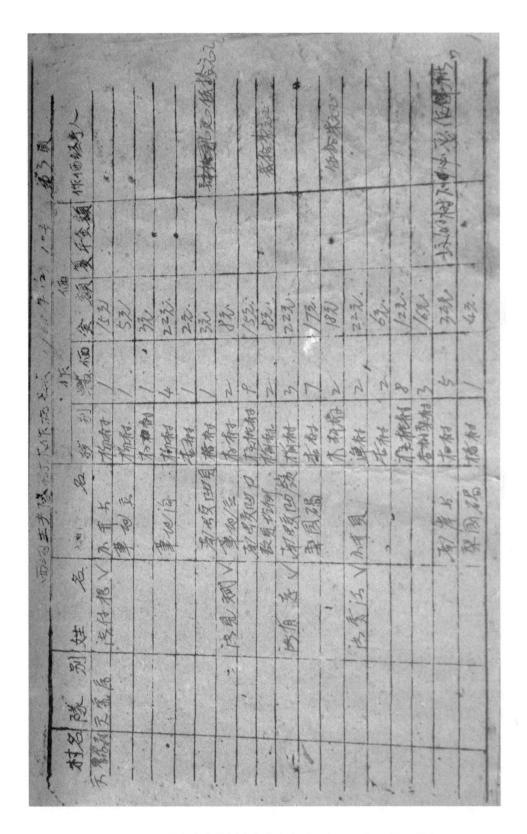

图1-1-13　西沟生产队树木作花名表 表9（1961年12月10号）

13

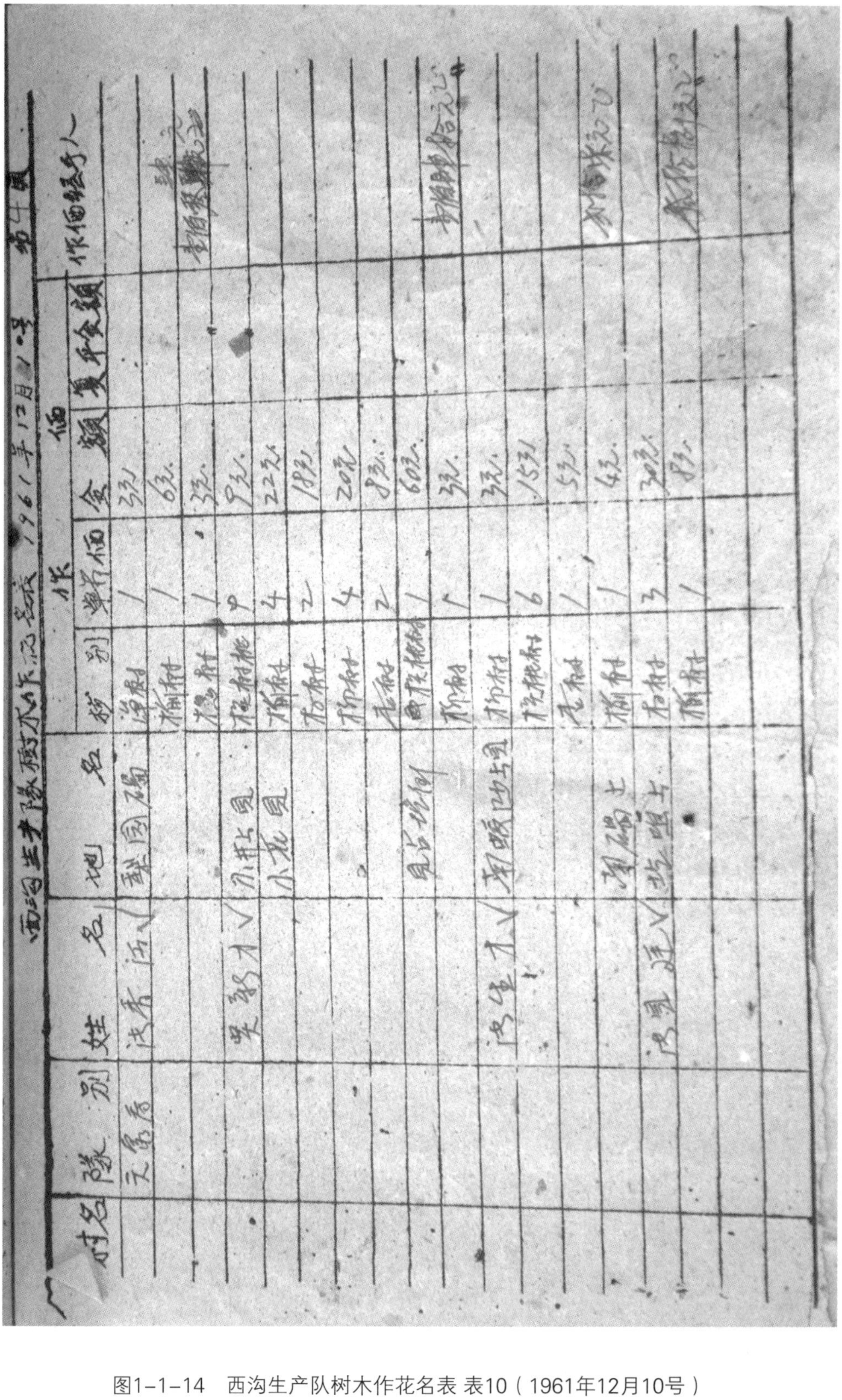

图1-1-14　西沟生产队树木作花名表 表10（1961年12月10号）

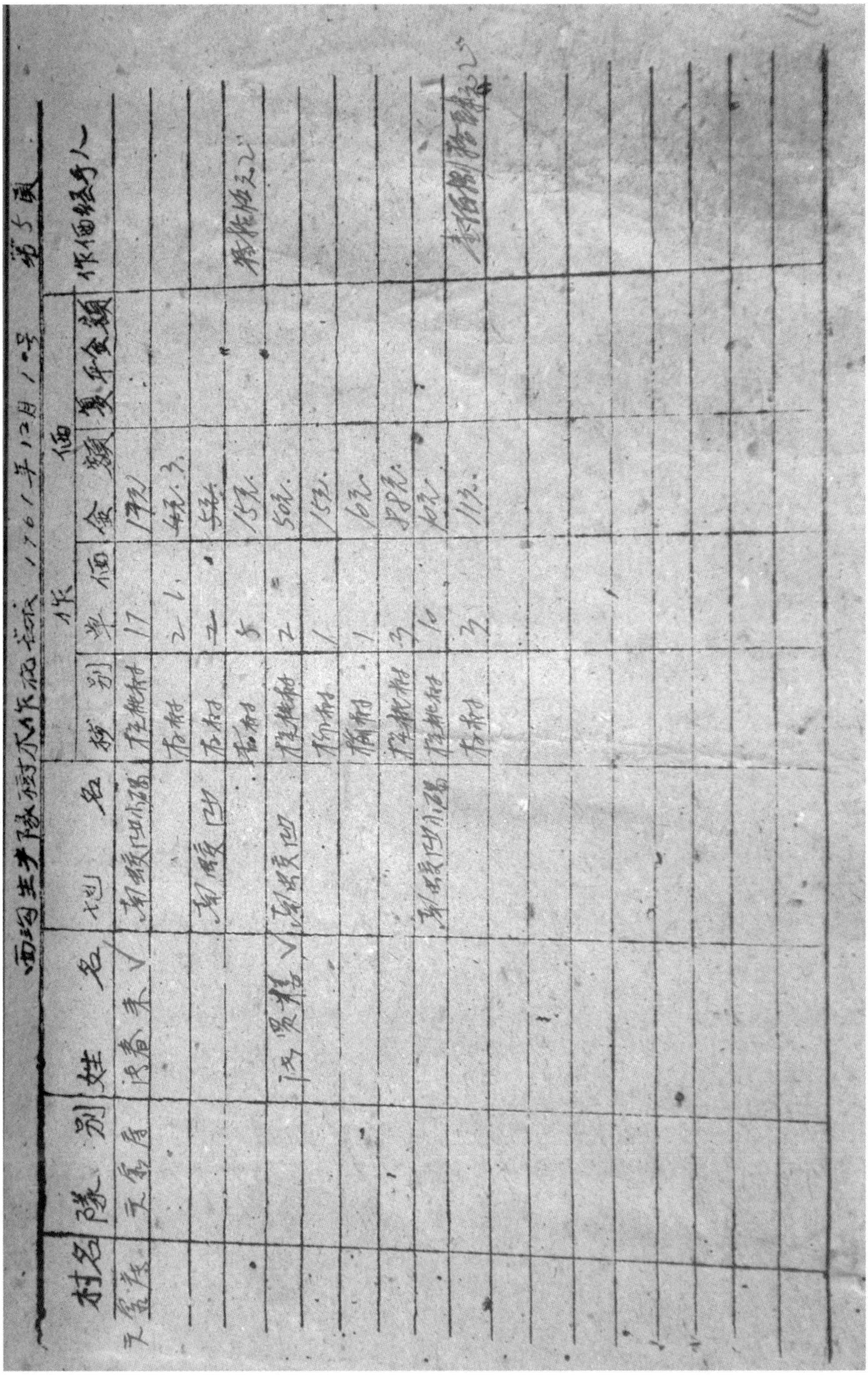

西沟生产队树木作价名表 1961年12月1号 第5页

村名	队别	姓名	地名	树别	单价	金额	夏平金额	作价经手人
天宝庄	天宝庄	冯春来√	南坡凹小阳	核桃树	17	17元		
				杏树	2.1	4元.3		
			南坡凹	杏树	2	5元		
				杏树	5	15元		张桃娃之2
		冯贵精√	南坡凹	核桃树	2	50元		
				柳树	1	15元		
				榆树	1	6元		
				核桃树	3	88元		
			[illegible]	核桃树	10	6元		
				杏树	3	11元		秦保则 张胖元之2

图1–1–15　西沟生产队树木作花名表 表11（1961年12月10号）

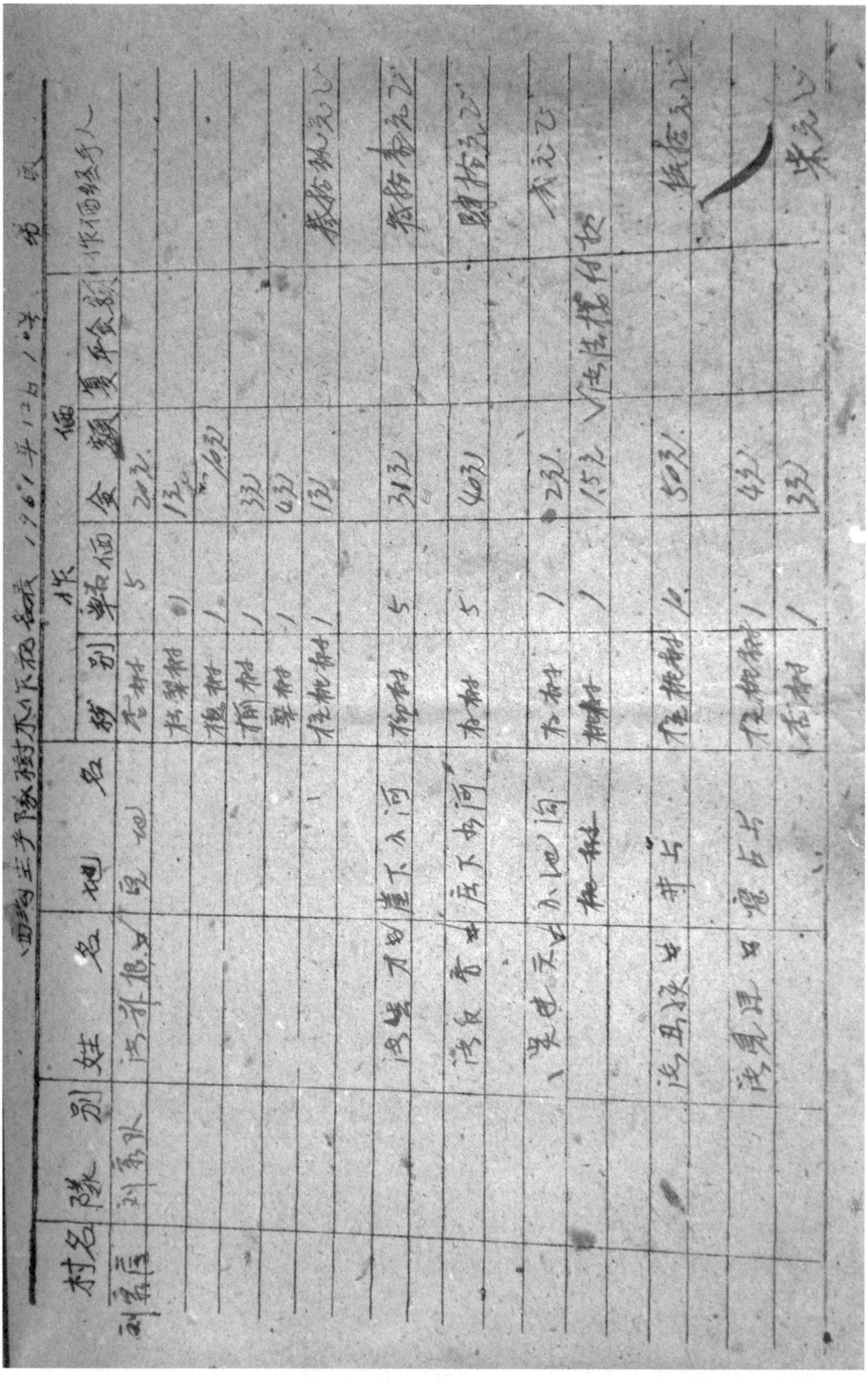

图1-1-16　西沟生产队树木作花名表 表12（1961年12月10号）

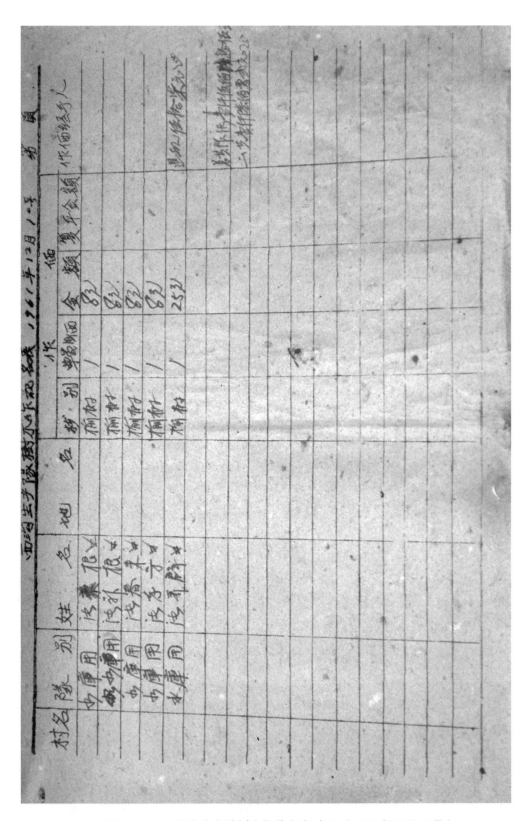

图1-1-17　西沟生产队树木作花名表 表13（1961年12月10号）

图1-1-18　池底村

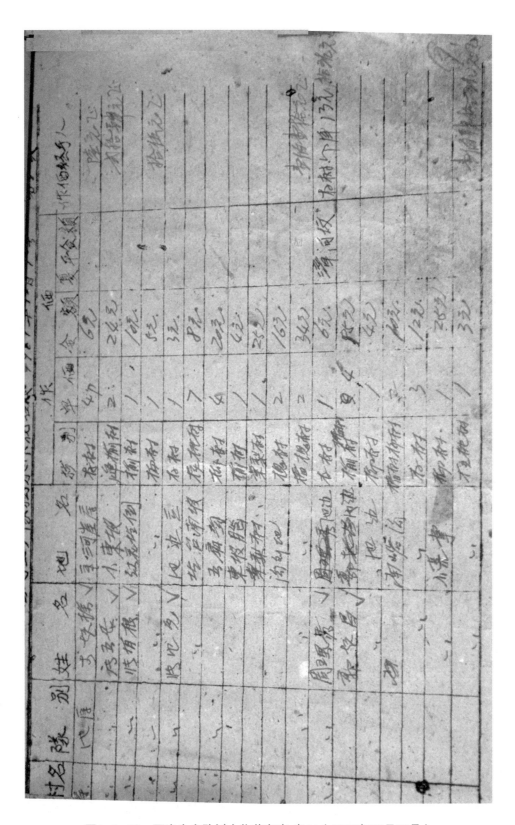

图1-1-19 西沟生产队树木作花名表 表14（1961年12月10号）

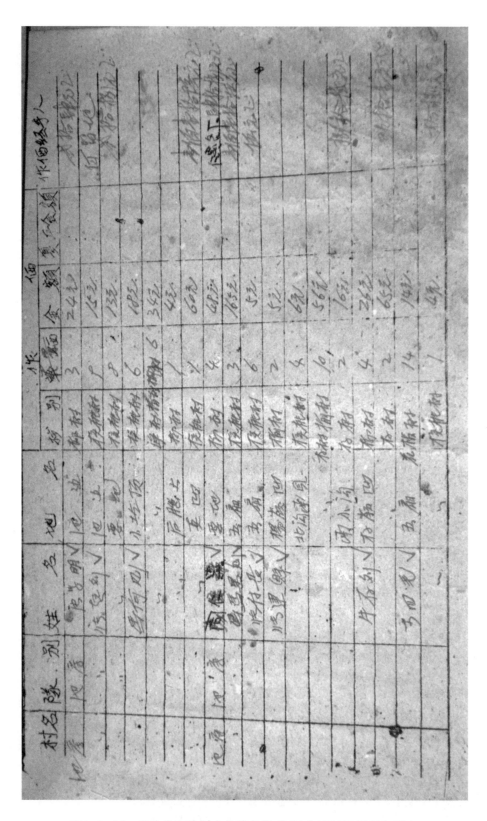

图1-1-20　西沟生产队树木作花名表 表15（1961年12月10号）

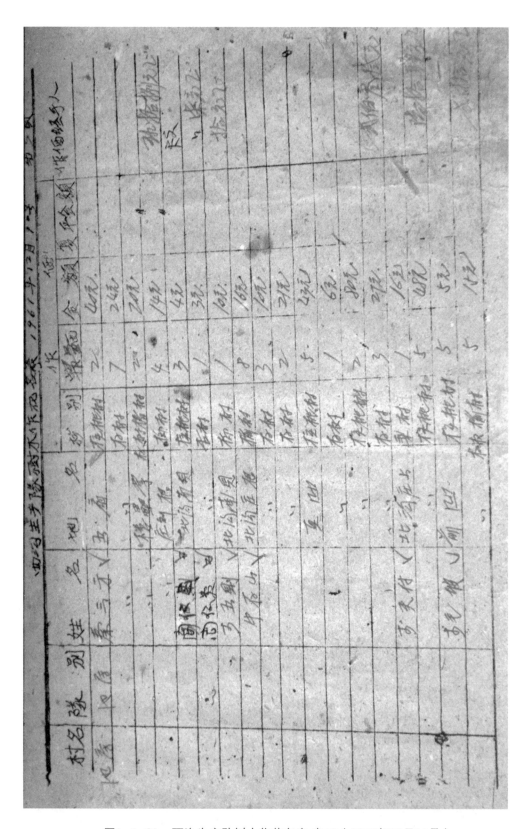

图1-1-21 西沟生产队树木作花名表 表16（1961年12月10号）

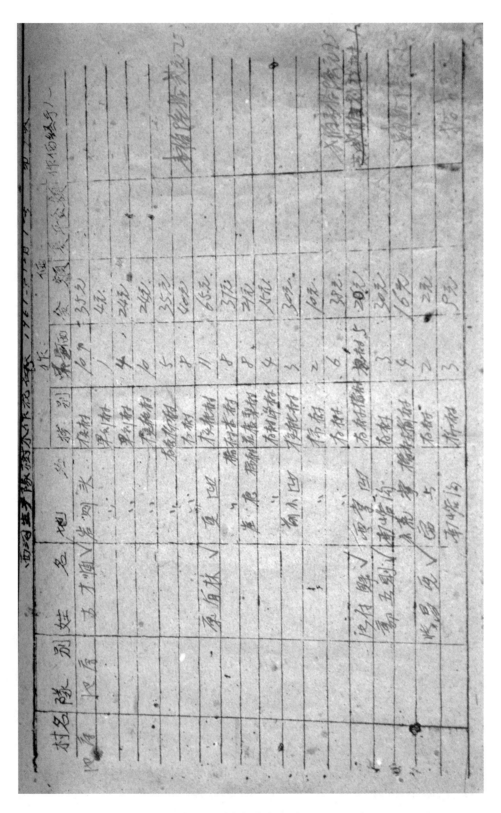

图1-1-22　西沟生产队树木作花名表 表17（1961年12月10号）

22

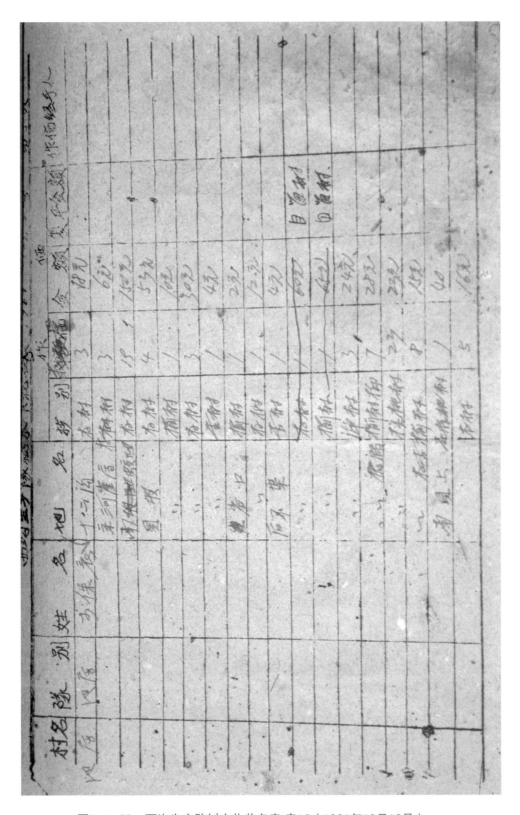

图1-1-23 西沟生产队树木作花名表 表18（1961年12月10号）

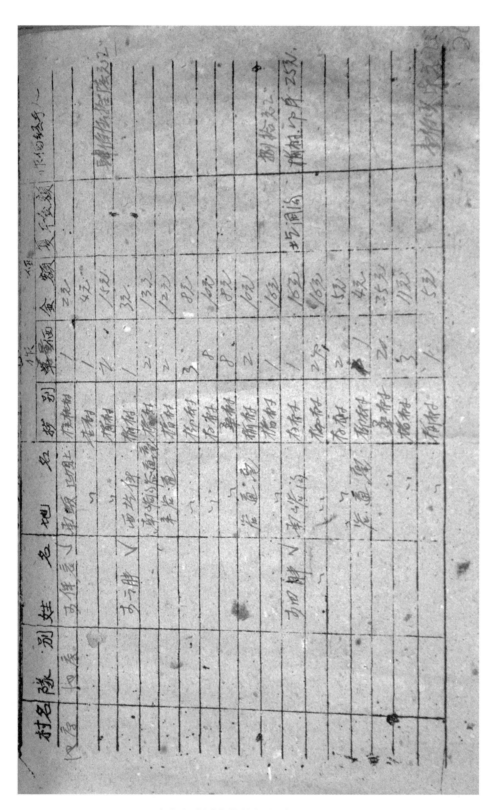

图1-1-24　西沟生产队树木作花名表 表19（1961年12月10号）

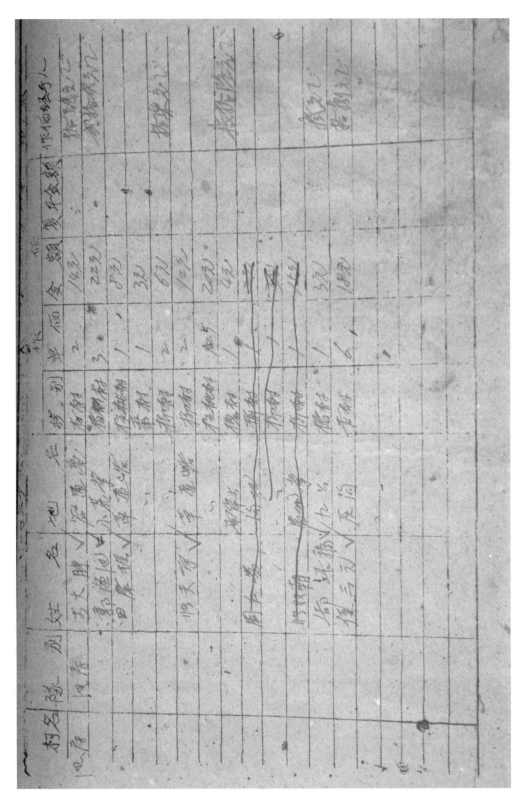

图1-1-25　西沟生产队树木作花名表 表20（1961年12月10号）

25

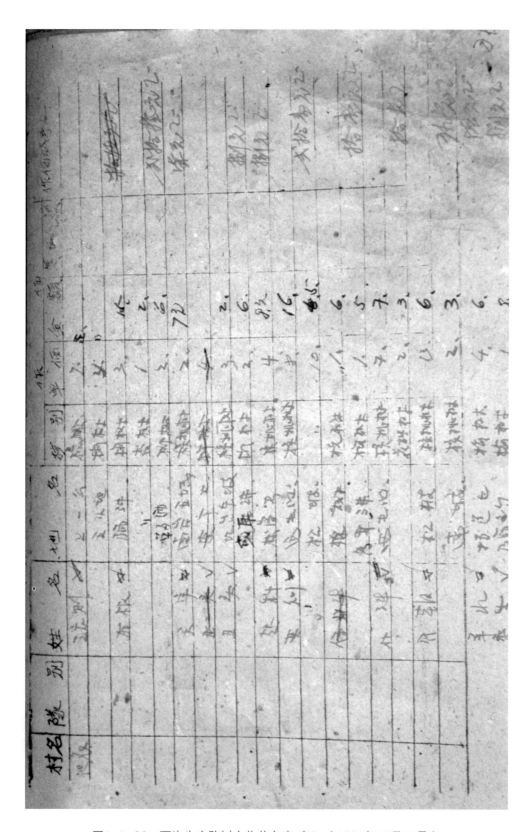

图1-1-26　西沟生产队树木作花名表 表21（1961年12月10号）

26

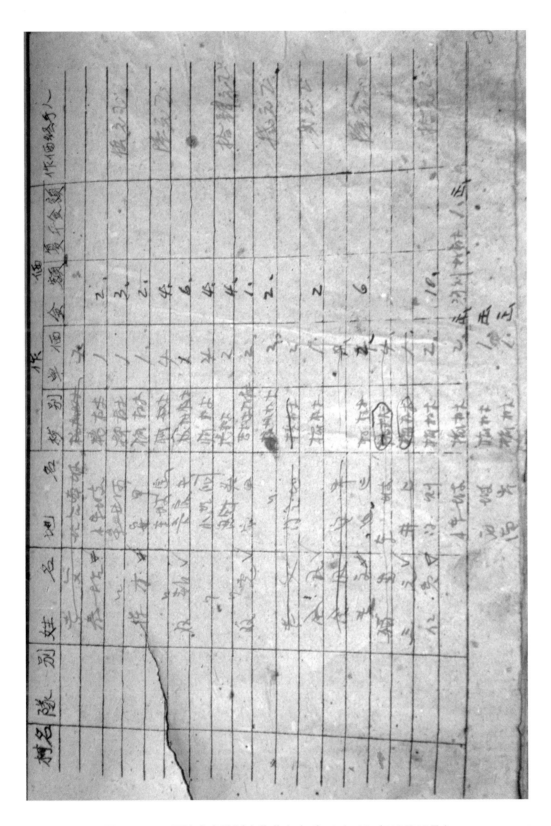

图1-1-27 西沟生产队树木作花名表 表22（1961年12月10号）

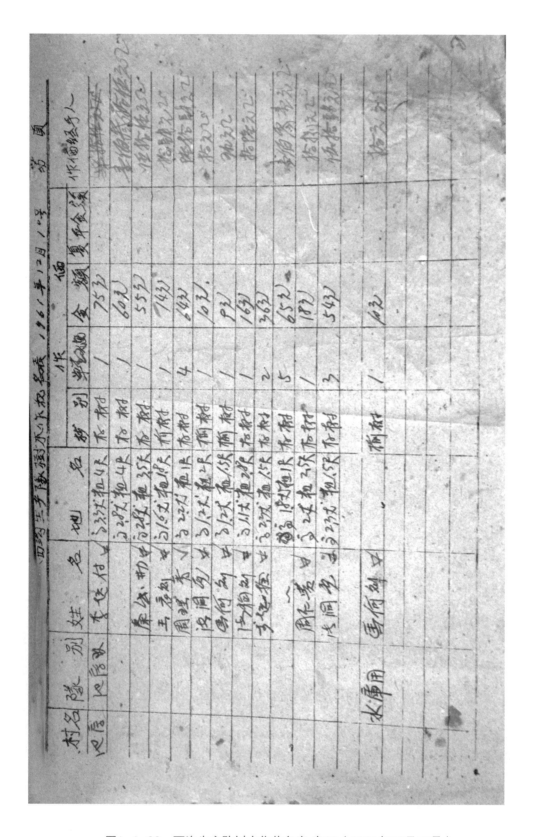

图1-1-28 西沟生产队树木作花名表 表23（1961年12月10号）

28

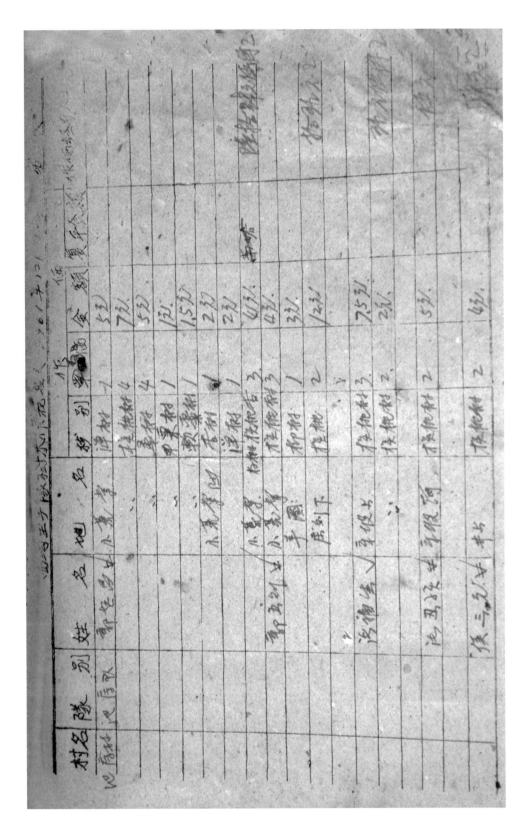

图1-1-29 西沟生产队树木作花名表 表24（1961年12月10号）

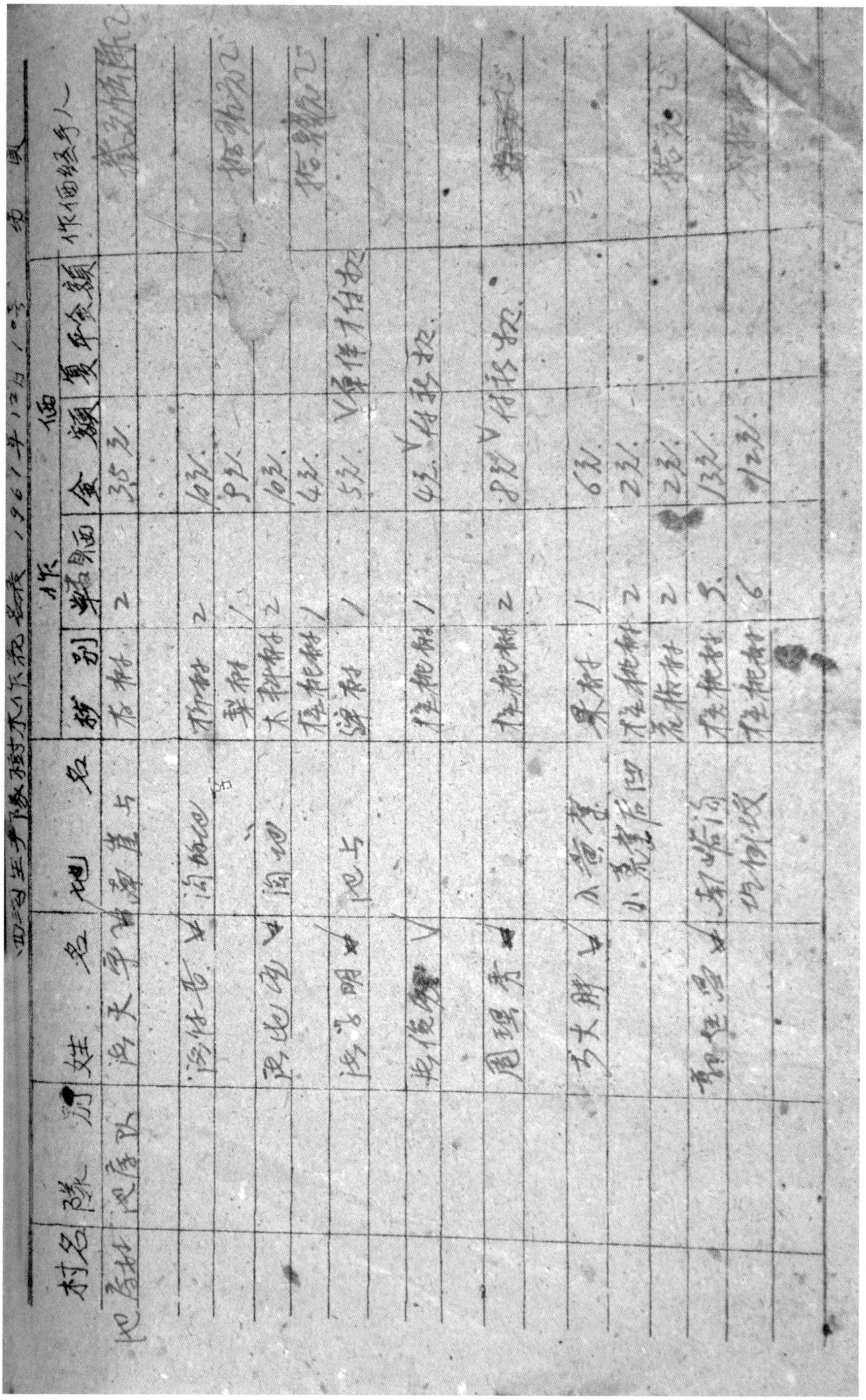

西沟生产队树木作花名表 1961年12月10号

村名	队别	姓名	地	名 称	别	作价			说 明
						数目面	金额	复名金额	

图1-1-30　西沟生产队树木作花名表 表25（1961年12月10号）

30

图1-1-31 东峪村

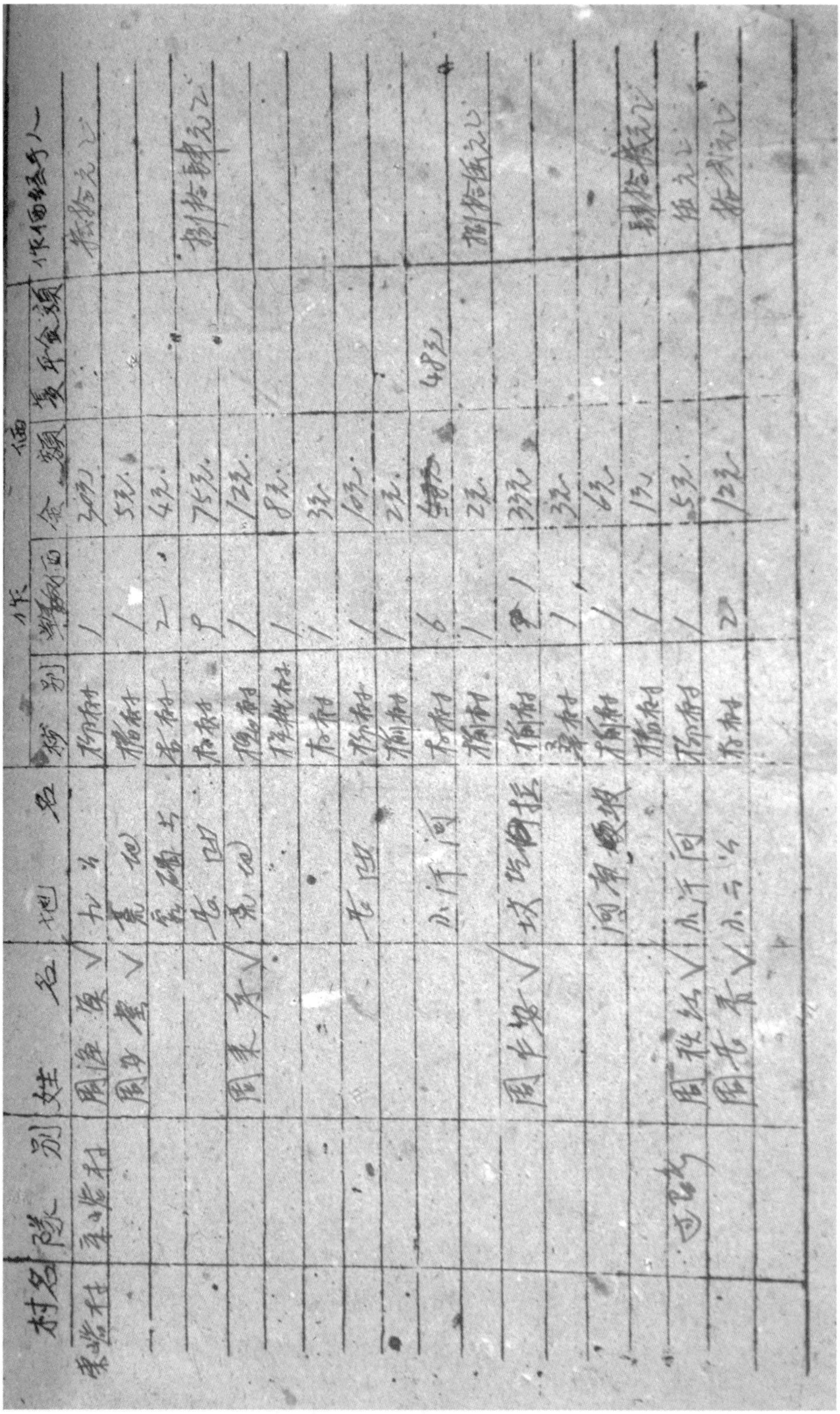

图1-1-32 西沟生产队树木作花名表 表26（1961年12月10号）

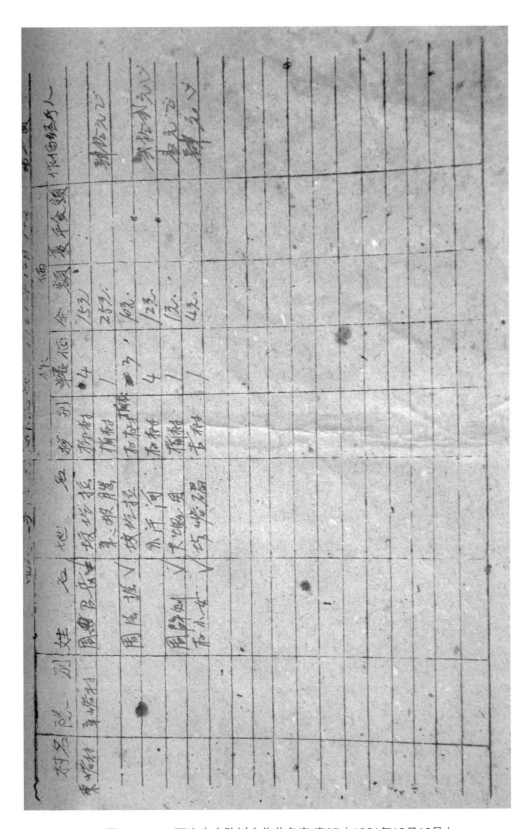

图1-1-33 西沟生产队树木作花名表 表27（1961年12月10号）

33

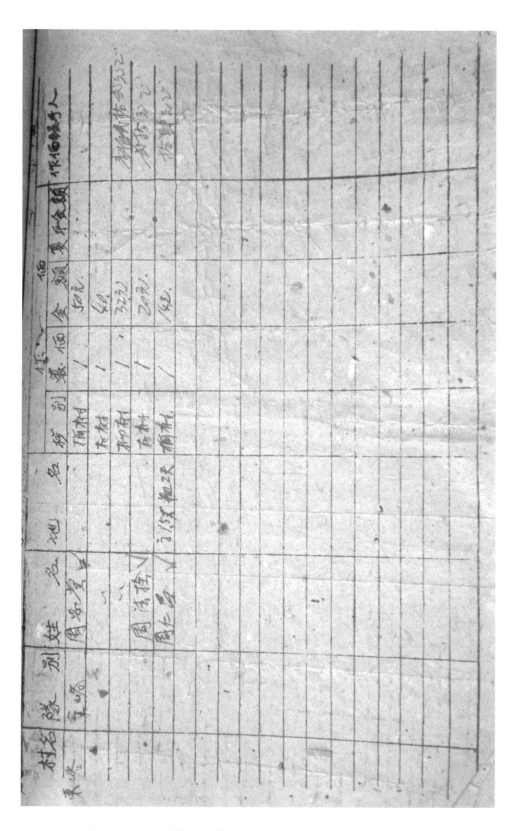

图1-1-34　西沟生产队树木作花名表 表28（1961年12月10号）

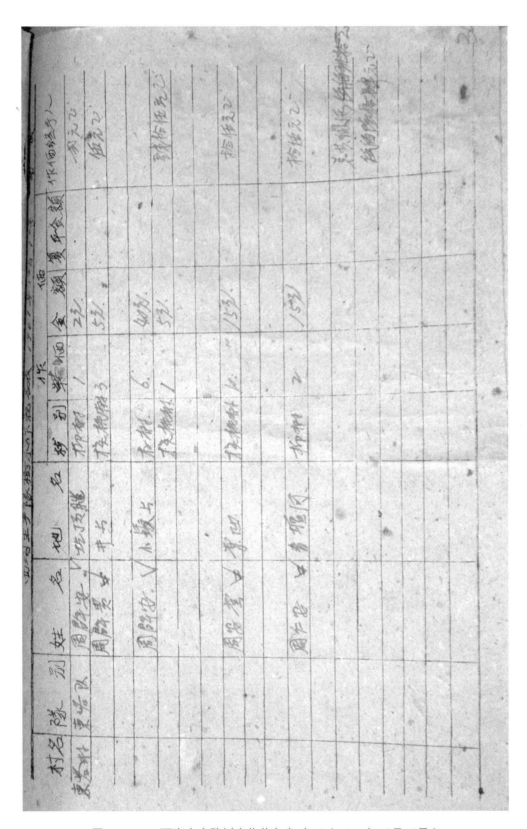

图1-1-35　西沟生产队树木作花名表 表29（1961年12月10号）

35

图1-1-36　东峪沟

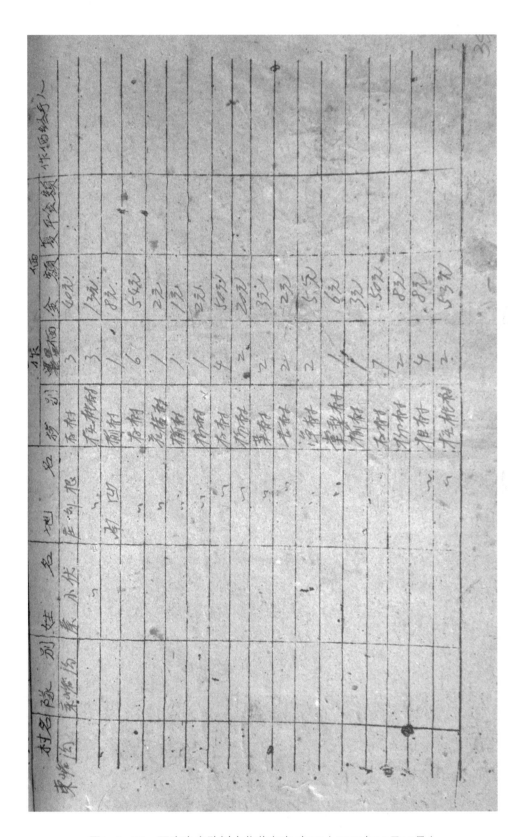

图1-1-37　西沟生产队树木作花名表 表30（1961年12月10号）

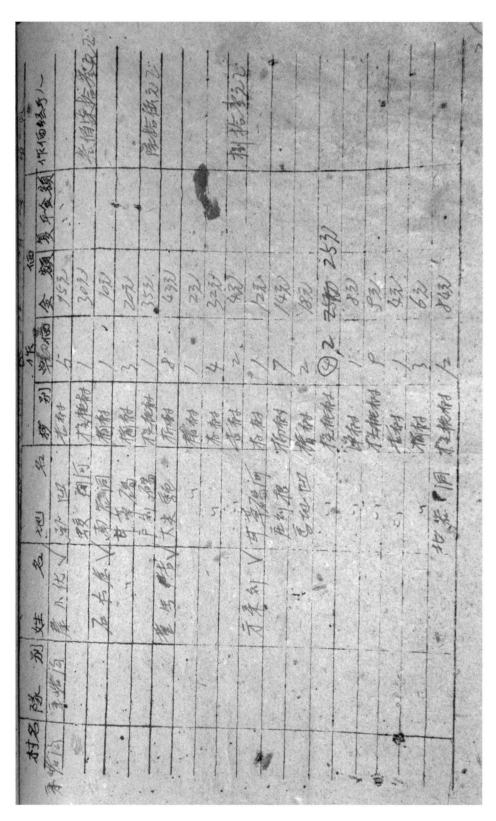

图1-1-38　西沟生产队树木作花名表 表31（1961年12月10号）

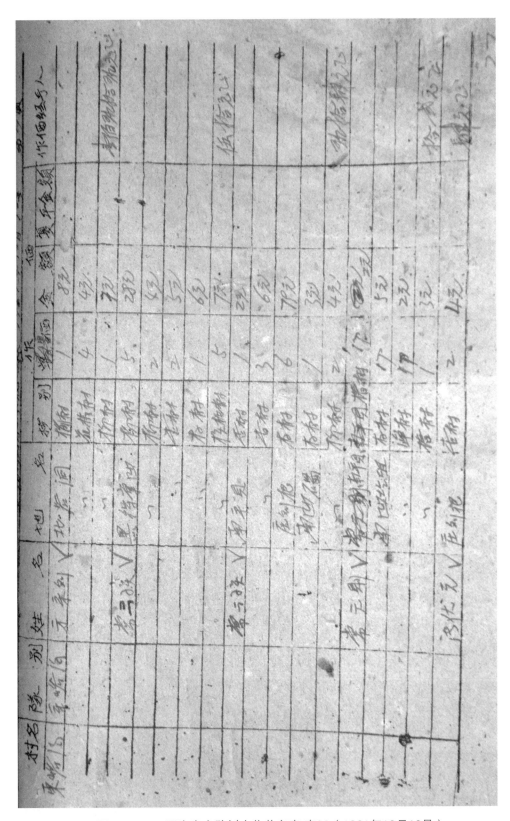

图1-1-39　西沟生产队树木作花名表 表32（1961年12月10号）

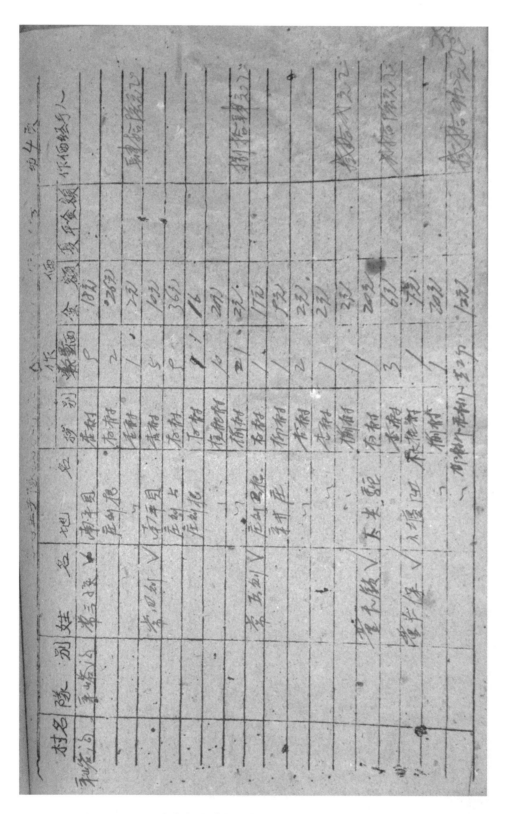

图1-1-40　西沟生产队树木作花名表 表33（1961年12月10号）

40

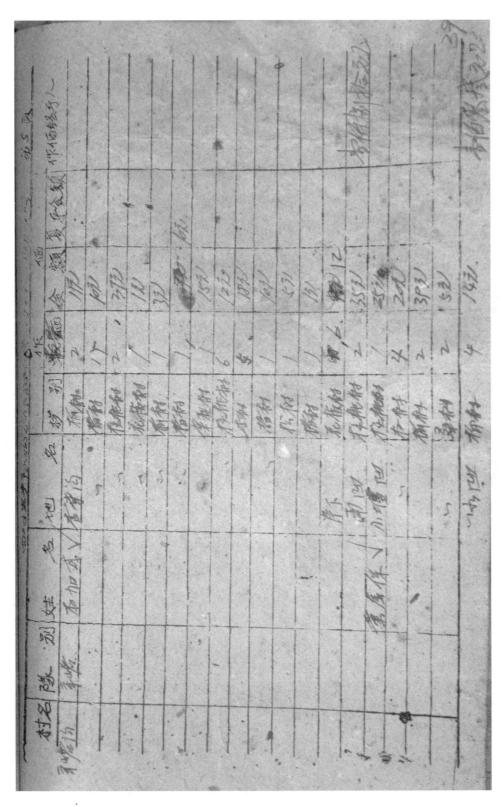

图1-1-41　西沟生产队树木作花名表 表34（1961年12月10号）

41

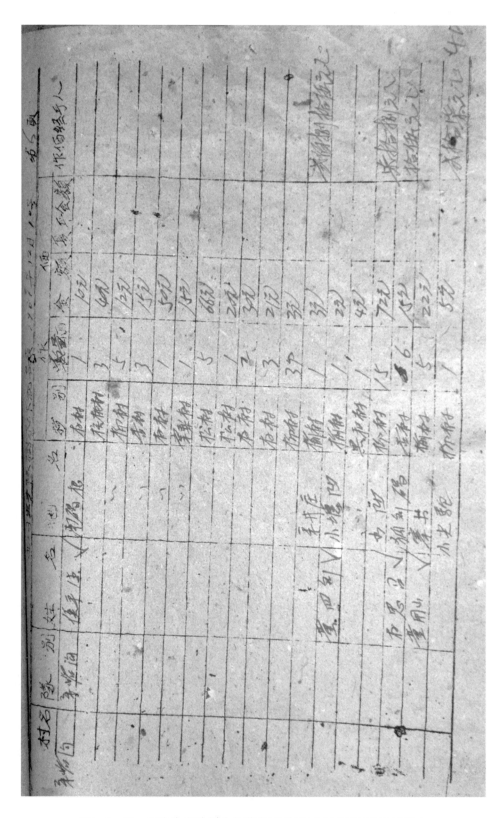

图1-1-42　西沟生产队树木作花名表 表35（1961年12月10号）

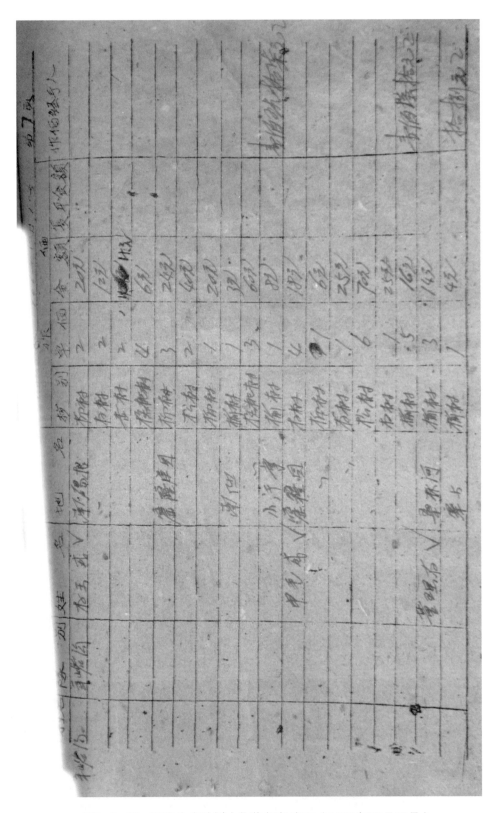

图1-1-43　西沟生产队树木作花名表 表36（1961年12月10号）

43

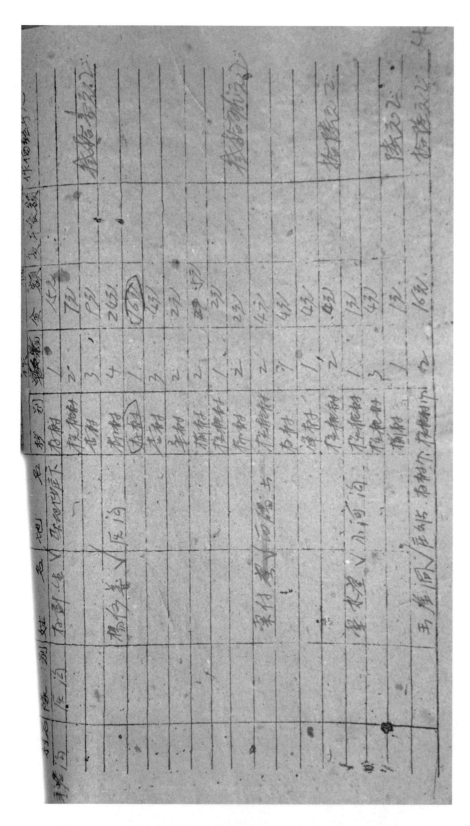

图1-1-44　西沟生产队树木作花名表 表37（1961年12月10号）

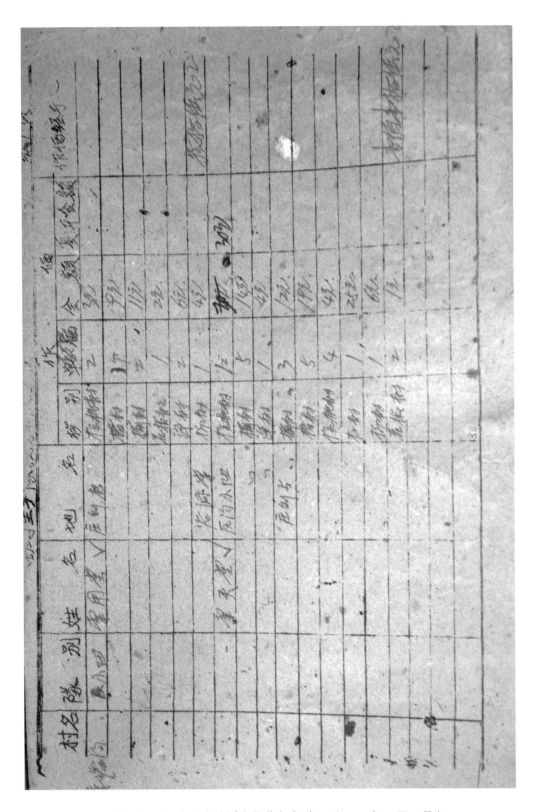

图1-1-45　西沟生产队树木作花名表 表38（1961年12月10号）

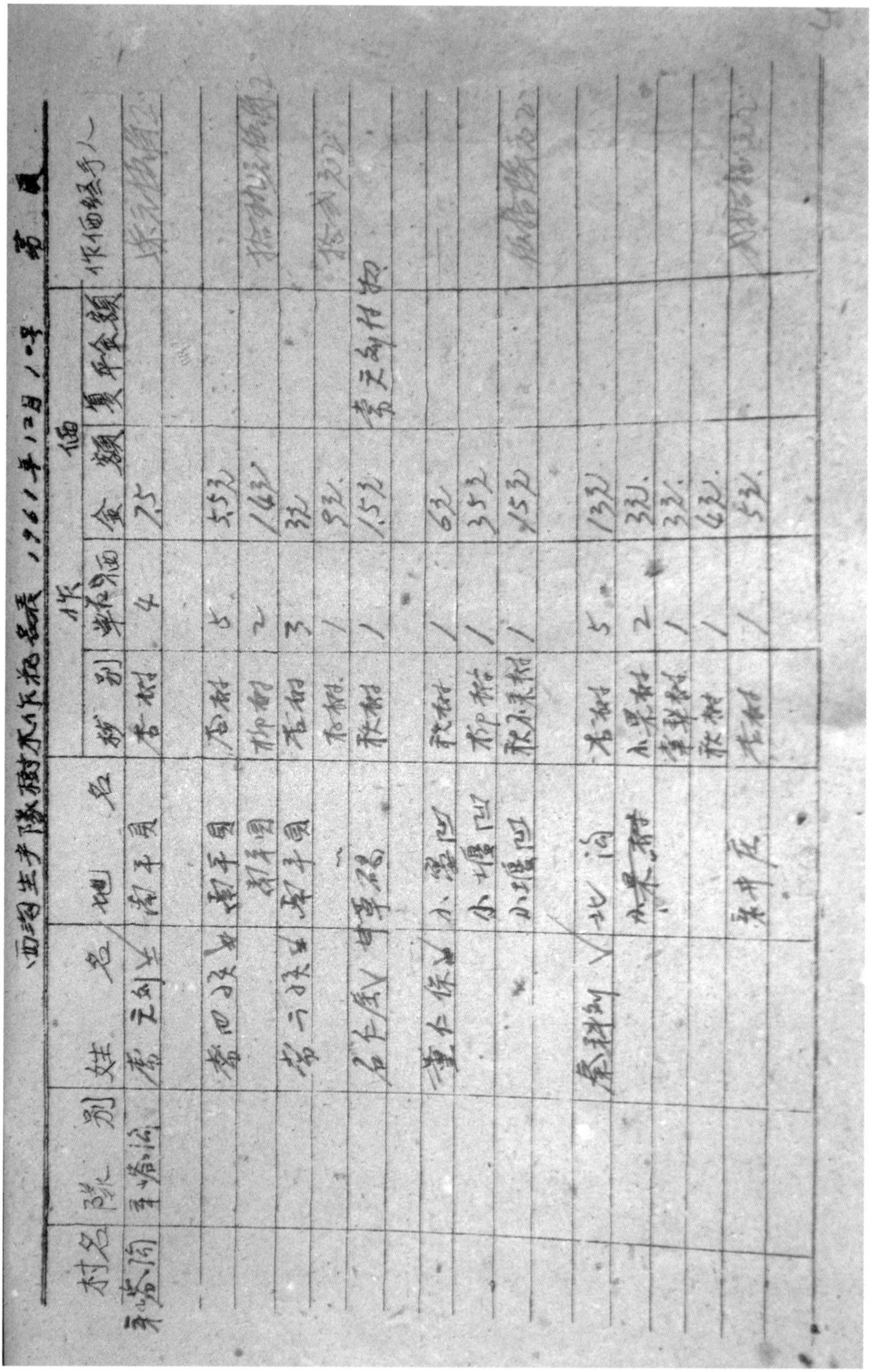

图1-1-46　西沟生产队树木作花名表 表39（1961年12月10号）

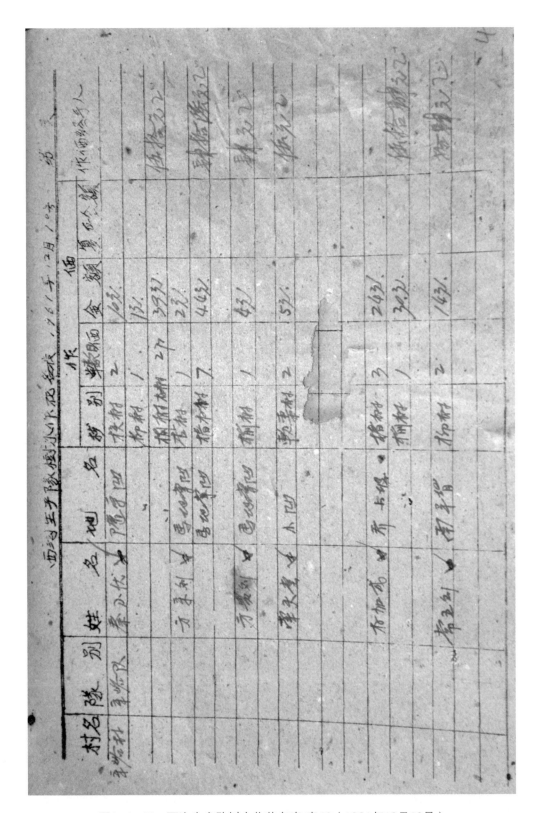

图1-1-47　西沟生产队树木作花名表 表40（1961年12月10号）

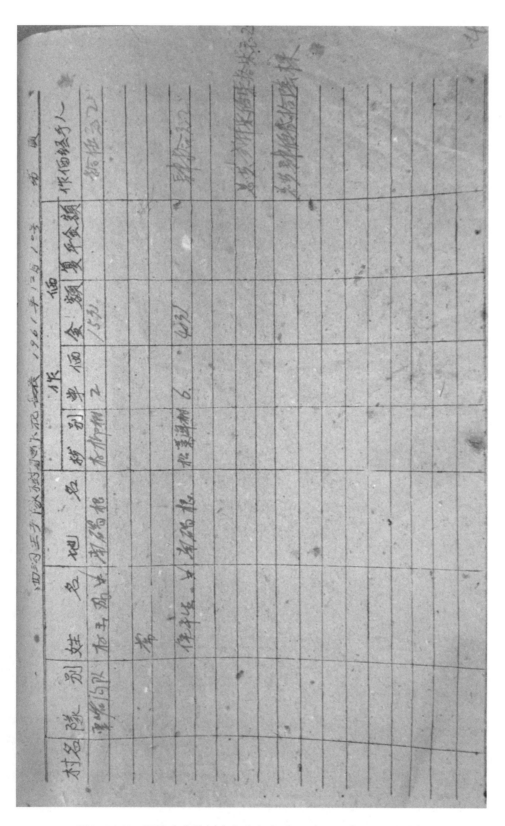

图1-1-48　西沟生产队树木作花名表 表41（1961年12月10号）

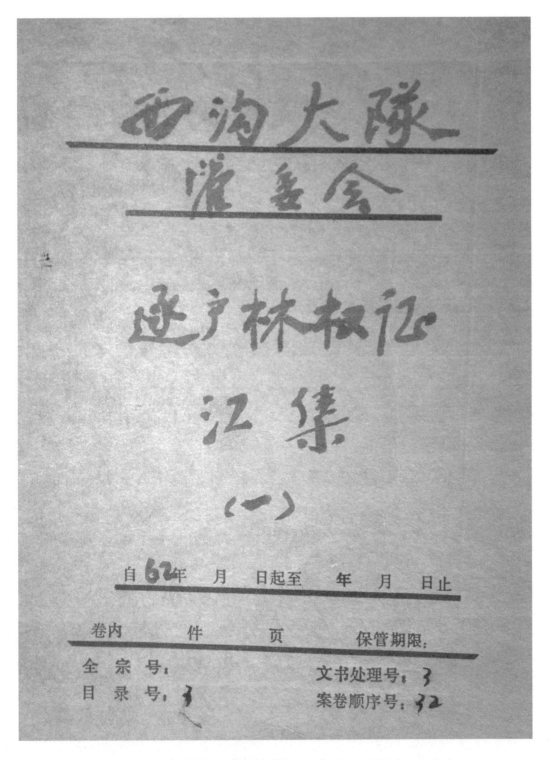

图1-2-1　西沟大队管委会逐户林权证汇集（一）封面（1962年）

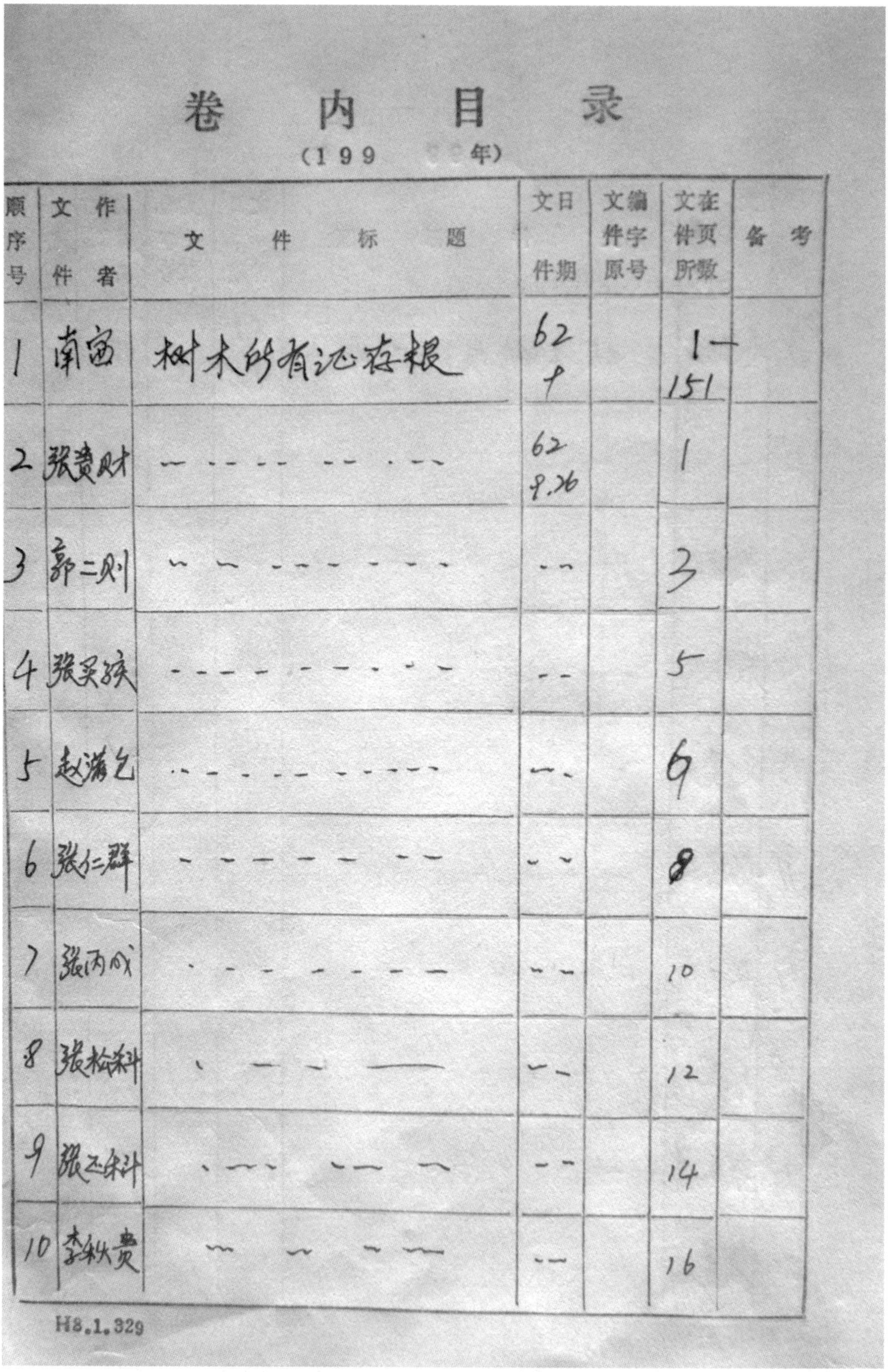

卷　内　目　录

(1 9 9 　　年)

顺序号	文件作者	文　件　标　题	文件日期	文件编字原号	文件在页所数	备考
1	南窑	树木所有汇存粮	62年		1—151	
2	张贵财	‐ ‐ ‐ ‐ ‐ ‐ ‐	62 9.26		1	
3	郭二则	‐ ‐ ‐ ‐ ‐ ‐	‐ ‐		3	
4	张吴族	‐ ‐ ‐ ‐ ‐ ‐	‐ ‐		5	
5	赵满乞	‐ ‐ ‐ ‐ ‐ ‐	‐ ‐		6	
6	张仁群	‐ ‐ ‐ ‐ ‐ ‐	‐ ‐		8	
7	张丙成	‐ ‐ ‐ ‐ ‐ ‐	‐ ‐		10	
8	张松科	‐ ‐ ‐ ‐ ‐ ‐	‐ ‐		12	
9	张乙科	‐ ‐ ‐ ‐ ‐ ‐	‐ ‐		14	
10	李秋贵	‐ ‐ ‐ ‐ ‐ ‐	‐ ‐		16	

H8.1.329

图1-2-2　西沟大队管委会逐户林权证汇集（一）目录1

50

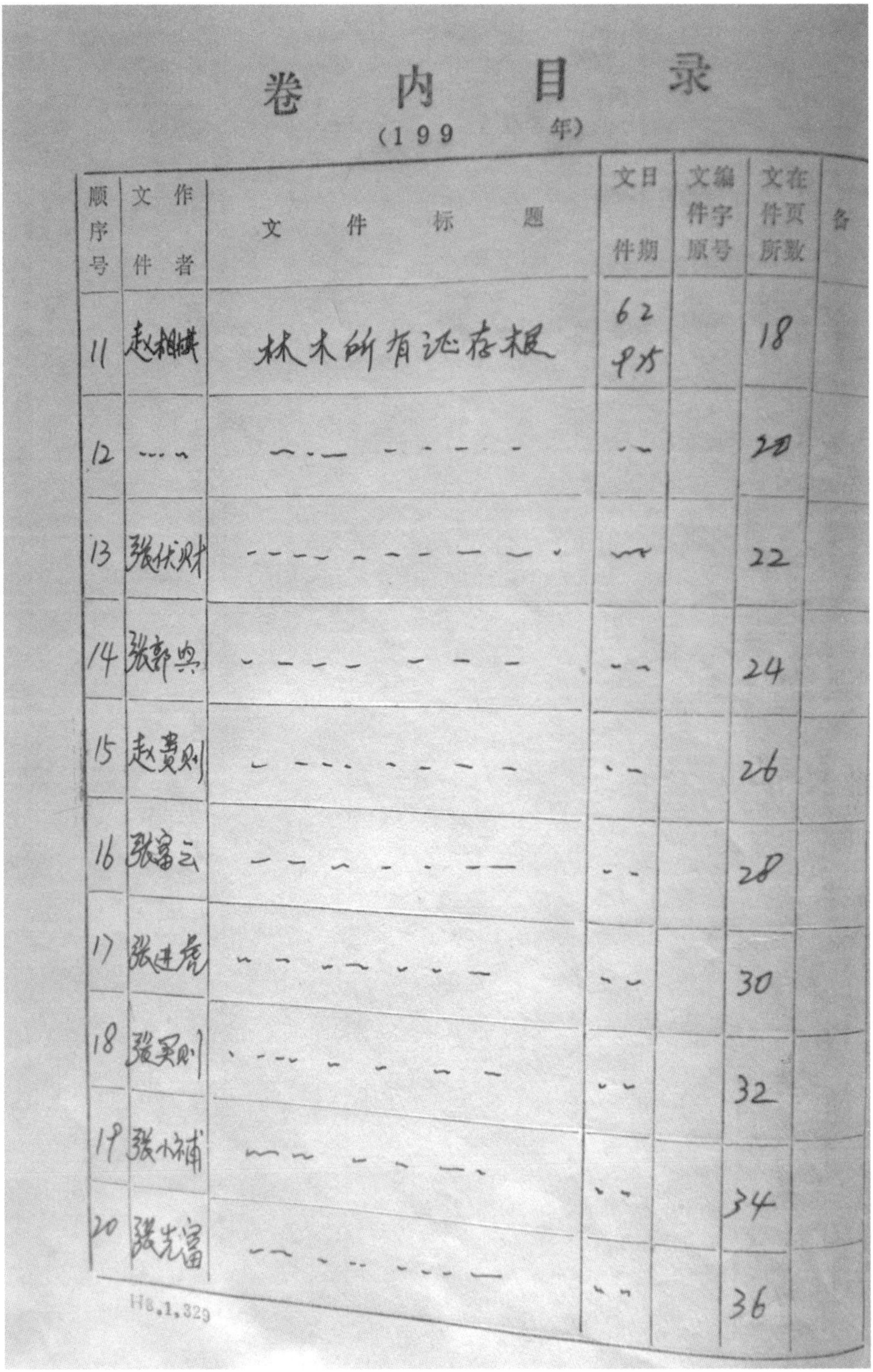

卷 内 目 录

（199　　年）

顺序号	文件作者	文 件 标 题	文件日期	文件字编原号	文件在页所数	备
11	赵相琪	林木所有证存根	62 95		18	
12	〃	— — — — —	〃		20	
13	张伏财	— — — — — — ·	〃		22	
14	张新典	— — — — —	〃		24	
15	赵贵则	— — — — —	〃		26	
16	张富云	— — — — · ·	〃		28	
17	张进莲	— — — — —	〃		30	
18	张买则	· — — — — —	〃		32	
19	张小补	— — — — —	〃		34	
20	张先富	— — — — —	〃		36	

H8.1.329

图1-2-3　西沟大队管委会逐户林权证汇集（一）目录2

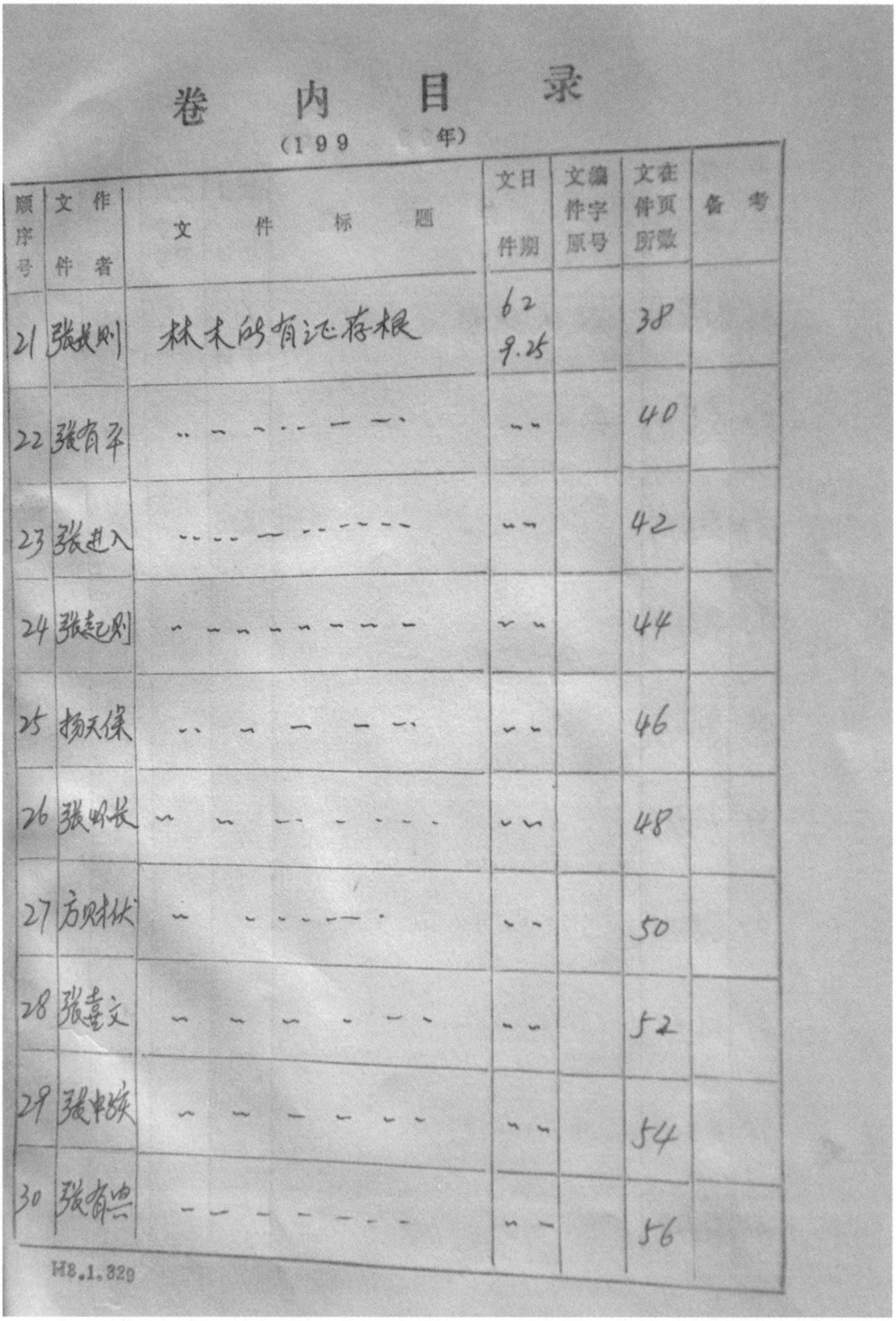

卷 内 目 录
（1 9 9　　　年）

顺序号	文件作者	文 件 标 题	文件日期	文件编字原号	文件在页所载	备 考
21	张发则	林木所有证存根	62 9.25		38	
22	张育平	⸺ ⸺ ⸺ ⸺ ⸻	〃		40	
23	张进入	⸺ ⸺ ⸺ ⸺ ⸻	〃		42	
24	张起则	⸺ ⸺ ⸺ ⸺ ⸻	〃		44	
25	扬天保	⸺ ⸺ ⸺ ⸺ ⸻	〃		46	
26	张明长	⸺ ⸺ ⸺ ⸺ ⸻	〃		48	
27	方财伙	⸺ ⸺ ⸺ ⸺ ⸻	〃		50	
28	张壹文	⸺ ⸺ ⸺ ⸺ ⸻	〃		52	
29	张中族	⸺ ⸺ ⸺ ⸺ ⸻	〃		54	
30	张育典	⸺ ⸺ ⸺ ⸺ ⸻	〃		56	

H8.1.329

图1-2-4　西沟大队管委会逐户林权证汇集（一）目录3

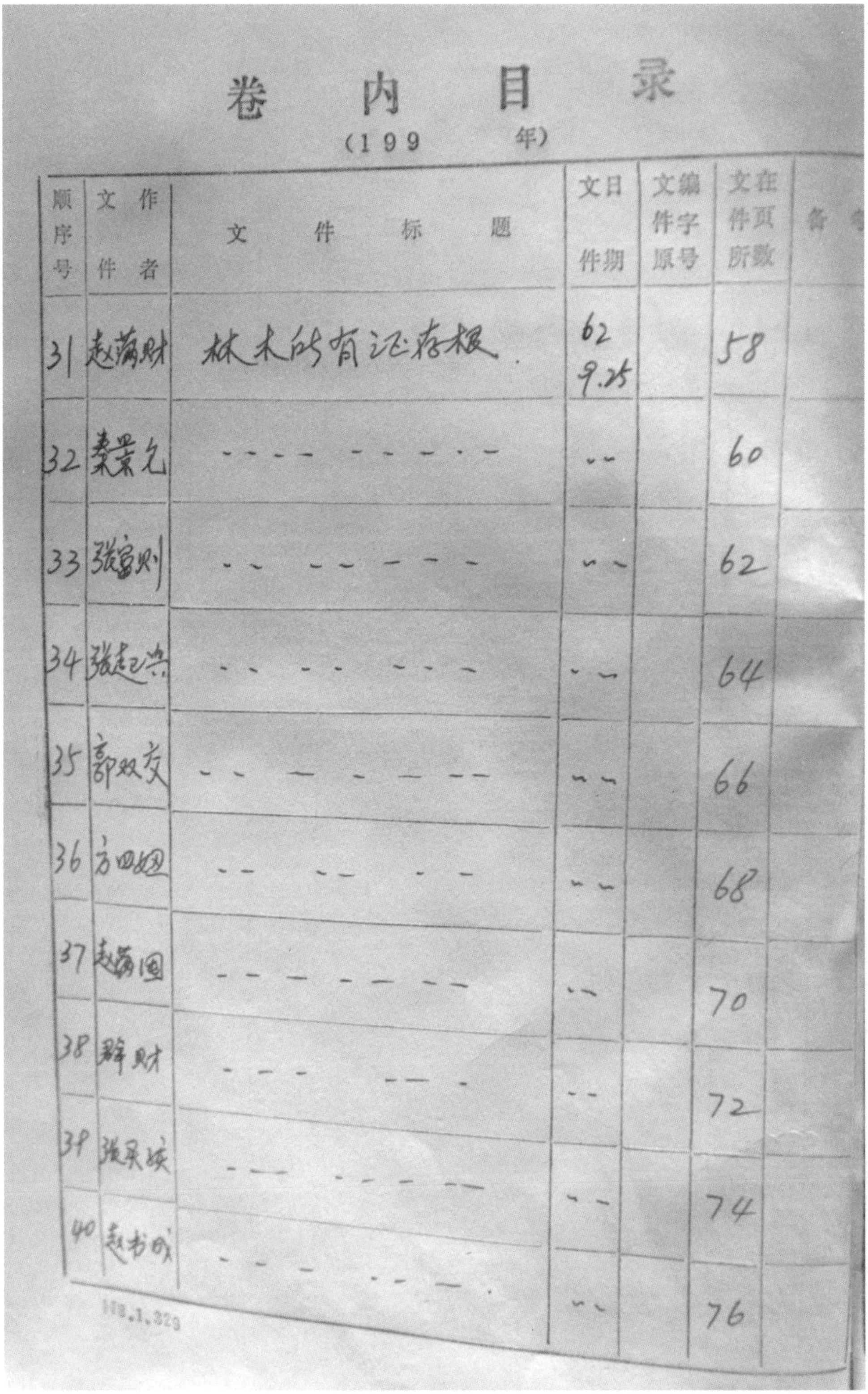

卷 内 目 录

（199　　年）

顺序号	文件作者	文 件 标 题	文件日期	文件字原编号	文件在页所数	备 注
31	赵满财	林木所有证存根	62 9.25		58	
32	秦荣元	- · - · - · - · - ·	··		60	
33	张富则	- · - · - · - ·	··		62	
34	张起杰	- · - · - ·	··		64	
35	郭双交	- · - · - ·	··		66	
36	方四妞	- · - · - ·	··		68	
37	赵满囤	- · - · - ·	··		70	
38	群财	- · - · - ·	··		72	
39	雅录娥	- · - · -	··		74	
40	赵书成	- · - · - ·	··		76	

图1-2-5　西沟大队管委会逐户林权证汇集（一）目录4

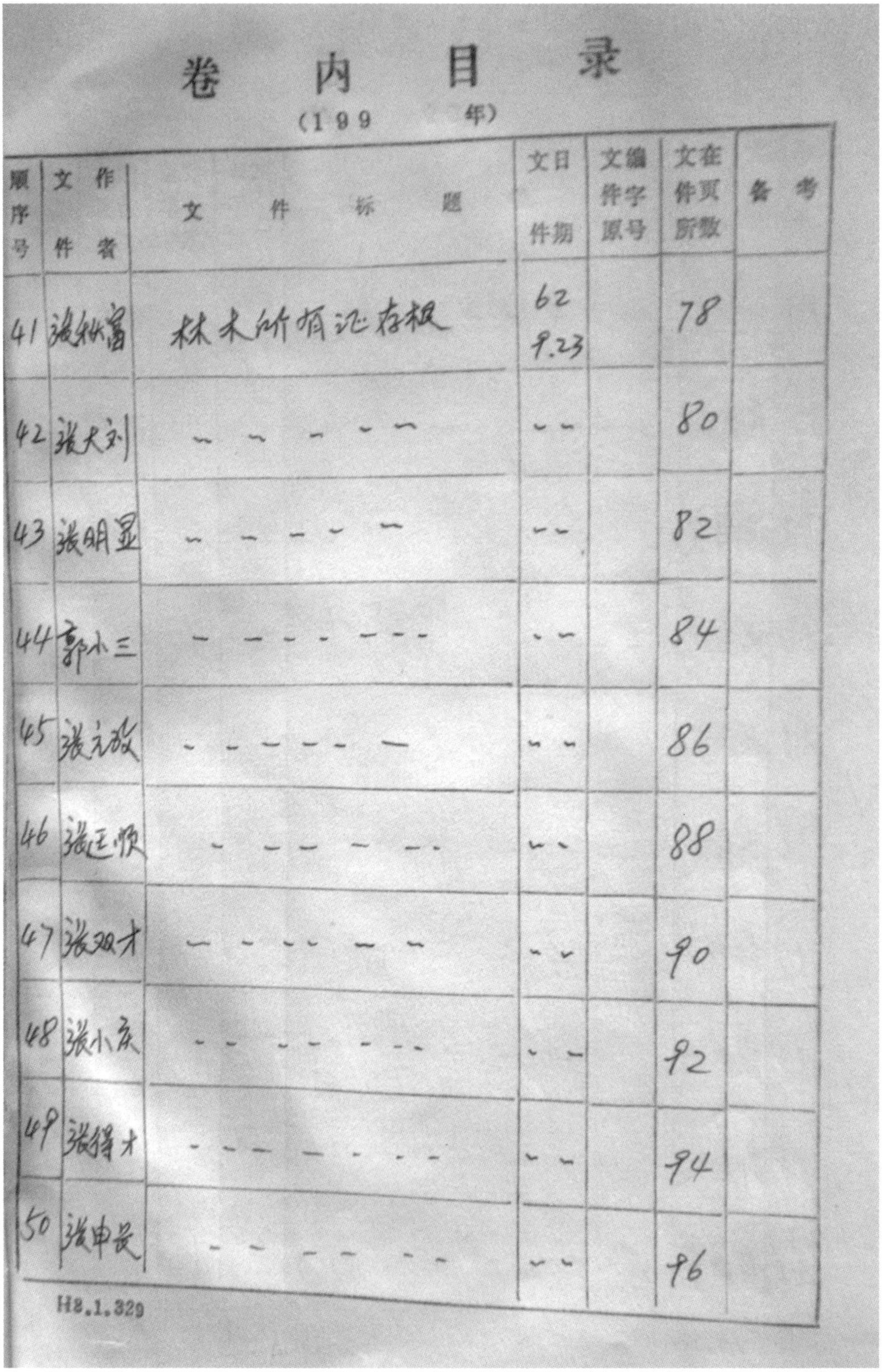

卷 内 目 录

顺序号	文件作者	文件标题	文件日期	文件编字原号	文件在页所数	备考
41	张秋富	林木所有汇存根	62 9.23		78	
42	张犬刘	〃 〃 〃 〃	〃 〃	80	
43	张明显	〃 〃 〃 〃	〃 〃	82	
44	郭小三	〃 〃 〃 〃	〃 〃	84	
45	张元政	〃 〃 〃 〃 〃	〃 〃	86	
46	张廷顺	〃 〃 〃 〃 〃	〃 〃	88	
47	张双才	〃 〃 〃 〃 〃	〃 〃	90	
48	张小庆	〃 〃 〃 〃	〃 〃	92	
49	张得才	〃 〃 〃 〃 〃	〃 〃	94	
50	张申长	〃 〃 〃 〃	〃 〃	96	

H8.1.329

图1-2-6　西沟大队管委会逐户林权证汇集（一）目录5

54

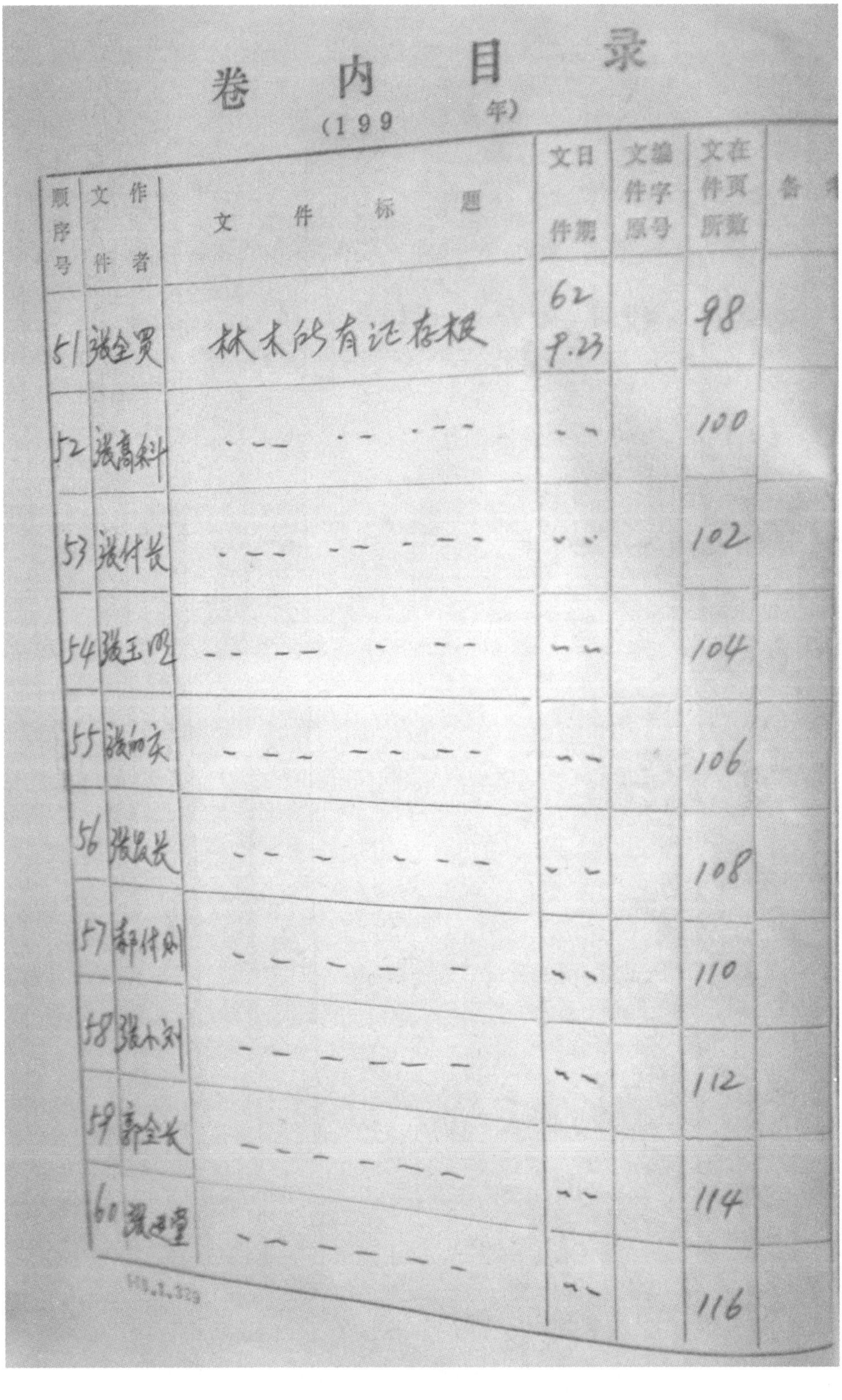

卷 内 目 录

（199　　年）

顺序号	文件作者	文件标题	文件日期	文件编字原号	文件在页所载	备考
51	张全贵	林木所有证存根	62 9.23		98	
52	张高科	. - - - - - - -	- -		100	
53	张什岁	. - - - - - - -	✓ .		102	
54	张玉娥	- - - - - -	- -		104	
55	张加庆	- - - - - -			106	
56	张成发	- - - - -	- -		108	
57	郁什则	- - - - -	- -		110	
58	张小刘	- - - - -	- -		112	
59	郭全长	- - - - -	- -		114	
60	张进堂	- - - - -	- -		116	

图1-2-7　西沟大队管委会逐户林权证汇集（一）目录6

55

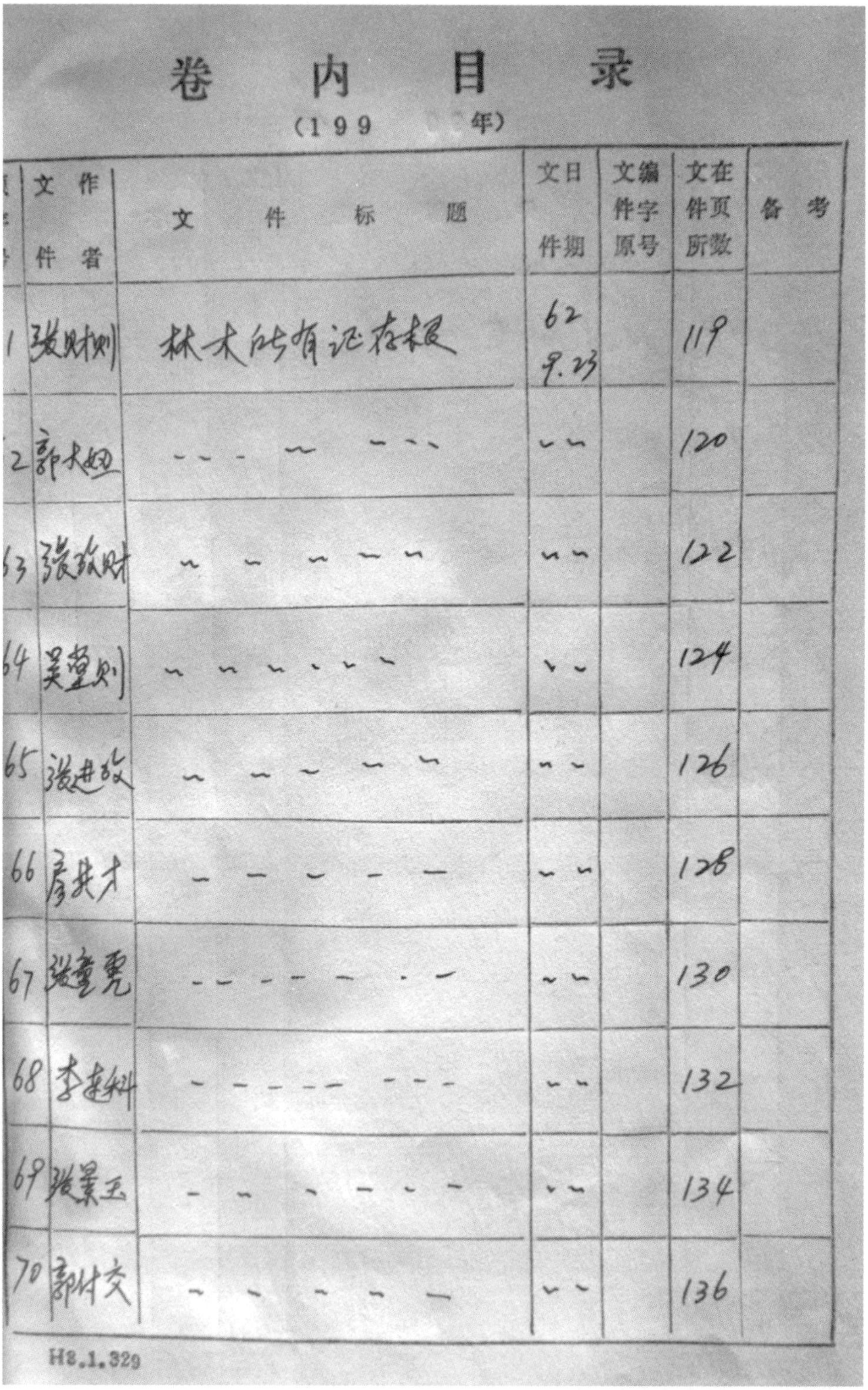

卷 内 目 录

（199　　年）

顺序号	文件作者	文件标题	文件日期	文件编字原号	文在件页所数	备考
61	张财则	林木所有证存根	62 9.23		119	
62	郭大妞	〃 〃 〃	〃〃	120	
63	张玖财	〃 〃 〃 〃	〃〃	122	
64	吴堂则	〃 〃 〃 〃 〃	〃〃	124	
65	张进改	〃 〃 〃 〃	〃〃	126	
66	彦其才	〃 〃 〃 〃	〃〃	128	
67	逃堂茂	〃 〃 〃 〃	〃〃	130	
68	李连科	〃 〃 〃 〃	〃〃	132	
69	张景玉	〃 〃 〃	〃〃	134	
70	郭付交	〃 〃	〃〃	136	

H8.1.329

图1-2-8　西沟大队管委会逐户林权证汇集（一）目录7

56

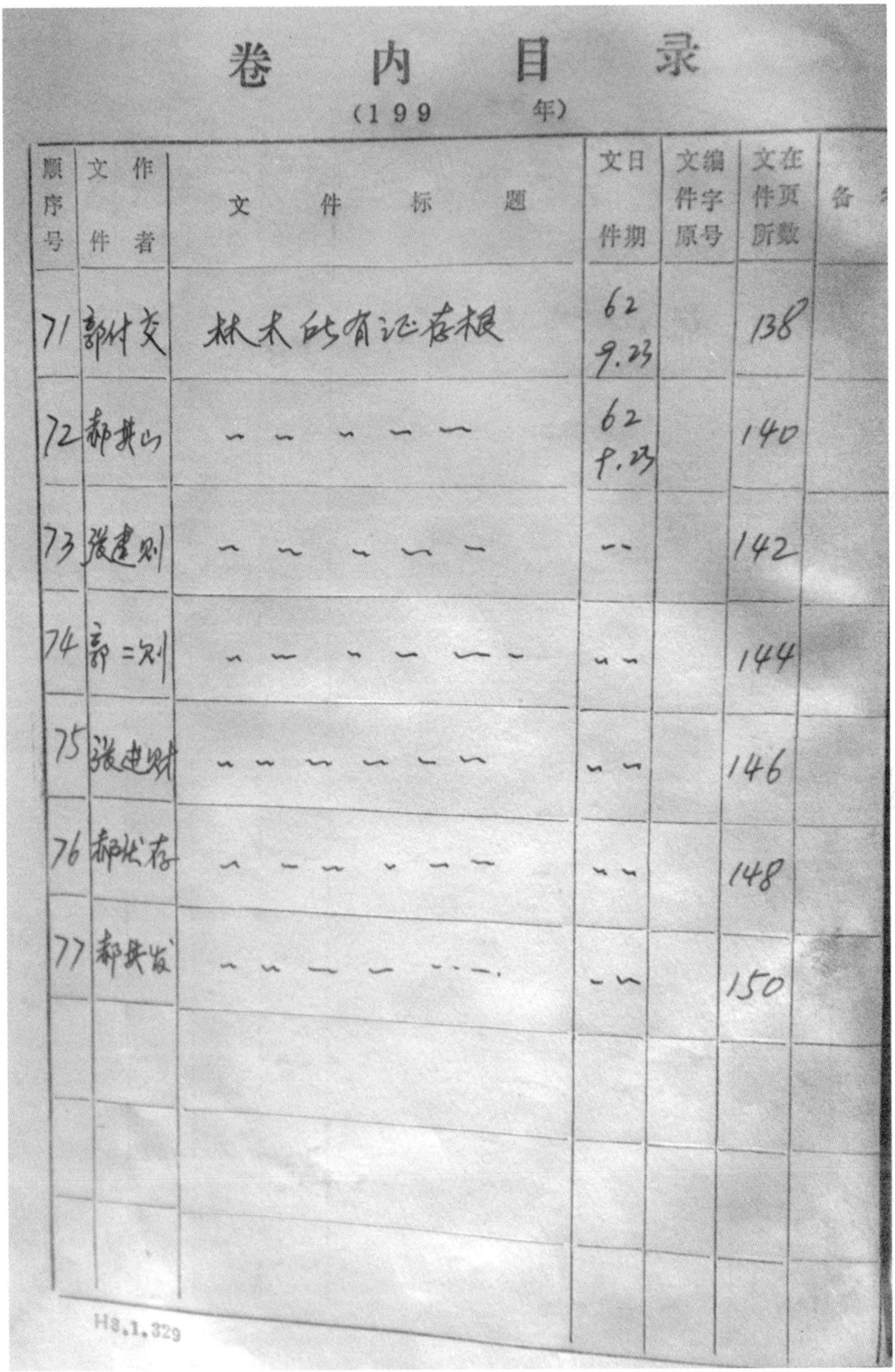

卷 内 目 录
（199　年）

顺序号	文件作者	文件标题	文件日期	文编件字原号	文件在页所数	备注
71	郭付交	林木私有证存根	62 9.23		138	
72	郭其山	〃～～～～～	62 9.23		140	
73	张建则	〃～～～～～	〃		142	
74	郭=刘	〃～～～～～	〃～		144	
75	张建财	〃～～～～～	〃～		146	
76	郭比存	〃～～～～～	〃～		148	
77	郭其发	〃～～～～～	〃～		150	

H3.1.329

图1-2-9　西沟大队管委会逐户林权证汇集（一）目录8

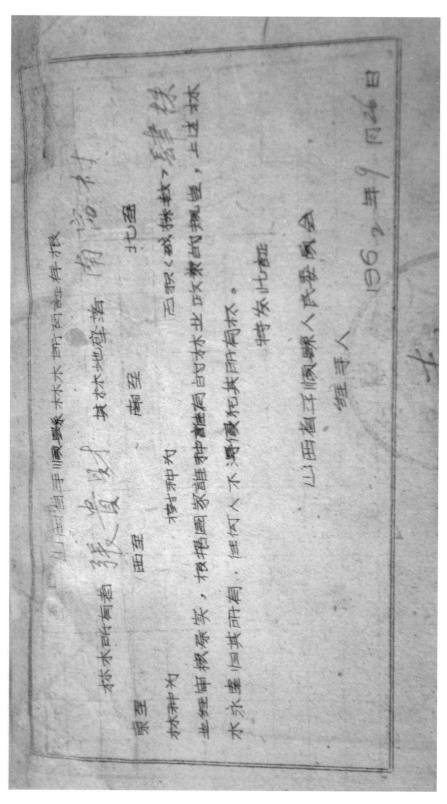

图1-2-10　张贵财林木所有证存根

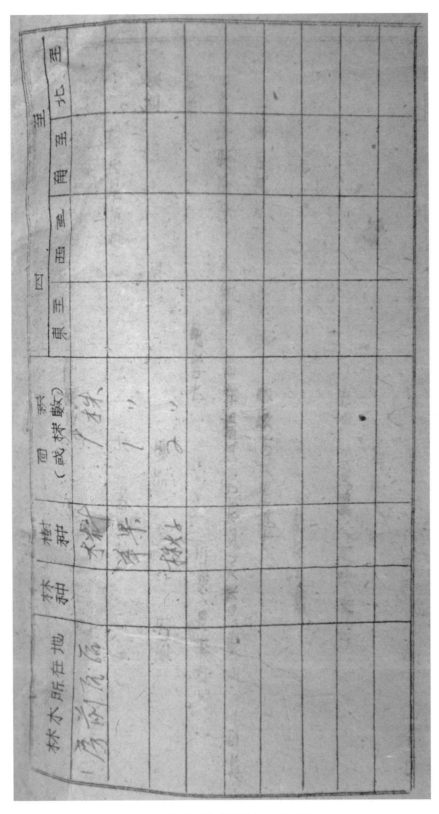

图1-2-11 张贵财林木所有证存根明细

59

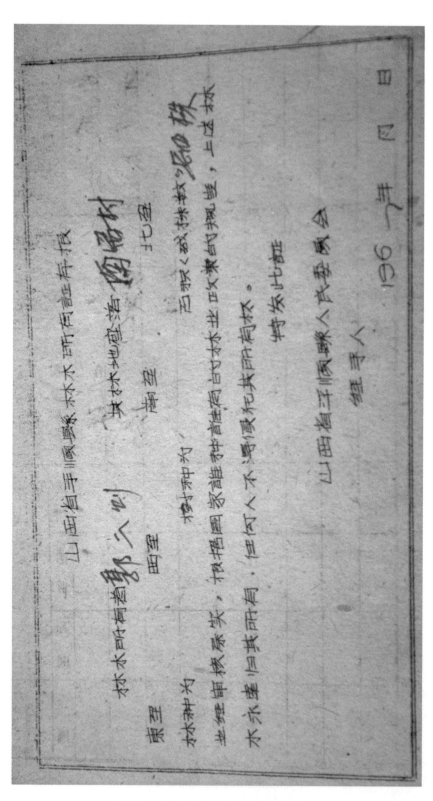

图1-2-12　郭二则林木所有证存根

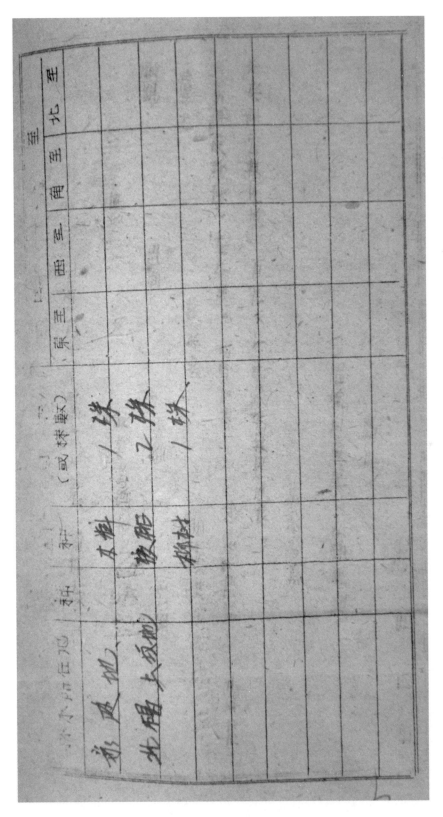

图1-2-13　郭二则林木所有证存根明细

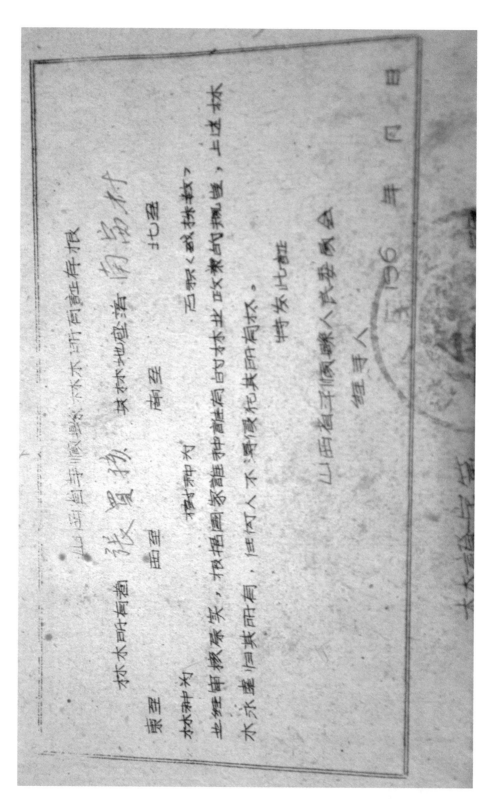

图1-2-14 张买孩林木所有证存根

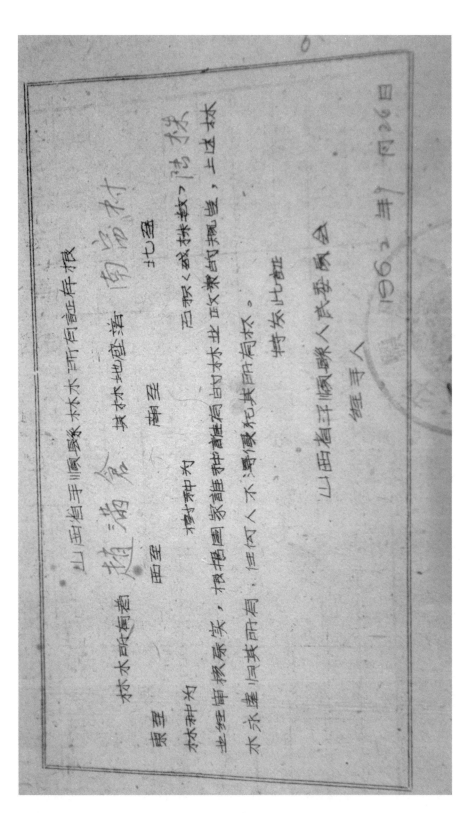

图1-2-15　赵满仓林木所有证存根

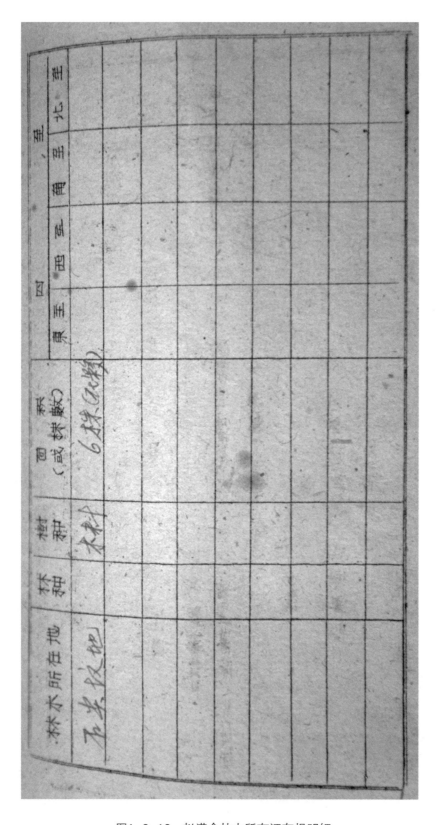

图1-2-16　赵满仓林木所有证存根明细

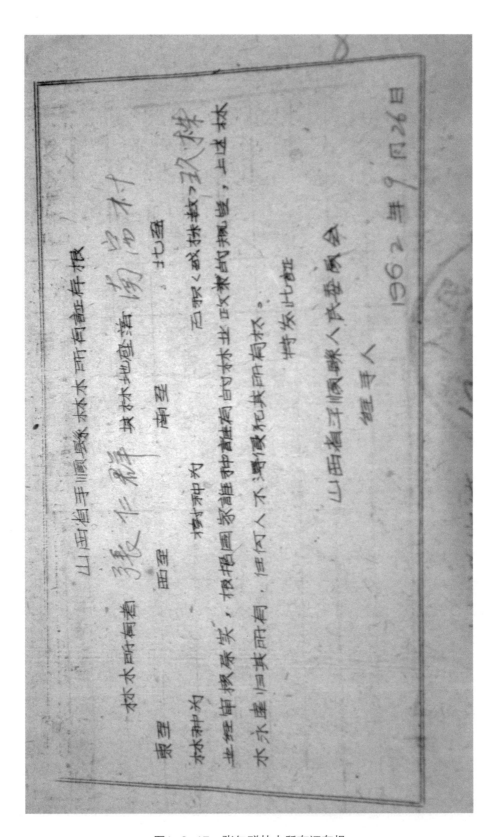

图1-2-17　张仁群林木所有证存根

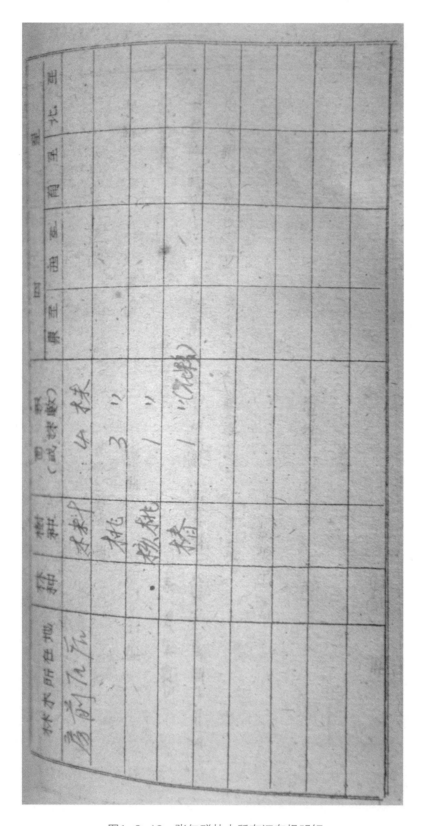

图1-2-18 张仁群林木所有证存根明细

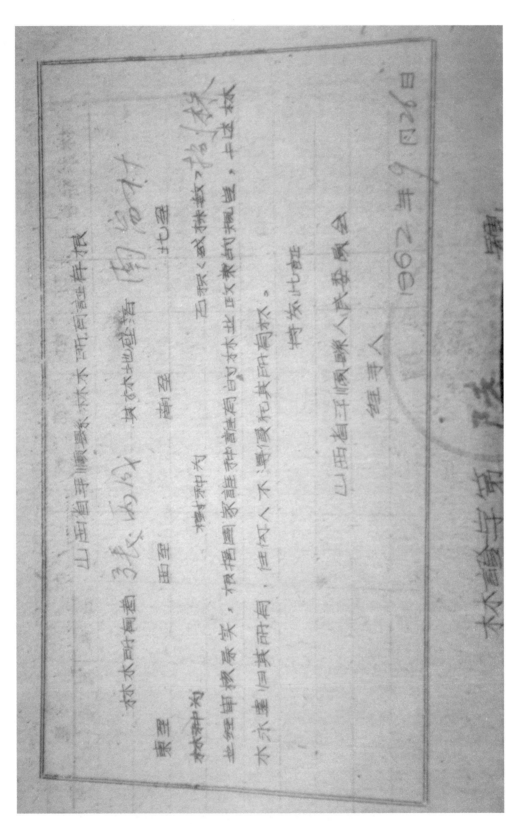

图1-2-19　张丙成林木所有证存根

图1-2-20　张丙成林木所有证存根明细

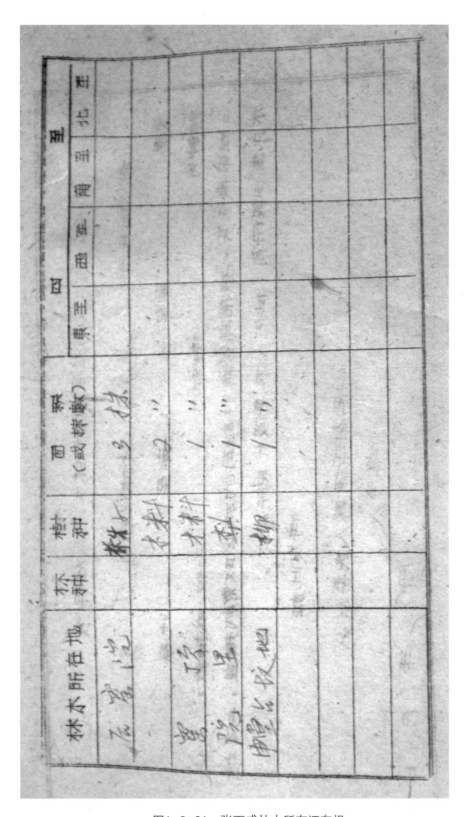

图1-2-21　张丙成林木所有证存根

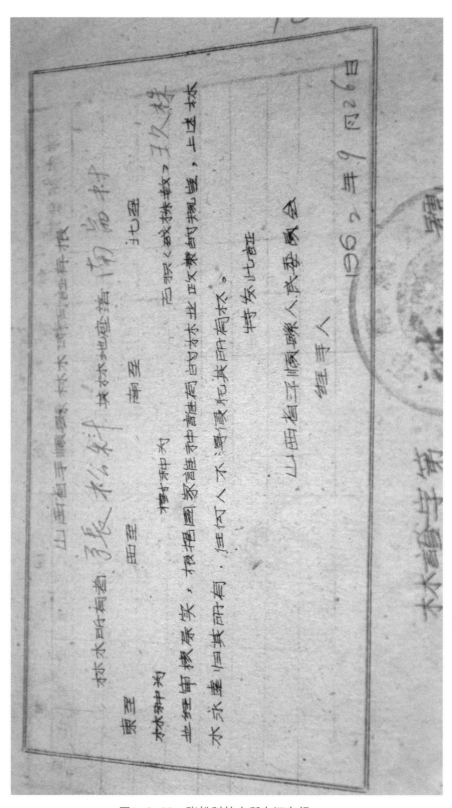

图1-2-22 张松科林木所有证存根

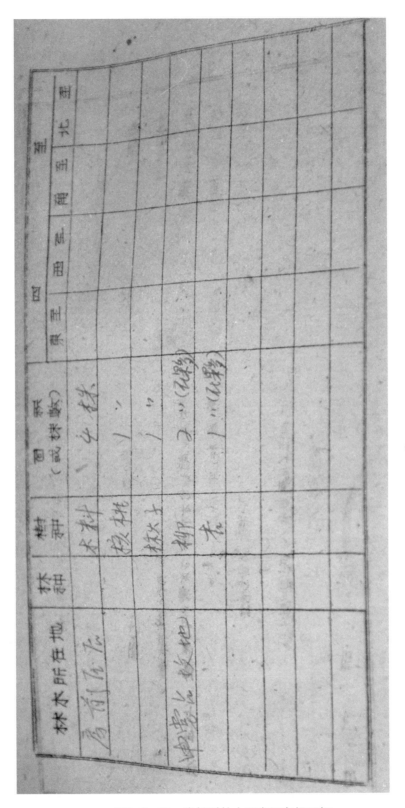

图1-2-23 张松科林木所有证存根明细

71

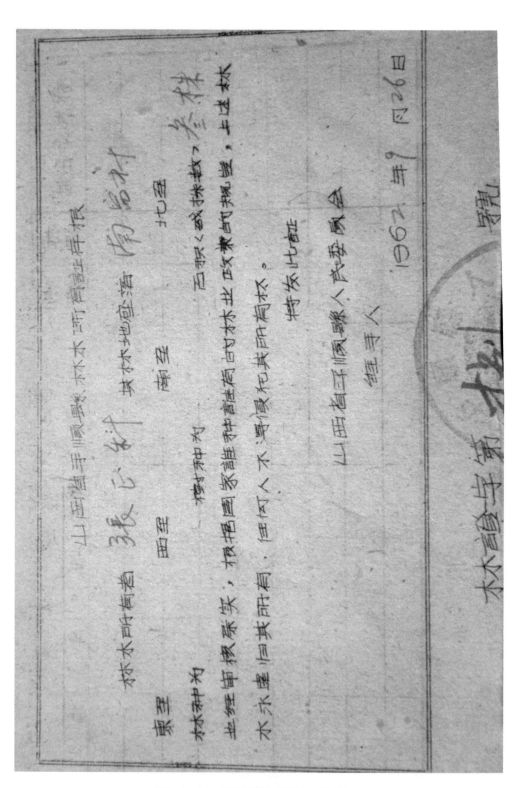

图1-2-24　张正科林木所有证存根

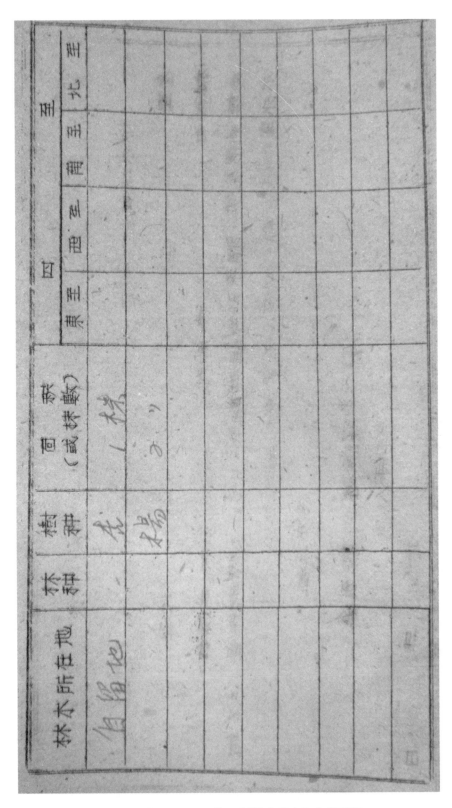

图1-2-25　张正科林木所有证存根明细

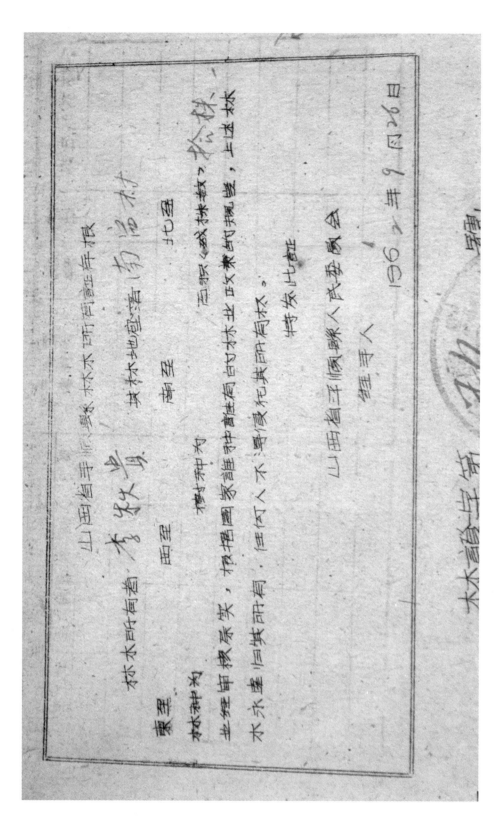

图1-2-26　张秋贵林木所有证存根

74

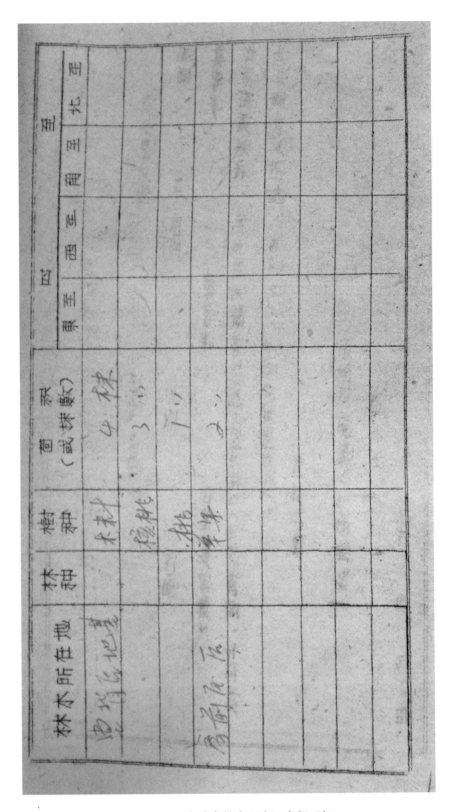

图1-2-27　张秋贵林木所有证存根明细

75

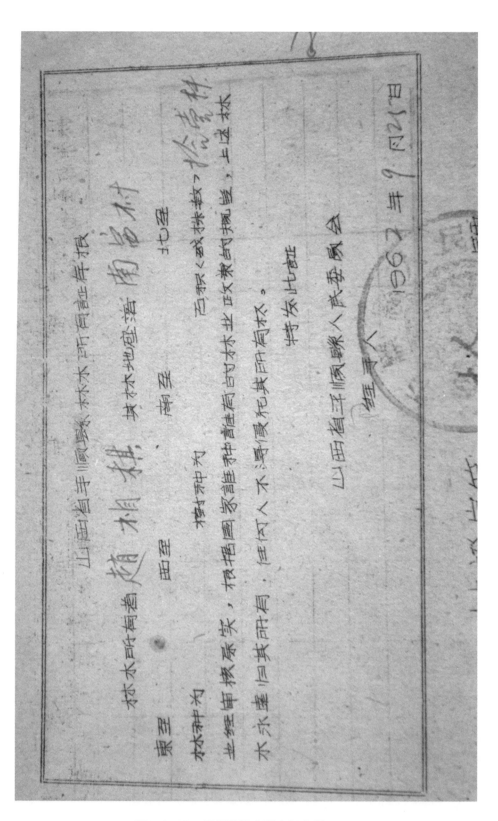

图1-2-28　赵相棋林木所有证存根

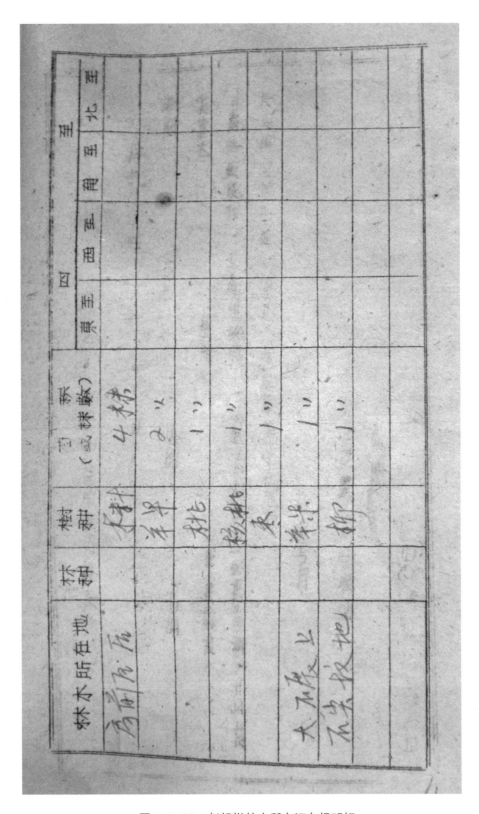

图1-2-29　赵相棋林木所有证存根明细

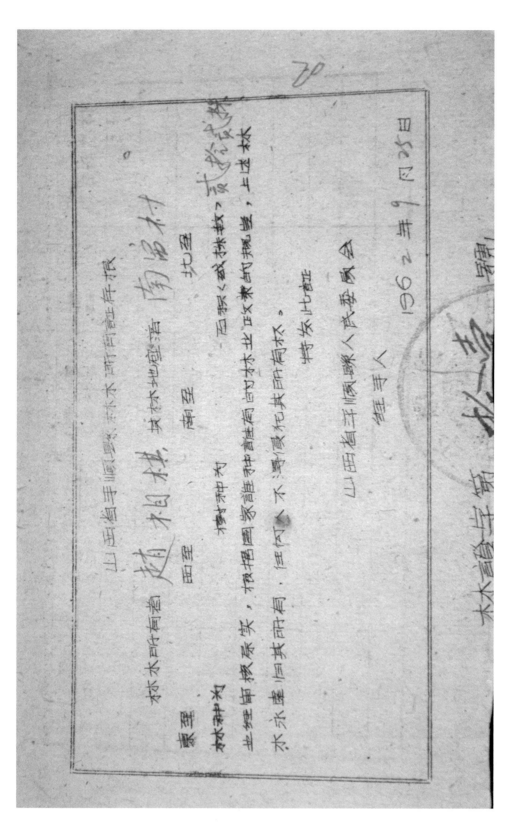

图1-2-30　赵相棋林木所有证存根

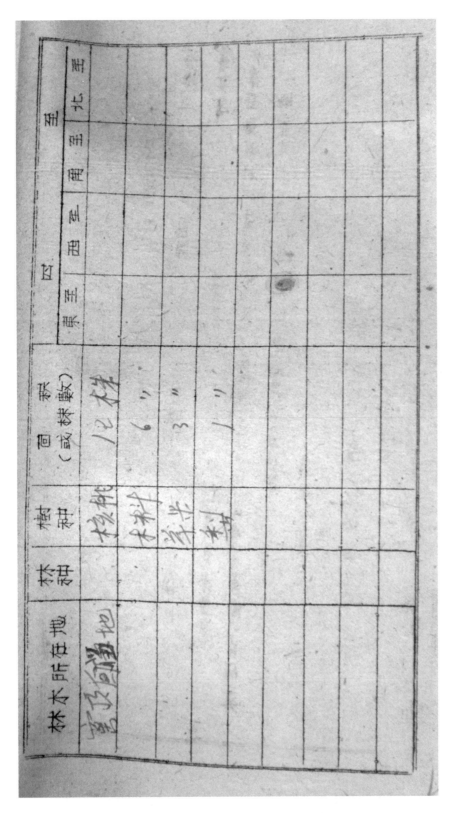

林木所在地	树种	面 积 （或株数）	四 至				至	
			东 至	西 至	南 至	北 至		
家及园地	核桃	12 棵						
	桑树	9 "						
	苹果	3 "						
	梨	1 "						

图1-2-31　赵相棋林木所有证存根明细

79

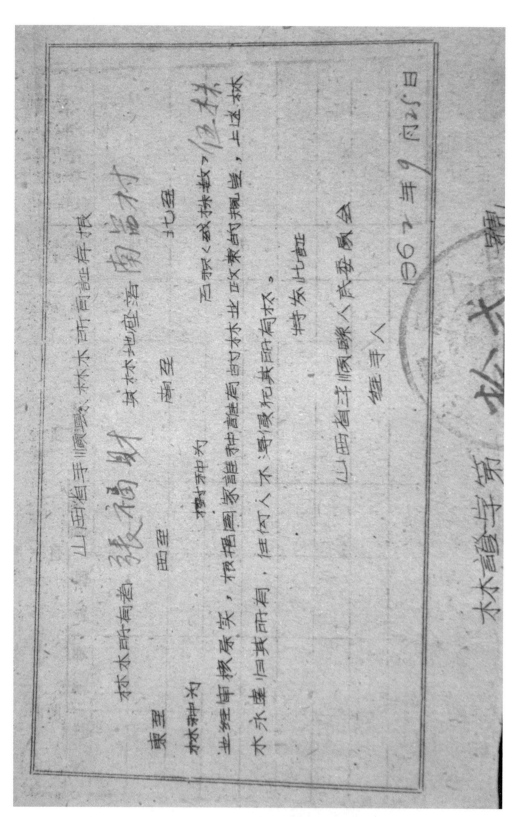

图1-2-32　张福财林木所有证存根

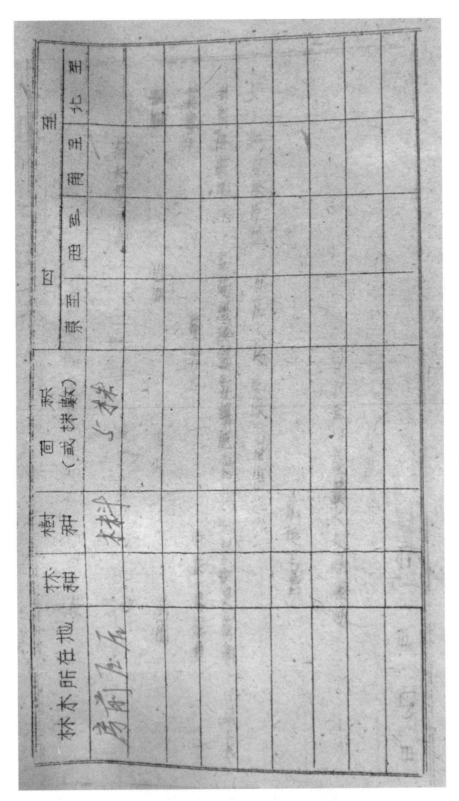

图1-2-33　张福财林木所有证存根明细

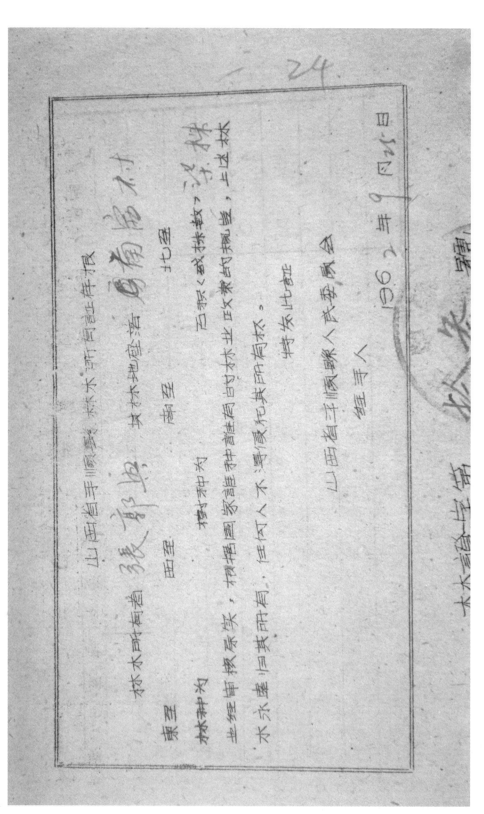

图1-2-34 张郭典林木所有证存根

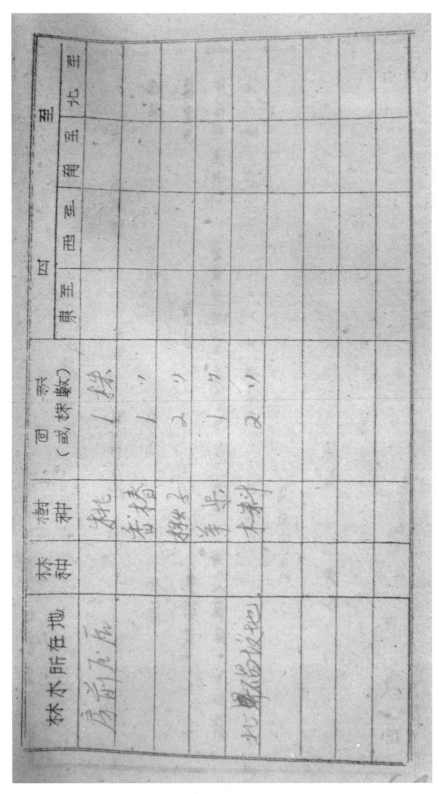

图1-2-35　张郭典林木所有证存根明细

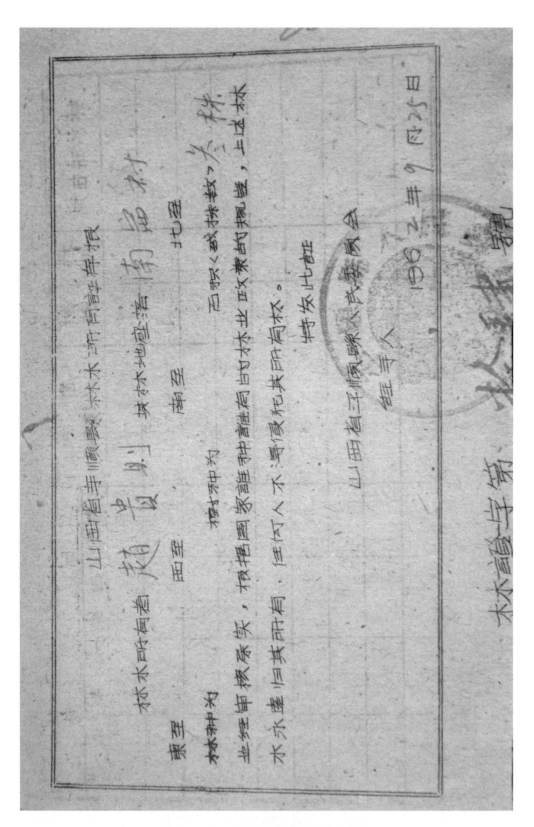

图1-2-36 赵贵则林木所有证存根

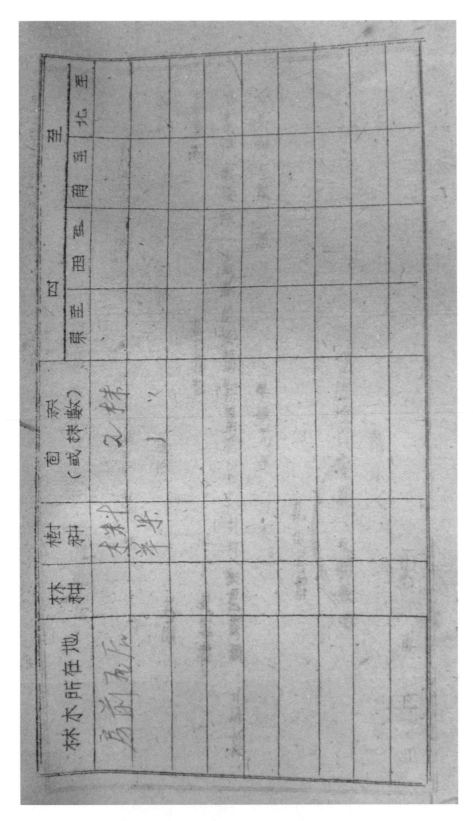

图1-2-37　赵贵则林木所有证存根明细

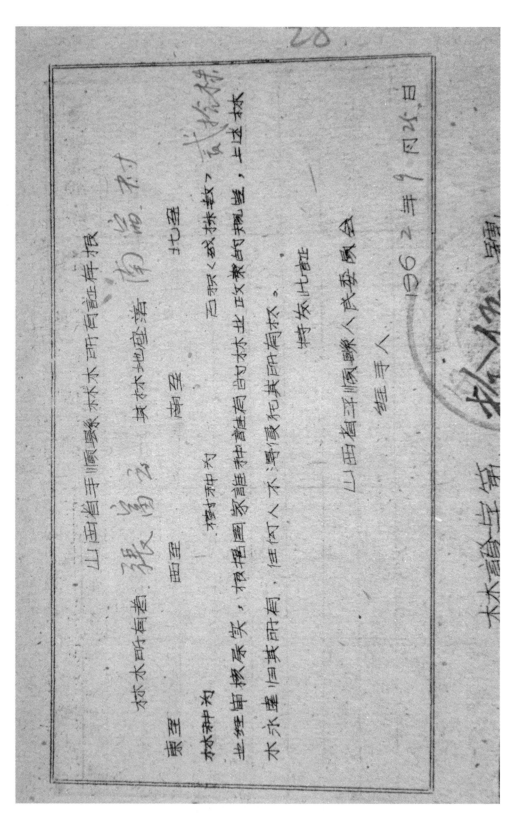

图1-2-38 张富云林木所有证存根

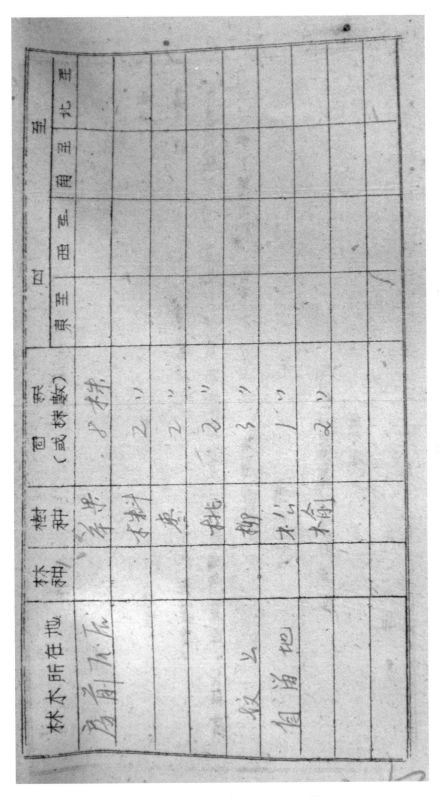

图1-2-39 张富云林木所有证存根明细

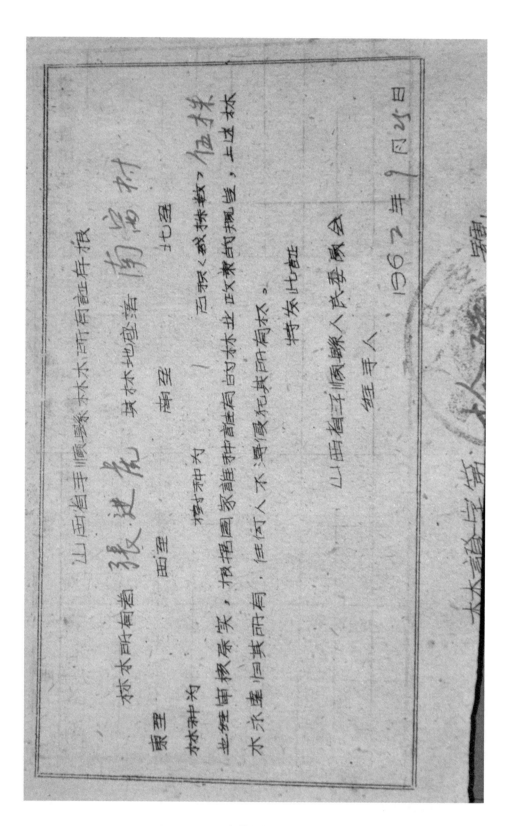

图1-2-40　张进虎林木所有证存根

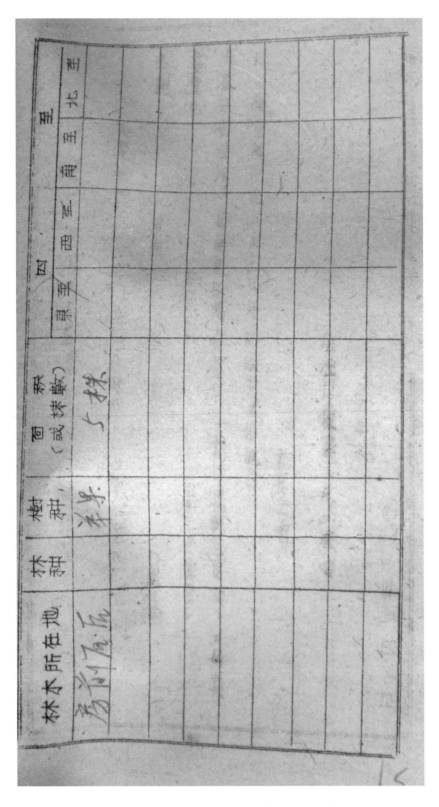

图1-2-41　张进虎林木所有证存根明细

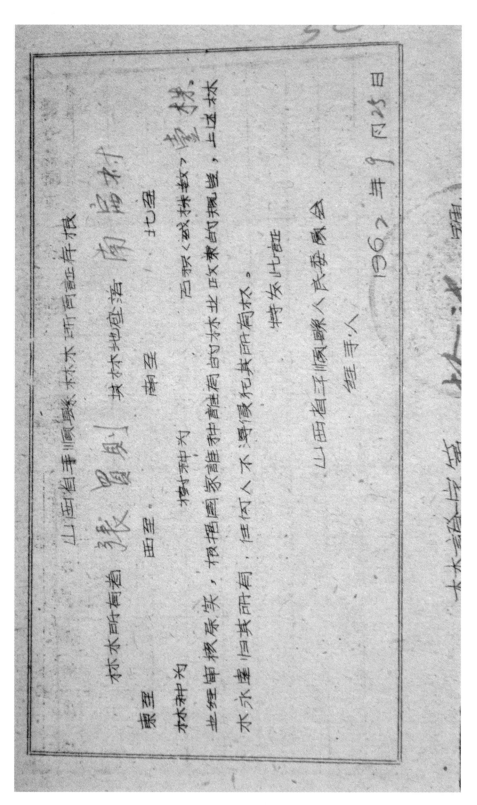

图1-2-42　张买则林木所有证存根

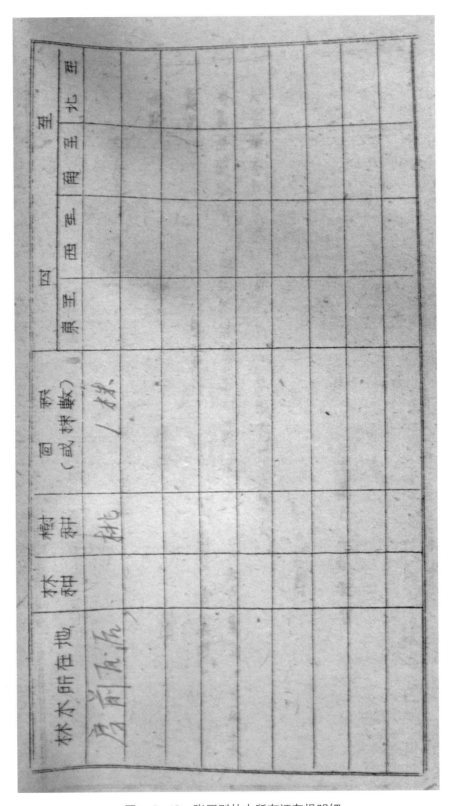

林木所在地	林种	树种	面积（或株数）	四至				至			
				东至	西至	南至	北至				
东河底（村）		桃	1株								

图1-2-43 张买则林木所有证存根明细

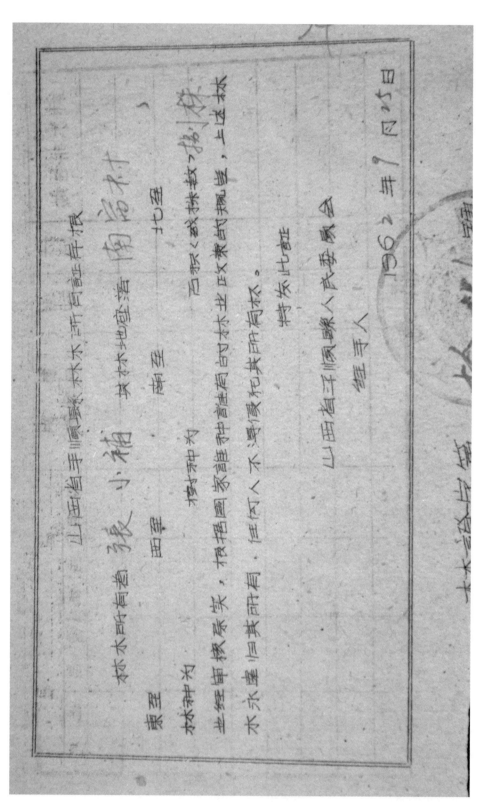

图1-2-44 张小补林木所有证存根

92

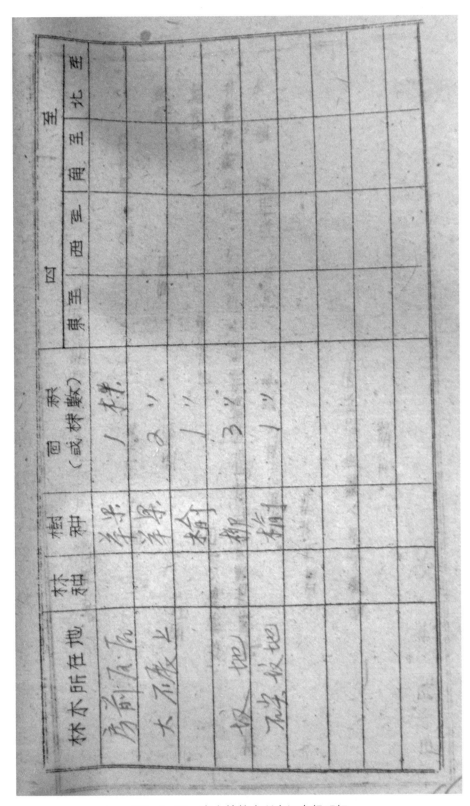

图1-2-45　张小补林木所有证存根明细

93

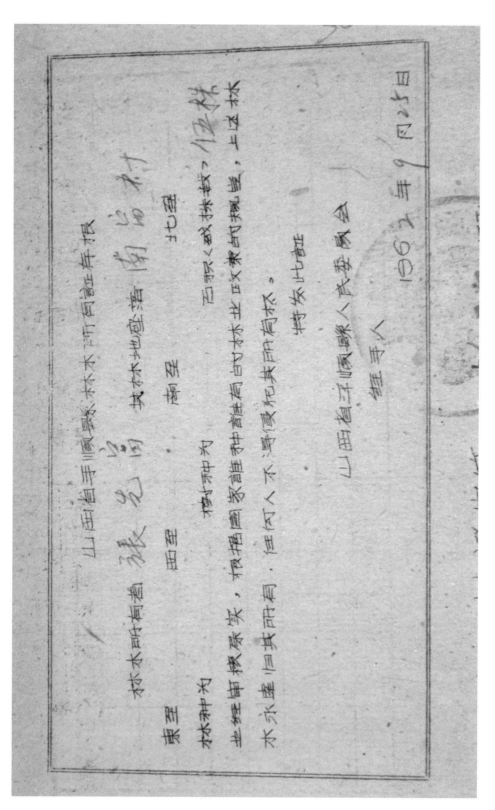

图1-2-46 张先富林木所有证存根

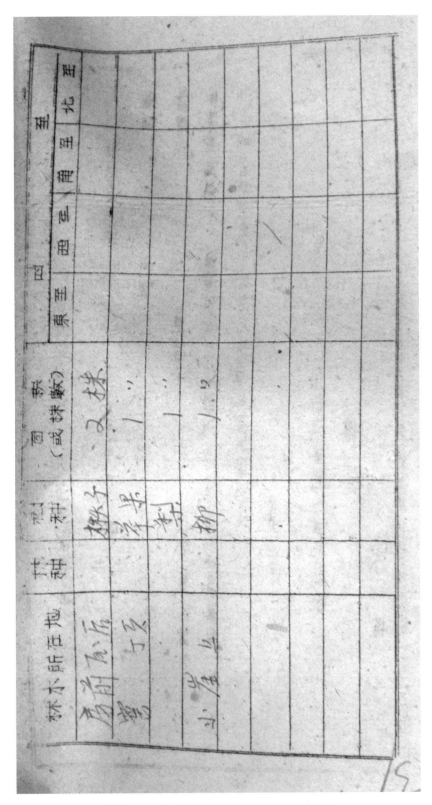

图1-2-47　张先富林木所有证存根明细

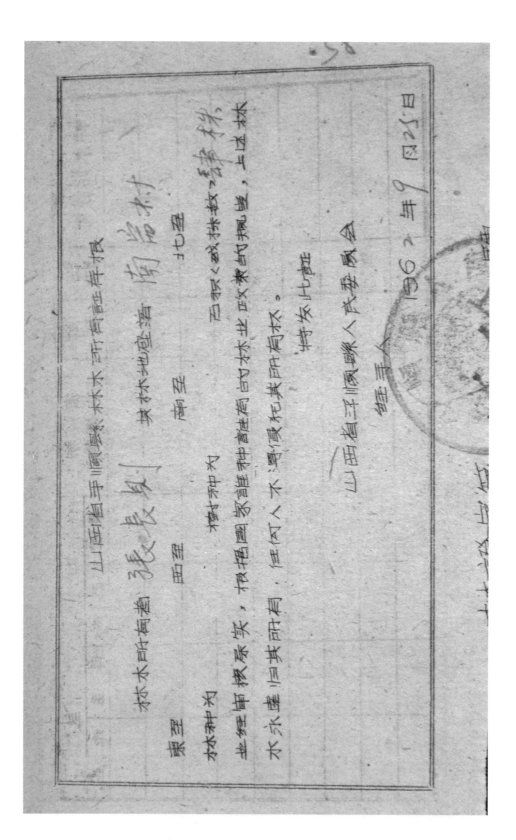

图1-2-48　张长则林木所有证存根

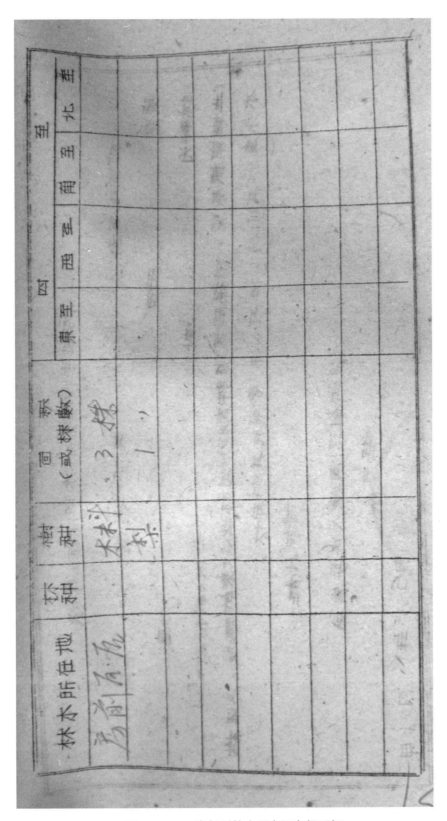

林木所在地	树种	株种（或株数）	四至			
			东至	西至	南至	北至
乌市闫家圪坮	本利树	3 棵				
	梨	1				

图1-2-49　张长则林木所有证存根明细

97

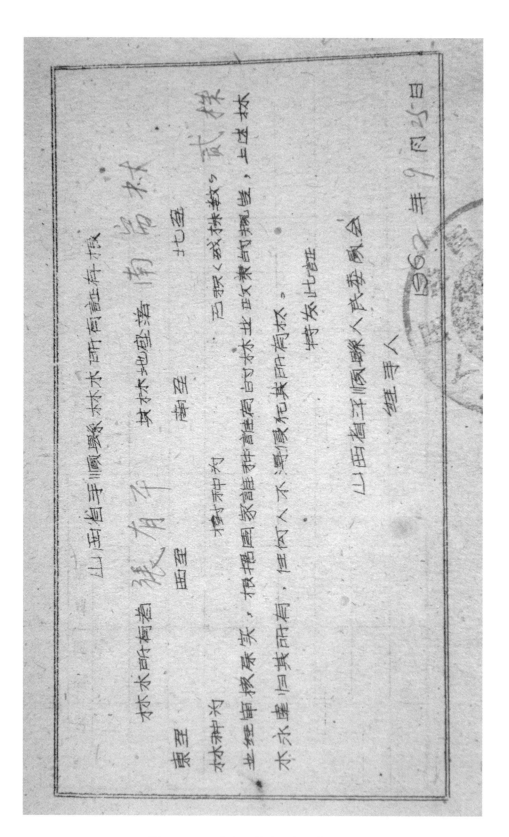

图1-2-50　张有平林木所有证存根

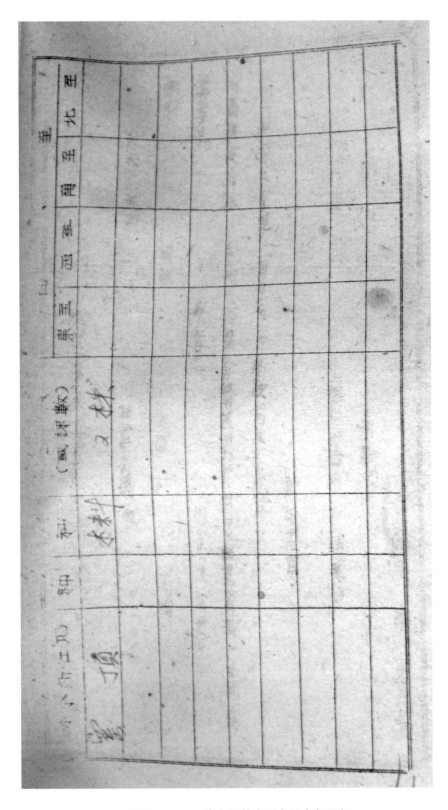

图1-2-51 张有平林木所有证存根明细

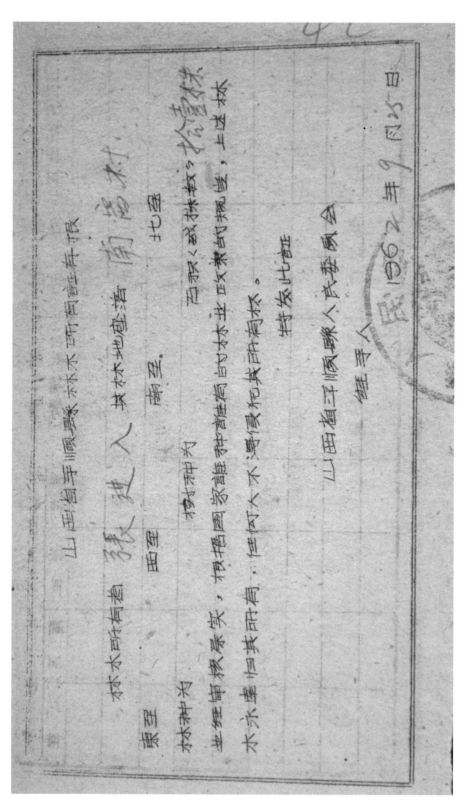

图1-2-52　张进入林木所有证存根

100

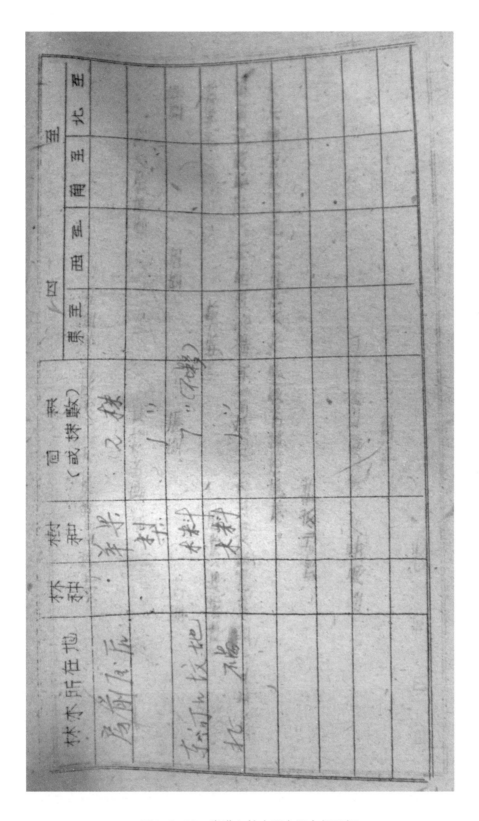

图1-2-53 张进入林木所有证存根明细

101

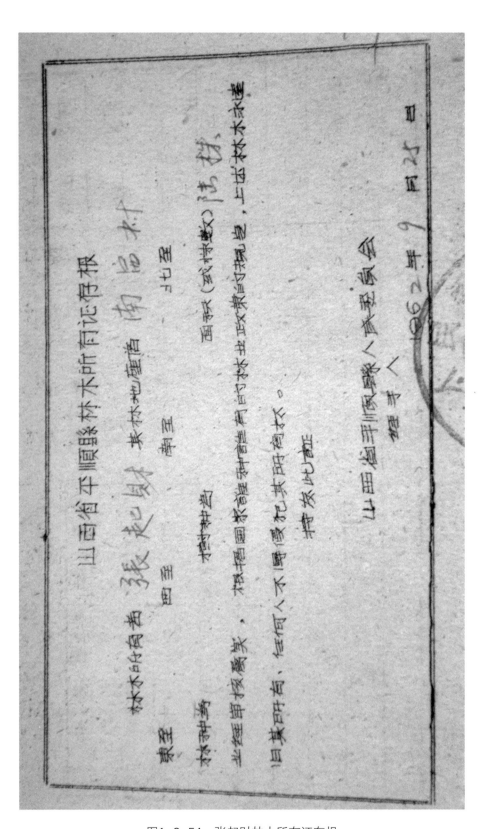

山西省平顺县林木所有证存根

林木的所有者 张起财 其林木地座落 南焉 村

东至　　　　　　　南至　　　　　　　　西至　　　　　　　北至

林木种类　　　　　　杆数　　　　　　面积（亩）陈村

此经审核属实，不准任何国家单位或集团侵占，其林木业权永远归 村，上盖林木永远

归其所有，任何人不得强迫把其所有的树木。特发此证。

山西省平顺县第八区人民委员会
　　　　　　　经手人

1962年9月24日

图1-2-54　张起财林木所有证存根

102

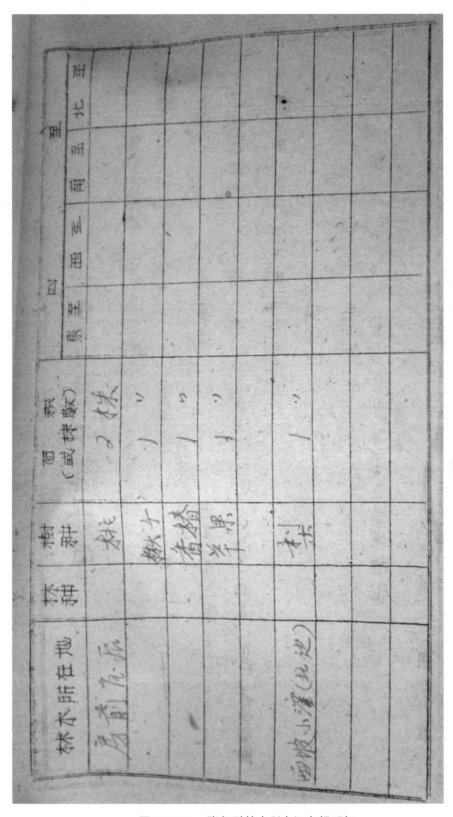

图1-2-55　张起财林木所有证存根明细

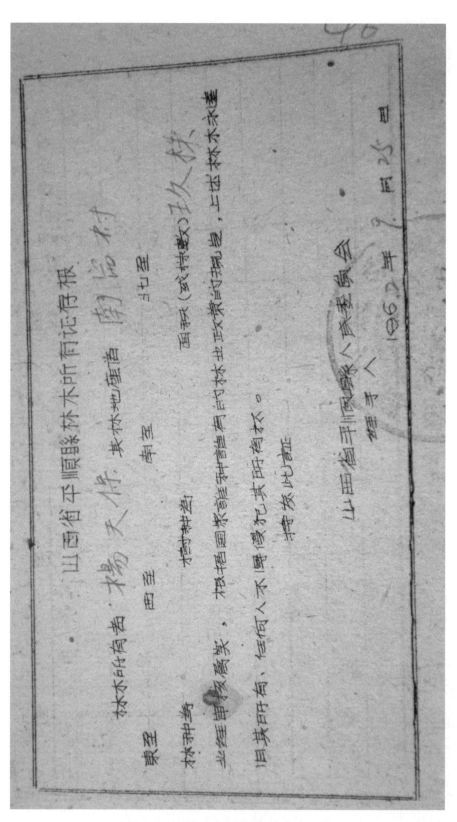

图1-2-56　杨天保林木所有证存根

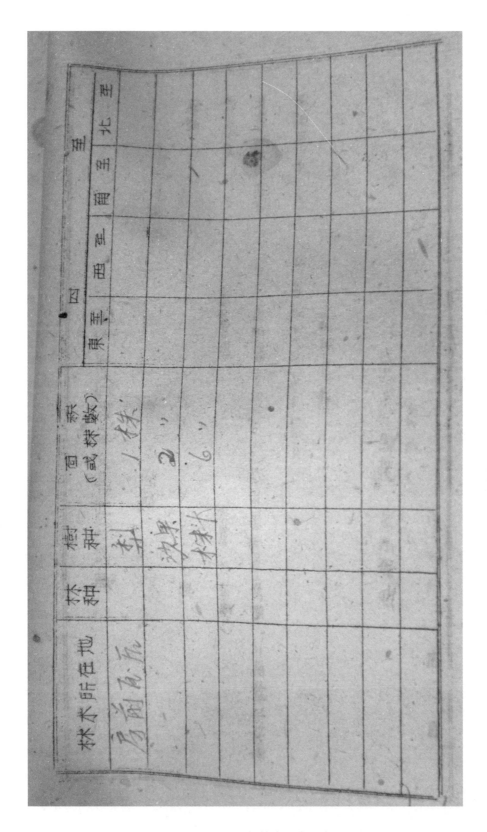

图1-2-57　杨天保林木所有证存根明细

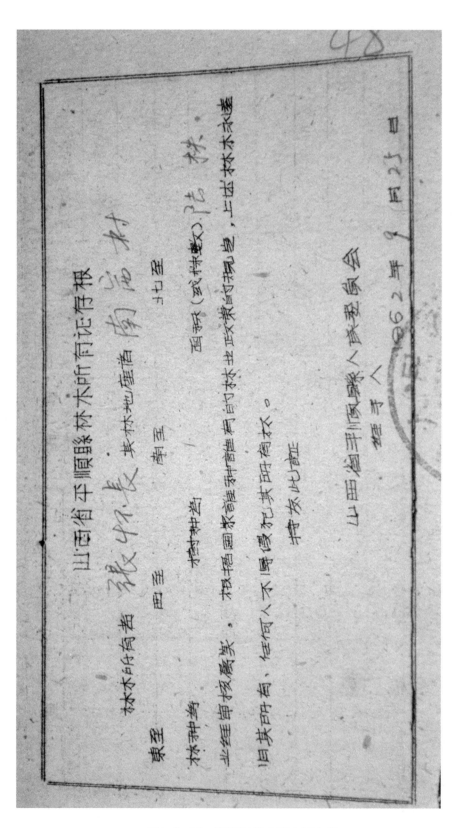

图1-2-58　张怀长林木所有证存根

106

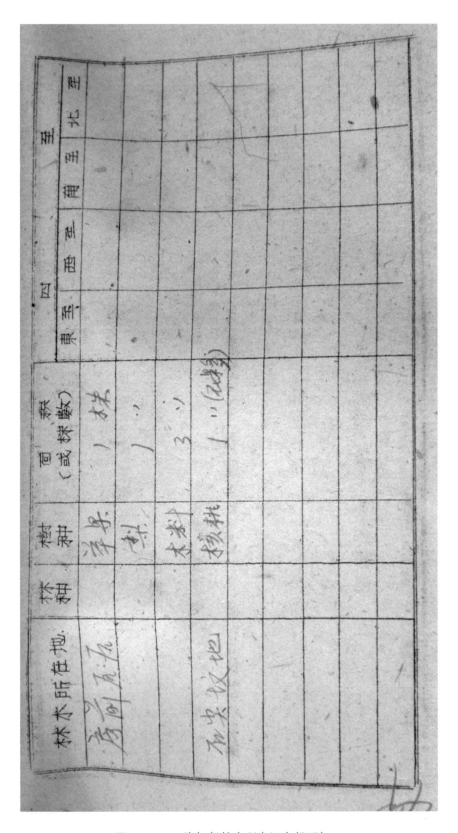

图1-2-59 张怀长林木所有证存根明细

107

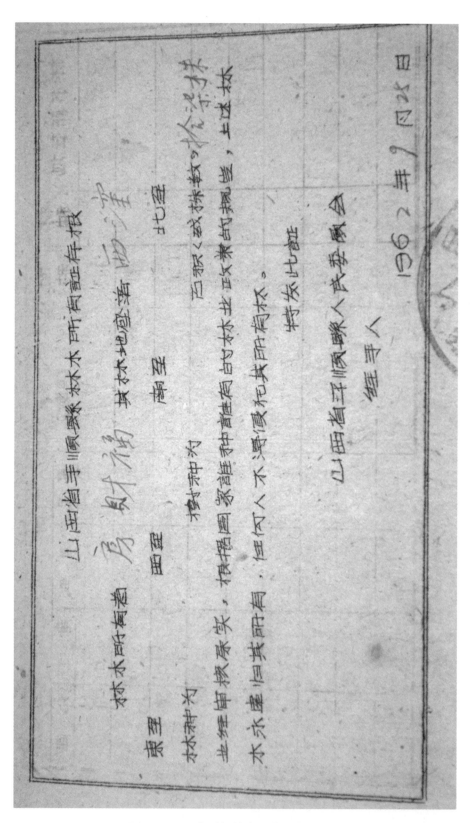

图1-2-60　房财福林木所有证存根

108

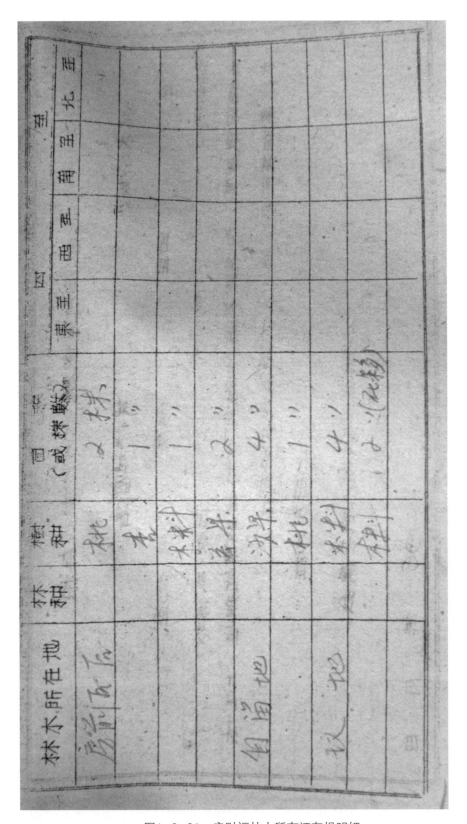

林木所在地	林种	树种	回数（或株数）	东至	西至	南至	北至
房前五石		桃	2 棵				
		香椿	1 "				
		木料	1 "				
白蜡地		梨子	2 "				
		凉伞	4 "				
		桃树	1 "				
按地		木料	4 "				
		木料	8 "（花椒）				

图1-2-61　房财福林木所有证存根明细

109

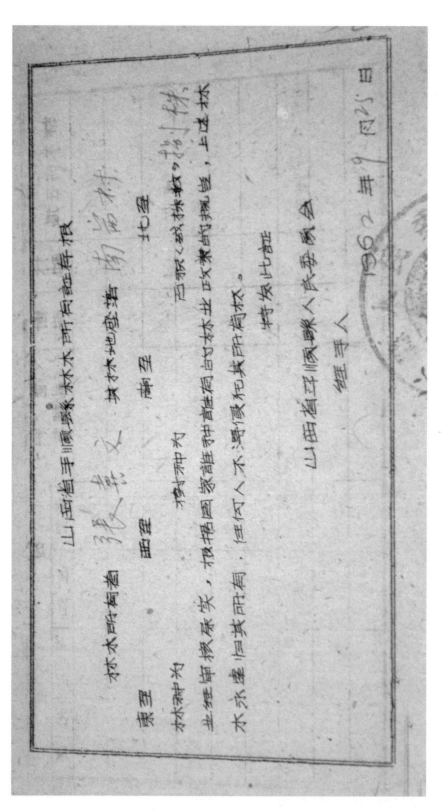

图1-2-62　张喜文林木所有证存根

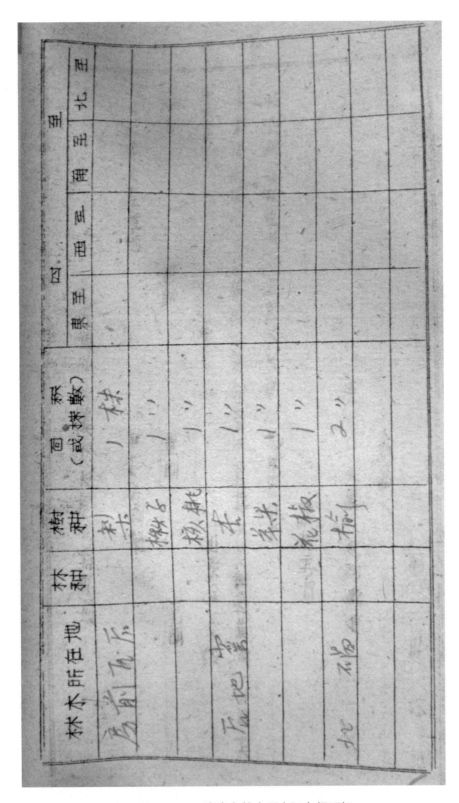

图1-2-63　张喜文林木所有证存根明细

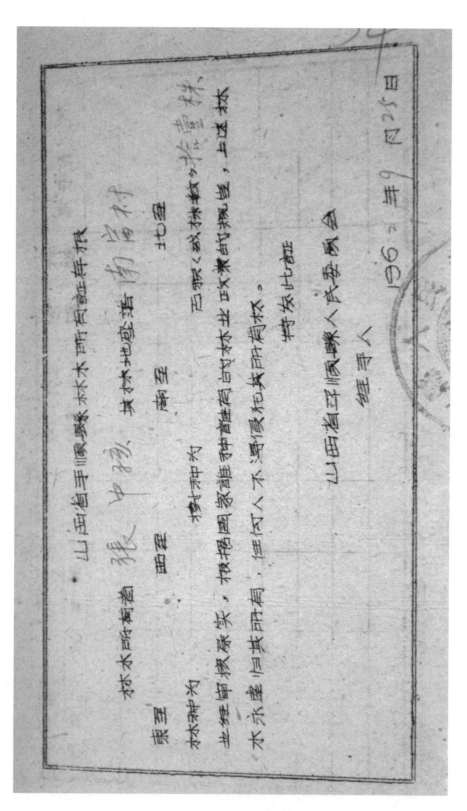

图1-2-64　张中孩林木所有证存根

112

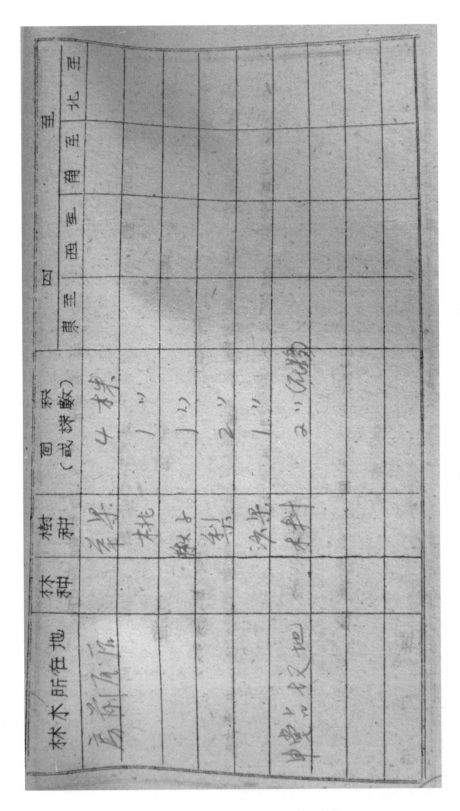

图1-2-65 张中孩林木所有证存根明细

113

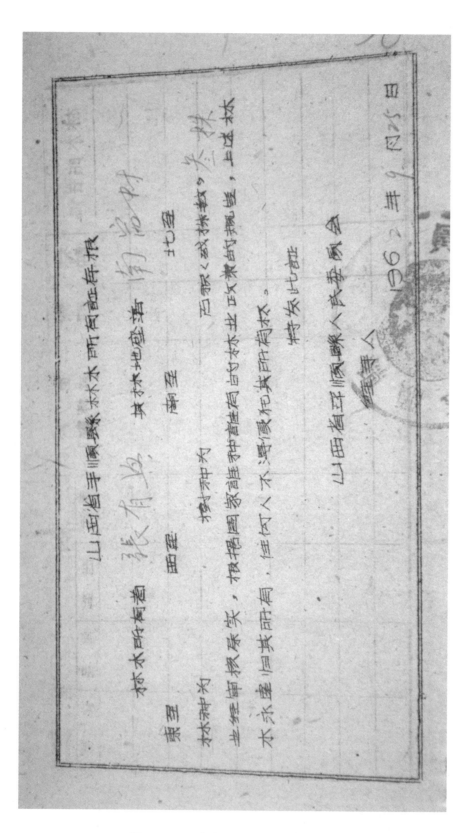

图1-2-66 张有典林木所有证存根

114

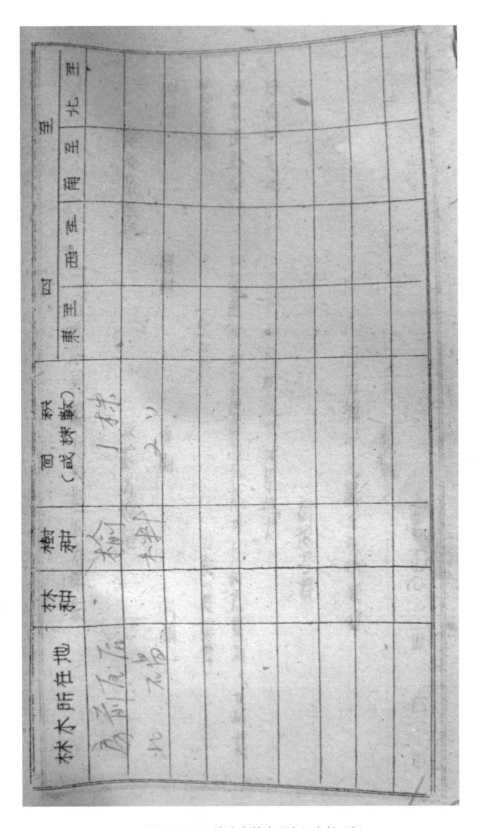

图1-2-67　张有典林木所有证存根明细

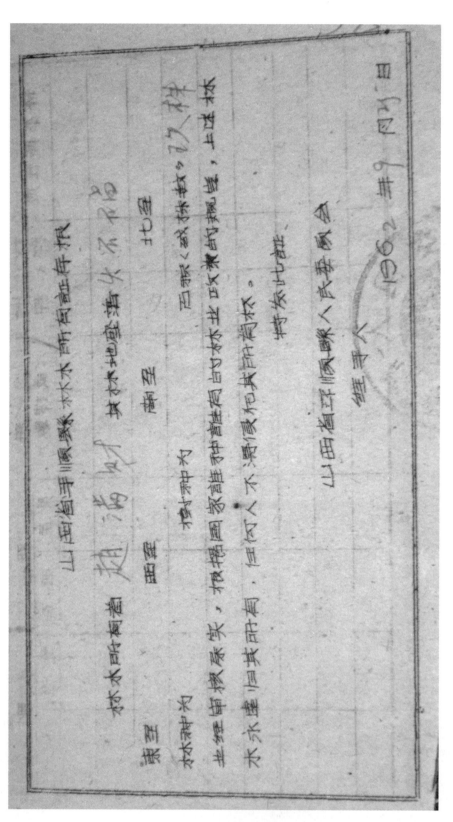

图1-2-68　赵满财林木所有证存根

116

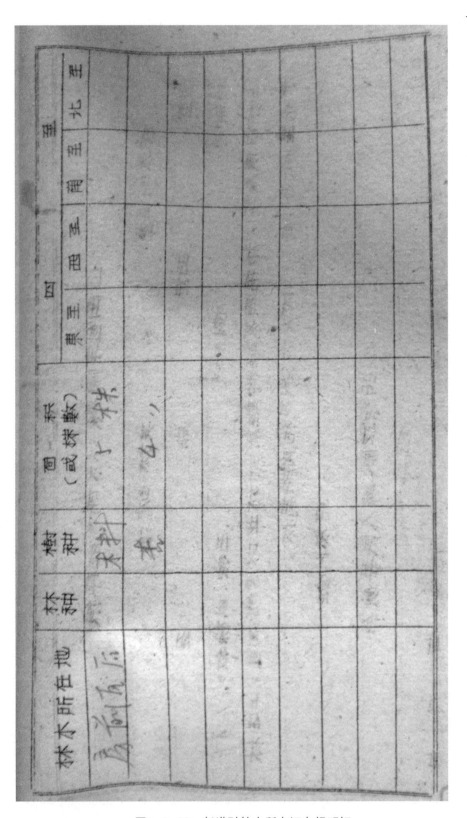

图1-2-69　赵满财林木所有证存根明细

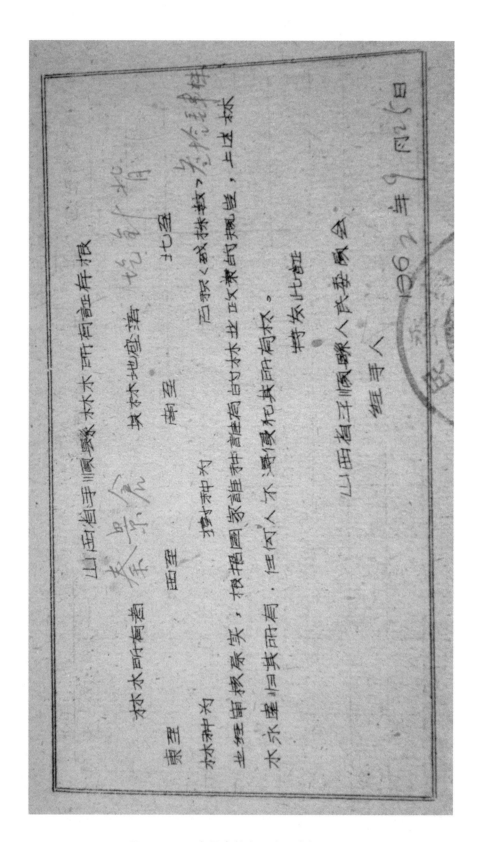

图1-2-70　秦景仓林木所有证存根

图1-2-71　秦景仓林木所有证存根明细

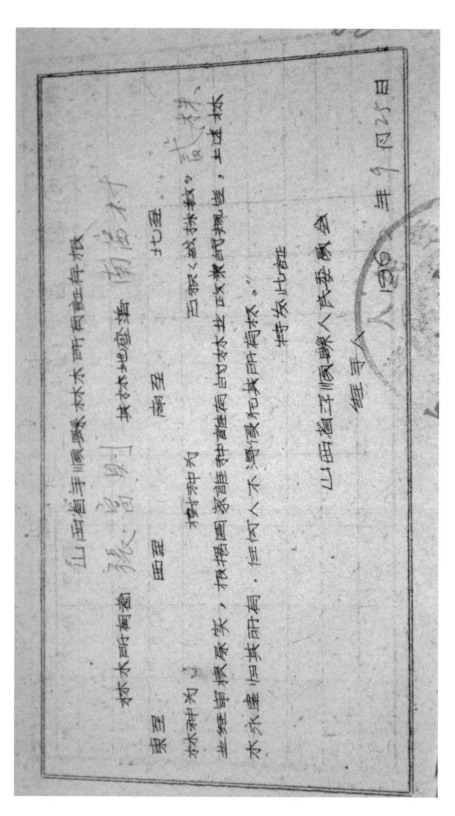

图1-2-72　张富则林木所有证存根

120

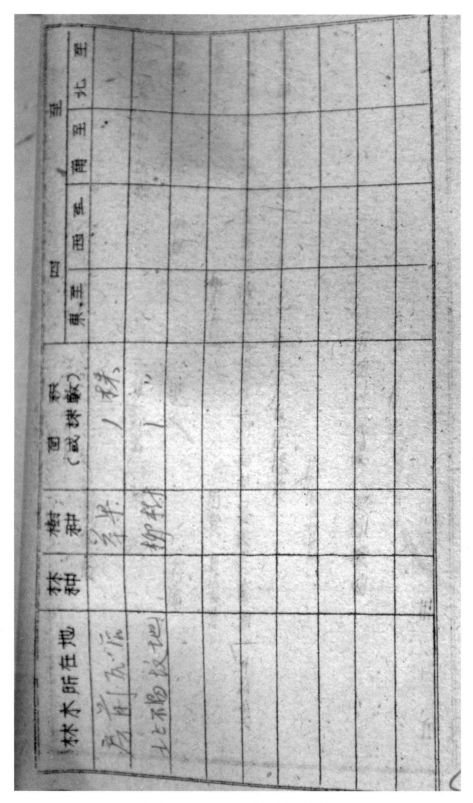

图1-2-73 张富则林木所有证存根明细

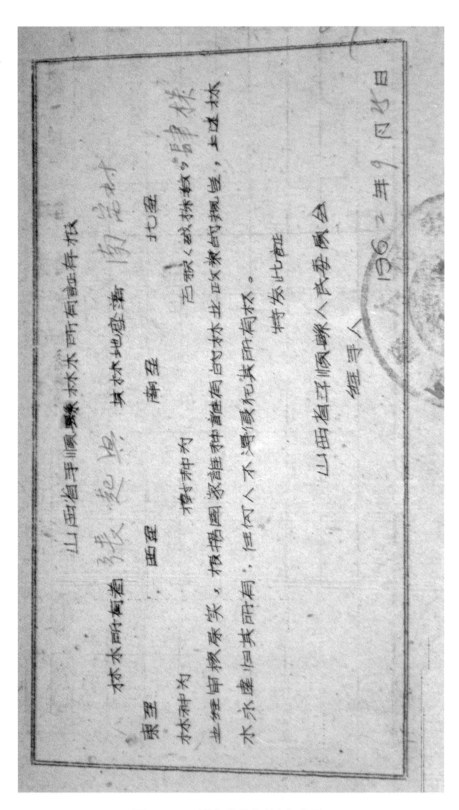

图1-2-74　张起典林木所有证存根

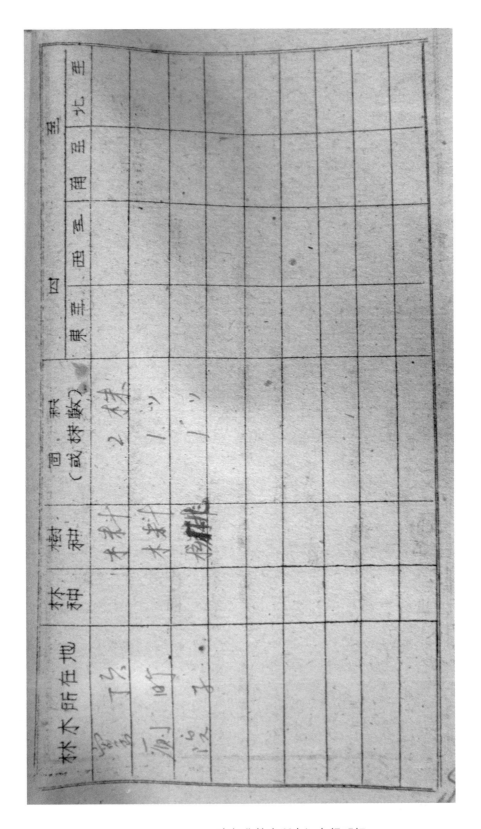

图1-2-75　张起典林木所有证存根明细

123

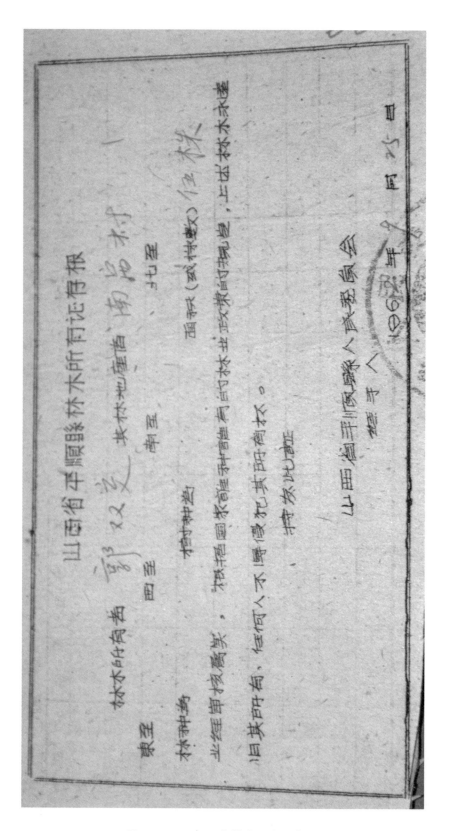

图1-2-76　郭双交林木所有证存根

124

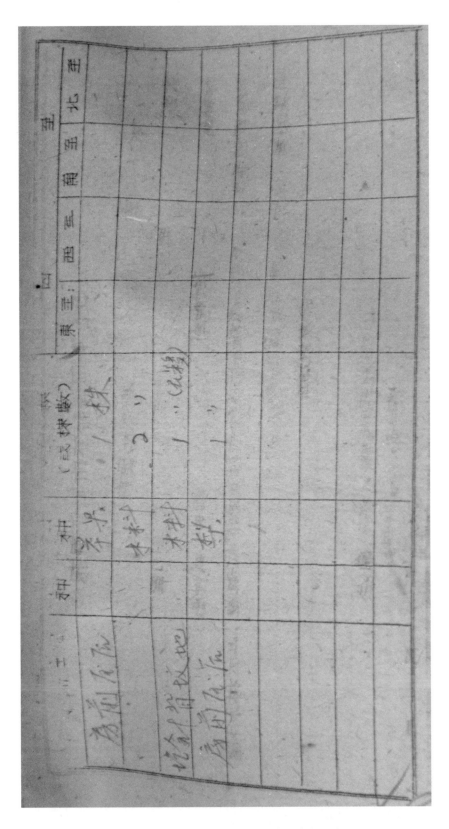

图1-2-77 郭双交林木所有证存根明细

125

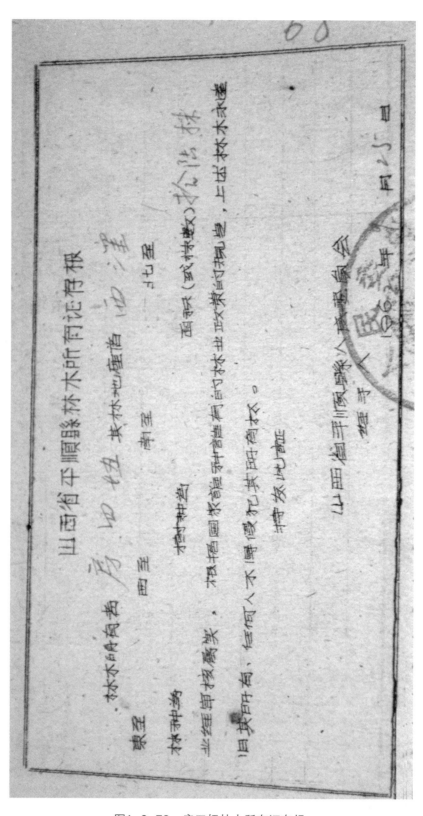

图1-2-78 房四妞林木所有证存根

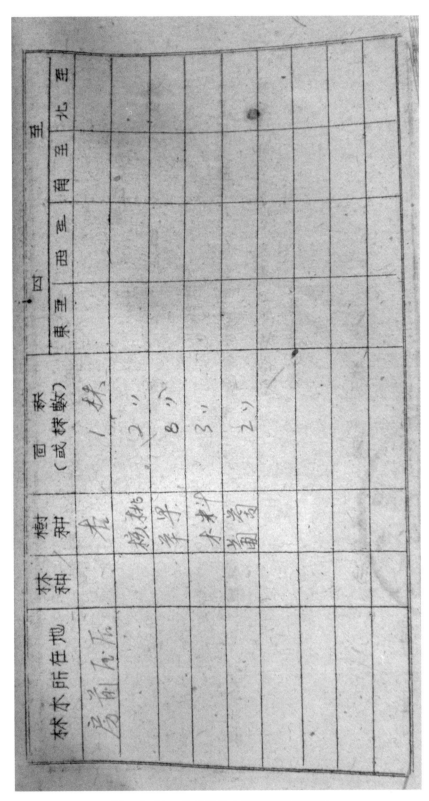

图1-2-79　房四妞林木所有证存根明细

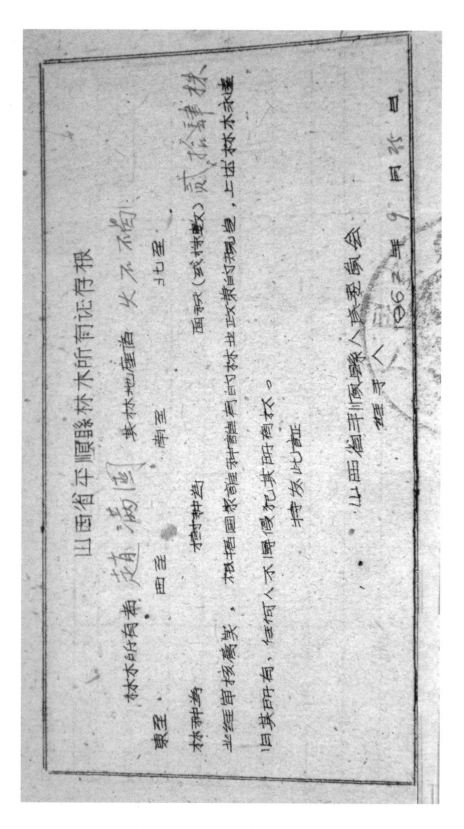

图1-2-80 赵满囤林木所有证存根

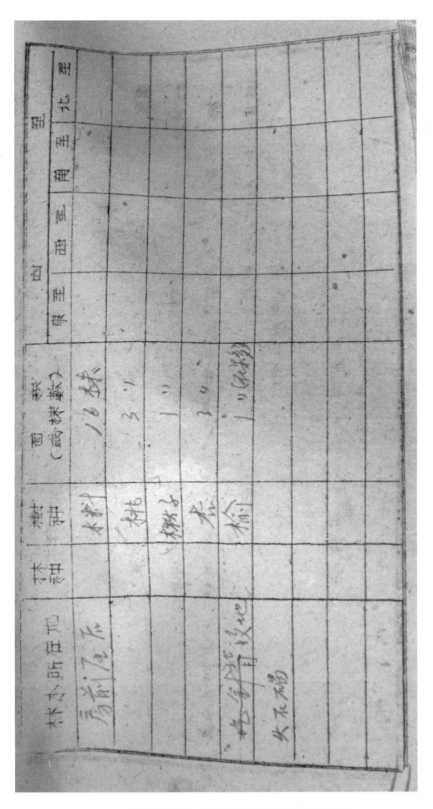

图1-2-81　赵满囤林木所有证存根明细

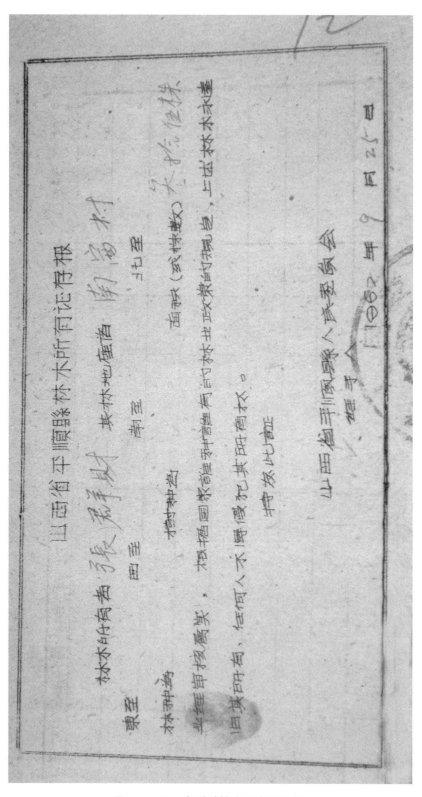

图1-2-82　张群财林木所有证存根

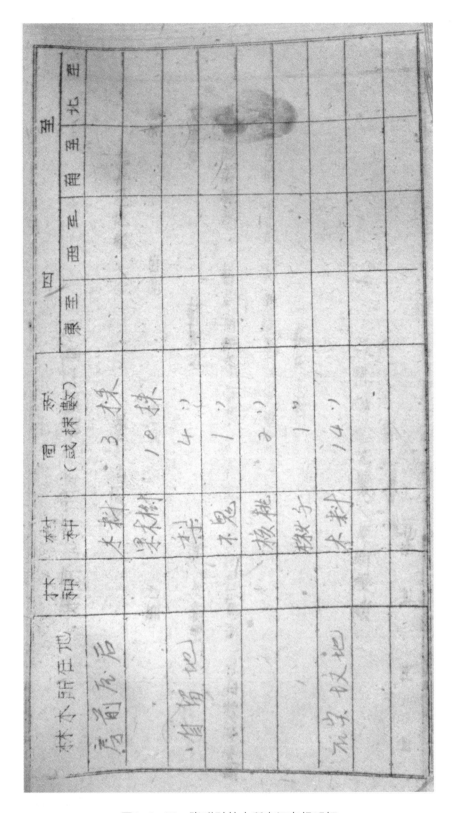

图1-2-83　张群财林木所有证存根明细

131

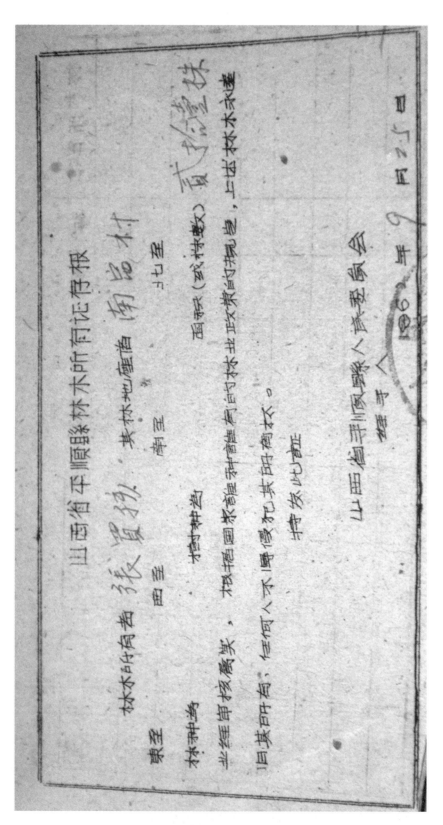

图1-2-84　张买孩林木所有证存根

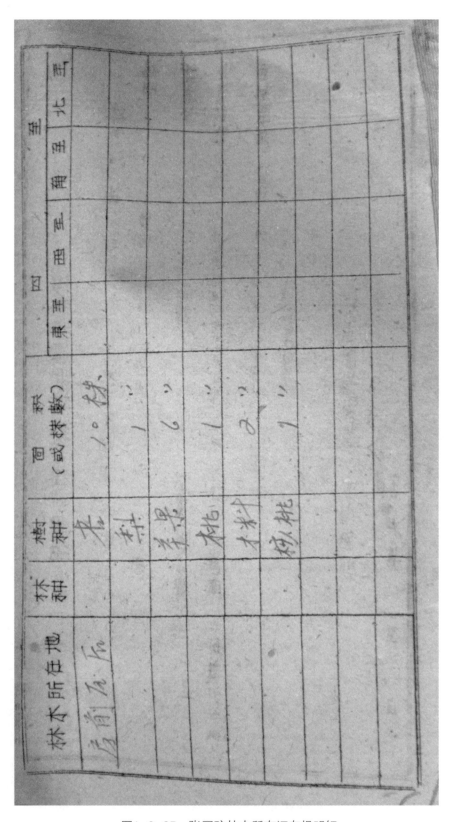

图1-2-85 张买孩林木所有证存根明细

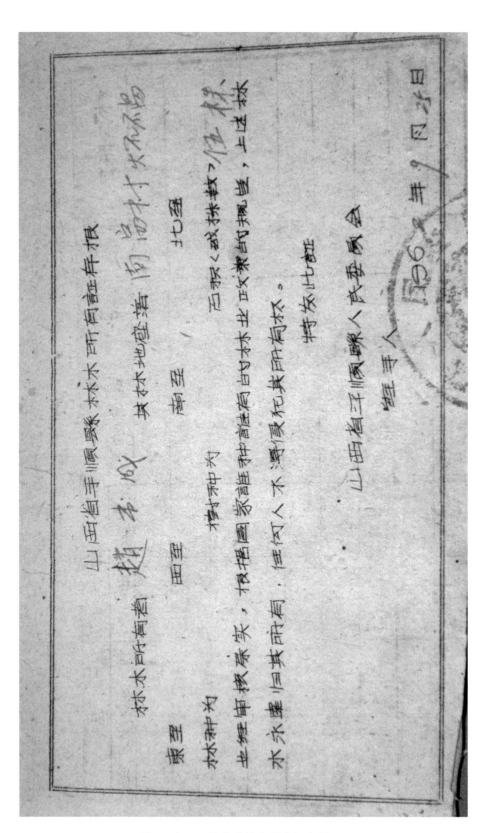

图1-2-86 赵书成林木所有证存根

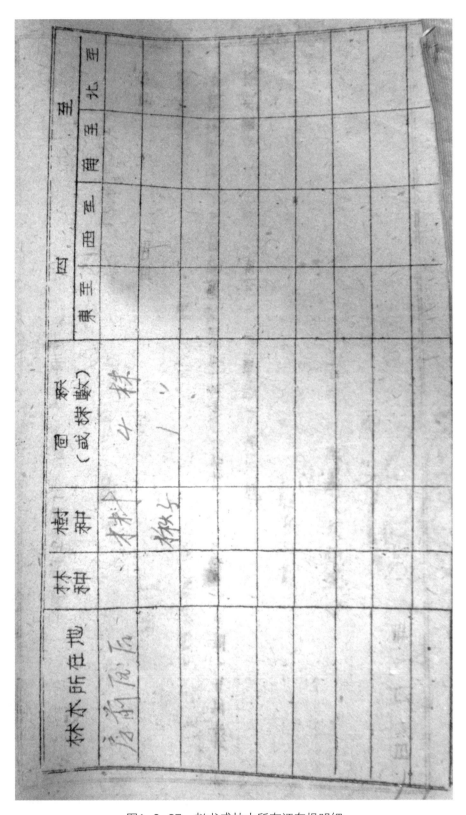

图1-2-87　赵书成林木所有证存根明细

135

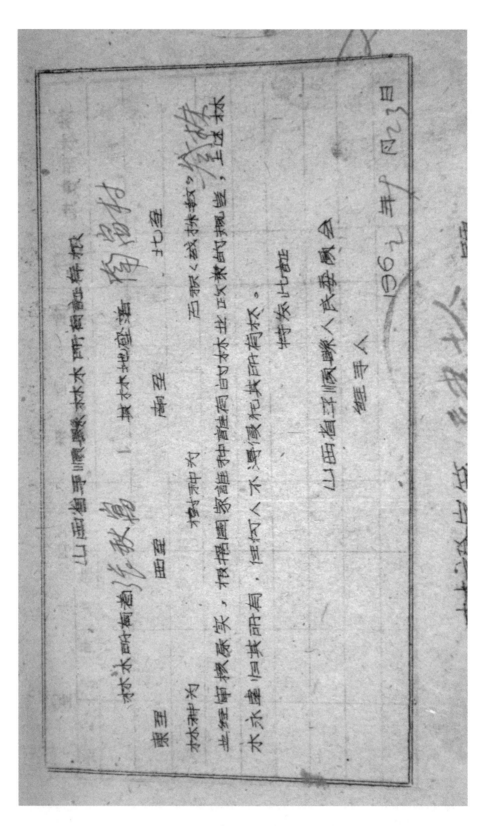

图1-2-88 张秋富林木所有证存根

136

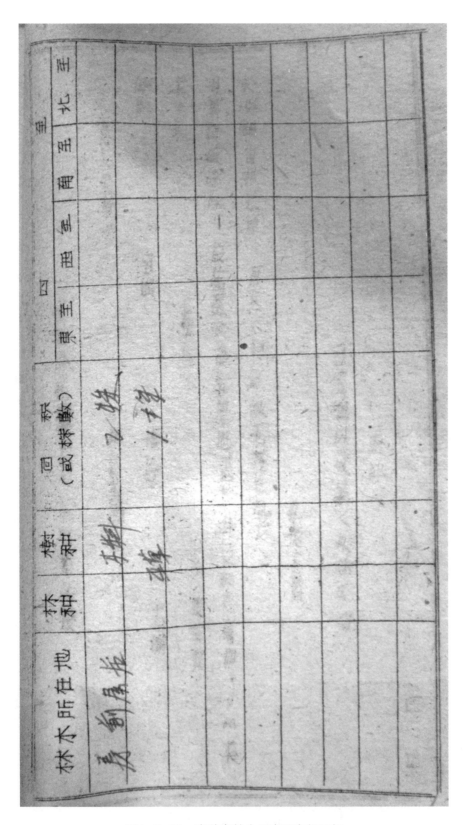

图1-2-89　张秋富林木所有证存根明细

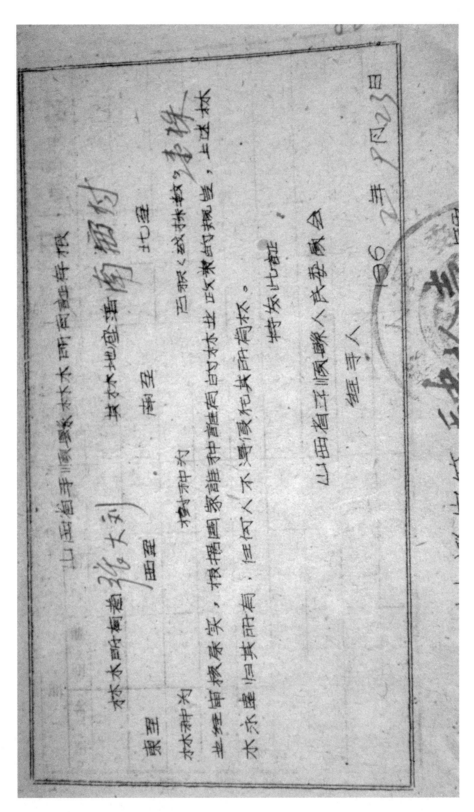

图1-2-90 张大刘林木所有证存根

138

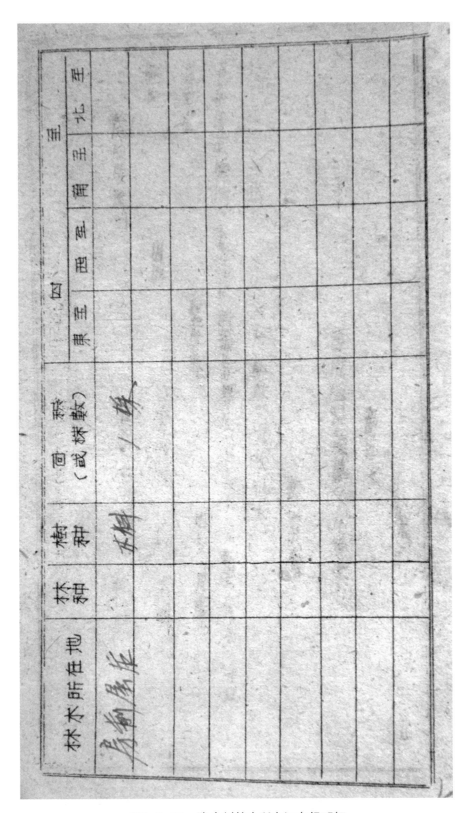

林木所在地	树种	面积（或株数）	四至			
			东至	西至	南至	至忙
张俞隊庄	木料	一移				

图1-2-91 张大刘林木所有证存根明细

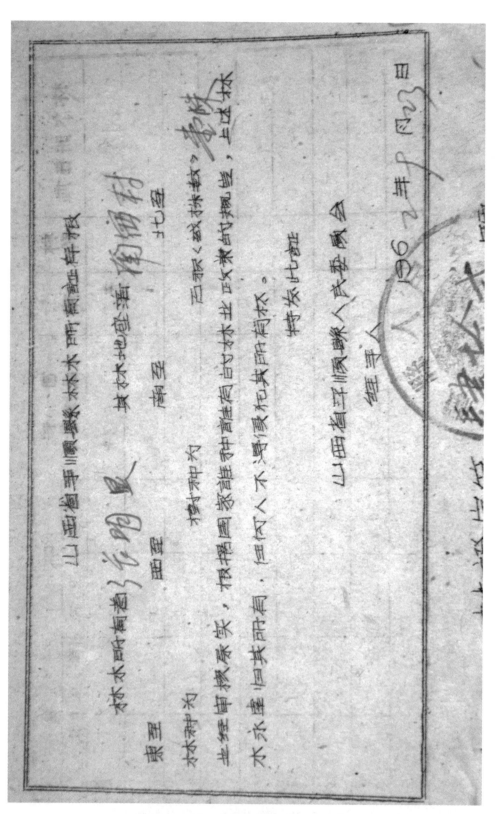

图1-2-92　张明显林木所有证存根

140

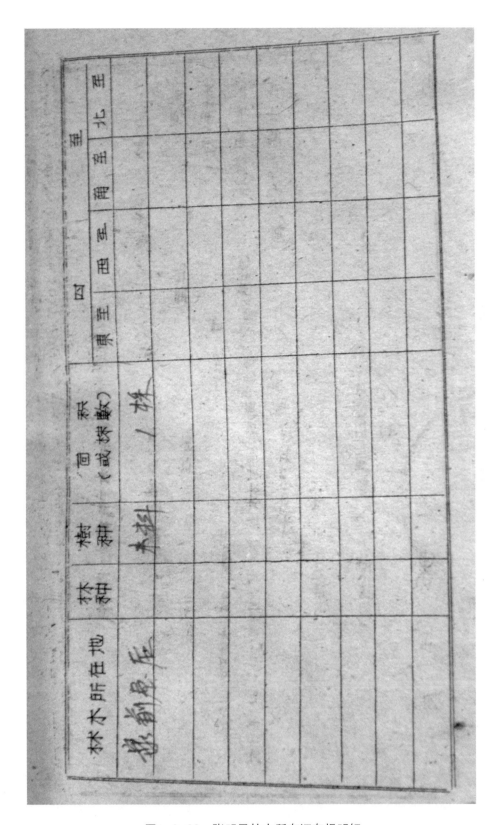

图1-2-93 张明显林木所有证存根明细

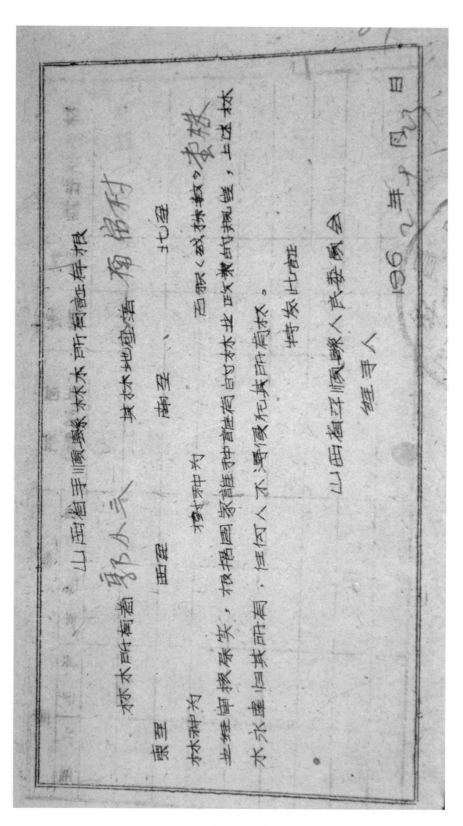

图1-2-94　郭小三林木所有证存根

142

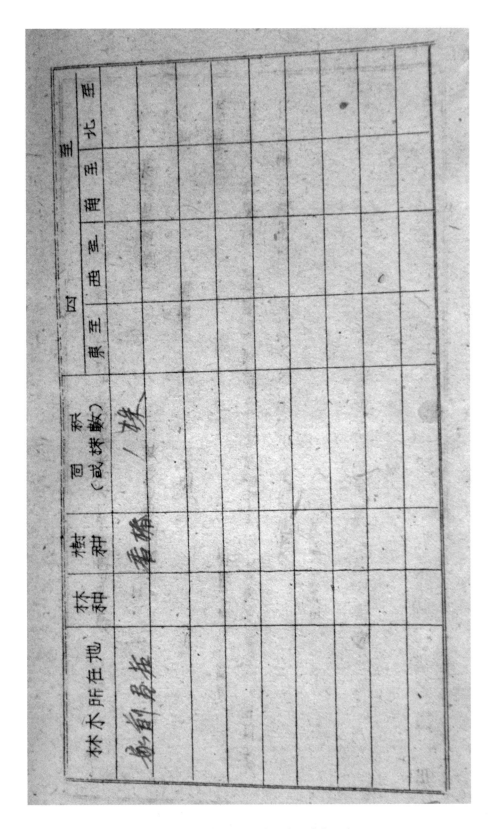

图1-2-95 郭小三林木所有证存根明细

143

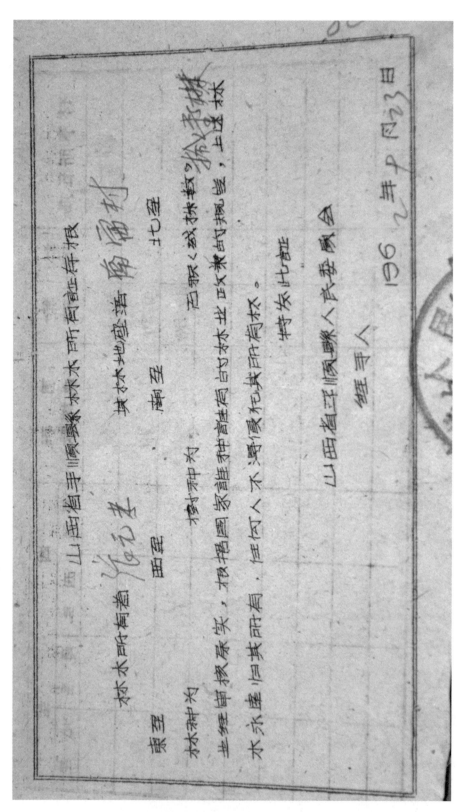

图1-2-96　张元考林木所有证存根

144

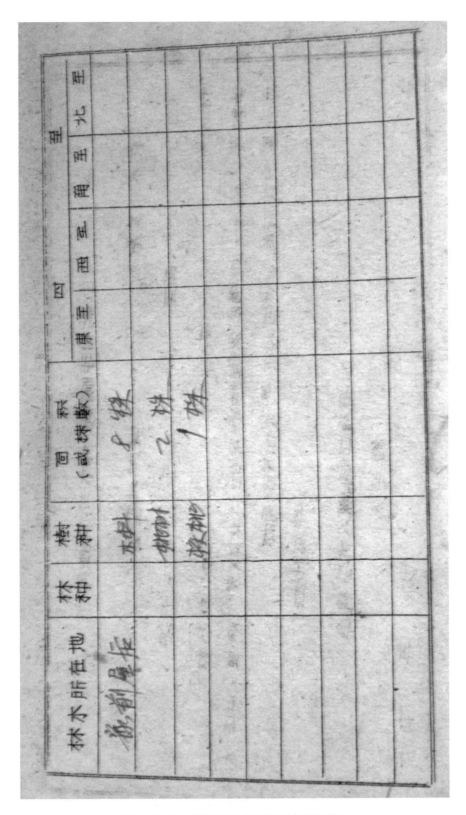

图1-2-97　张元考林木所有证存根明细

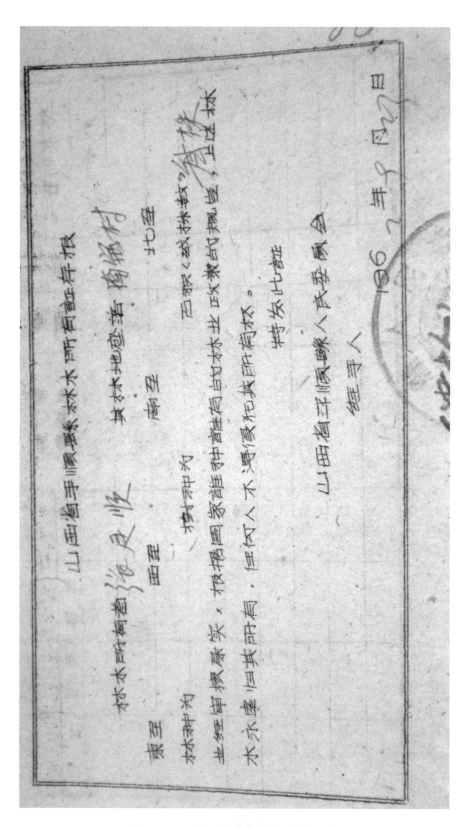

图1-2-98　张廷顺林木所有证存根

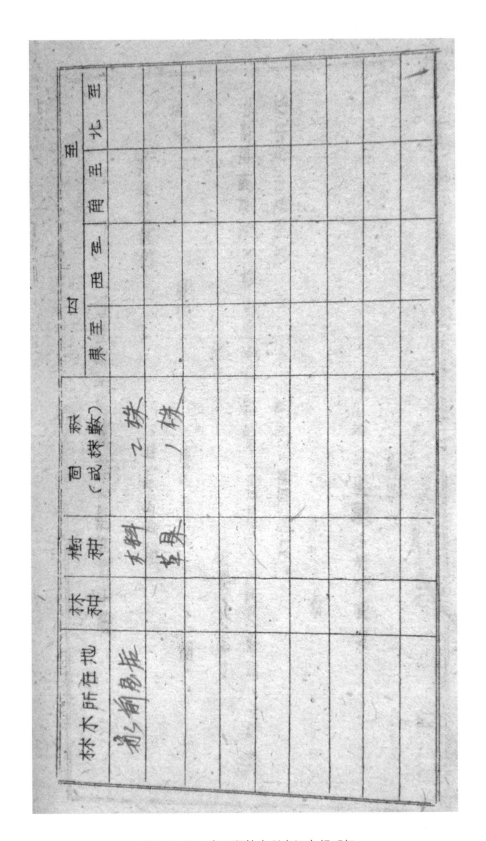

图1-2-99　张廷顺林木所有证存根明细

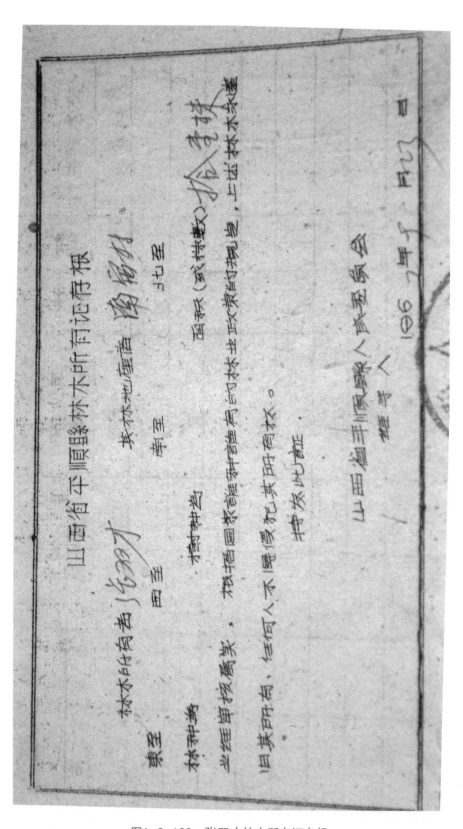

图1-2-100　张羽才林木所有证存根

148

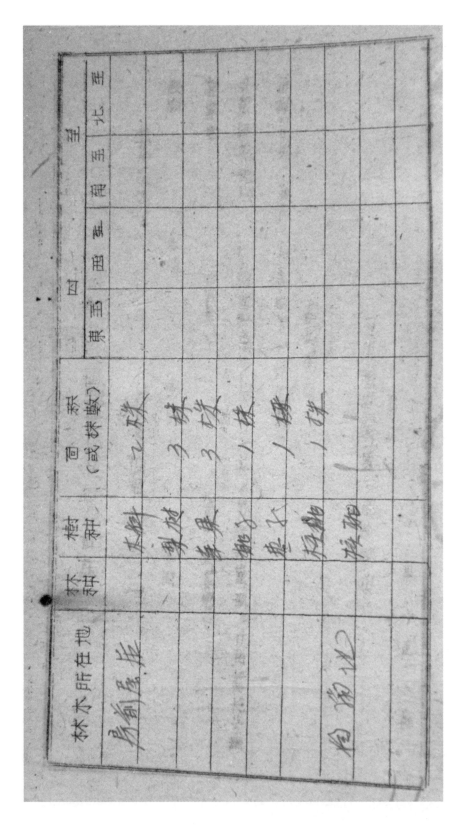

图1-2-101　张羽才林木所有证存根明细

149

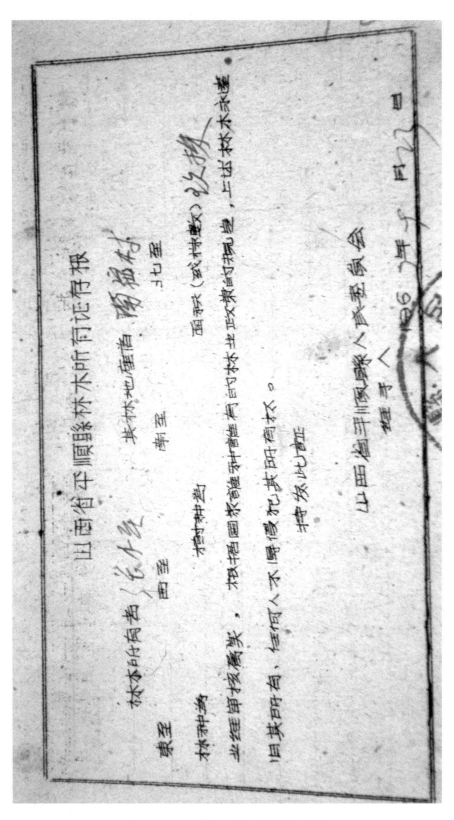

图1-2-102　张小庆林木所有证存根

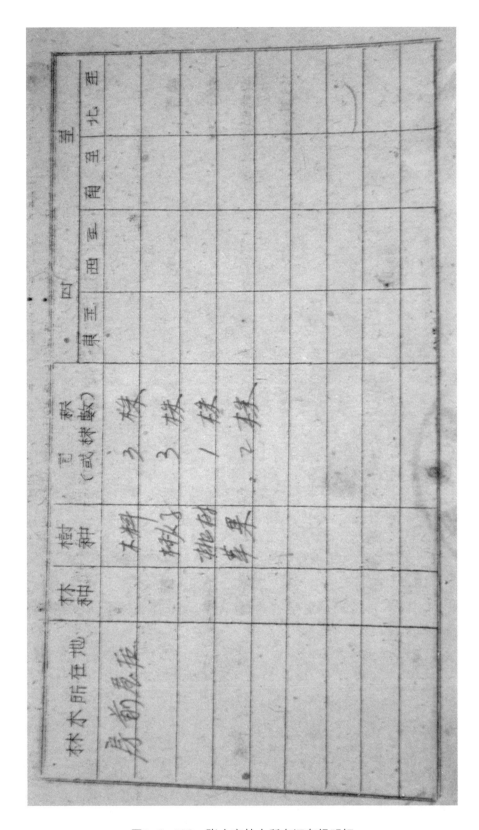

图1-2-103　张小庆林木所有证存根明细

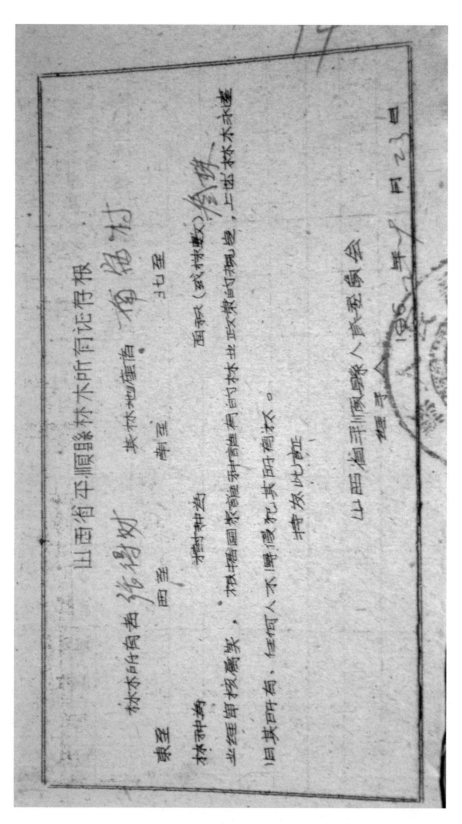

图1-2-104　张得财林木所有证存根

152

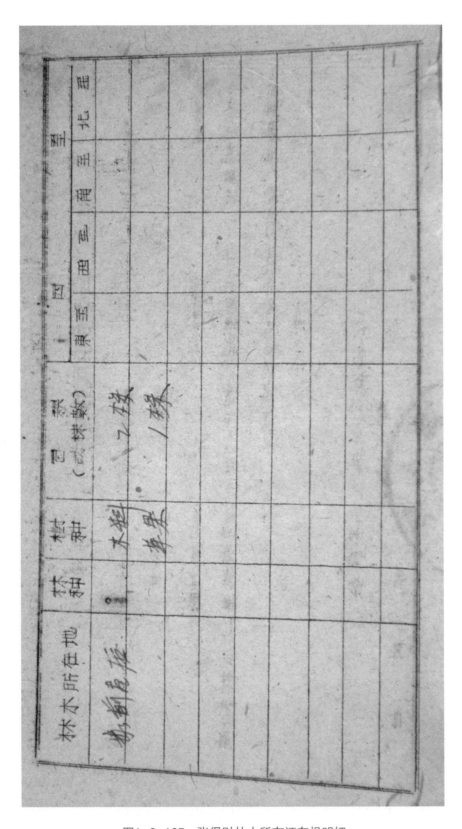

图1-2-105　张得财林木所有证存根明细

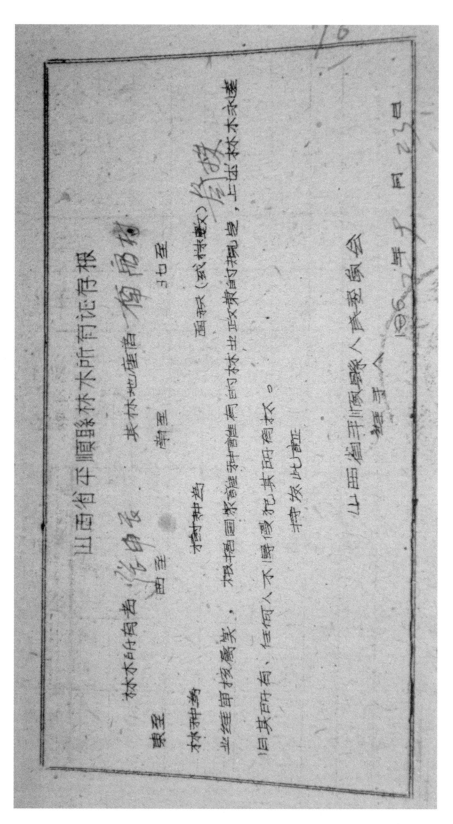

图1-2-106　张申长林木所有证存根

154

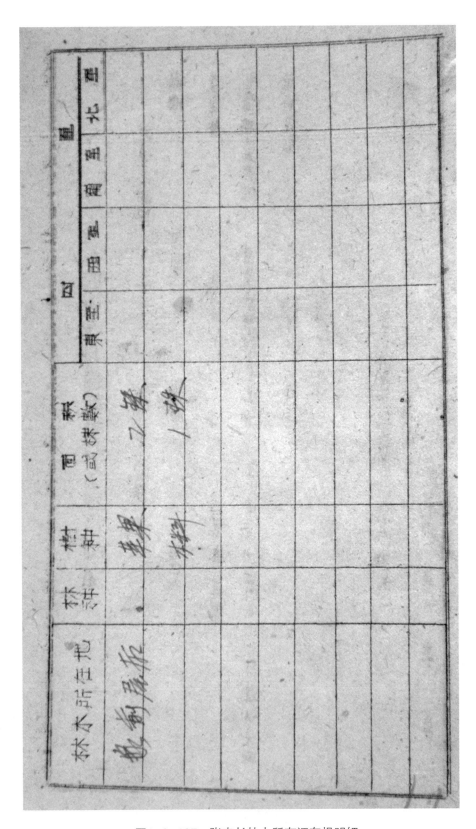

图1-2-107　张申长林木所有证存根明细

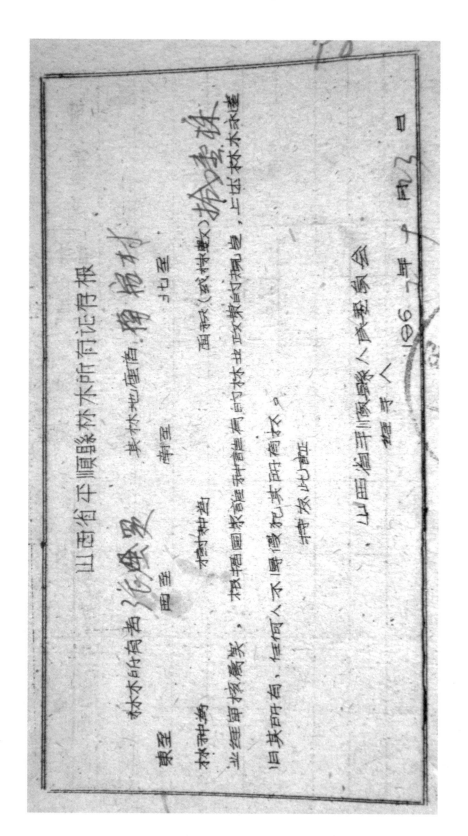

图1-2-108　张全罗林木所有证存根

156

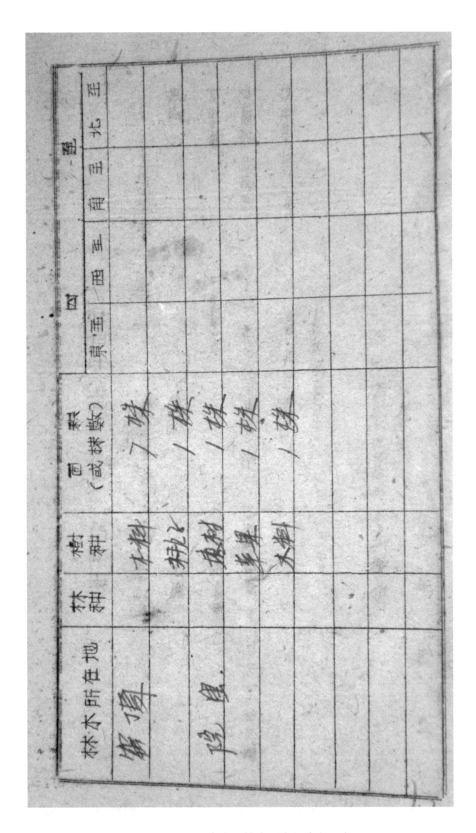

图1-2-109 张全罗林木所有证存根明细

157

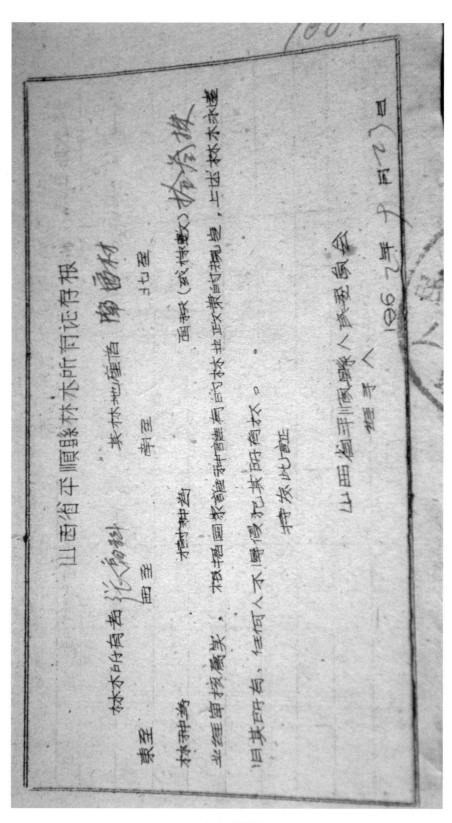

图1-2-110　张高科林木所有证存根

158

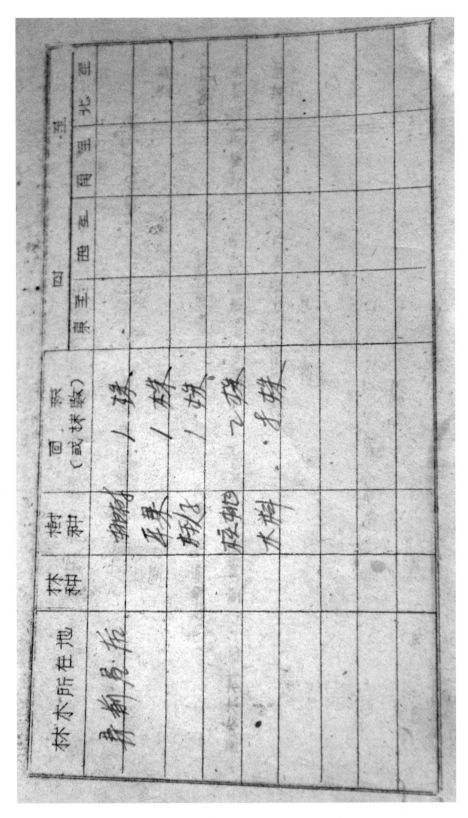

图1-2-111　张高科林木所有证存根明细

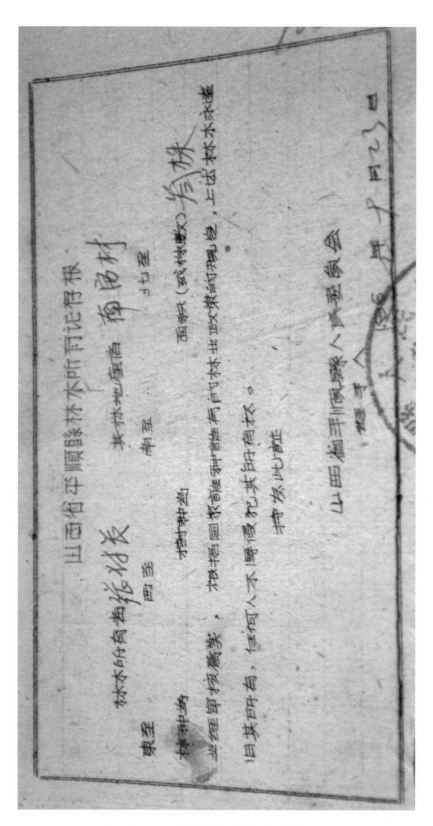

图1-2-112　张付长林木所有证存根

160

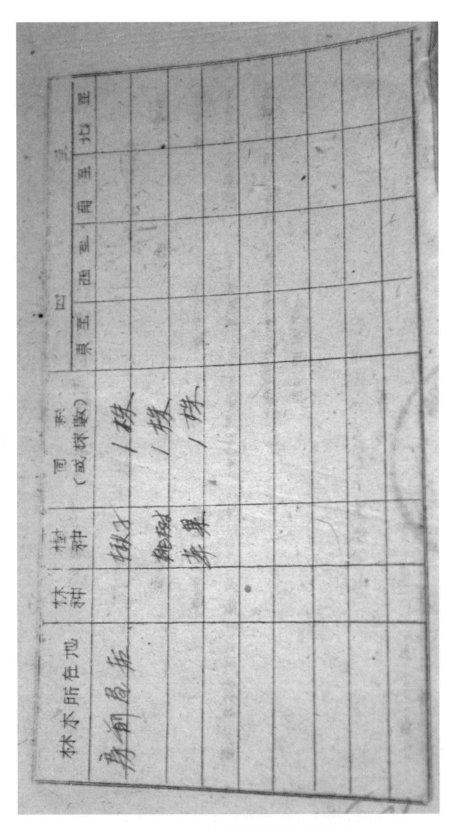

图1-2-113　张付长林木所有证存根明细

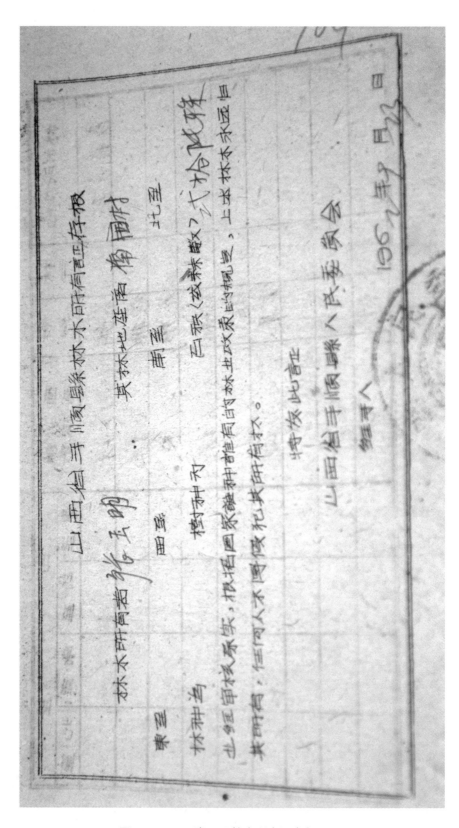

图1-2-114 张玉明林木所有证存根

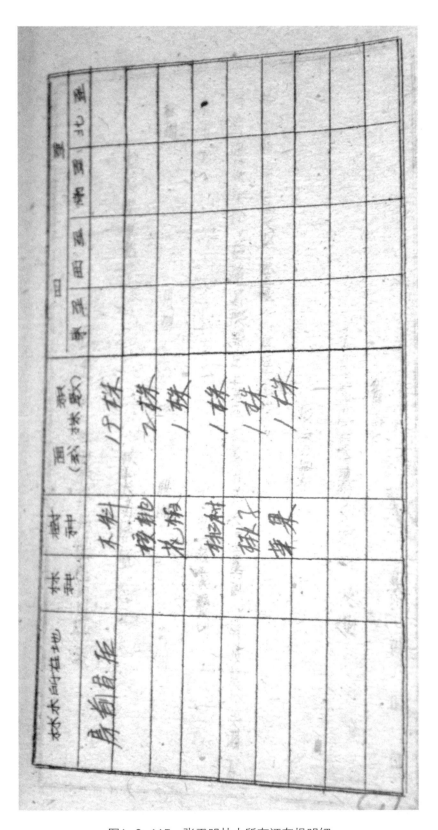

图1-2-115　张玉明林木所有证存根明细

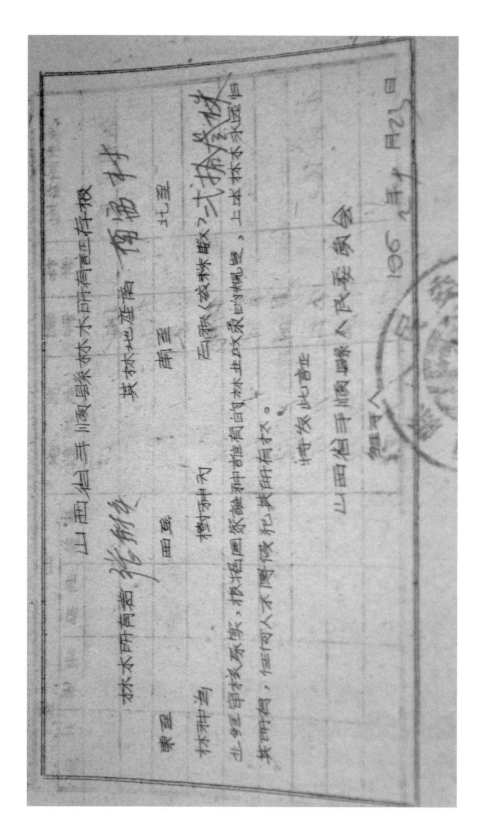

图1-2-116　张所庆林木所有证存根

164

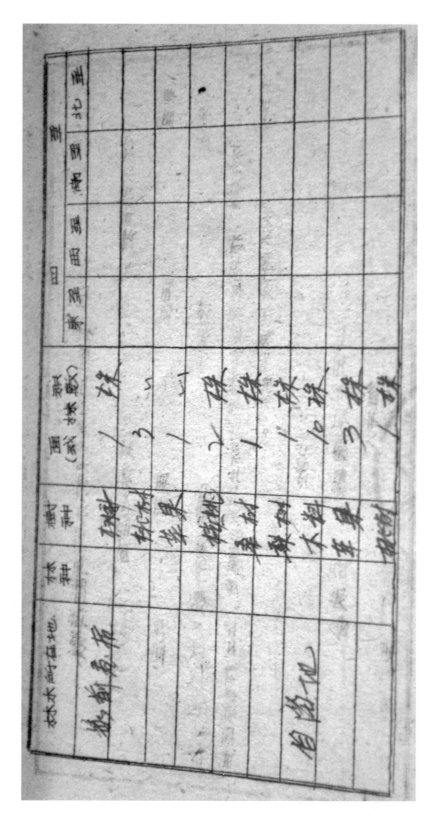

图1-2-117 张所庆林木所有证存根明细

165

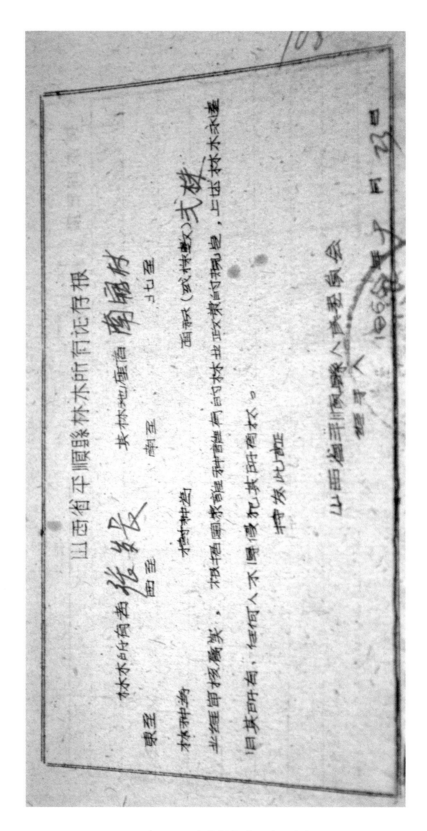

图1-2-118　张发长林木所有证存根

166

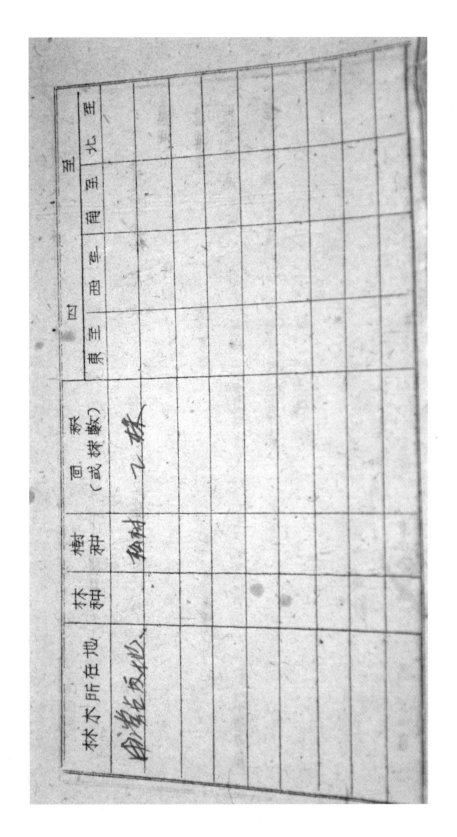

图1-2-119　张发长林木所有证存根明细

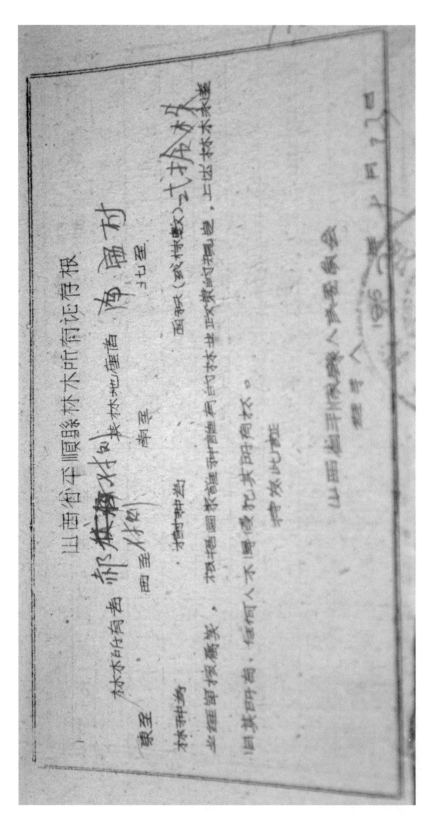

图1-2-120　郝付则林木所有证存根

图1-2-121　郝付则林木所有证存根明细

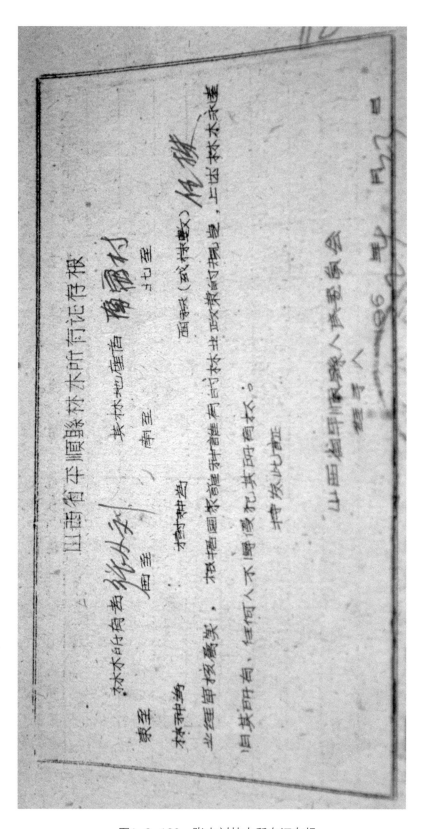

图1-2-122 张小刘林木所有证存根

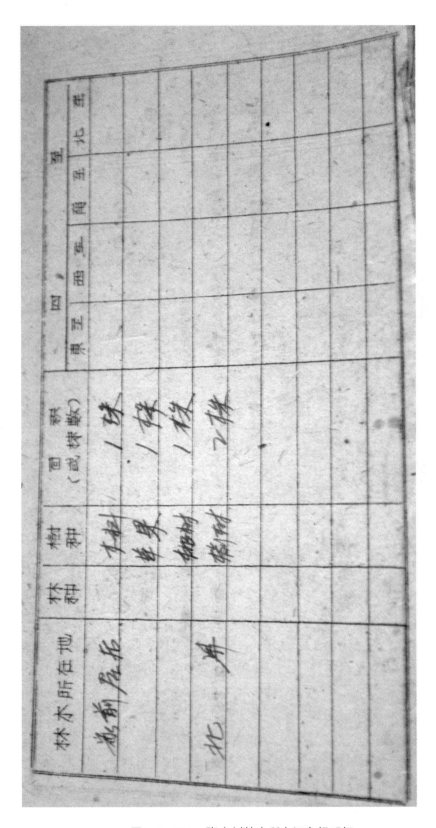

图1-2-123　张小刘林木所有证存根明细

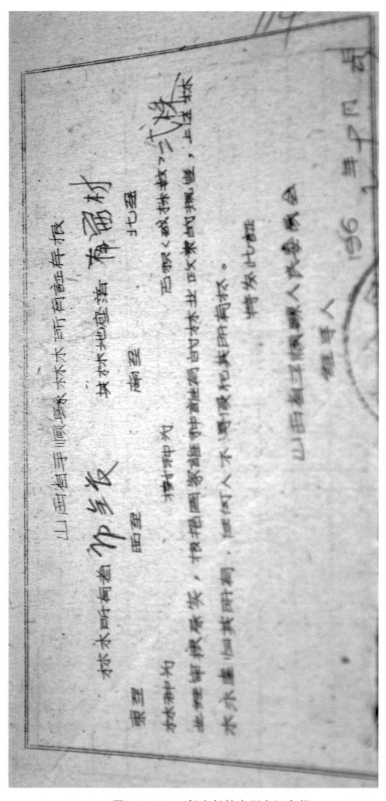

图1-2-124 郭全长林木所有证存根

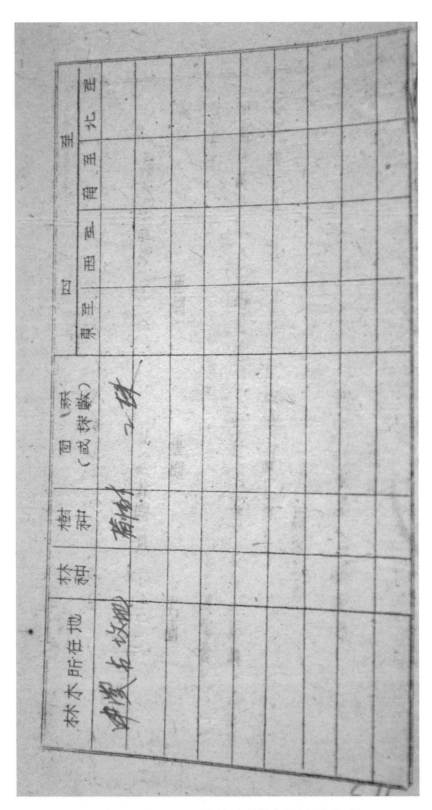

图1-2-125　郭全长林木所有证存根明细

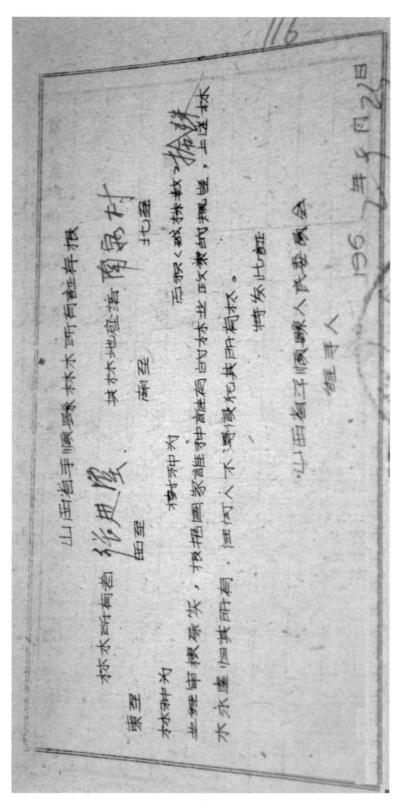

图1-2-126　张进堂林木所有证存根

174

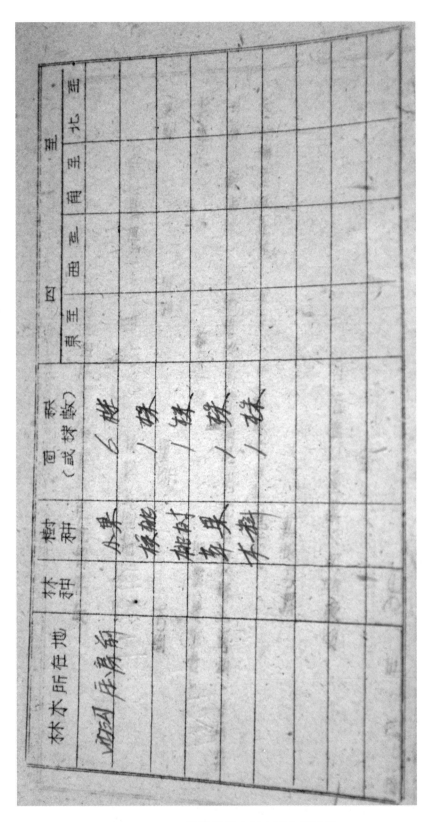

图1-2-127　张进堂林木所有证存根明细

175

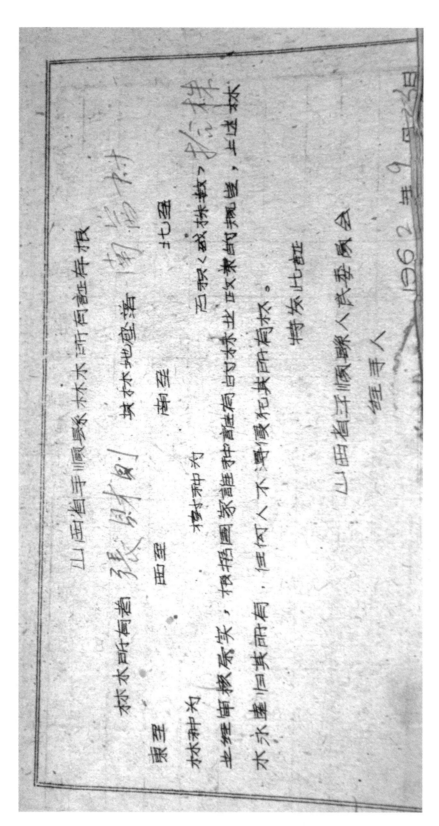

图1-2-128　张财则林木所有证存根

176

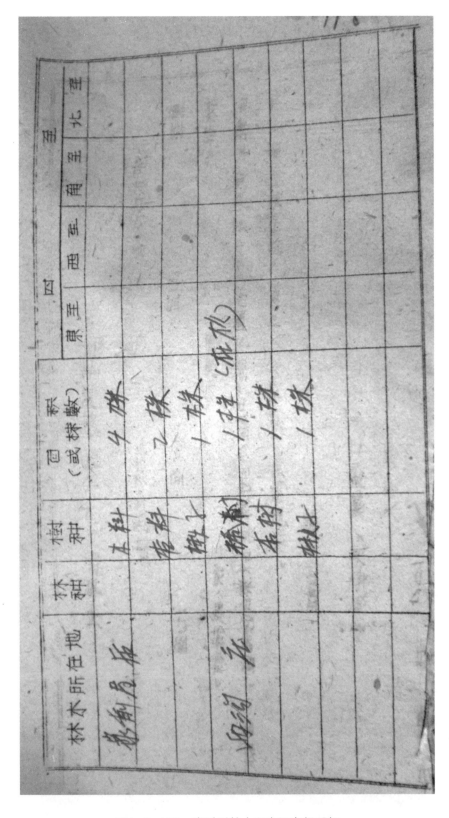

图1-2-129　张财则林木所有证存根明细

177

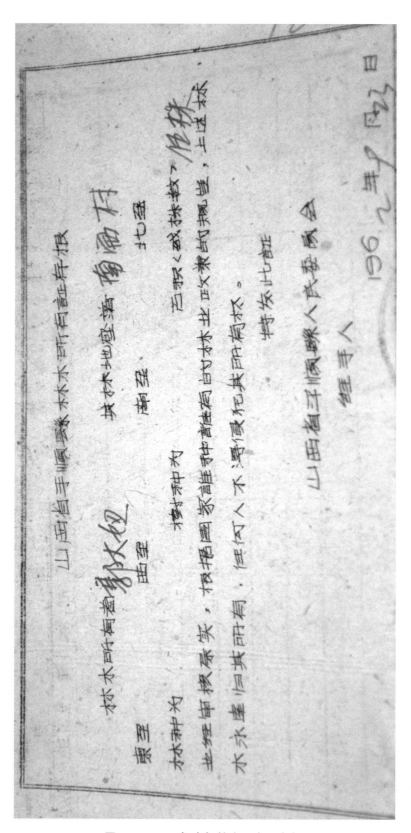

图1-2-130　郭大妞林木所有证存根

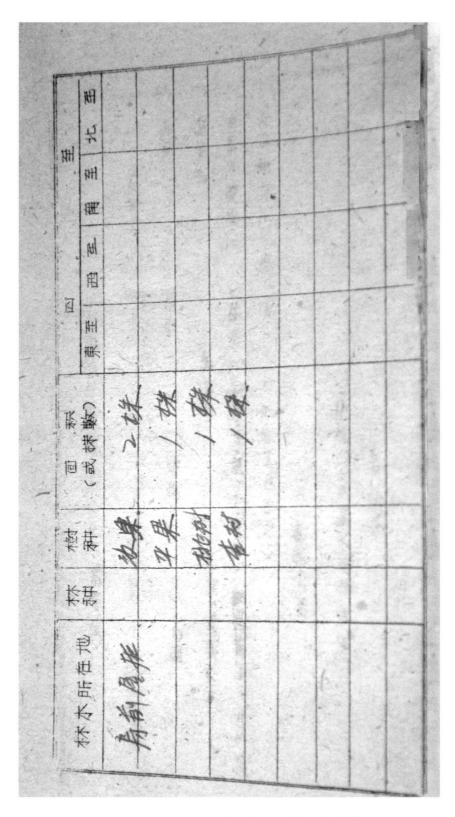

图1-2-131 郭大妞林木所有证存根明细

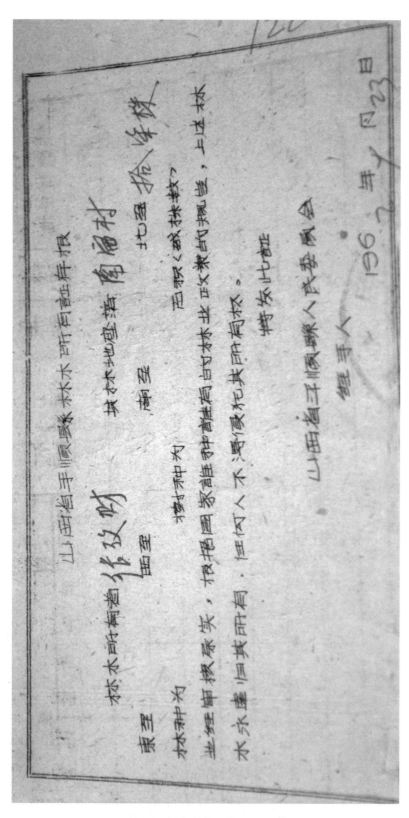

图1-2-132　张改财林木所有证存根

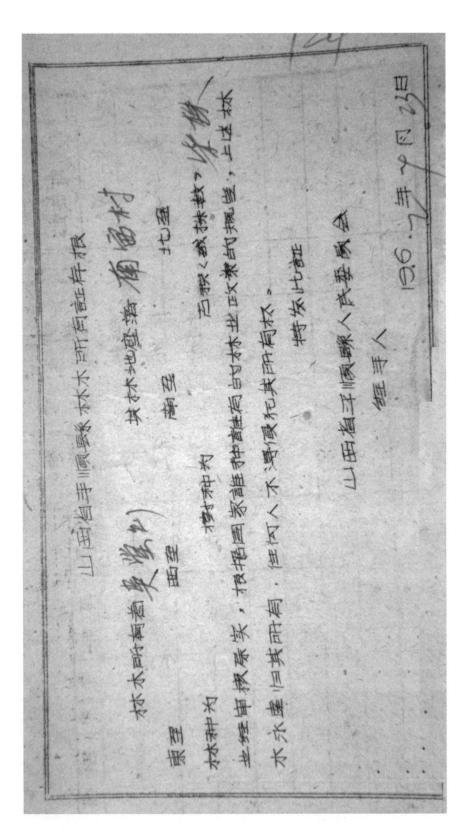

图1-2-133　吴堂则林木所有证存根

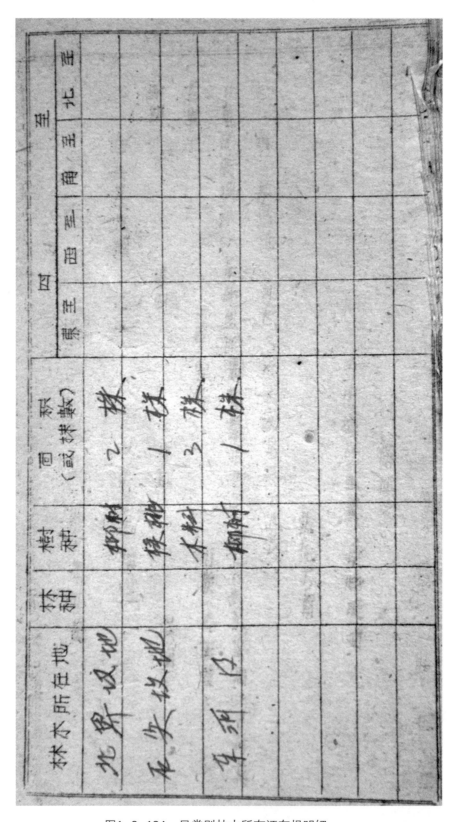

图1-2-134　吴堂则林木所有证存根明细

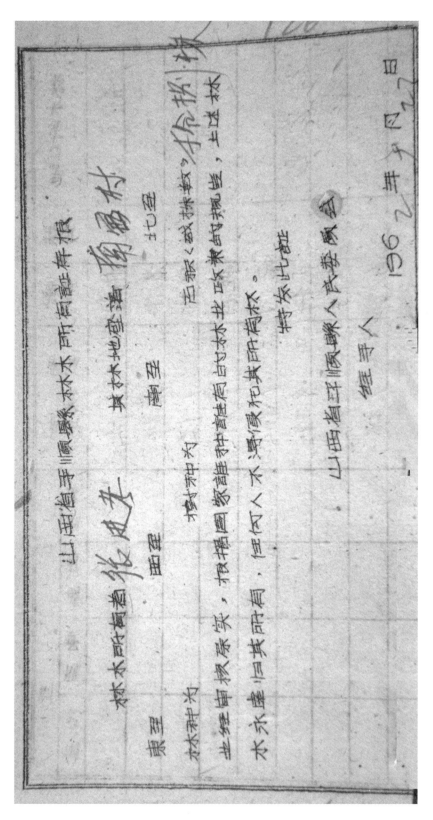

图1-2-135 张进考林木所有证存根

图1-2-136　张进考林木所有证存根明细

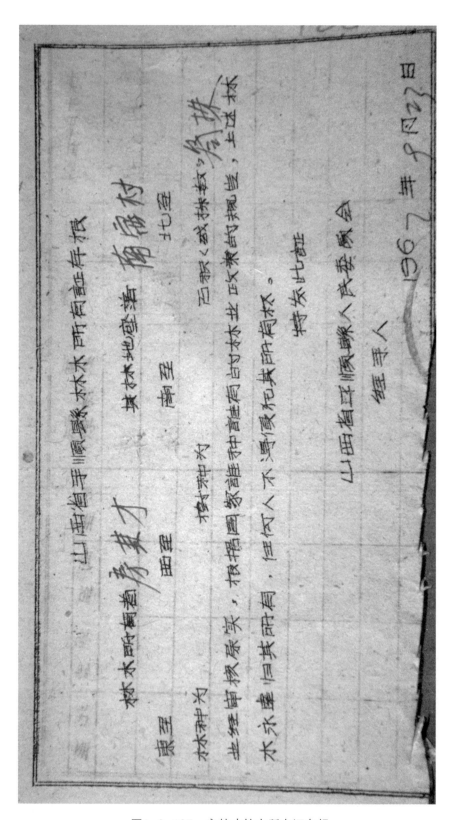

图1-2-137　房其才林木所有证存根

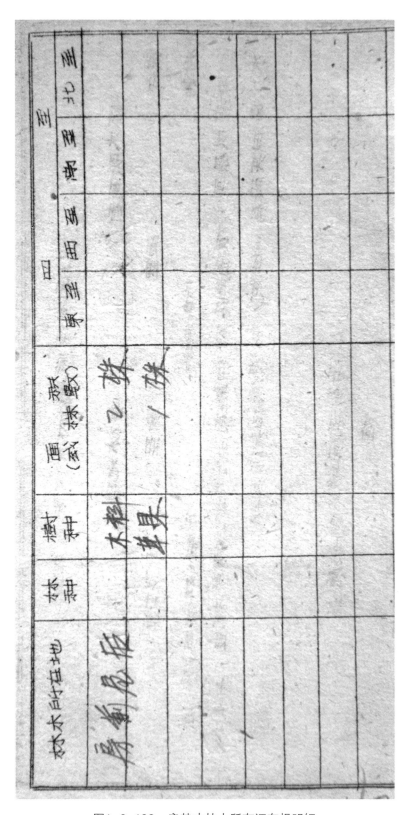

图1-2-138　房其才林木所有证存根明细

186

图1-2-139　张童儿林木所有证存根

187

图1-2-140　张童儿林木所有证存根明细

188

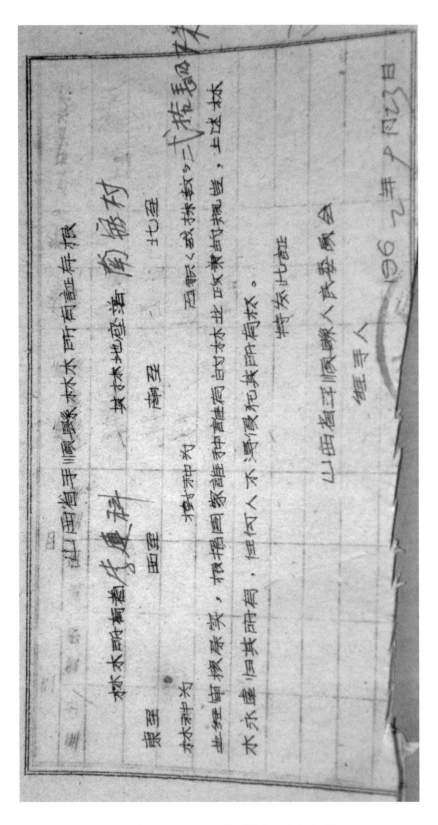

图1-2-141　李连科林木所有证存根

189

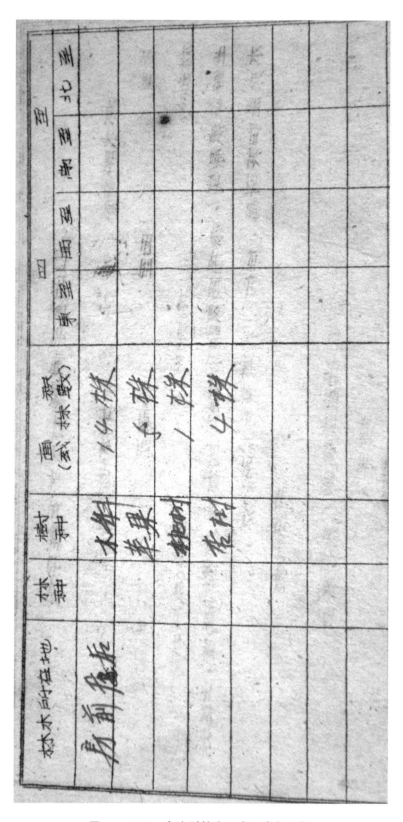

图1-2-142　李连科林木所有证存根明细

190

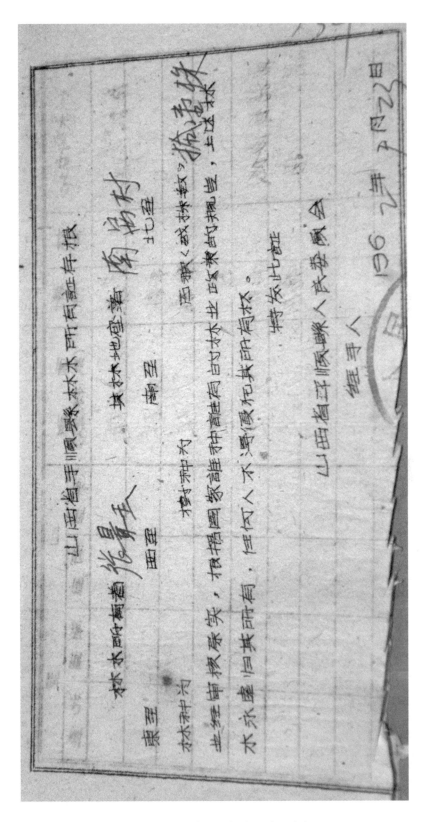

图1-2-143 张景玉林木所有证存根

191

图1-2-144　张景玉林木所有证存根明细

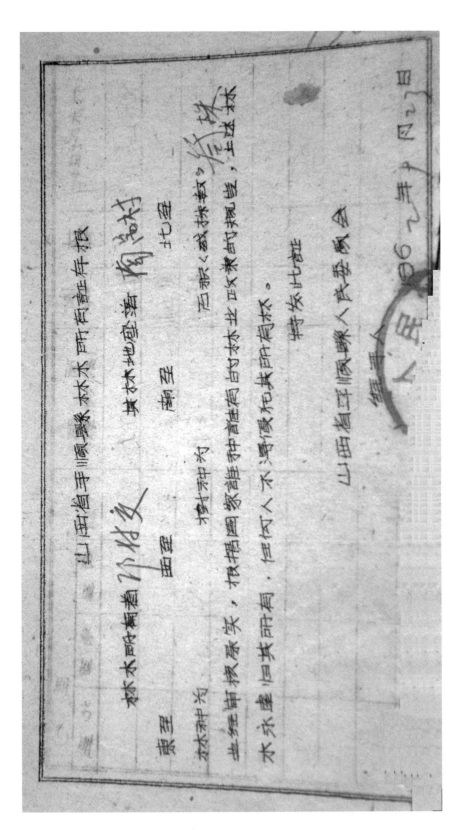

图1-2-145　邛付交林木所有证存根

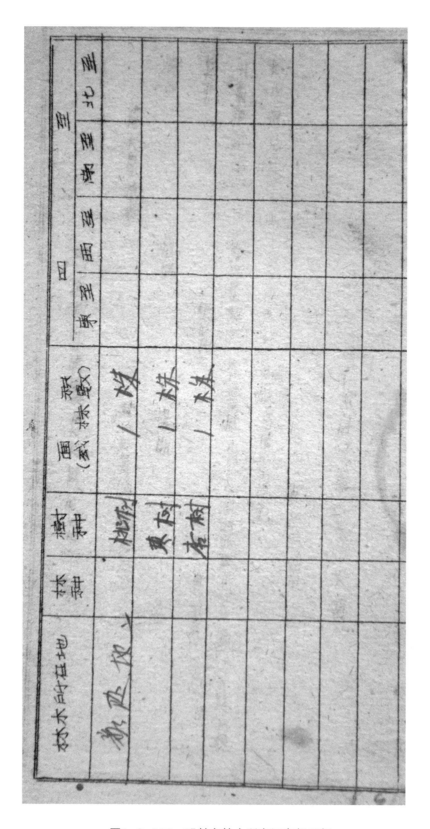

图1-2-146 邛付交林木所有证存根明细

194

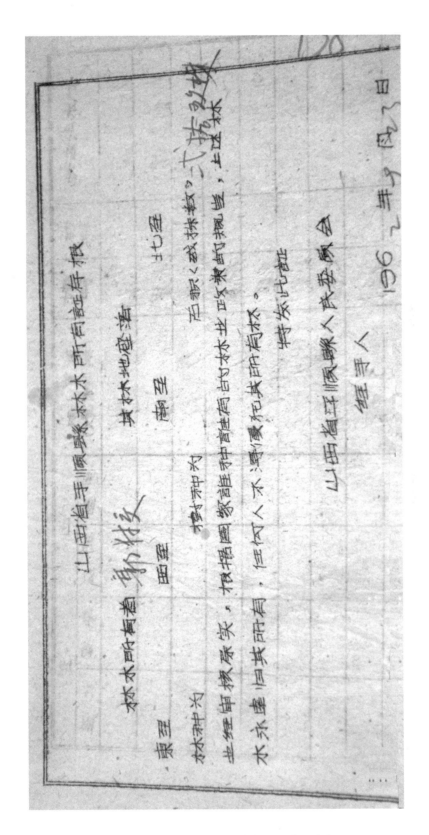

图1-2-147　郭付交林木所有证存根

195

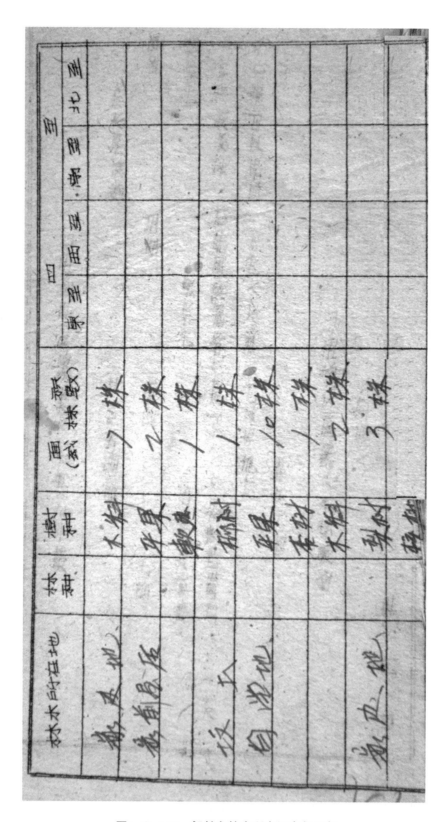

图1-2-148　郭付交林木所有证存根明细

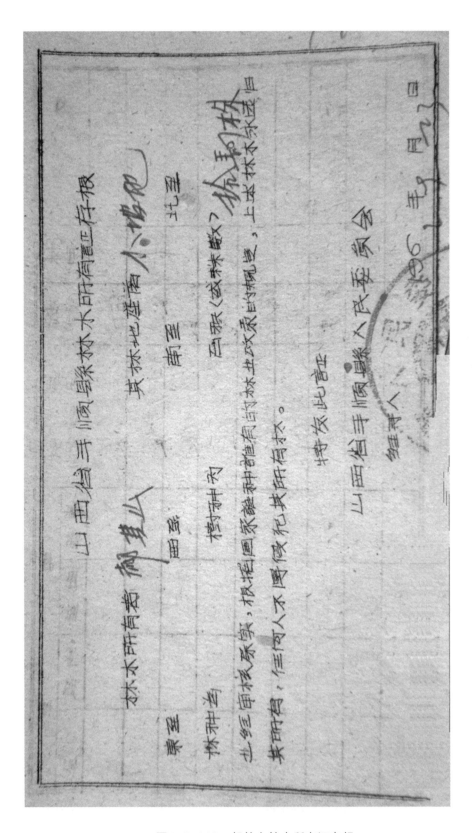

图1-2-149　郝其山林木所有证存根

197

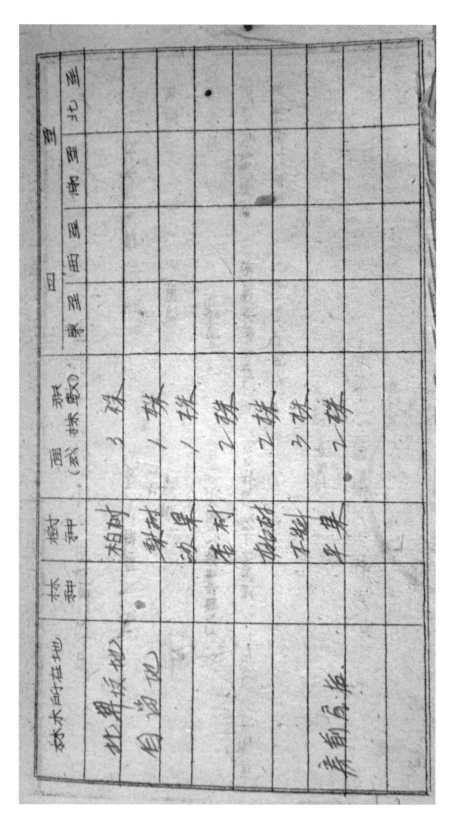

图1-2-150　郝其山林木所有证存根明细

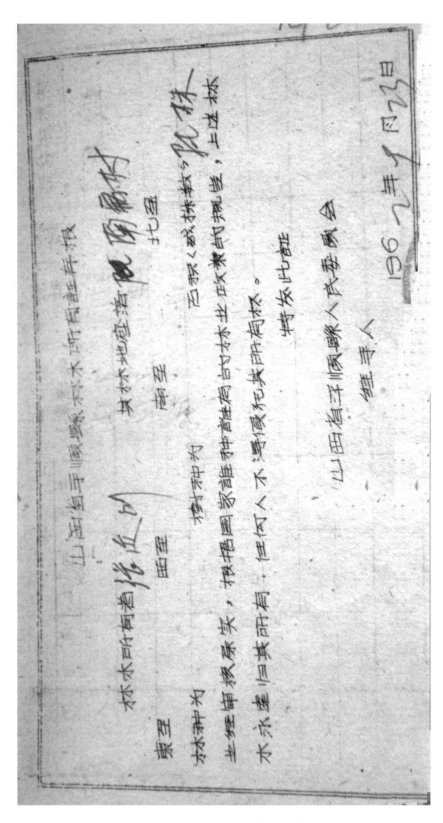

图1-2-151　张建则林木所有证存根

199

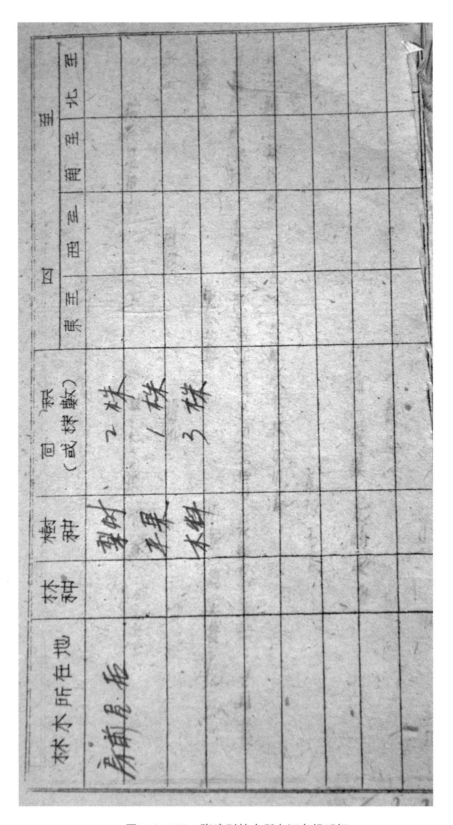

图1-2-152　张建则林木所有证存根明细

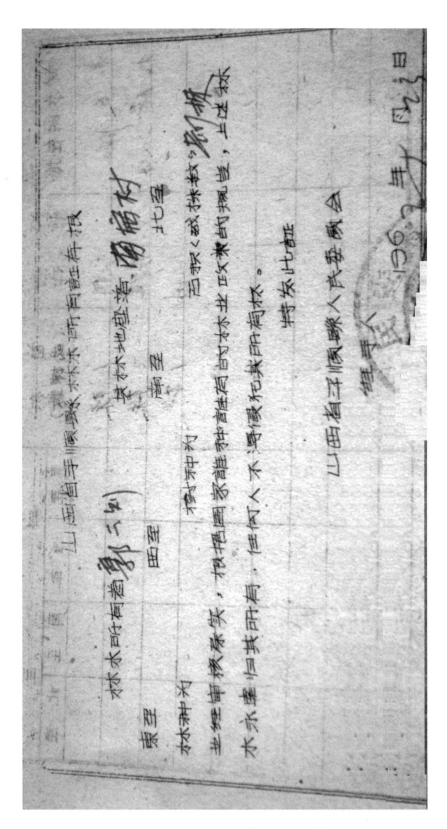

图1-2-153 郭二则林木所有证存根

201

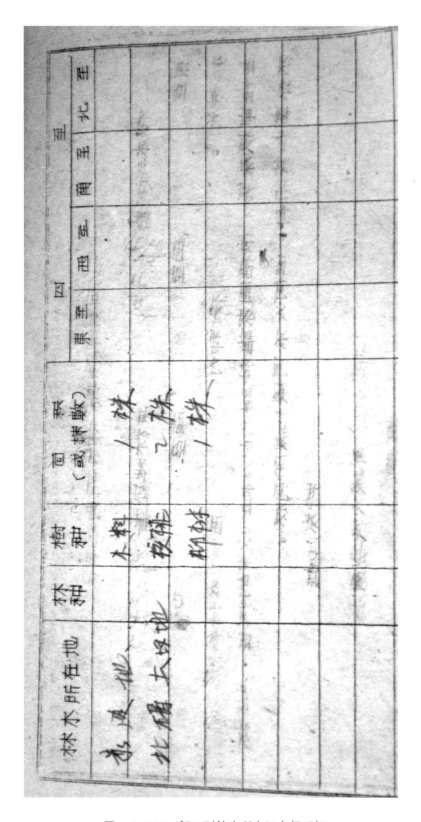

图1-2-154　郭二则林木所有证存根明细

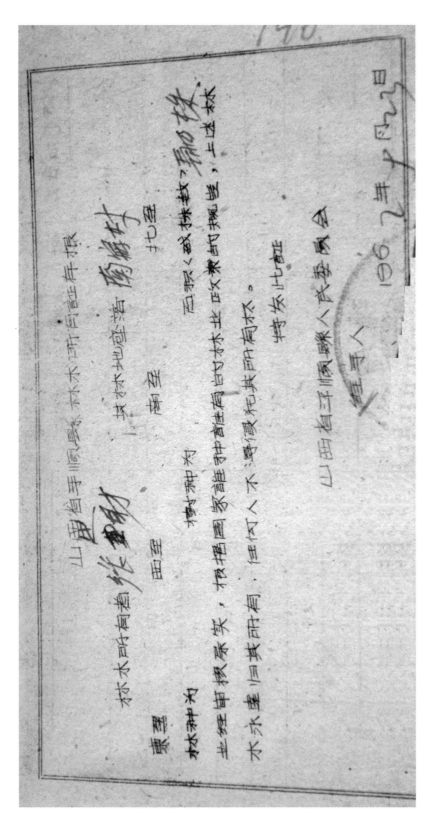

图1-2-155　张进财林木所有证存根

203

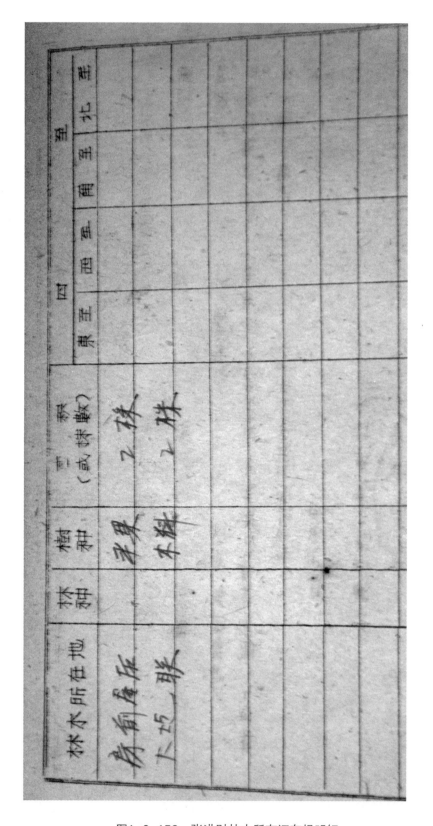

图1-2-156　张进财林木所有证存根明细

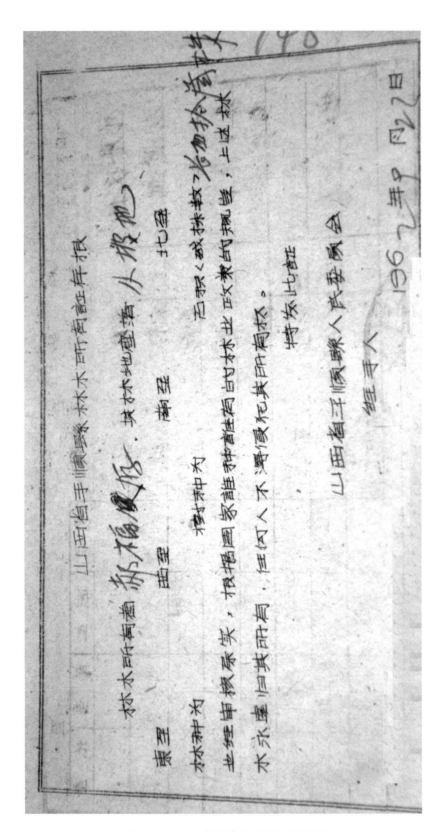

图1-2-157　郝福存林木所有证存根

205

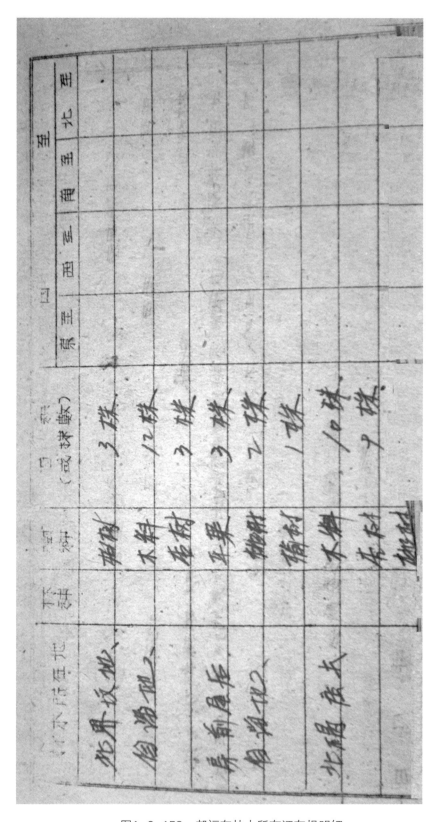

图1-2-158 郝福存林木所有证存根明细

206

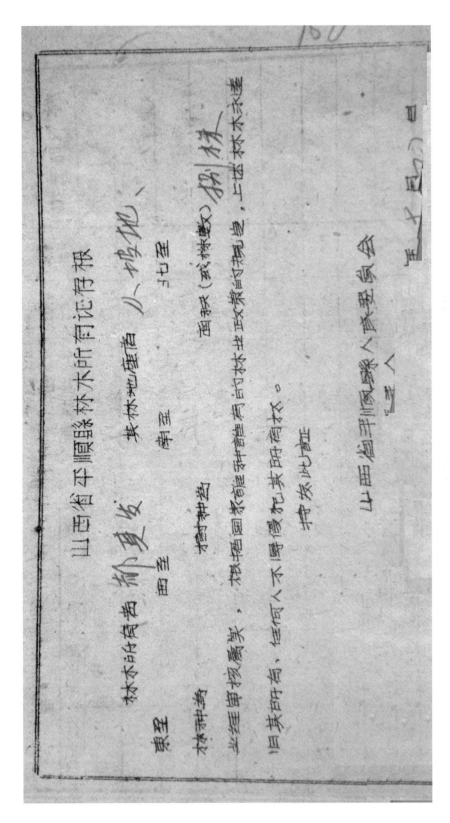

图1-2-159　郝其发林木所有证存根

207

图1-2-160　郝其发林木所有证存根明细

208

（三）1982年西沟大队管委会集体林权证

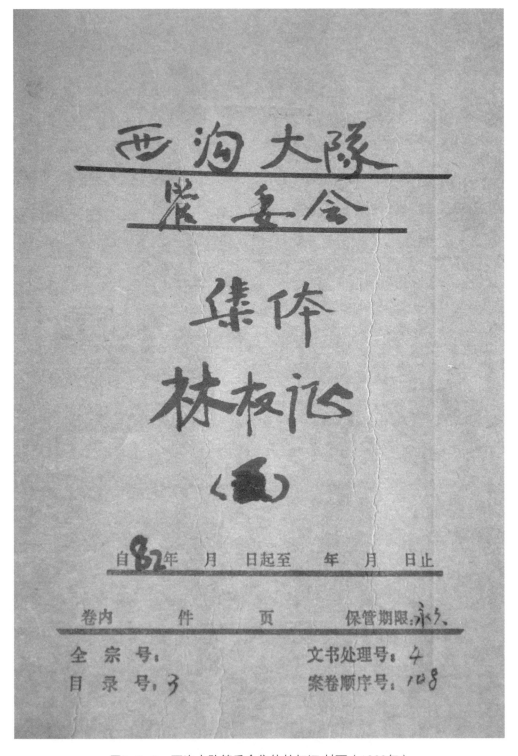

图1-3-1　西沟大队管委会集体林权证 封面（1982年）

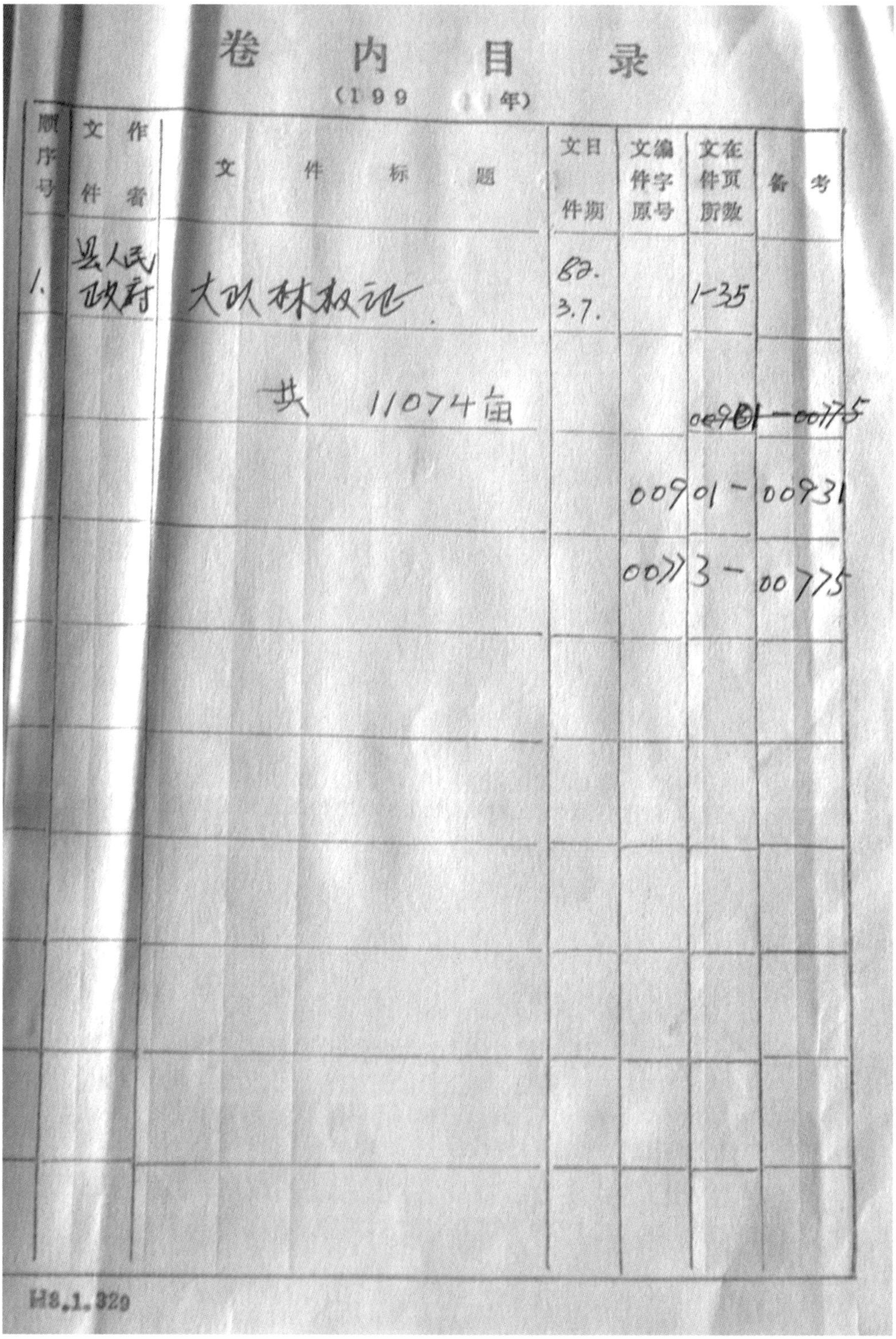

卷内目录

（199 年）

顺序号	文件作者	文件标题	文件日期	文件原编字号	文件所在页数	备考
1.	县人民政府	大队林权证	82.3.7.		1-35	
		共 11074亩			~~00901—00775~~	
				00901—		00931
				00773—		00775

H8.1.329

图1-3-2　卷内目录

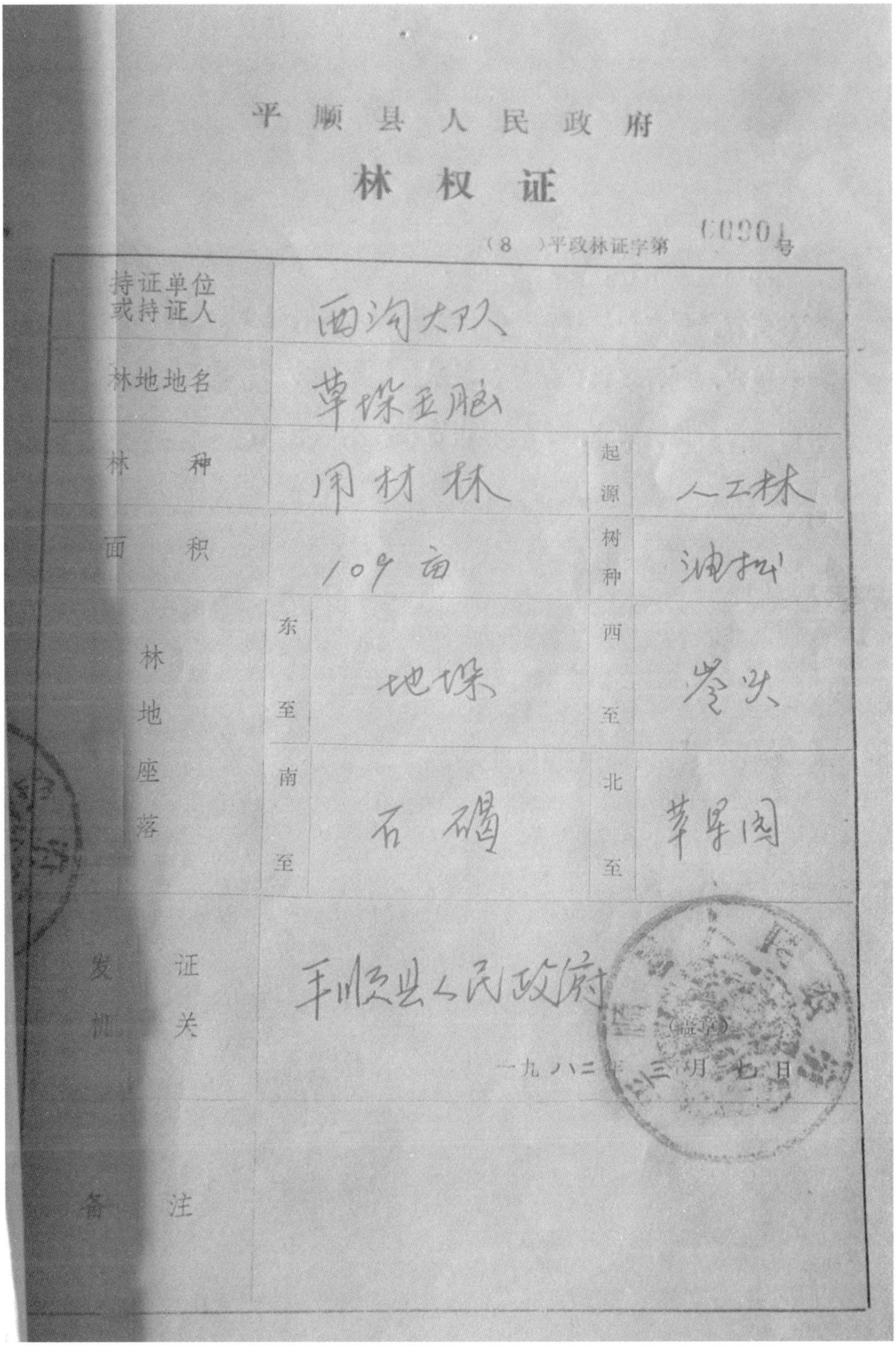

平 顺 县 人 民 政 府
林 权 证

（8 ）平政林证字第 CC901 号

持证单位或持证人	西沟大队		
林地地名	草珠玉脑		
林　种	用材林	起源	人工林
面　积	10.4亩	树种	油松
林地座落	东至	地珠	西至 岑头
	南至	石碣	北至 草星闷
发证机关	平顺县人民政府（盖章） 一九八二年三月七日		
备　注			

图1-3-3　林权证一

211

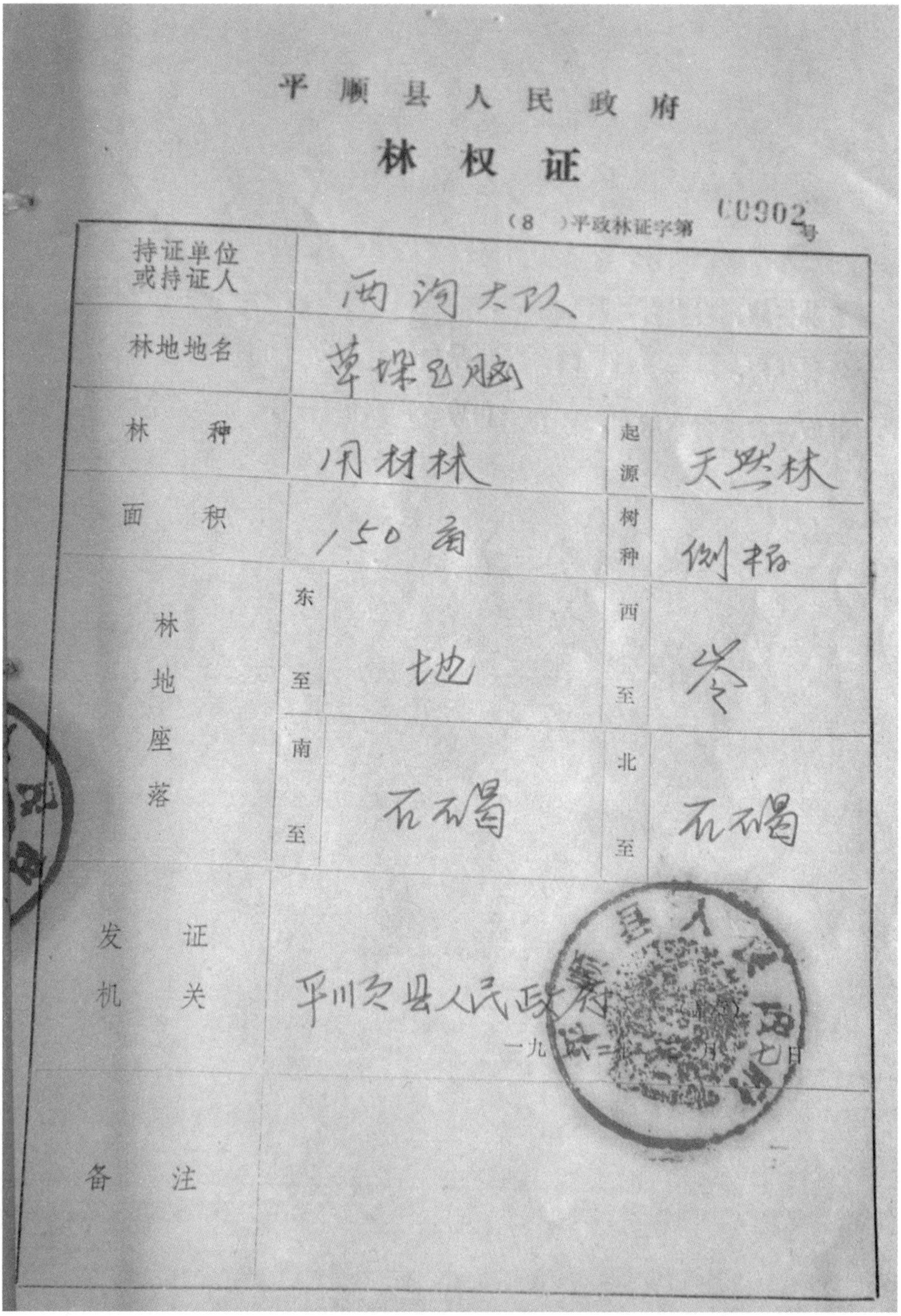

平顺县人民政府
林权证

（8 ）平政林证字第 CC902 号

持证单位或持证人	西沟大队		
林地地名	草垛垴		
林种	用材林	起源	天然林
面积	150亩	树种	侧柏
林地座落	东至	地	西至	岭
	南至	石碣	北至	石碣
发证机关	平顺县人民政府 一九八二年 月 日		
备注			

图1-3-4 林权证二

212

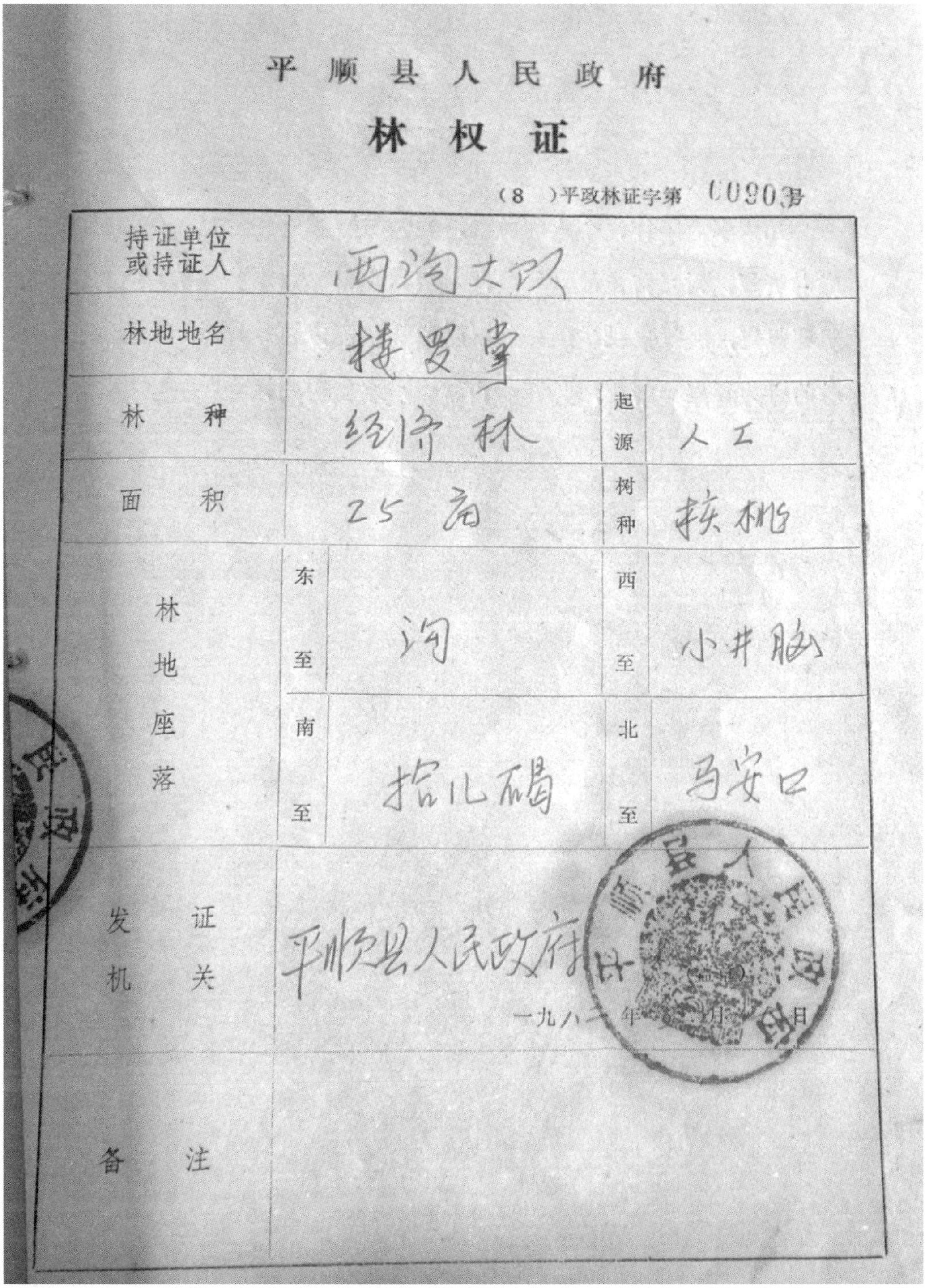

平顺县人民政府

林权证

（8 ）平政林证字第 C0903号

持证单位或持证人	西沟大队		
林地地名	接罗掌		
林　种	经济林	起源	人工
面　积	25亩	树种	核桃
林地座落	东至 沟		西至 小井脑
	南至 拾儿硇		北至 马安口
发证机关	平顺县人民政府 一九八一年 月 日		
备　注			

图1-3-5　林权证三

213

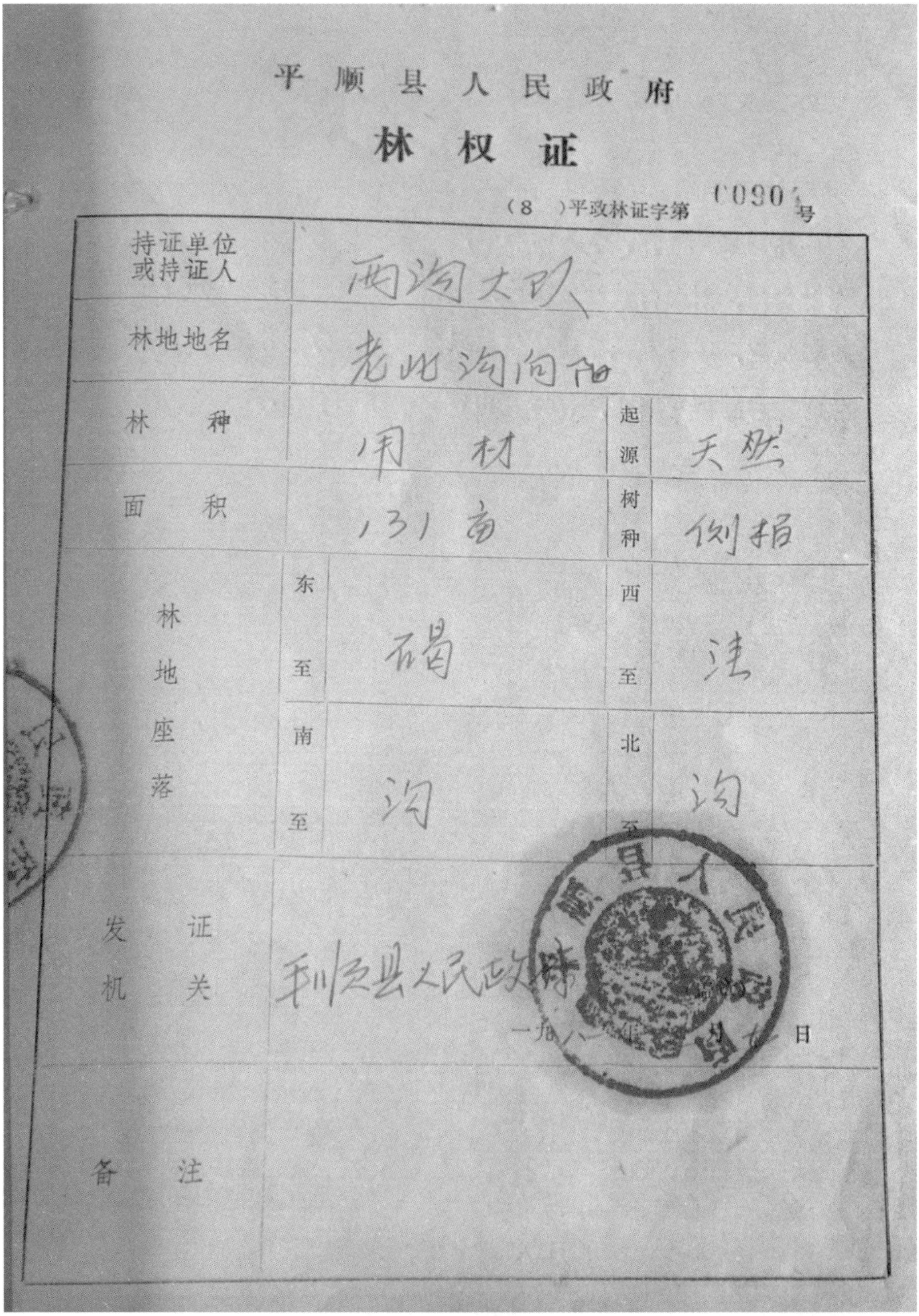

平顺县人民政府
林权证

（8 ）平政林证字第 C0901 号

持证单位或持证人	西沟大队
林地地名	老北沟向阳

林 种	用材	起源	天然
面 积	131亩	树种	侧柏

林地座落	东至	碣	西至	洼
	南至	沟	北至	沟

发证机关	平顺县人民政府

一九八一年　　月　　日

备 注	

图1-3-6　林权证四

214

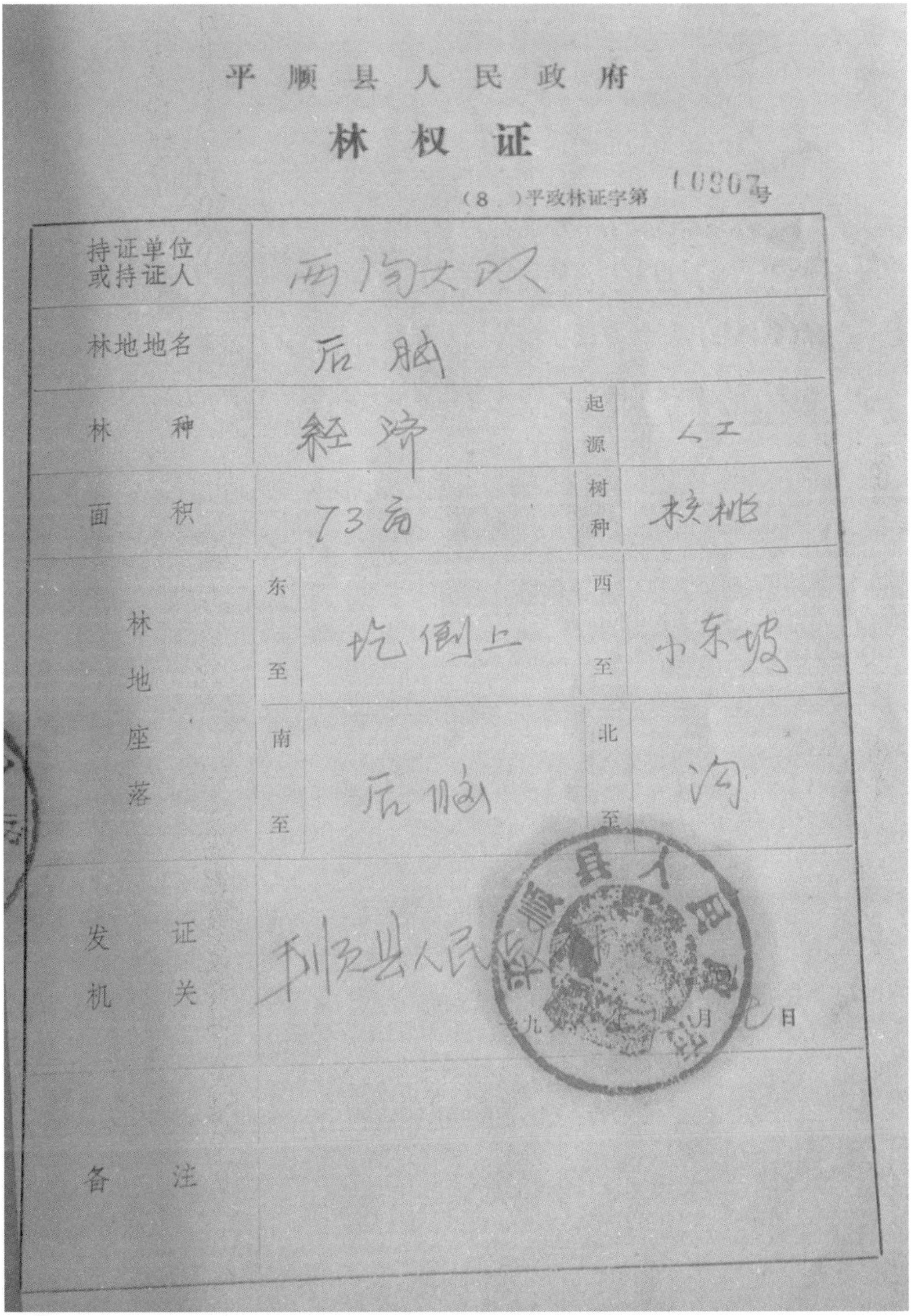

平 顺 县 人 民 政 府
林 权 证

（8 ）平政林证字第 □□907号

持证单位 或持证人		两沟大队		
林地地名		后脑		
林　种		经济	起源	人工
面　积		73亩	树种	核桃
林地座落	东至	坑倒上	西至	小东坡
	南至	后脑	北至	沟
发证机关		平顺县人民政府		
备　注				

图1-3-7　林权证五

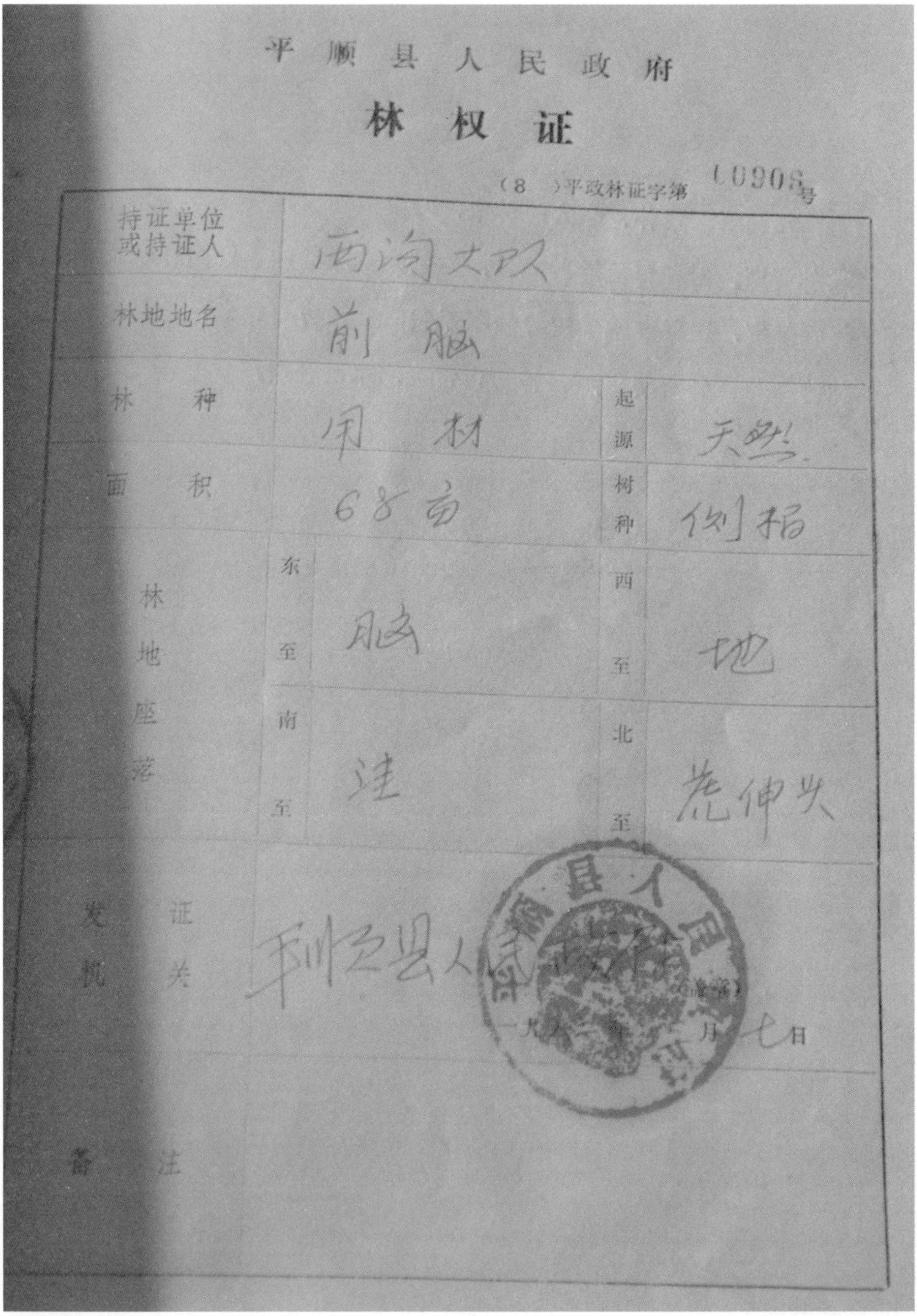

平顺县人民政府

林权证

（8 ）平政林证字第 00908号

持证单位或持证人	西沟大队		
林地地名	前脑		
林种	用材	起源	天然
面积	68亩	树种	侧柏
林地座落	东至 脑	西至	地
	南至 洼	北至	荒伸头
发证机关	平顺县人民政府（盖章） 一九八一年 月七日		
备注			

图1–3–8 林权证六

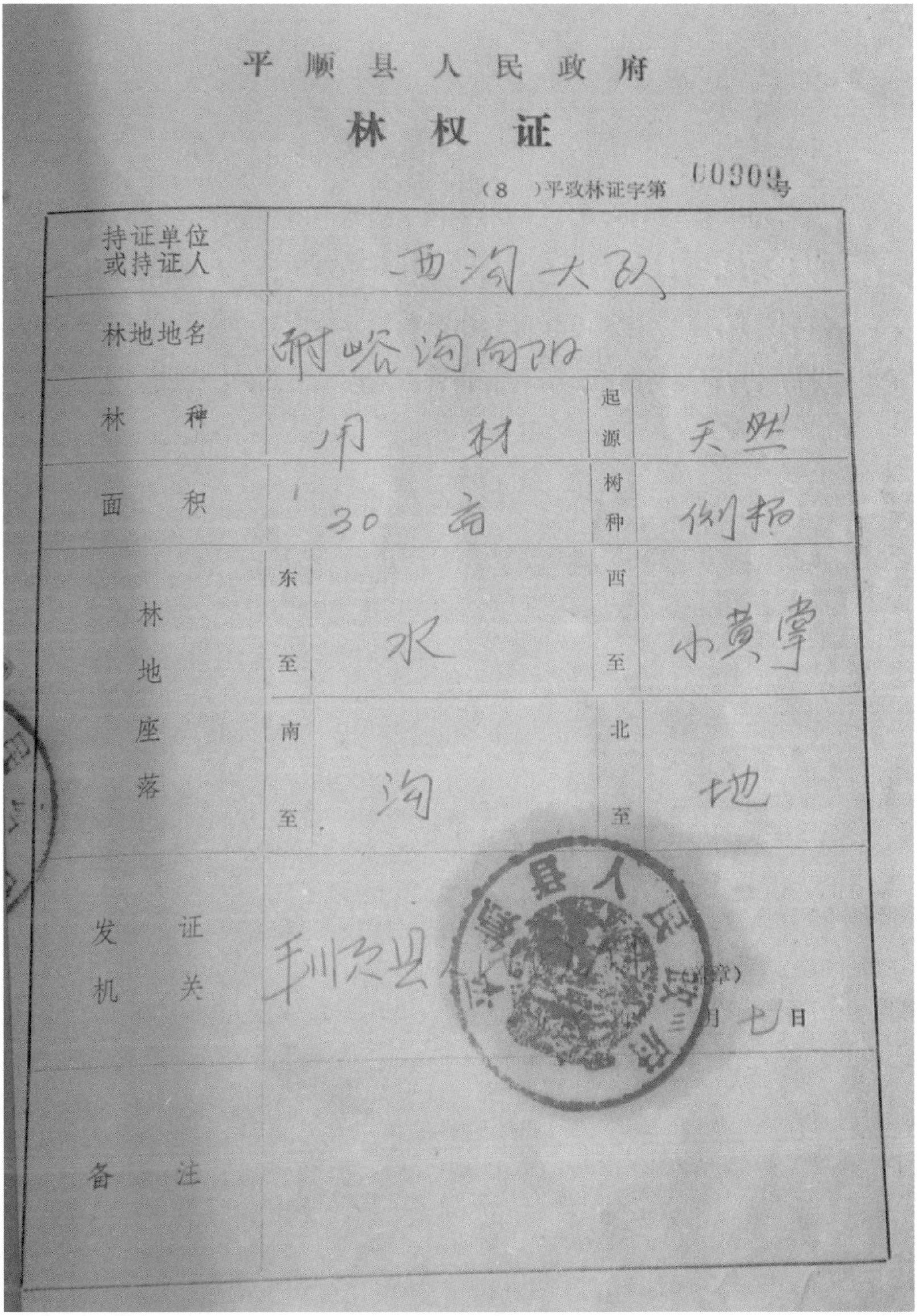

平 顺 县 人 民 政 府
林 权 证

（8 ）平政林证字第　C0909号

持证单位或持证人	西沟大队			
林地地名	耐峪沟向阳			
林　种	用材	起源	天然	
面　积	30亩	树种	侧柏	
林地座落	东至	水	西至	小黄宁
	南至	沟	北至	地
发证机关	平顺县人民政府 （盖章）　　　三月七日			
备　注				

图1-3-9　林权证七

217

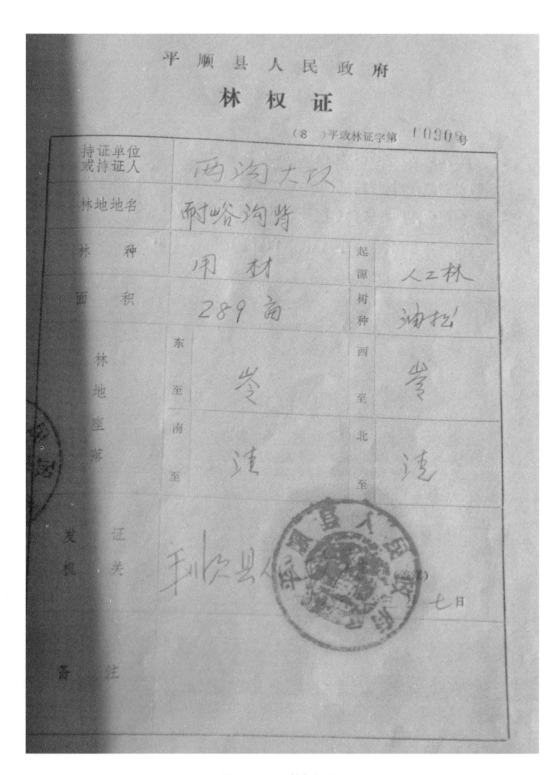

图1-3-10　林权证八

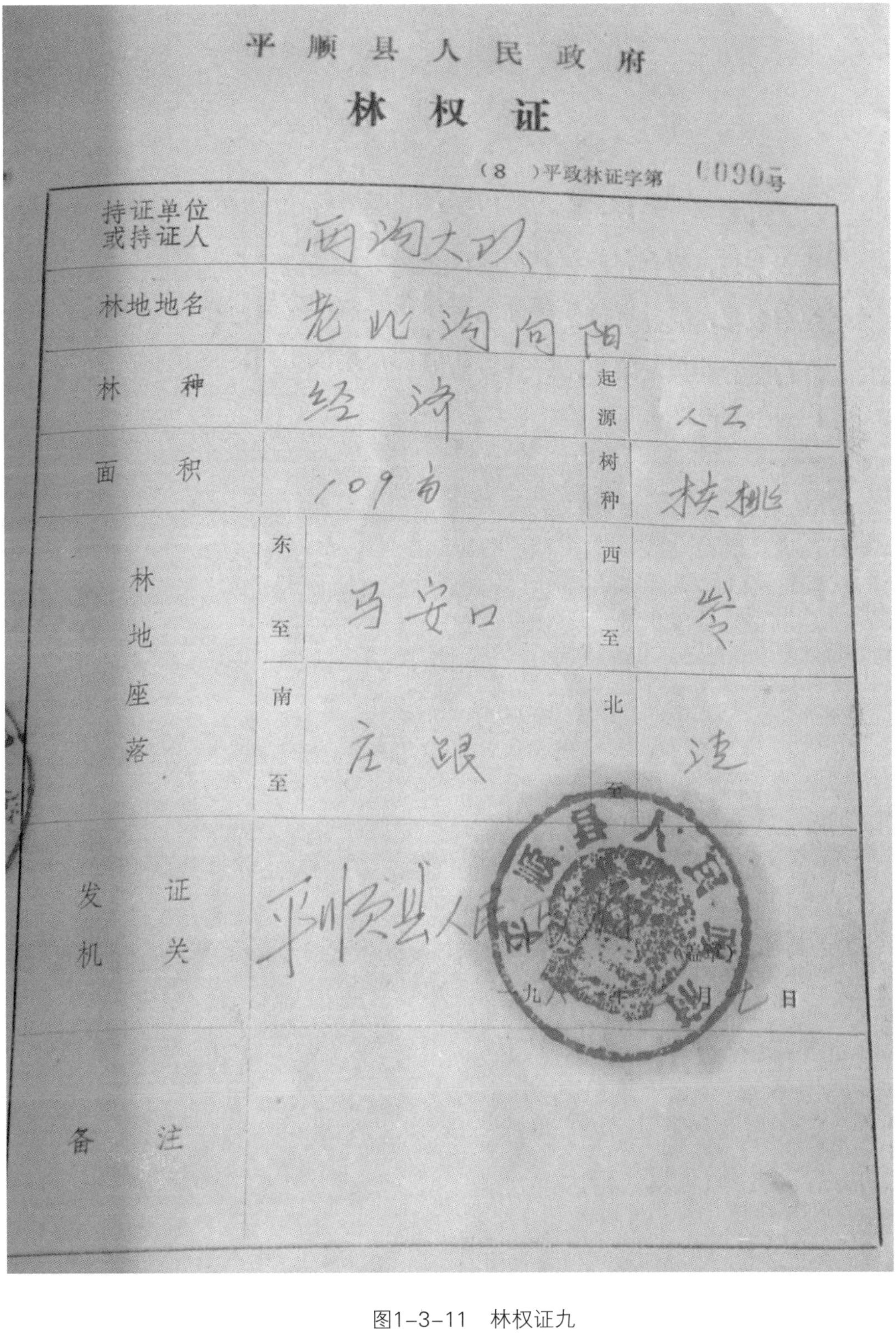

平 顺 县 人 民 政 府
林 权 证

（ 8 ）平政林证字第 C090 号

持证单位 或持证人		西沟大队		
林地地名		老此沟向阳		
林种		经济	起源	人工
面积		109亩	树种	核桃
林地座落	东至	马安口	西至	岭
	南至	庄跟	北至	洼
发证机关		平顺县人民政府 一九八 月 九 日		
备注				

图1-3-11　林权证九

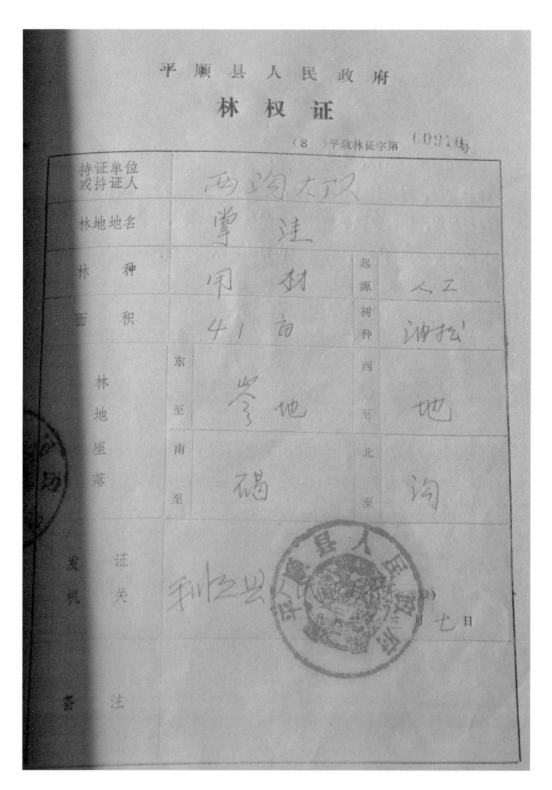

图1-3-12　林权证十

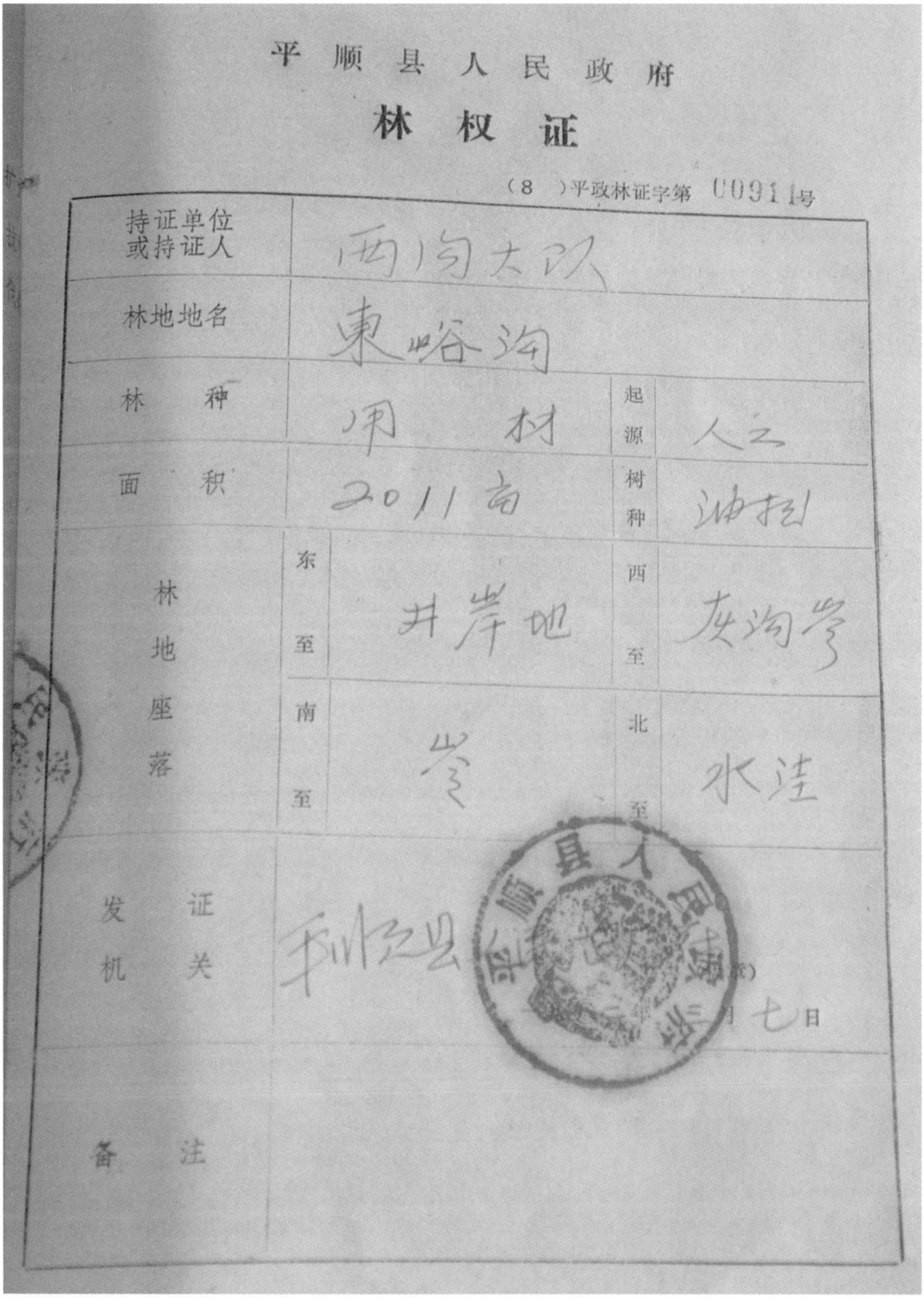

平顺县人民政府

林权证

（8 ）平政林证字第 00911号

持证单位或持证人	西沟大队		
林地地名	東峪沟		
林　　种	用材	起源	人工
面　　积	2011亩	树种	油松
林地座落	东至：井岸地	西至	灰沟岑
	南至：岑	北至	水洼
发证机关	平顺县人民政府（盖章）　年三月七日		
备　　注			

图1-3-13　林权证十一

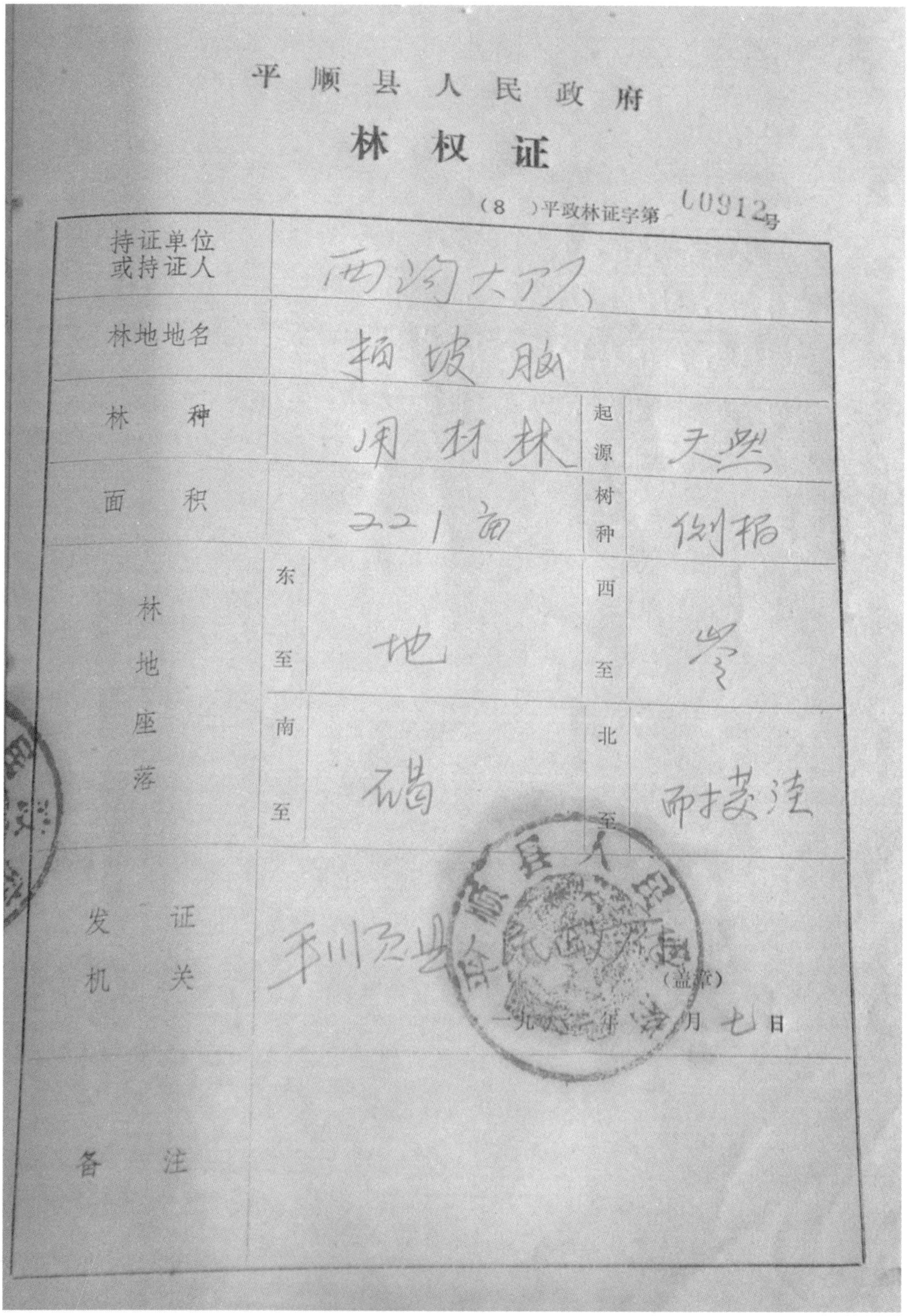

平 顺 县 人 民 政 府
林 权 证

（ 8 ）平政林证字第 C0912号

持证单位 或持证人		西沟大队		
林地地名		柏坡脑		
林　种		用材林	起源	天然
面　积		221亩	树种	倒柏
林地座落	东至	地	西至	岑
	南至	石阁	北至	而接注
发证机关		平川乡林企民政办理（盖章）		
		一九八二年六月七日		
备　注				

图1-3-14　林权证十二

222

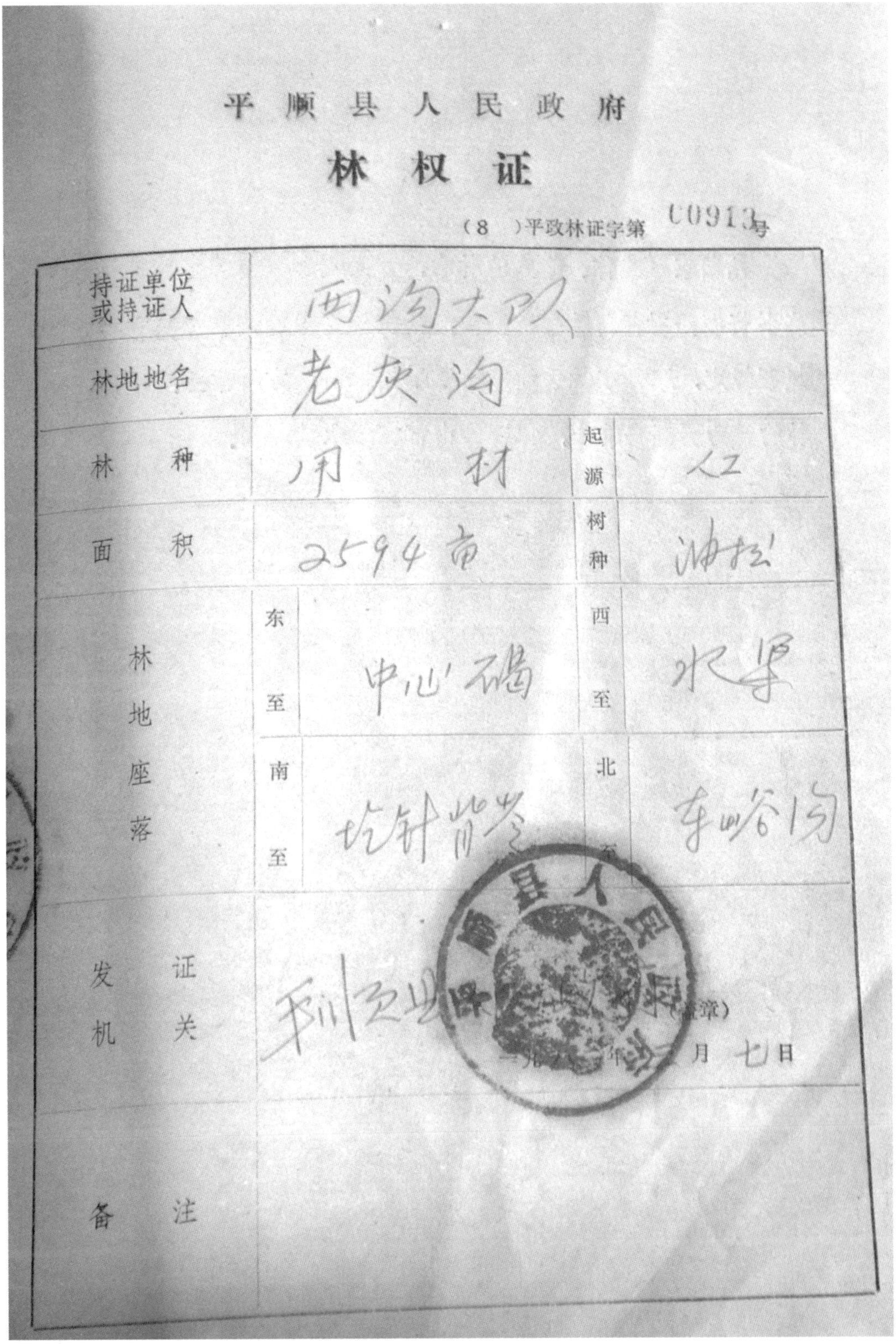

平 顺 县 人 民 政 府
林 权 证

（8　）平政林证字第 C0913号

持证单位或持证人	西沟大队			
林地地名	老灰沟			
林　种	用　材	起源		人工
		树种		油松
面　积	2594亩			
林地座落	东至	中心碉	西至	水里
	南至	松针背岑	北至	车岭沟
发证机关	利运业局		（盖章）	一九 年 月 七日
备　注				

图1-3-15　林权证十三

223

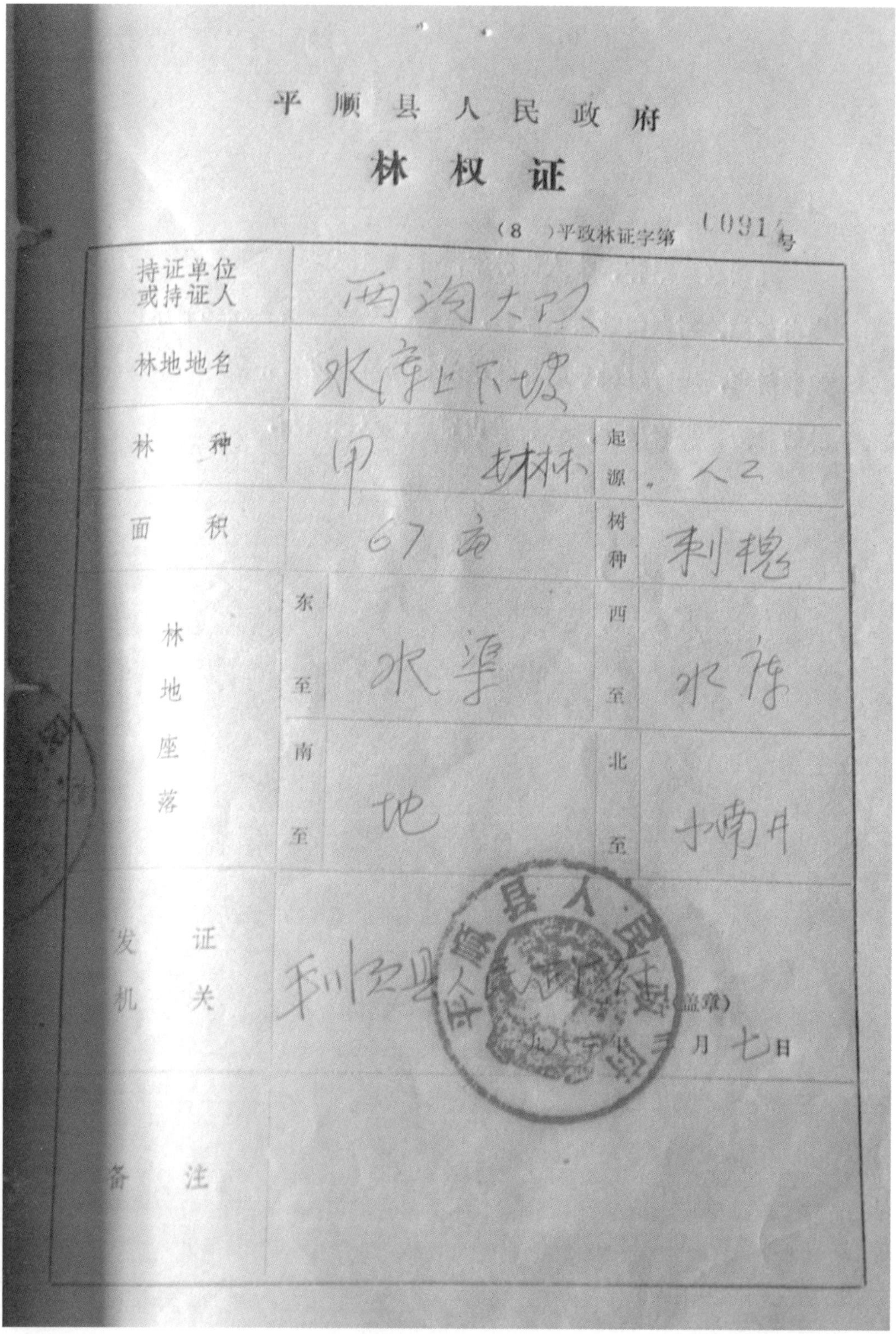

平 顺 县 人 民 政 府
林 权 证

（ 8 ）平政林证字第 〔091〕号

持证单位或持证人	西沟大队			
林地地名	水库上下坡			
林　种	甲　　　林	起源	人工	
面　积	67亩	树种	刺槐	
林地座落	东至	水渠	西至	水库
	南至	地	北至	十亩丹
发证机关	刺川卫生全顺县人民政府（盖章） 月 七日			
备　注				

图1-3-16　林权证十四

224

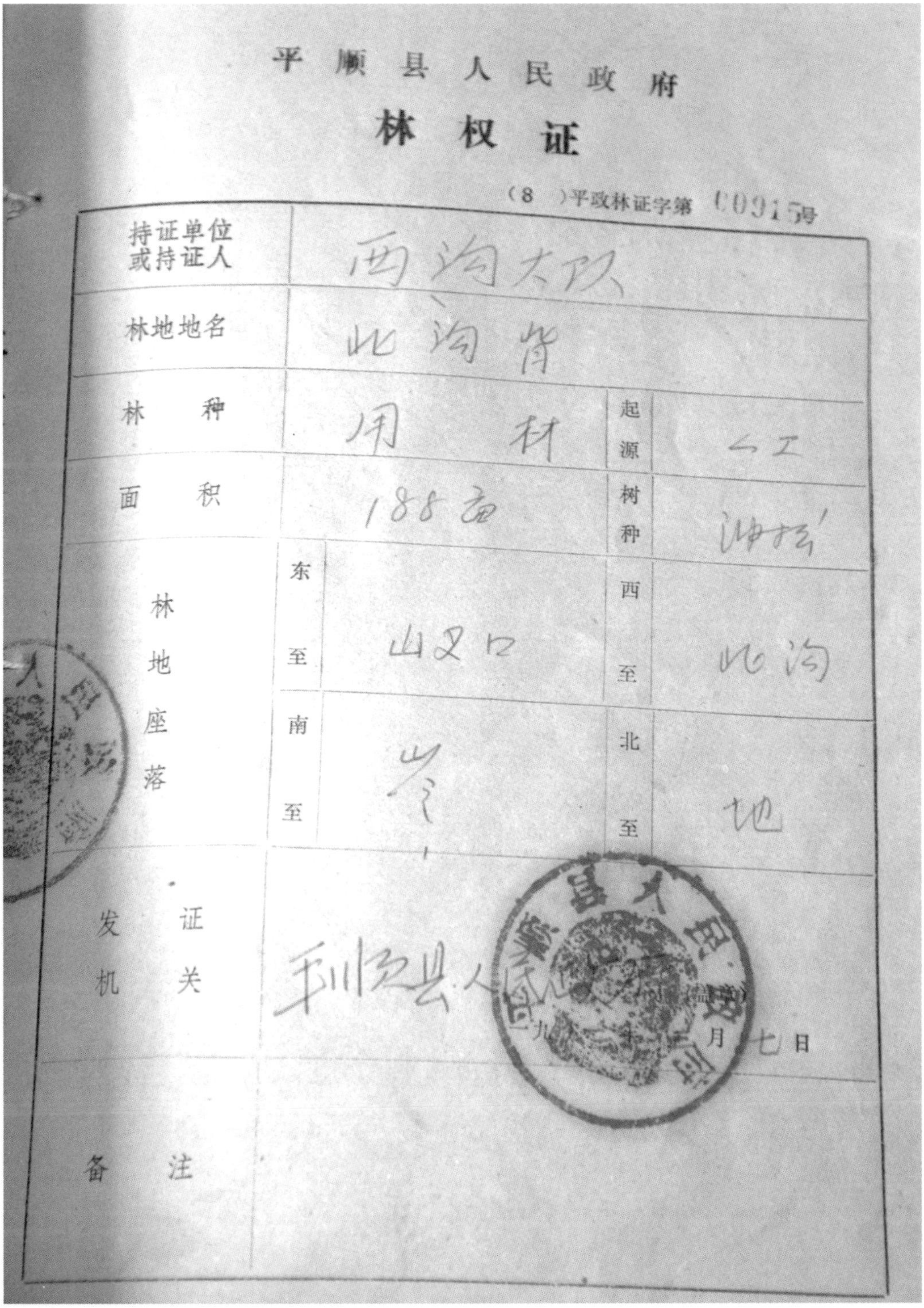

平 顺 县 人 民 政 府
林 权 证

（8 ）平政林证字第 C0915号

持证单位或持证人	西沟大队		
林地地名	此沟背		
林 种	用材	起源	人工
面 积	188亩	树种	油松
林地座落	东至	山凹口	西至	此沟
	南至	岜	北至	地
发证机关	平顺县人民政府（盖章） 一九八二年十二月七日		
备 注			

图1-3-17 林权证十五

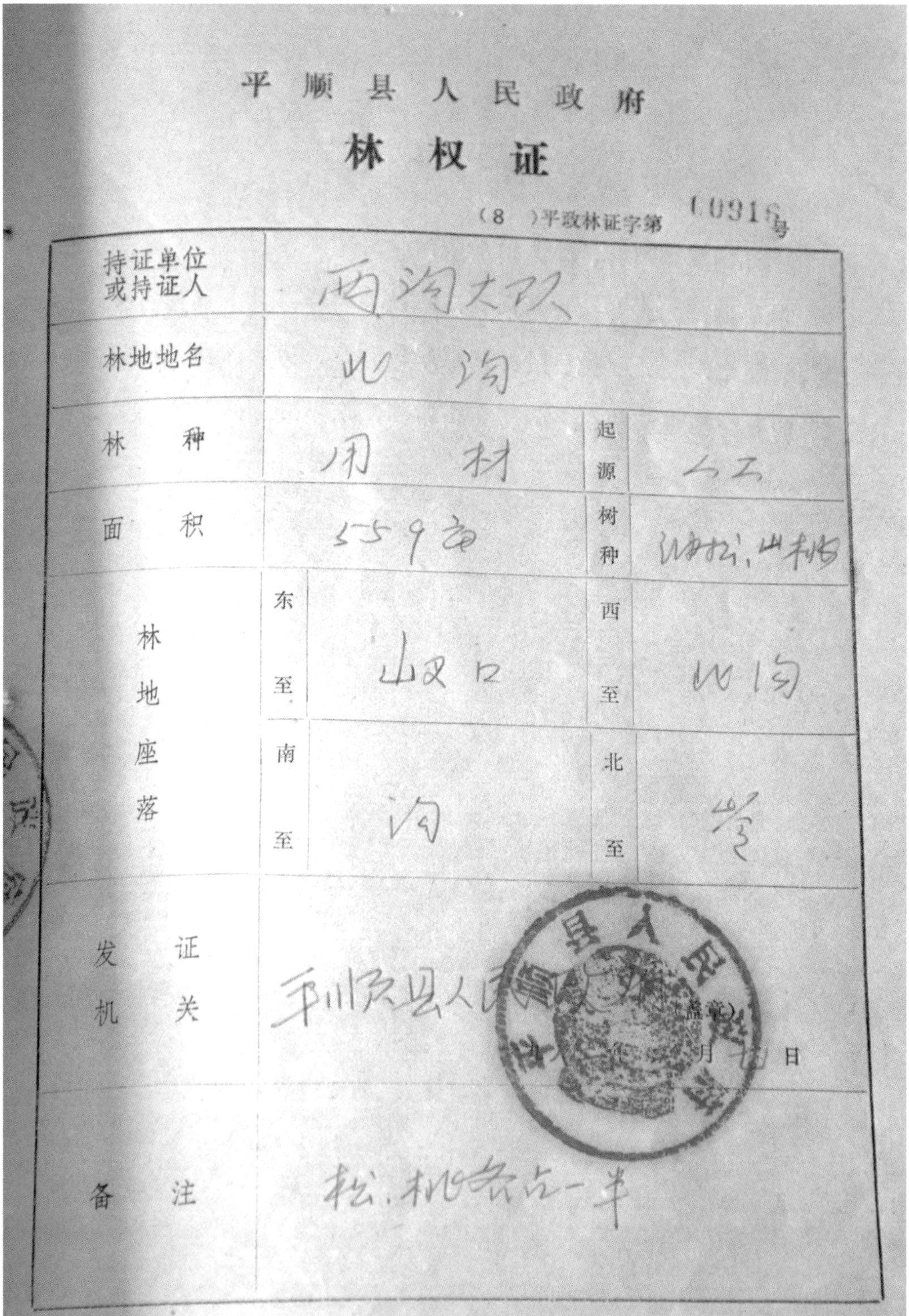

平 顺 县 人 民 政 府
林 权 证

（8　）平政林证字第　C0916号

持证单位 或持证人	两沟大队		
林地地名	北 沟		
林 种	用 材	起源	人工
面 积	559亩	树种	油松、山桃
林地座落	东至	山圪口	西至	北沟
	南至	沟	北至	岭
发证机关	平顺县人民	（盖章） 　　月　　日	
备 注	松、桃各占一半		

图1-3-18　林权证十六

226

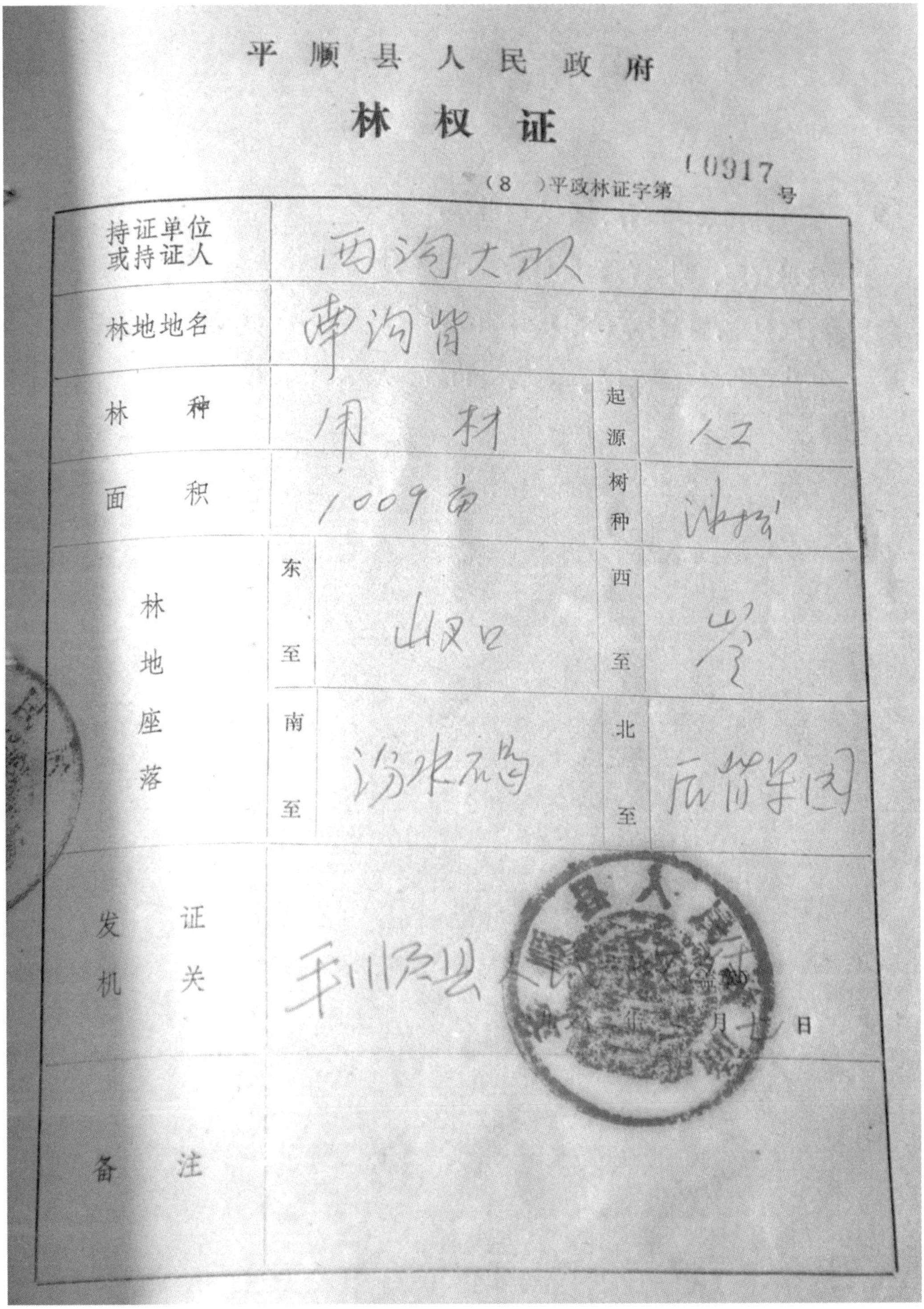

平 顺 县 人 民 政 府
林 权 证

（8 ）平政林证字第 L0917 号

持证单位或持证人	西沟大队			
林地地名	南沟背			
林　种	用材	起源	人工	
面　积	1009亩	树种	油松	
林地座落	东至	山双口	西至	岭
	南至	汾水石窑	北至	底苗革园
发证机关	平顺县人民政府			
备　注				

图1-3-19　林权证十七

227

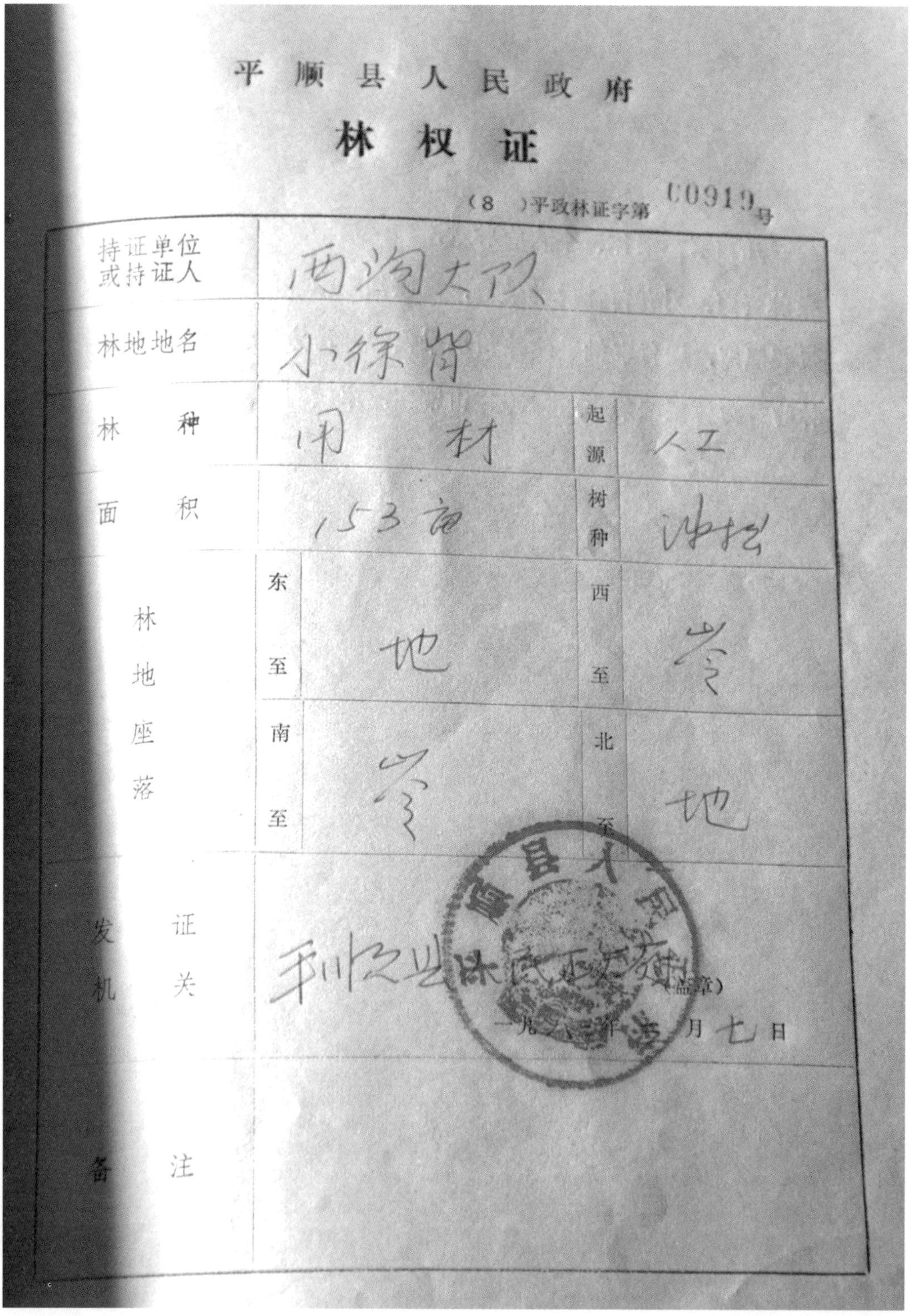

平 顺 县 人 民 政 府
林 权 证

（ 8 ）平政林证字第 C0919 号

持证单位 或持证人	西沟大队		
林地地名	小徐沟		
林 种	用 材	起源	人工
面 积	153 亩	树种	油松
林地座落	东 至	地	西 至	岑
	南 至	岑	北 至	地
发证机关	平顺之业队成立大会		
	一九八二年 十 月七日		
备 注			

图1-3-20 林权证十八

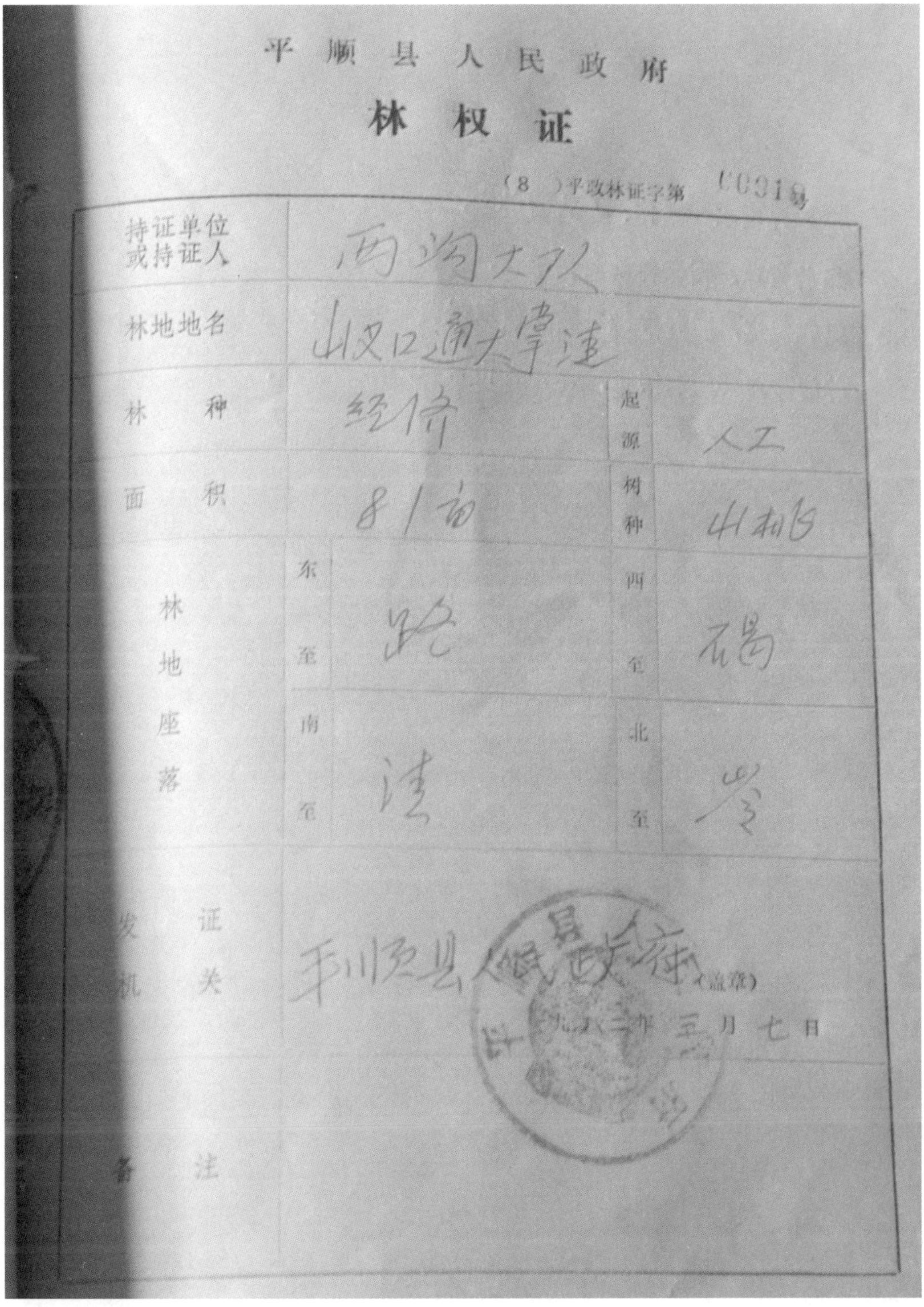

平 顺 县 人 民 政 府

林 权 证

（ 8 ）平政林证字第 00910 号

持证单位或持证人	西沟大队		
林地地名	山圪道大掌连		
林　种	经济	起源	人工
面　积	81亩	树种	山桃
林地座落	东至	路	西至	石塄
	南至	连	北至	岩
发证机关	平顺县人民政府（盖章）一九八二年三月七日		
备　注			

图1-3-21　林权证十九

229

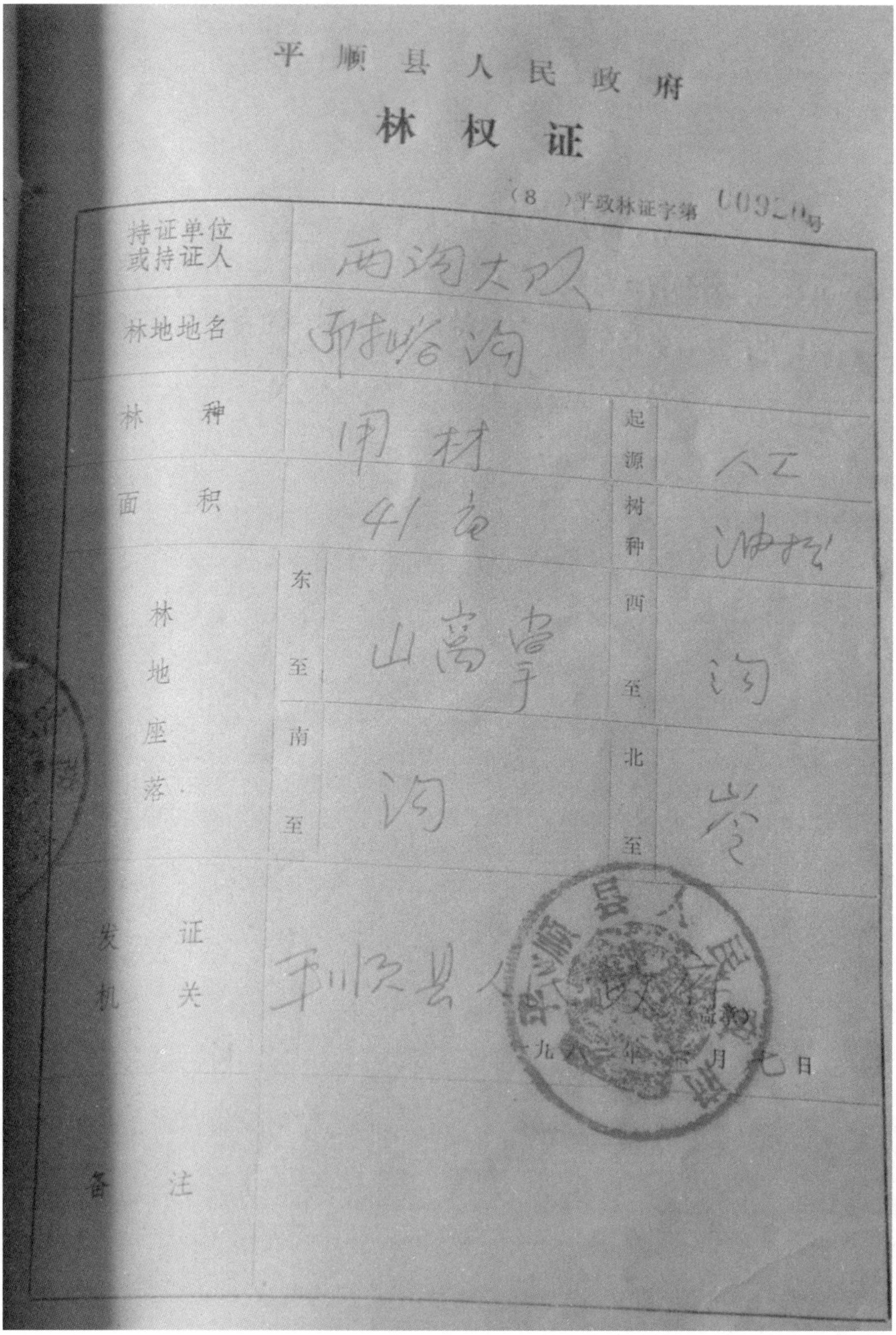

平 顺 县 人 民 政 府

林 权 证

（8 ）平政林证字第 0092 0号

持证单位或持证人		西沟大队			
林地地名		耐咯沟			
林　种		用材	起源		人工
面　积		41亩	树种		油松
林地座落	东至	山高畔	西至		沟
	南至	沟	北至		岭
发证机关		平顺县人民政府			
		一九八○年　月　日			
备注					

图1-3-22　林权证二十

230

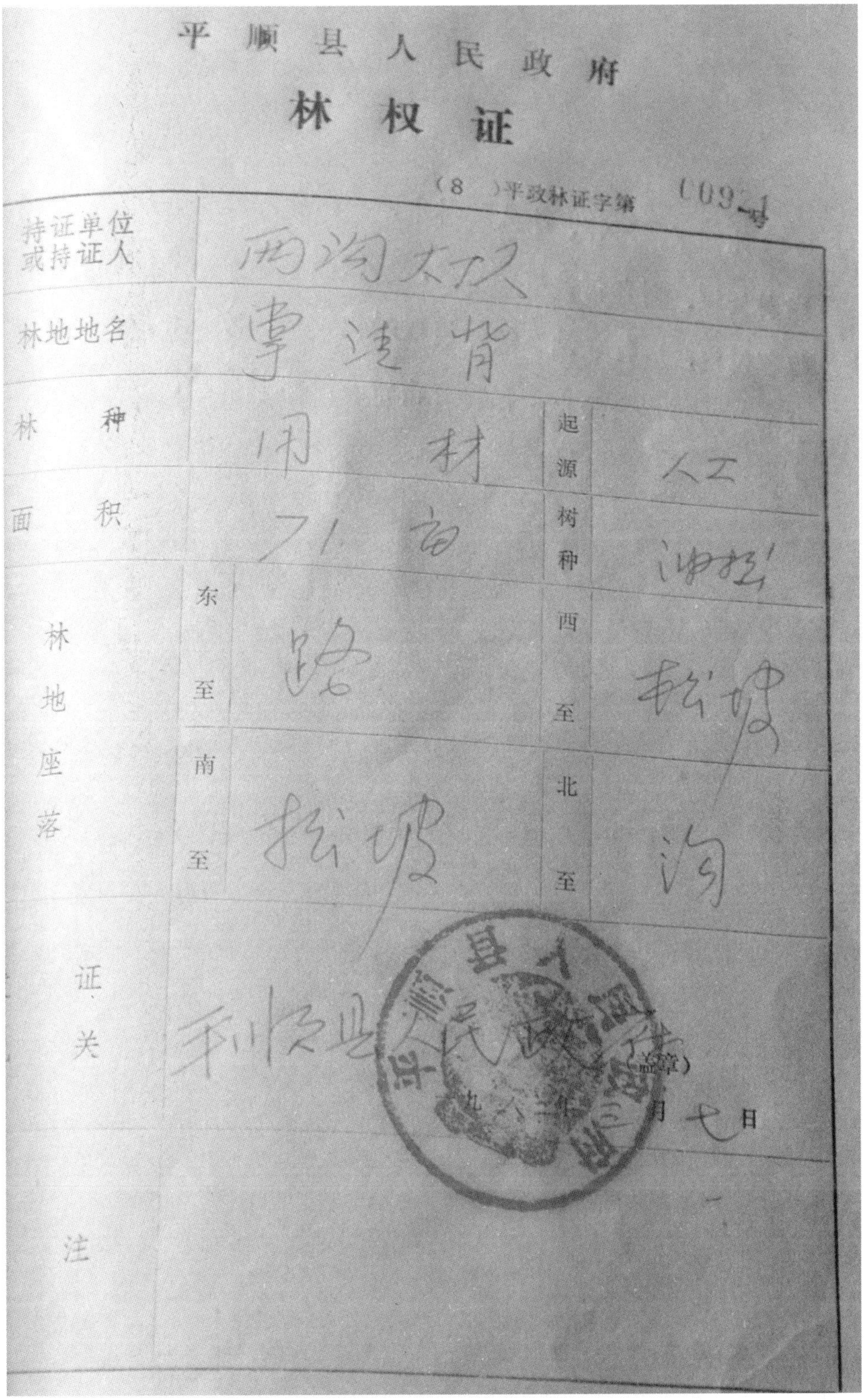

平顺县人民政府
林权证

（8　）平政林证字第 009 号

持证单位或持证人	两沟太仄			
林地地名	曹连背			
林　种	用材	起源		人工
面　积	71 亩	树种		油松
林地座落	东至	路	西至	松坡
	南至	松坡	北至	沟
发证机关	平顺县人民政府（盖章） 九九二年 月 七 日			
附注				

图1-3-23　林权证二十一

231

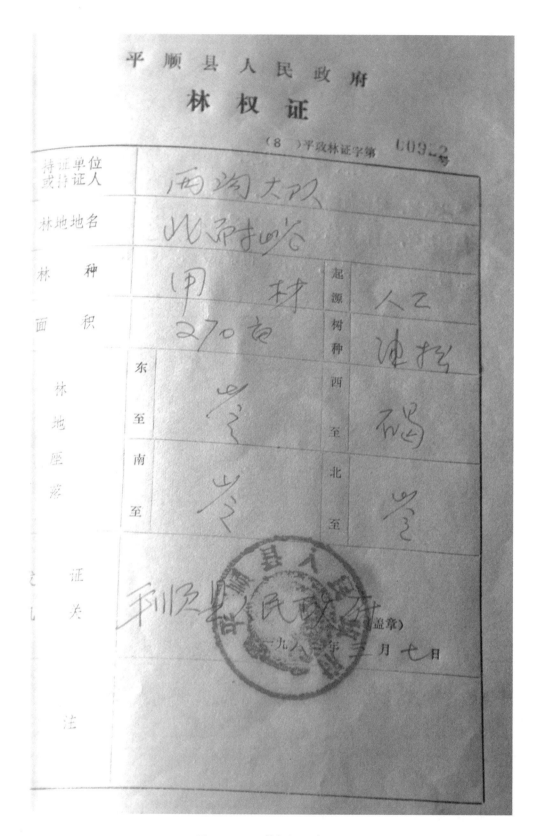

图1-3-24 林权证二十二

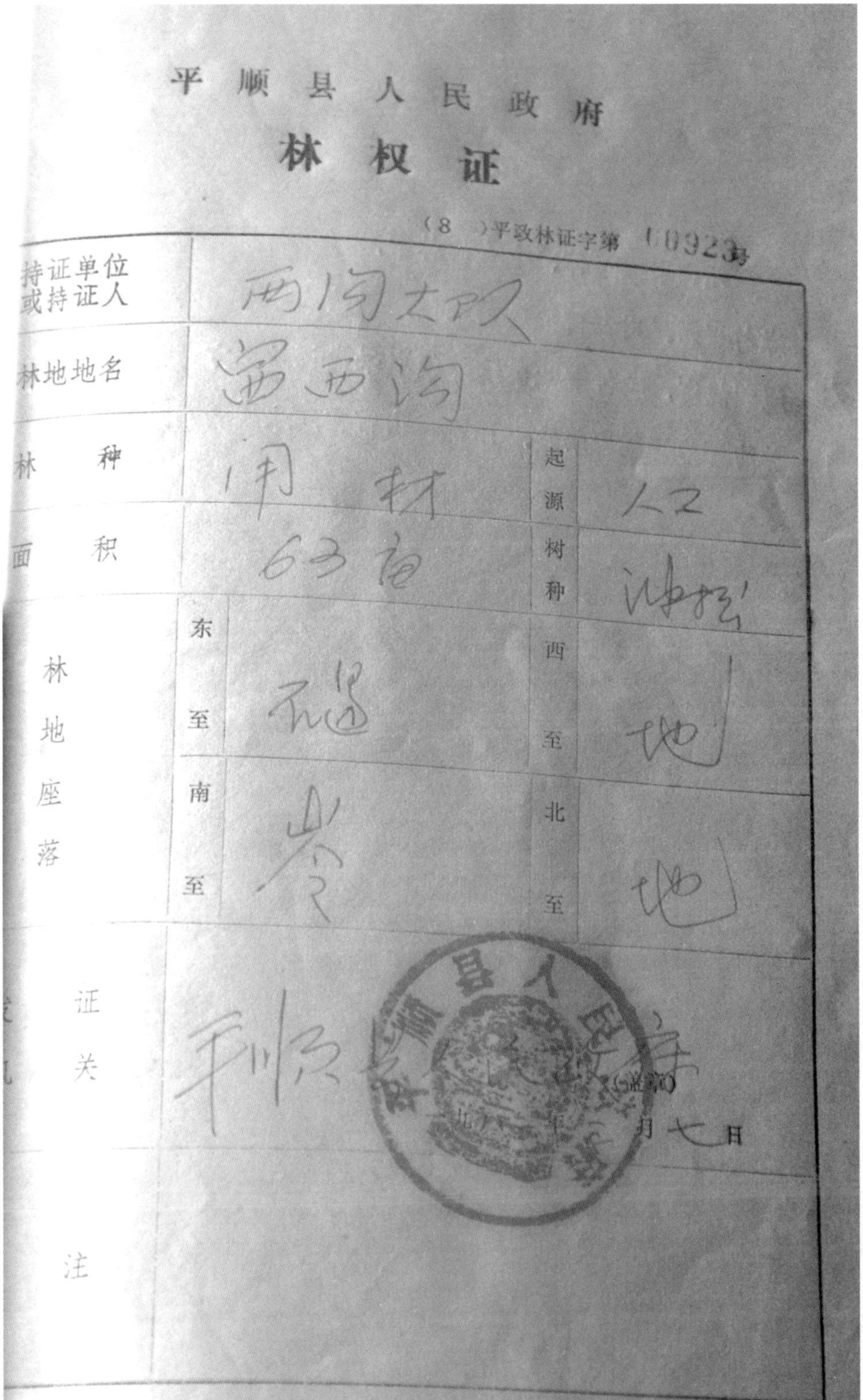

平 顺 县 人 民 政 府
林 权 证

（8 ）平政林证字第 10923号

持证单位 或持证人	西闻太队		
林地地名	窑西沟		
林 种	用 材	起源	人工
面 积	63亩	树种	油松
林地座落	东至	磁	西至	地
	南至	岭	北至	地
证关	平顺		
注			

图1-3-25 林权证二十三

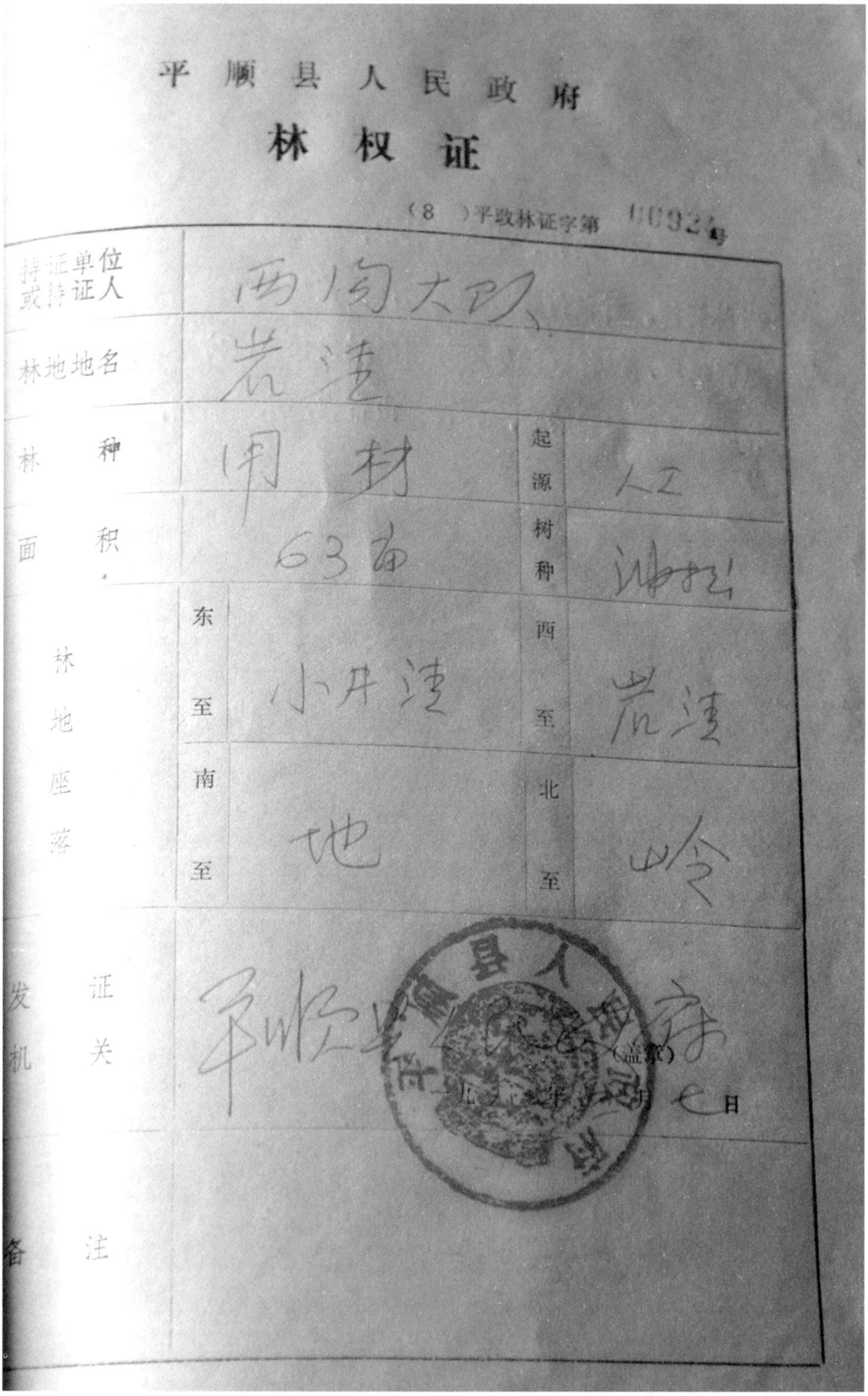

平顺县人民政府

林权证

（8 ）平政林证字第 00924号

持证单位或持证人	西沟大队		
林地地名	岩洼		
林种	用材	起源	人工
面积	63亩	树种	油松
林地座落 东至	小井洼	西至	岩洼
林地座落 南至	地	北至	岭
发证机关	平顺县人民政府（盖章）年 月 七日		
备注			

图1-3-26　林权证二十四

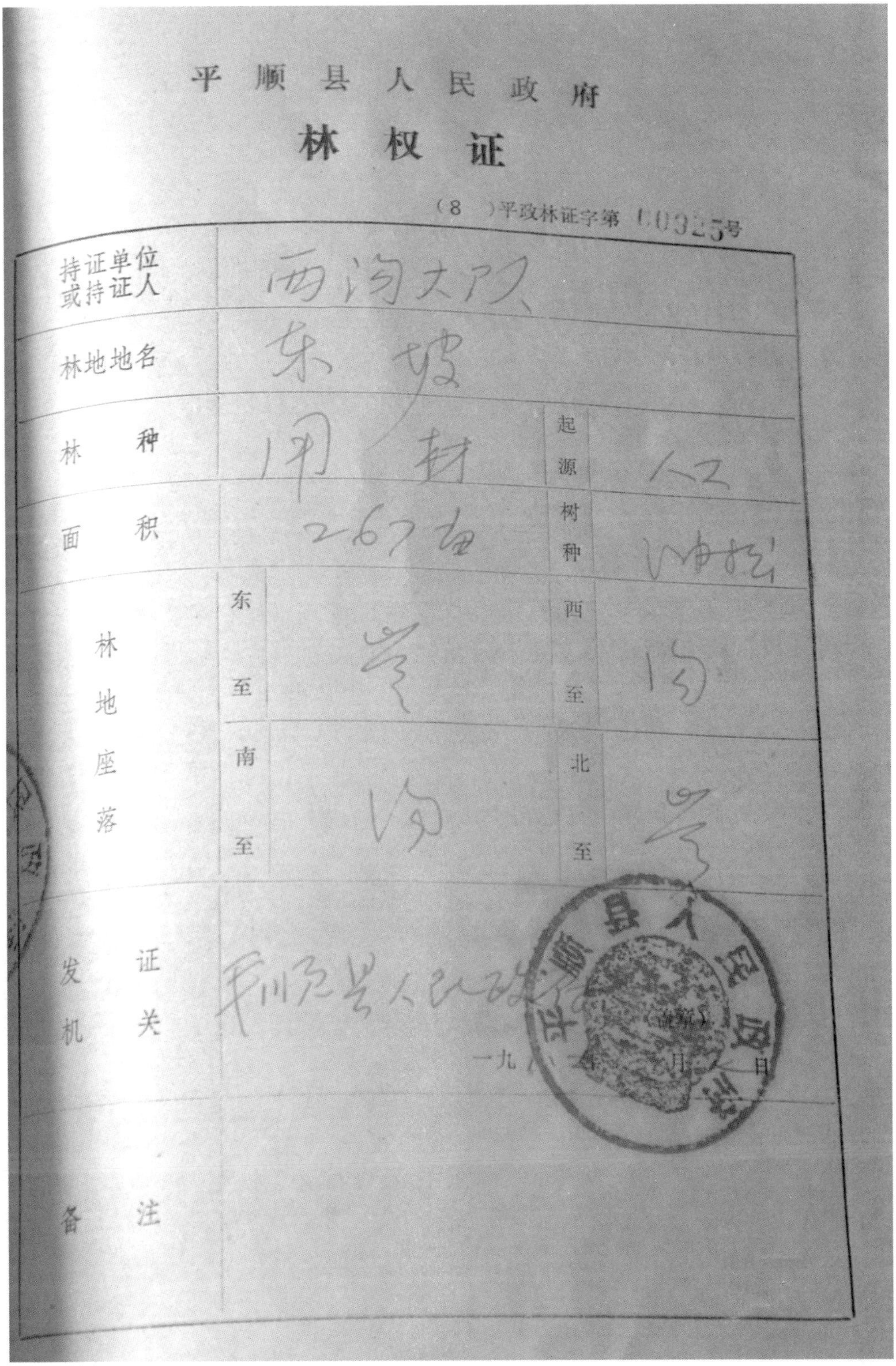

平 顺 县 人 民 政 府
林 权 证

（8 ）平政林证字第 C0325号

持证单位 或持证人		西沟大队		
林地地名		东坡		
林　　种		用材	起源树种	人工
面　　积		267亩		油松
林地座落	东至	岂	西至	沟
	南至	沟	北至	岂
发证机关		平顺县人民政府		
		一九八 年 月 日		
备　　注				

图1-3-27　林权证二十五

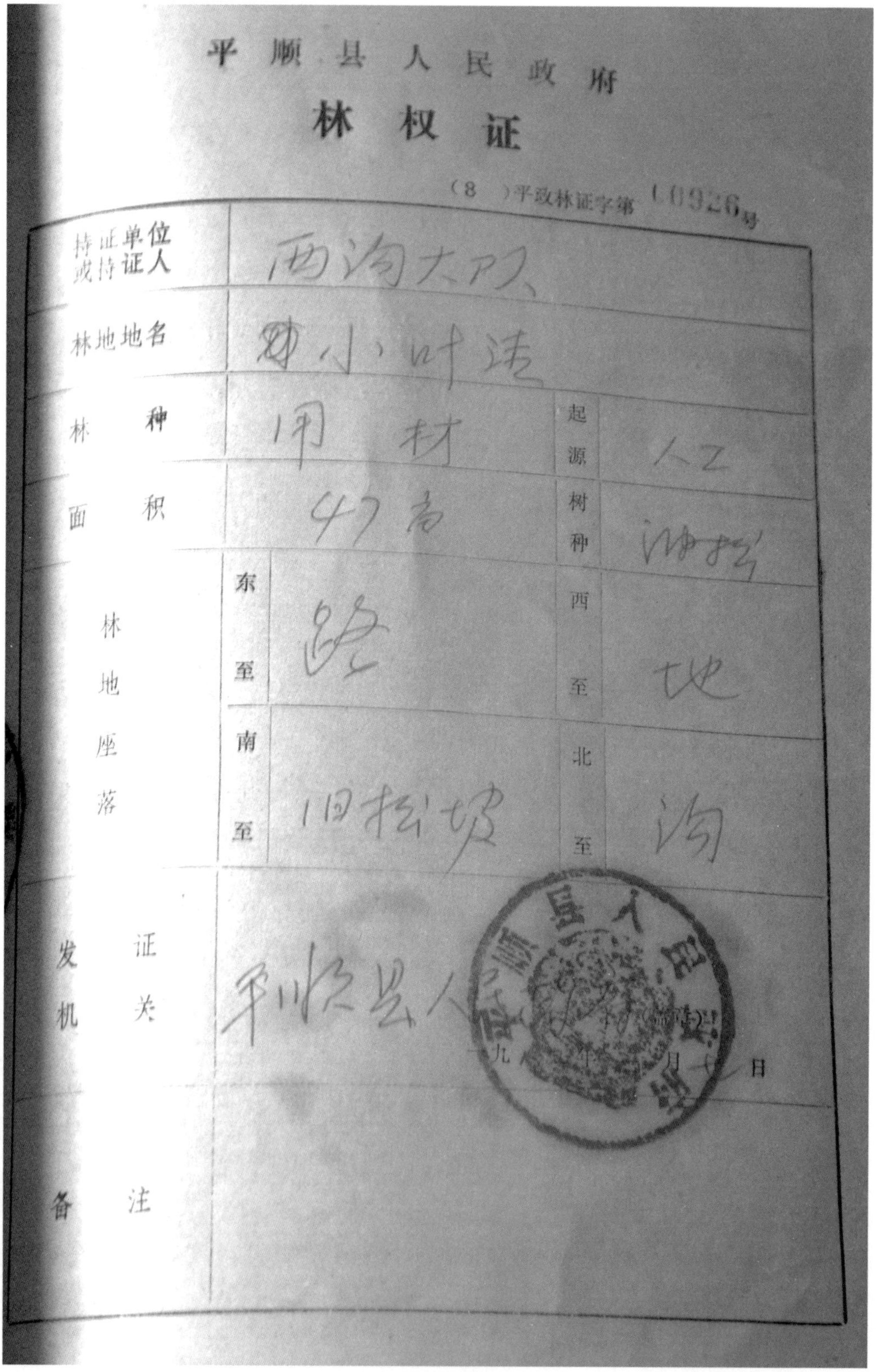

平顺县人民政府
林权证

（8 ）平政林证字第 40926 号

持证单位或持证人	西沟大队		
林地地名	坪小叶沟		
林 种	用 材	起源	人工
面 积	47亩	树种	油松
林地座落	东至	路	西至	地
	南至	旧松坡	北至	沟
发证机关	平顺县人		
备 注			

图1-3-28 林权证二十六

236

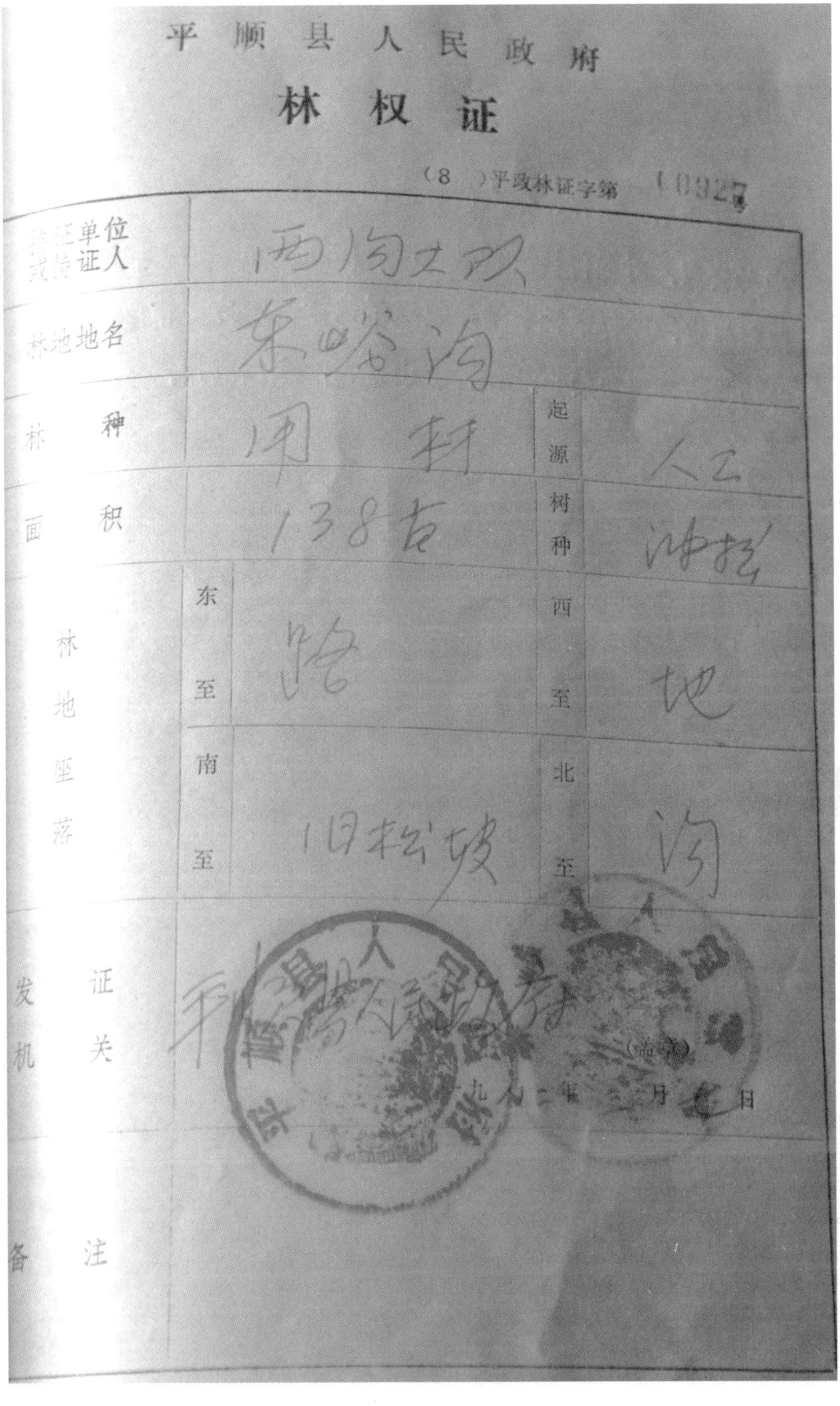

平 顺 县 人 民 政 府
林 权 证

（8 ）平政林证字第 10927 号

持证单位 或持证人		西沟大队			
林地地名		东峪沟			
林　种		用材	起源		人工
面　积		138古	树种		油松
林地坐落	东至	路	西至		地
	南至		北至		沟
		旧松坡			
发证机关		平顺县人民政府			一九八二年 二月 日
备　注					

图1-3-29　林权证二十七

237

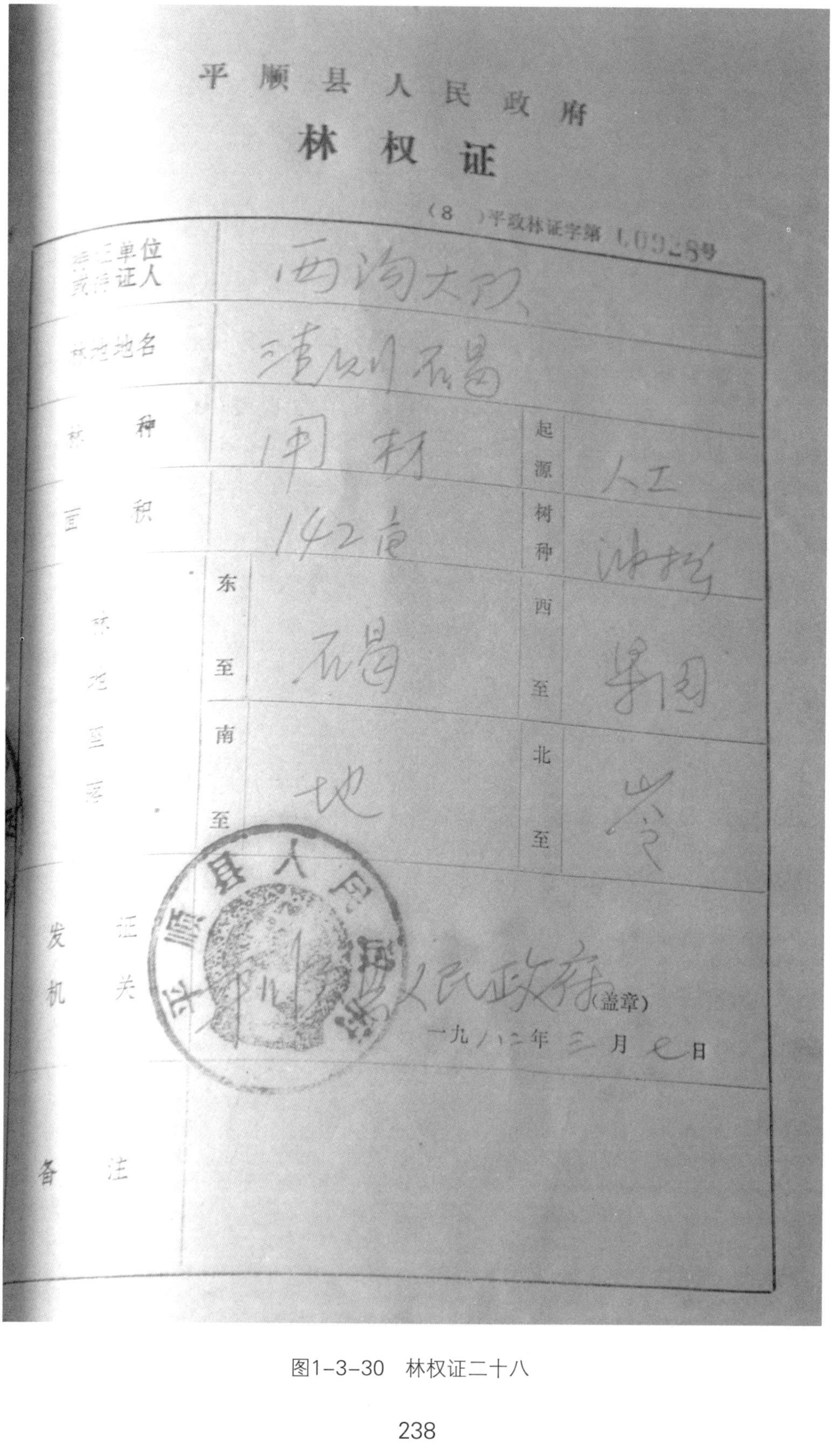

平 顺 县 人 民 政 府
林 权 证

（8　）平政林证字第 L0928号

经营单位竞持证人	西沟大队			
林地地名	清则不晶			
林　种	用材	起源	人工	
面积	142亩	树种	油松	
东至	不晶	西至	果园	
南至	地	北至	岭	

发证机关

西沟人民政府 （盖章）

一九八二年三月　日

备注

图1-3-30　林权证二十八

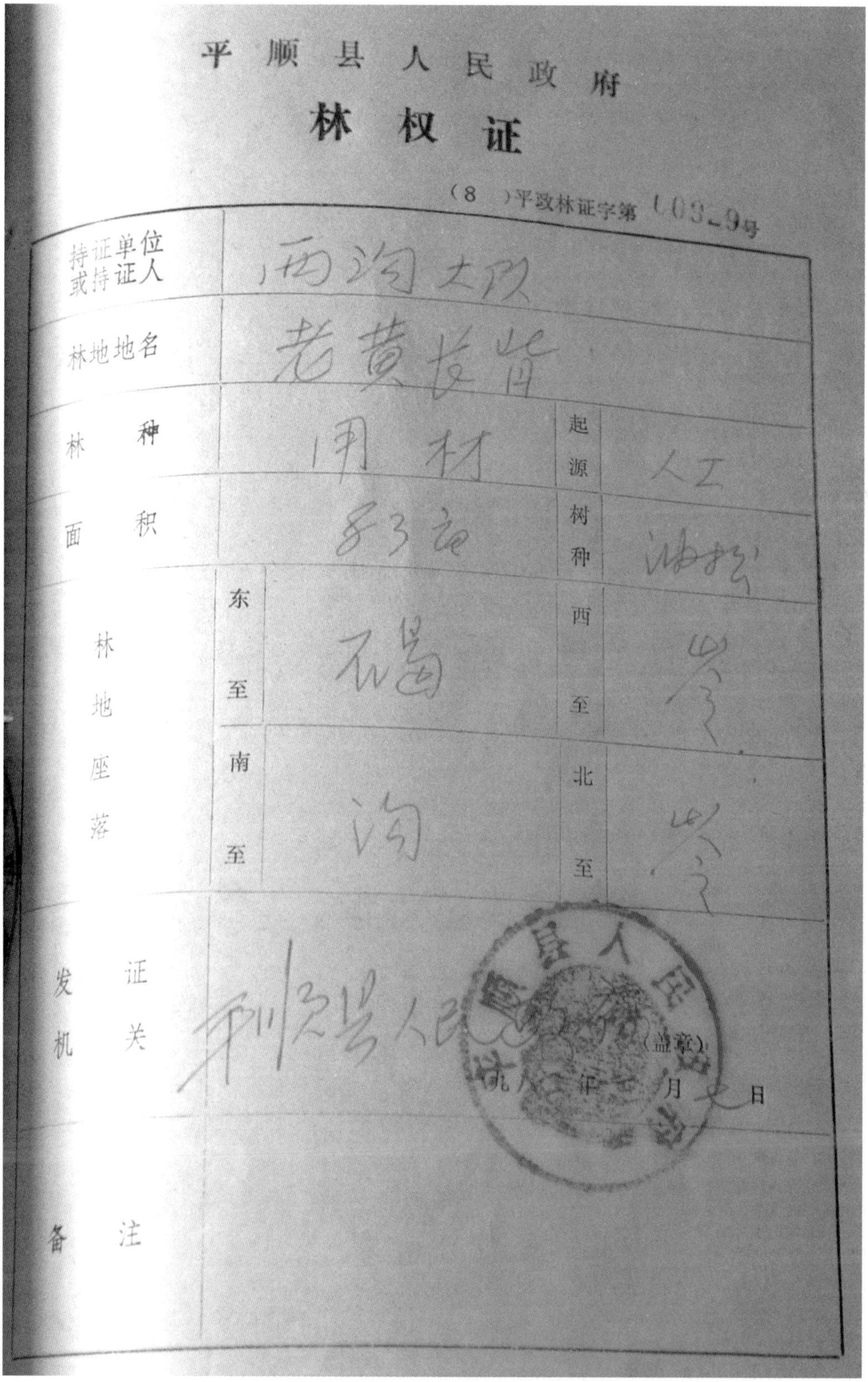

平 顺 县 人 民 政 府
林 权 证

（8 ）平政林证字第 L03_9号

持证单位 或持证人		西沟大队		
林地地名		老黄长背		
林　　种		用材	起源	人工
面　　积		83亩	树种	油松
林地座落	东至	石崎	西至	岺
	南至	沟	北至	岺
发证机关		平顺县人民政府（盖章）		一九八二年六月九日
备　　注				

图1-3-31　林权证二十九

239

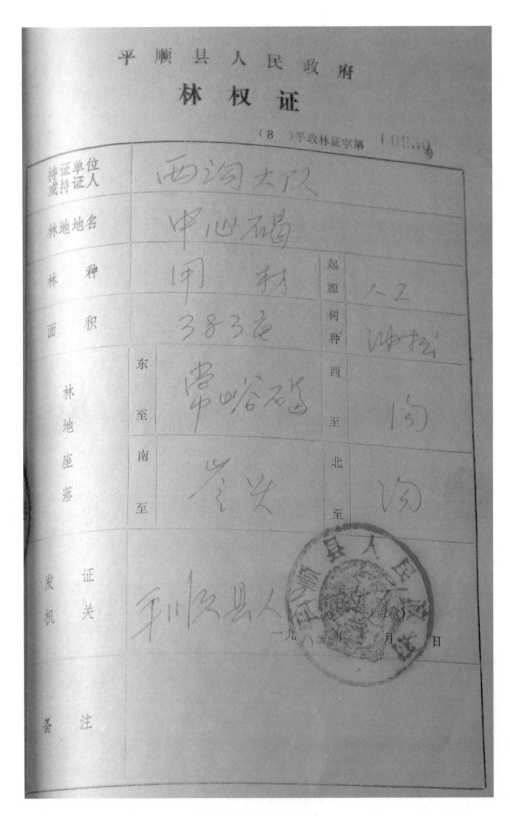

平顺县人民政府

林权证

（8　）平政林证字第　L0050号

持证单位或持证人	西沟大队		
林地地名	中心碉		
林　种	用材	起源	人工
面　积	383亩	树种	油松
林地座落	东至	常峪石	西至	沟
	南至	岭尖	北至	沟
发证机关	平顺县人	（盖章）一九八 年 月 日	
备　注			

图1-3-32　林权证三十

240

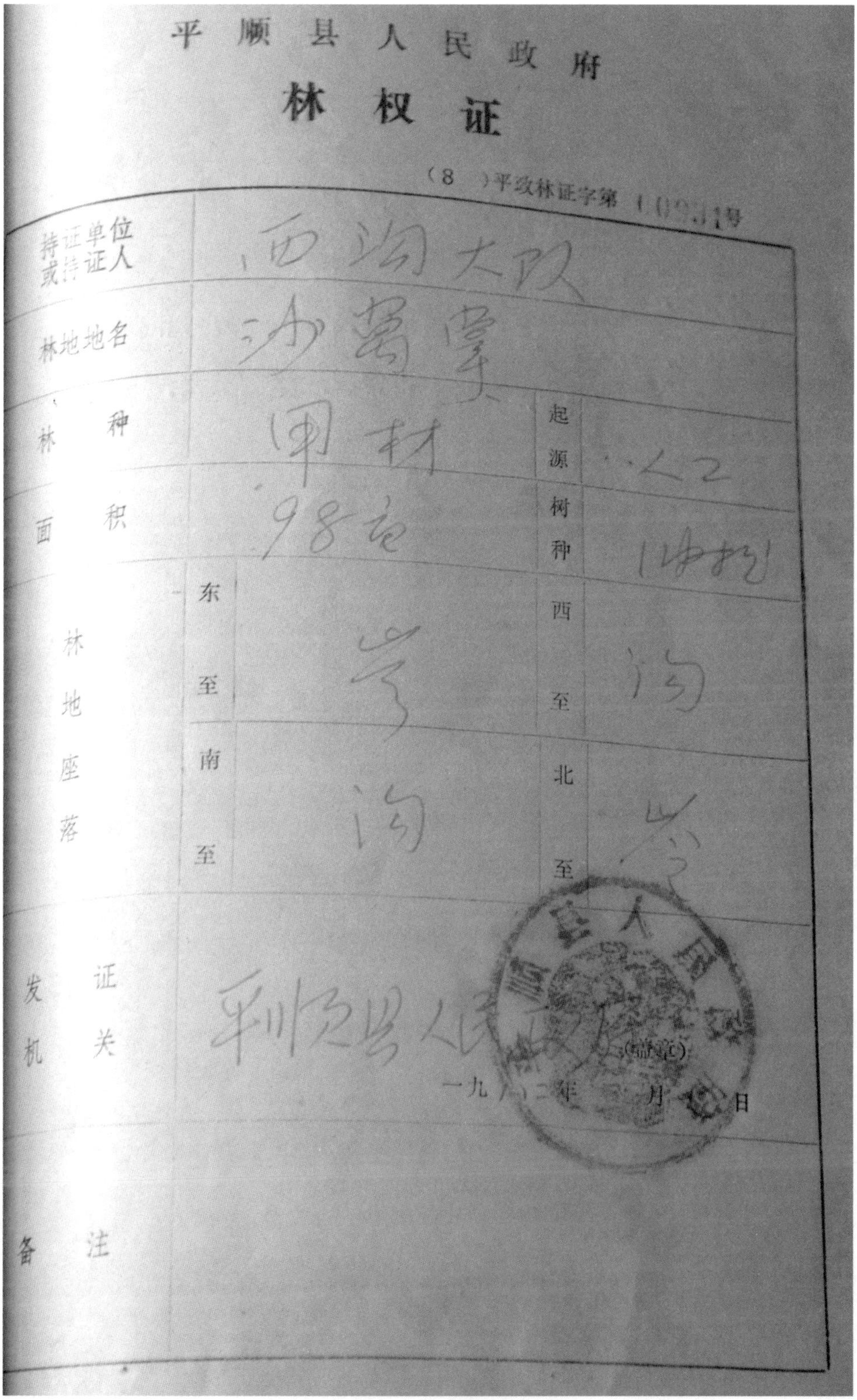

平顺县人民政府
林权证

（ 8 ）平政林证字第 10331号

持证单位或持证人	西沟大队			
林地地名	沙窝掌			
林 种	用材	起源	人工	
		树种	油松	
面 积	98亩			
林地座落	东至	岑	西至	沟
	南至	沟	北至	岑
发证机关	平顺县人民政府			
	一九八二年 三 月 日			
备 注				

图1-3-33 林权证三十一

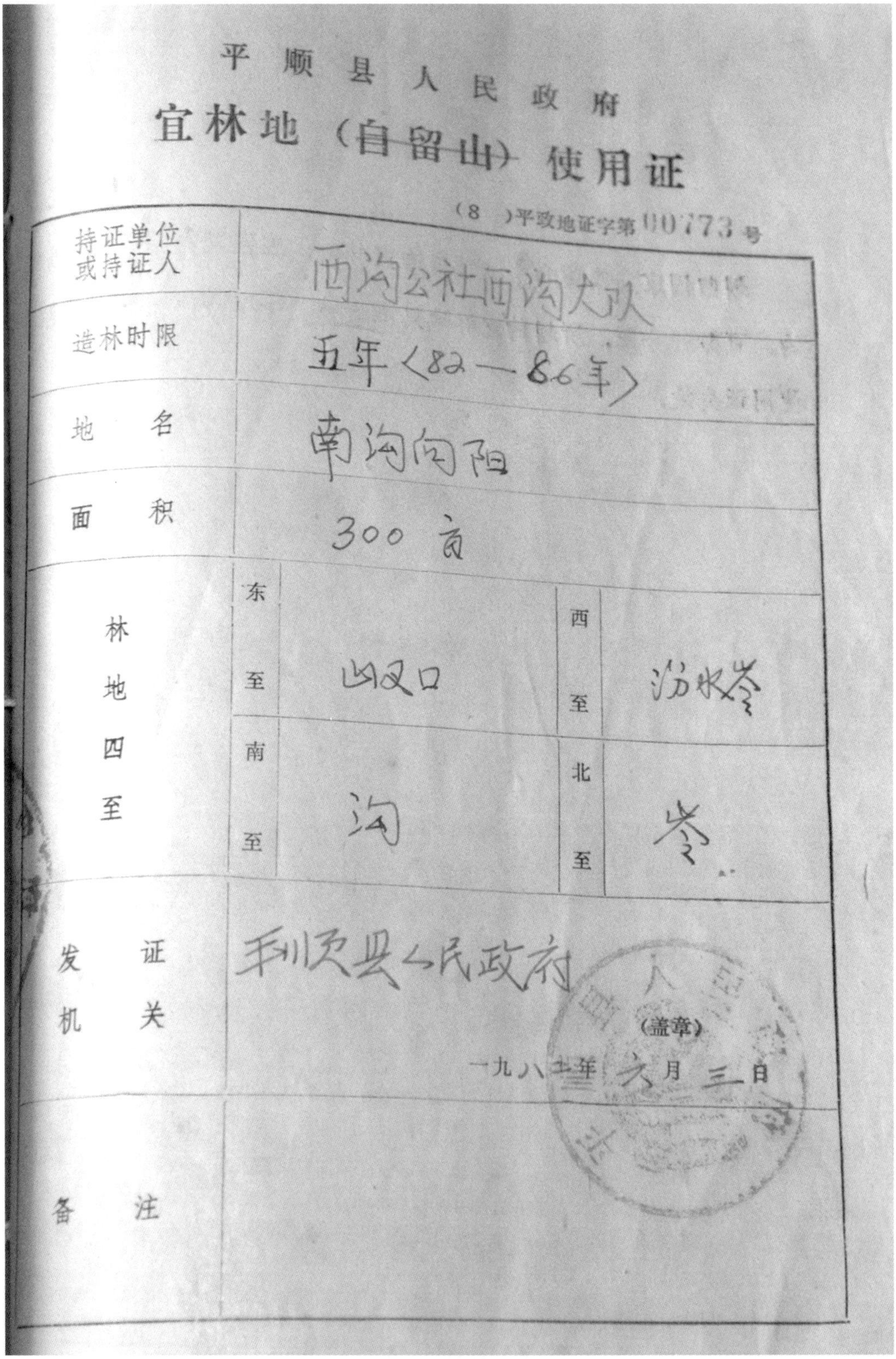

平顺县人民政府
宜林地（自留山）使用证

（8　）平改地证字第00773号

持证单位 或持证人	西沟公社西沟大队		
造林时限	五年〈82—86年〉		
地　名	南沟向阳		
面　积	300 亩		
林地四至	东至	山圪口	西至	汾水岭
	南至	沟	北至	岭
发证机关	平顺县人民政府		
	（盖章） 一九八二年 六月 三日		
备　注			

图1-3-34　宜林地使用证一

242

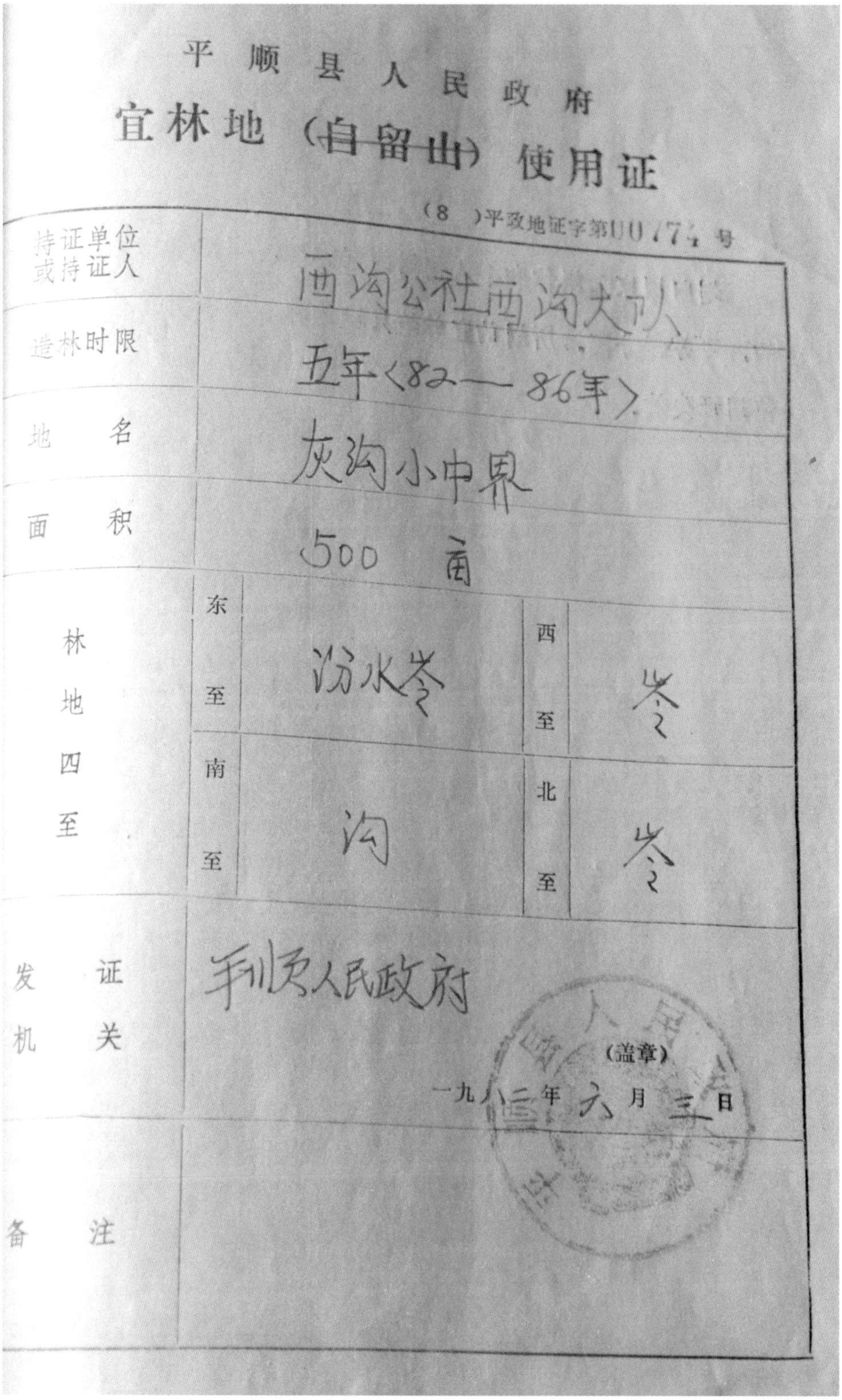

平 顺 县 人 民 政 府
宜林地（自留山）使用证

（8 ）平政地证字第 00774 号

持证单位 或持证人		西沟公社西沟大队
造林时限		五年〈82——86年〉
地　名		灰沟小中界
面　积		500 亩
林地四至	东至	汾水岺	西至	岺
	南至	沟	北至	岺
发证机关		平顺人民政府
		（盖章） 一九八二年六月三日
备　注		

图1-3-35　宜林地使用证二

243

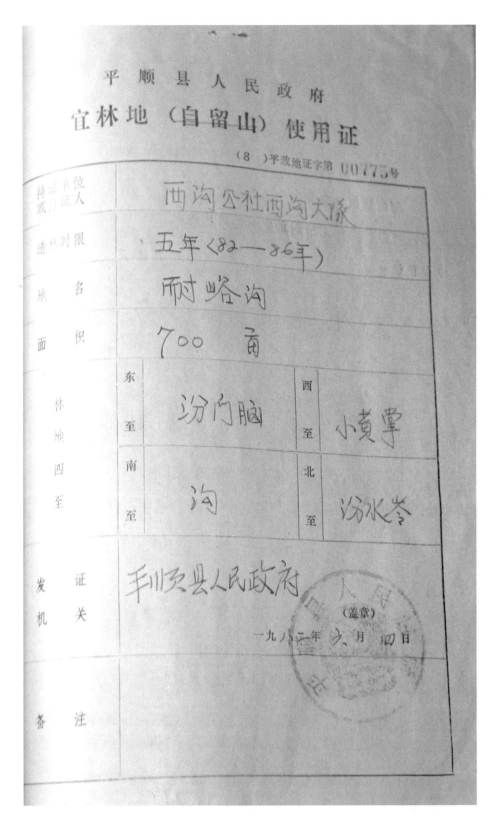

平 顺 县 人 民 政 府
宜林地（自留山）使用证

（8 ）平变地证字第 00775 号

持证单位或持证人		西沟公社西沟大队			
造林时限		五年〈82—86年〉			
地 名		耐峪沟			
面 积		700 亩			
林地四至	东至	汾门脑	西至	小黄尖	
	南至	沟	北至	汾水岑	
发证机关		平顺县人民政府	（盖章） 一九八二年 六 月 四 日		
备 注					

图1-3-36　宜林地使用证三

244

（四）1982年西沟大队管委会逐户林权证汇集（二）

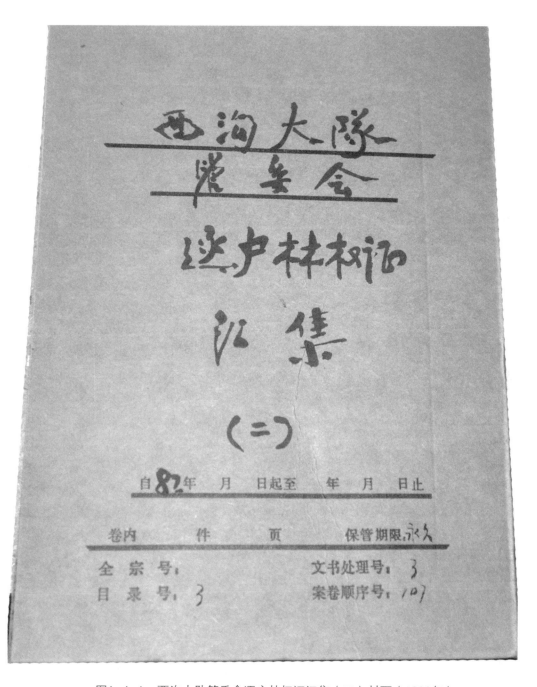

图1-4-1　西沟大队管委会逐户林权证汇集（二）封面（1982年）

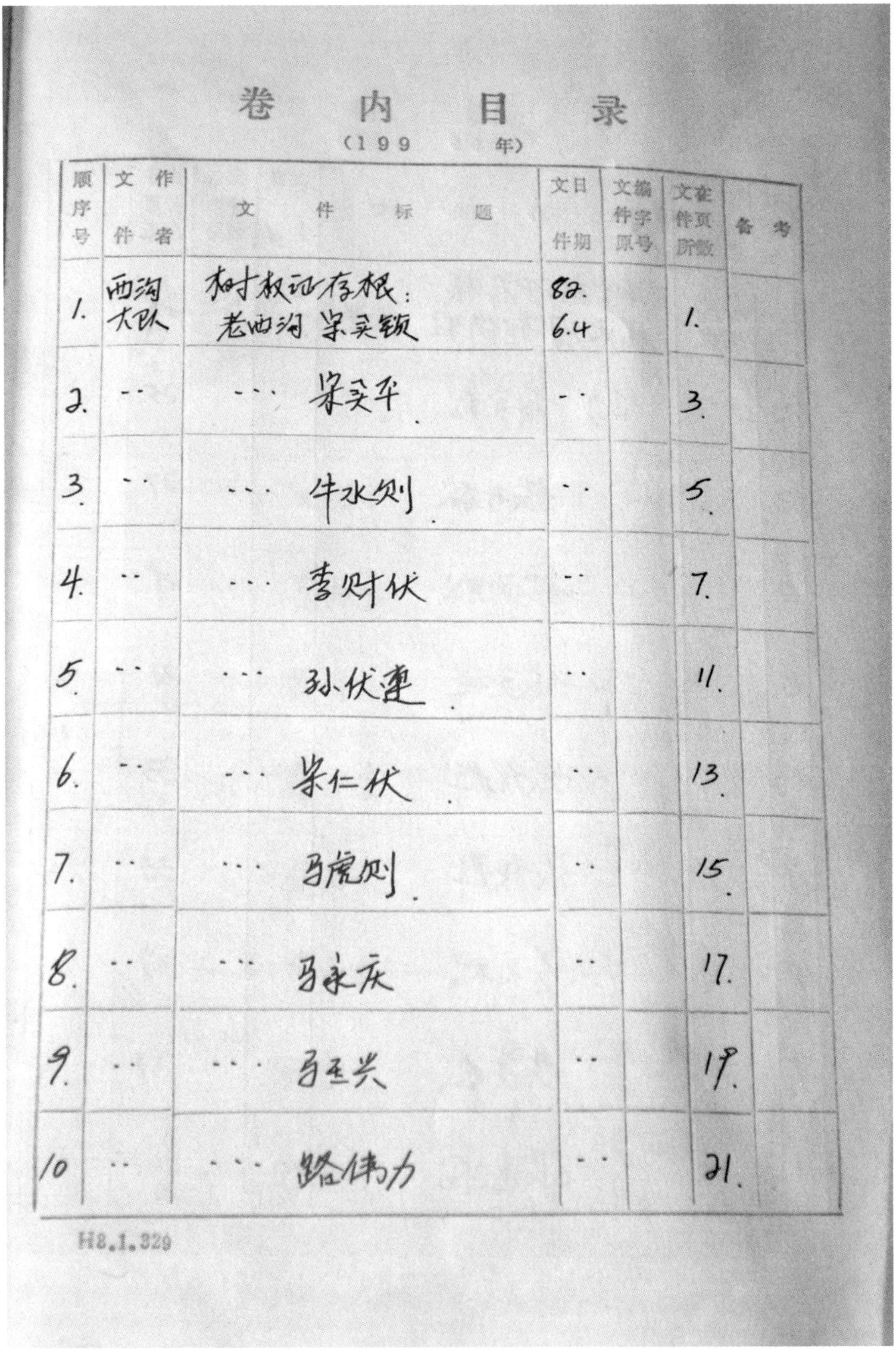

卷 内 目 录

（199   年）

顺序号	文件作者	文 件 标 题	文件日期	文件编字原号	文件页在阶数	备 考
1.	西沟大队	树权证存根：卷西沟 宋灵锁	82.6.4		1.	
2.	··	··· 宋灵平	··		3.	
3.	··	··· 牛水则	··		5.	
4.	··	··· 李财伏			7.	
5.	··	··· 孙伏建			11.	
6.	··	··· 宋仁伏			13.	
7.	··	··· 马虎则			15.	
8.	··	··· 马永庆			17.	
9.	··	··· 马玉兴	··		19.	
10.	··	··· 路伟力			21.	

H8.1.329

图1-4-2　西沟大队管委会逐户林权证汇集（二）目录一

246

卷 内 目 录

（199 　年）

顺序号	文件作者	文 件 标 题	文件日期	文件字原号	文件在页所数	备 考
11.	西沟大队	杉村权证存根： 老西沟郭俊柱.	82. 6.4.		23.	
12.	..	古罗 胡受松	..		25.	
13.	..	张开松	..		27.	
14.	..	张的松	..		29.	
15.	..	张关进	..		31.	
16.	..	张虎群	..		33.	
17.	..	张秋群	..		35.	
18.	..	张天松	..		37.	
19.	..	张茂松	..		39.	
20.	..	张建松	..		41	

H8.1.329

图1-4-3　西沟大队管委会逐户林权证汇集（二）目录二

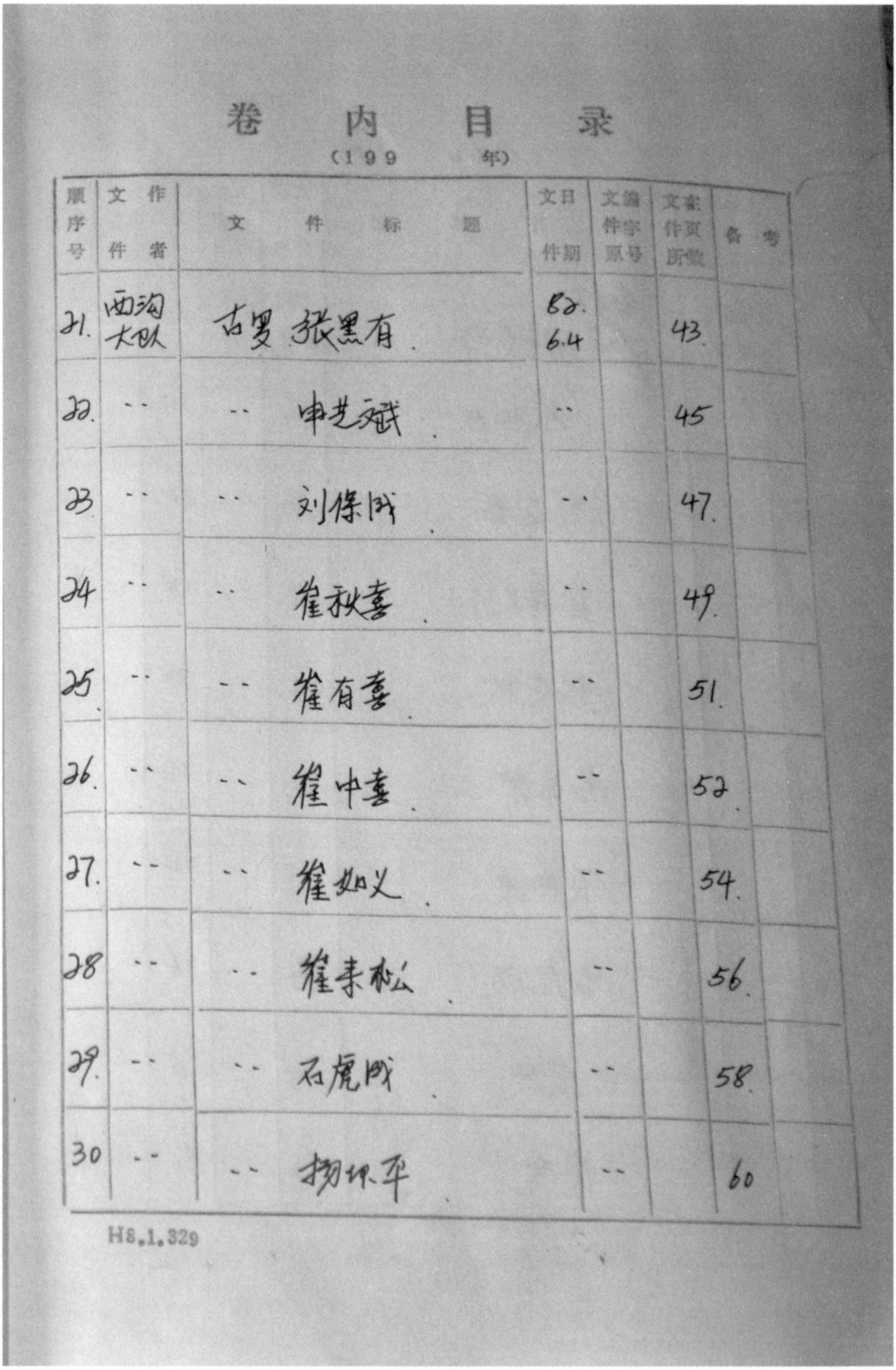

卷 内 目 录
（1 9 9　　年）

顺序号	文件作者	文 件 标 题	文件日期	文编件字原号	文案作页原数	备 号
21.	西沟大队	古罗 张黑有	82.6.4		43.	
22.	〃	〃 申艺赋	〃		45	
23	〃	〃 刘保成	〃		47.	
24	〃	〃 崔秋喜	〃		49.	
25.	〃	〃 崔有喜	〃		51.	
26.	〃	〃 崔中喜	〃		52.	
27.	〃	〃 崔如义	〃		54.	
28	〃	〃 崔秉松	〃		56.	
29	〃	〃 石虎成	〃		58.	
30	〃	〃 拐银平	〃		60	

H8.1.329

图1-4-4　西沟大队管委会逐户林权证汇集（二）目录三

248

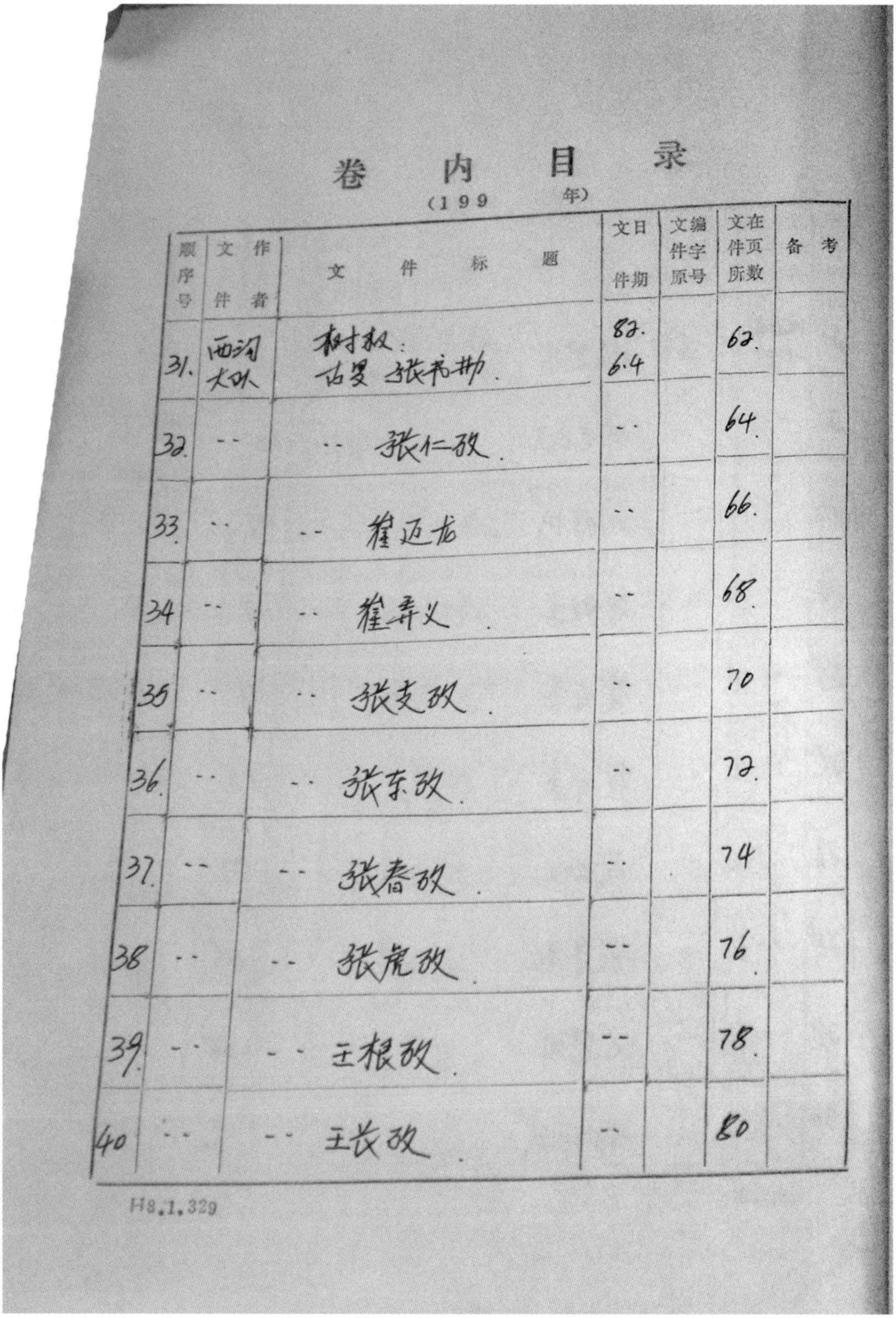

卷 内 目 录

（199　　年）

顺序号	文件作者	文件标题	文件日期	文件编字原号	文件在页所数	备考
31.	西沟大队	树权：古受 张书助	82.6.4		62.	
32.	—	—张仁玫	—		64.	
33.	—	—崔还龙	—		66.	
34.	—	—崔寿义	—		68.	
35.	—	—张支玫	—		70.	
36.	—	—张东玫	—		72.	
37.	—	—张春玫	—		74.	
38.	—	—张虎玫	—		76.	
39.	—	—王根玫	—		78.	
40.	—	—王长玫	—		80.	

H8.1.329

图1-4-5　西沟大队管委会逐户林权证汇集（二）目录四

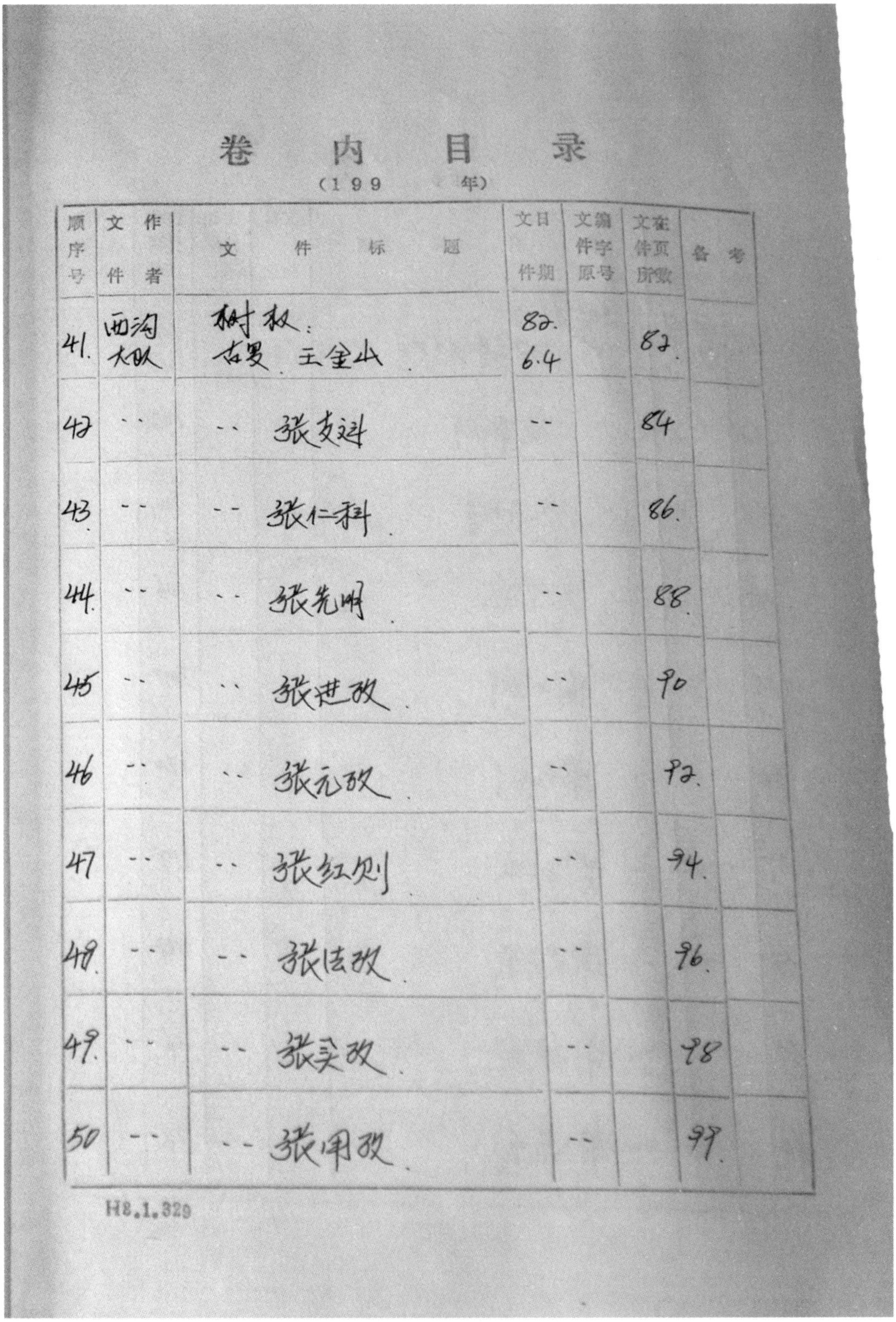

卷　内　目　录

（1 9 9　　年）

顺序号	文件作者	文　件　标　题	文件日期	文件编字原号	文件在页所数	备考
41.	西沟大队	树权： 右受 王金山	82. 6.4		82.	
42.	··	·· 张支斗	··		84	
43.	··	·· 张仁科	··		86.	
44.	··	·· 张先明	··		88.	
45.	··	·· 张进改	··		90	
46.	··	·· 张元改	··		92.	
47.	··	·· 张红则	··		94.	
48.	··	·· 张法改	··		96.	
49.	··	·· 张关改	··		98	
50.	··	·· 张用改	··		99.	

H8.1.329

图1-4-6　西沟大队管委会逐户林权证汇集（二）目录五

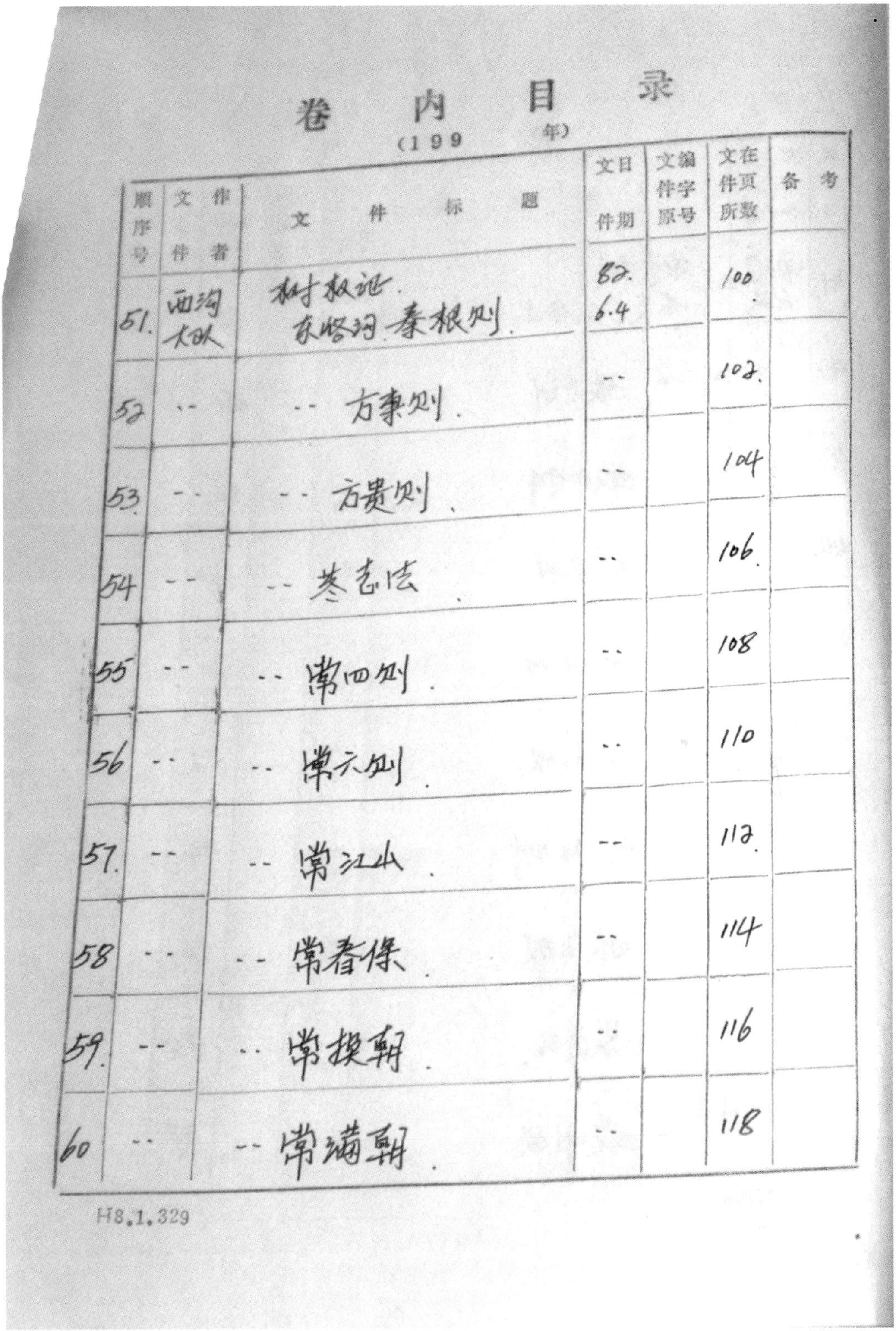

卷 内 目 录

(199 年)

顺序号	文件作者	文 件 标 题	文件日期	文件编字原号	文在件页所数	备 考
51.	西沟大队	林权证 东略坍 秦根则	82.6.4		100.	
52	--	-- 方秉则	--		102.	
53	--	-- 方贵则	--		104	
54	--	-- 秦志仿	--		106.	
55	--	-- 常四则	--		108	
56	--	-- 常六则	--		110	
57.	--	-- 常江山	--		112	
58	--	-- 常春侯	--		114	
59.	--	-- 常换朝	--		116	
60	--	-- 常满朝	--		118	

H8.1.329

图1-4-7 西沟大队管委会逐户林权证汇集（二）目录六

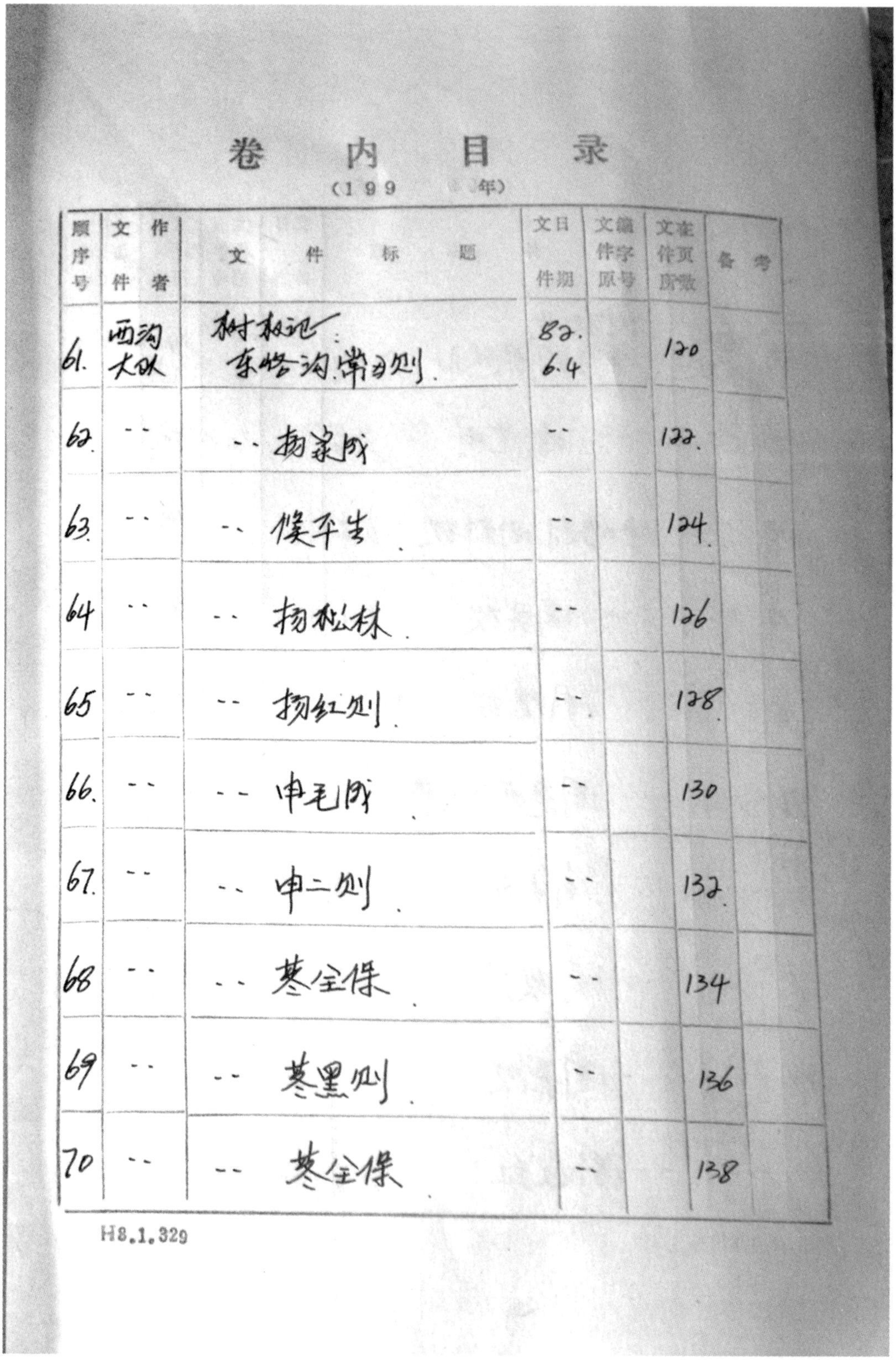

卷 内 目 录
（1 9 9 年）

顺序号	文件作者	文 件 标 题	文件日期	文缮作字原号	文在作页原数	备考
61.	西沟大队	树权证 东峪沟 常日则	82. 6.4		120	
62	--	-- 扬家成	--		122	
63	--	-- 候平生	--		124	
64	--	-- 扬松林	--		126	
65	--	-- 扬红则	--		128	
66.	--	-- 申毛成	--		130	
67.	--	-- 申二则	--		132	
68	--	-- 萘全保	--		134	
69	--	-- 萘黑则	--		136	
70	--	-- 萘全保	--		138	

H8.1.329

图1-4-8　西沟大队管委会逐户林权证汇集（二）目录七

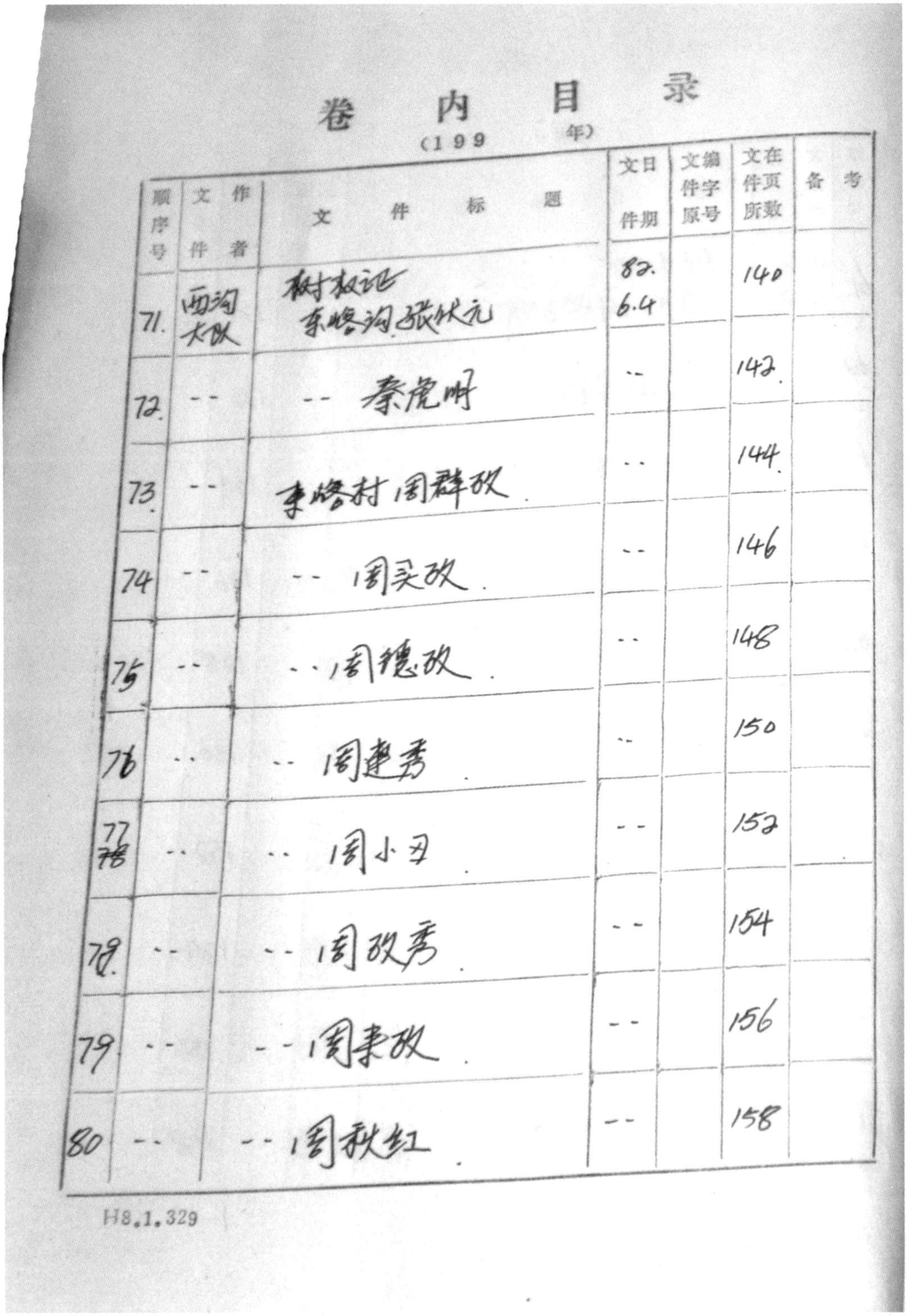

图1-4-9　西沟大队管委会逐户林权证汇集（二）目录八

卷 内 目 录
（1 9 9　年）

顺序号	文件作者	文 件 标 题	文件日期	文件字编原号	文件页所数	备 考
81.	西沟大队	树权证 东峙,周袋松	82 6.4.		160	
82	--	-- 周召长	--		162.	
83.	--	-- 周群发	--		164	
84.	--	-- 周有松	--		166	
85.	--	-- 周群则	--		168	
86	--	-- ~~周群则~~周怀松	--		170	
87	--	-- 周发文	--		172.	
88	--	-- 周长秀	--		174.	
89.	--	-- 周柿孜	--		176	
90	--	-- 周发堂	--		178	

H8.1.329

图1-4-10　西沟大队管委会逐户林权证汇集（二）目录九

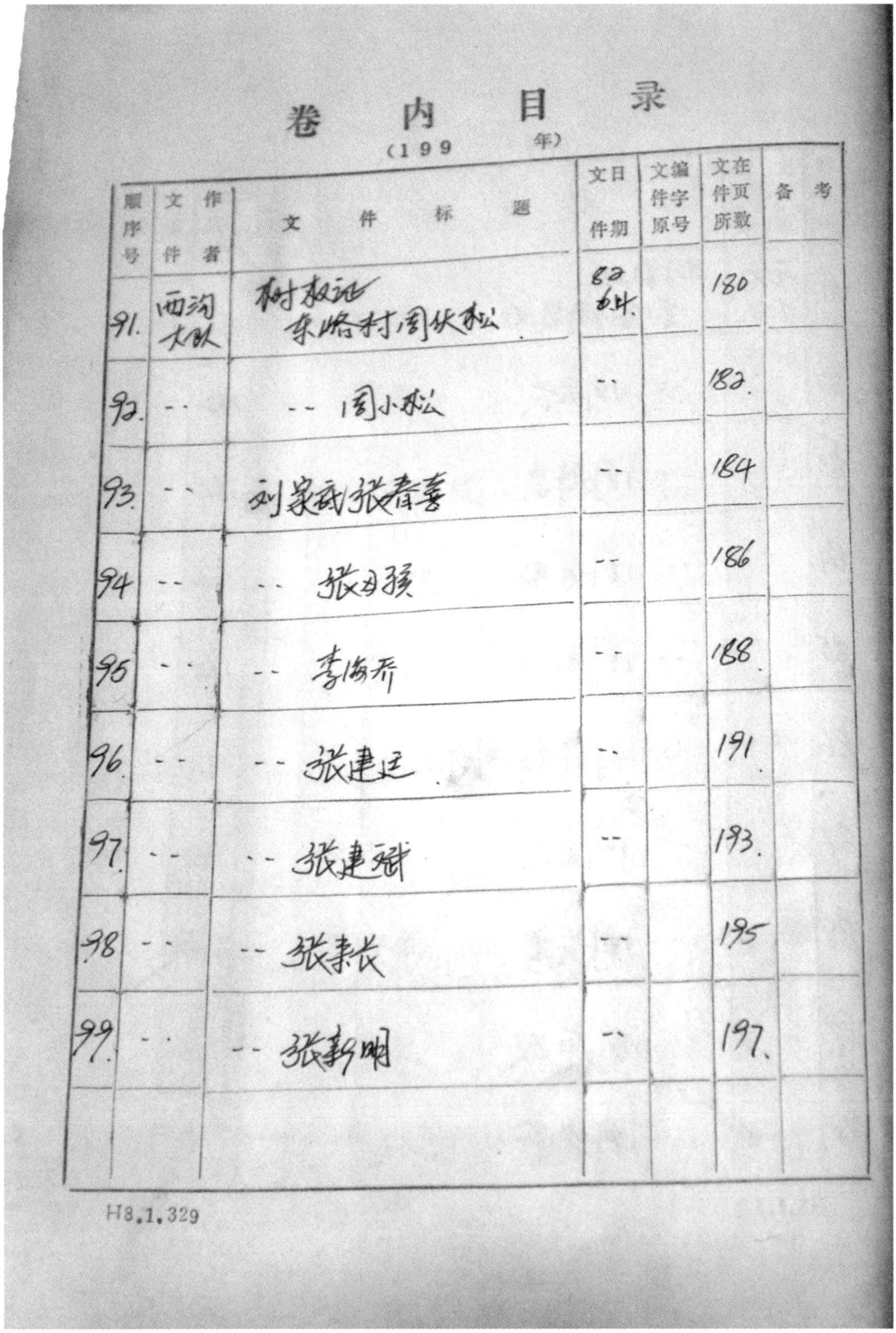

卷 内 目 录

(199　年)

顺序号	文件作者	文件标题	文件日期	文件字原编号	文件在所页数	备考
91.	西沟大队	树权证 东峪村 周伏松	82 6.4.		180	
92.	—	— 周小松	—		182	
93.	—	刘家武 张春喜	—		184	
94.	—	— 张丹孩	—		186	
95.	—	— 李海乔	—		188	
96.	—	— 张建廷	—		191	
97.	—	— 张建斌	—		193	
98.	—	— 张来长	—		195	
99.	—	— 张彭明	—		197	

H8.1.329

图1-4-11　西沟大队管委会逐户林权证汇集（二）目录十

255

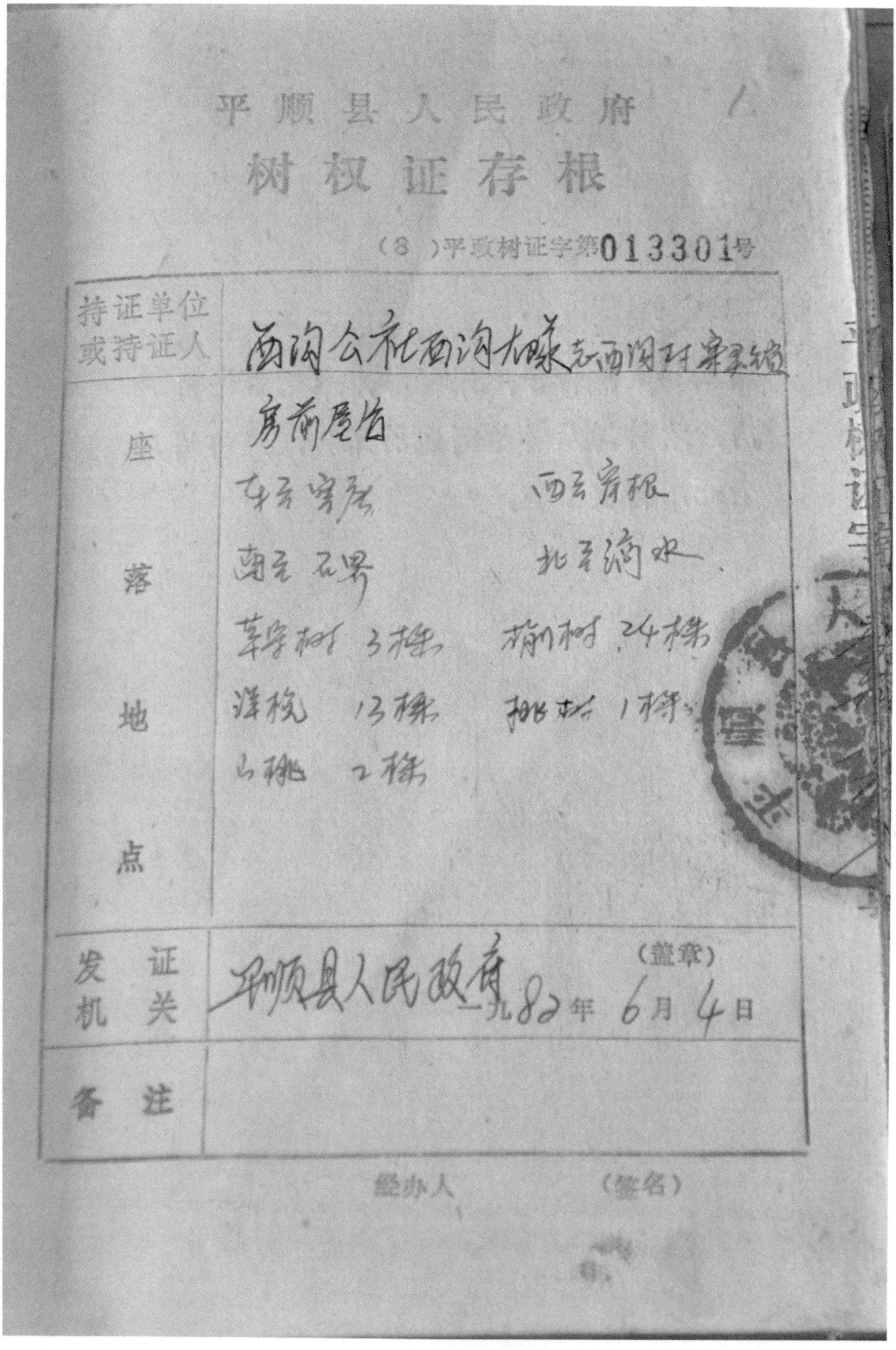

平 顺 县 人 民 政 府

树 权 证 存 根

（8 ）平政树证字第013301号

持证单位或持证人	西沟公社西沟大队东西阳村宋买锁
座落地点	房前屋后 东至窑庵　　　西至房根 南至石界　　　北至河水 苹果树 3株　　梢树 24株 洋槐 13株　　桃树 1株 山桃 2株
发证机关	平顺县人民政府 一九82年 6月 4日　（盖章）
备注	

继办人　　　　　（签名）

图1-4-12　宋买锁树权证存根

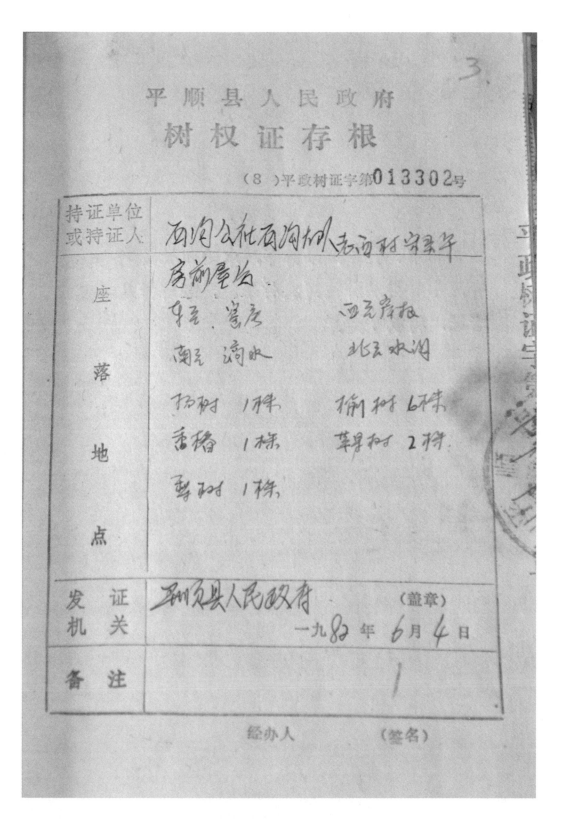

图1-4-13　宋买平树权证存根

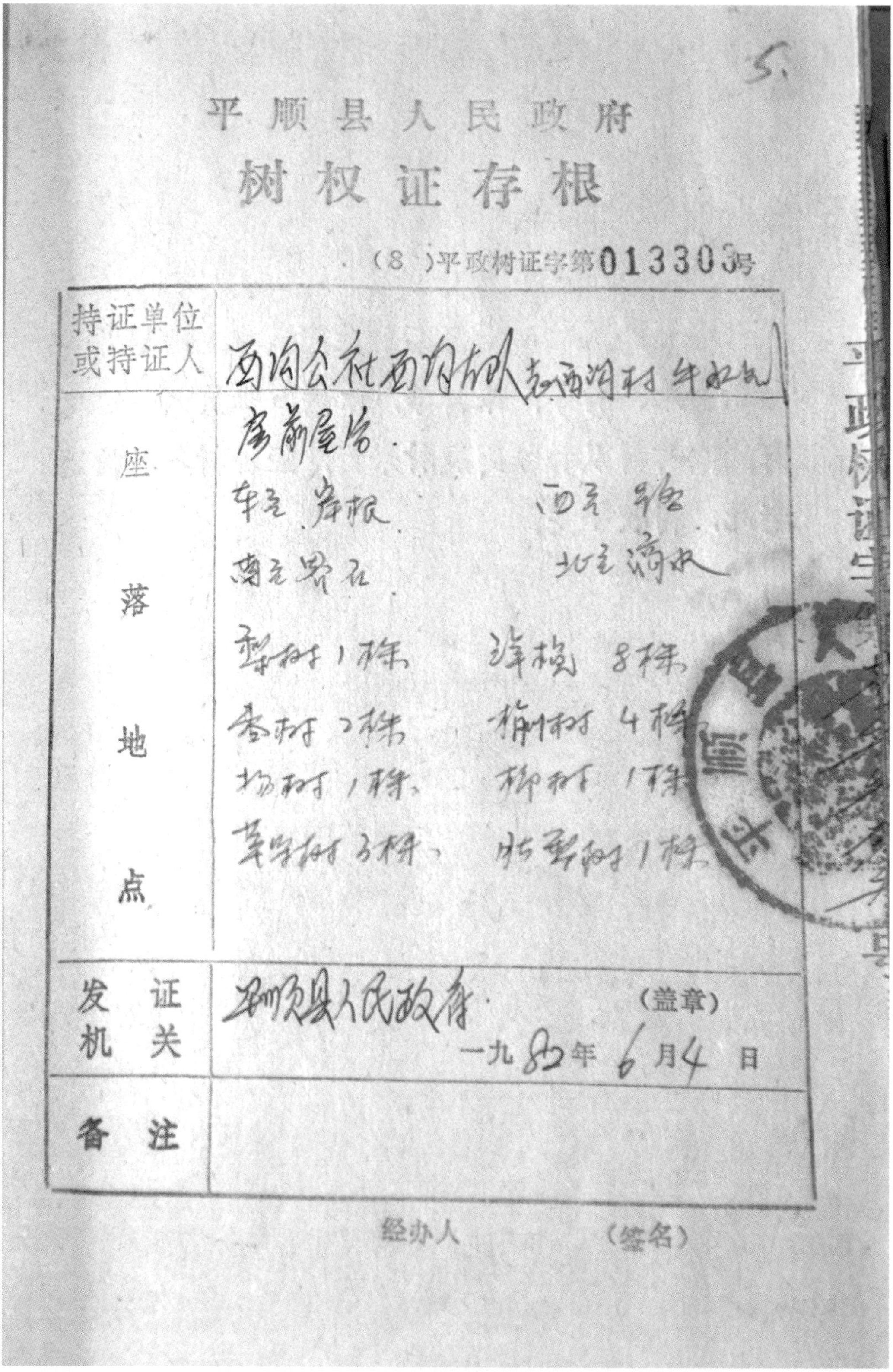

平 顺 县 人 民 政 府
树 权 证 存 根

（8 ）平政树证字第013305号

持证单位或持证人	西沟公社西沟大队 老西沟村 牛如则
座 落 地 点	庄前屋后 东至 岸根　　　　　　西至 埝根 南至 界石　　　　　　北至 滴水 梨树 1株　　　　　　洋槐 8株 香树 2株　　　　　　椿树 4株 杨树 1株　　　　　　柳树 1株 苹果树 3株　　　　　水萝树 1株
发 证 机 关	平顺县人民政府　　　　　（盖章） 一九8○年 6 月 4 日
备 注	

经办人　　　　　（签名）

图1-4-14　牛水则树权证存根

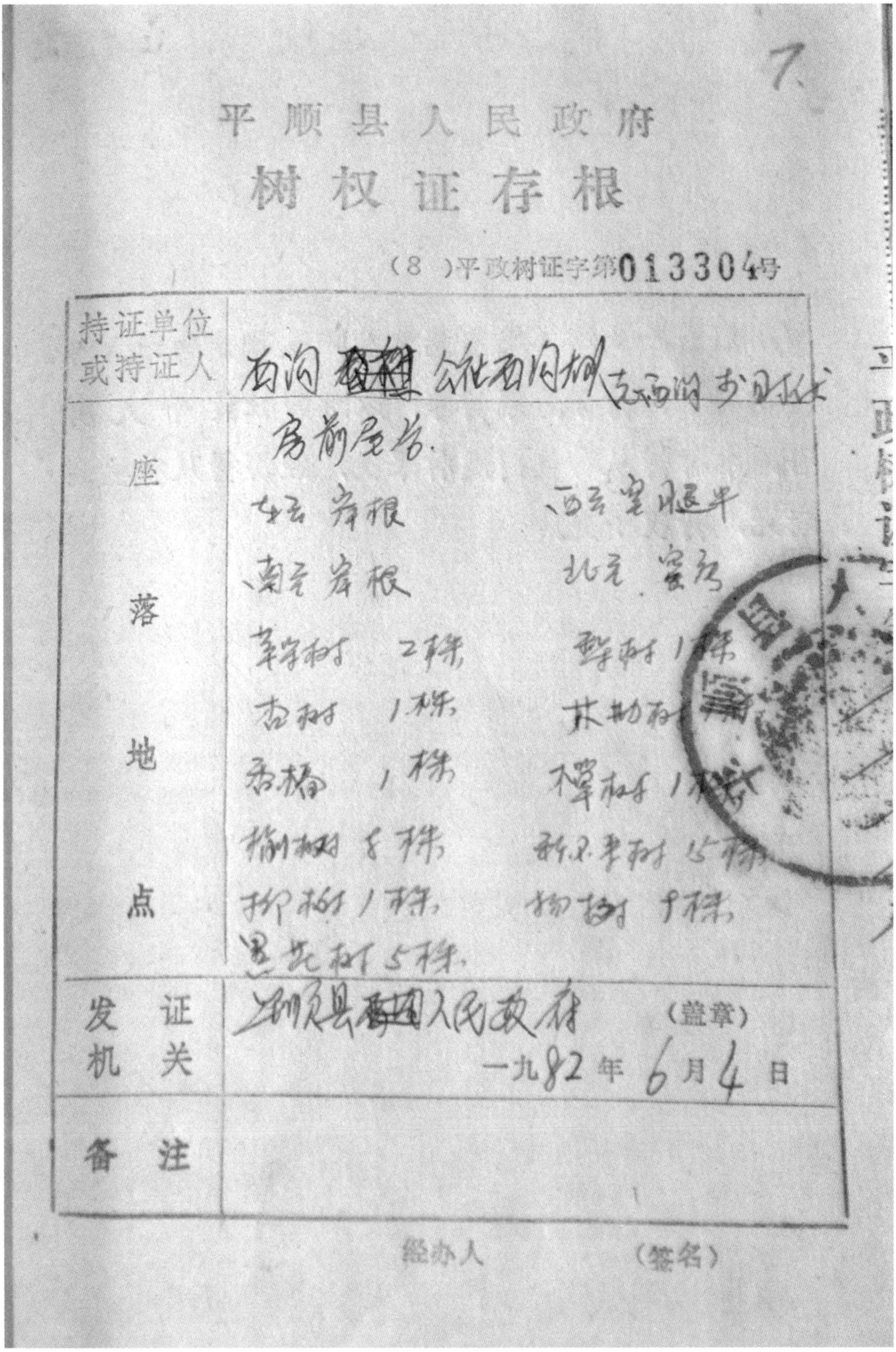

平 顺 县 人 民 政 府
树 权 证 存 根

（8 ）平政树证字第 013304 号

持证单位或持证人	西沟 ~~大队~~ 公社西沟树 古石间 寺日伏
座落地点	房前屋后. 东至 岸根　　　　　西至 宅退半 南至 岸根　　　　　北至 窑房 苹果树 2株　　　　野梨 1株 杏树 1株　　　　　林枣树 香椿 1株　　　　　椿树 1株 榆树 8株　　　　　软儿梨树 5株 柳树 1株　　　　　桃树 4株 连花树 5株.
发证机关	平顺县西沟人民政府　　　（盖章） 一九 82 年 6 月 4 日
备注	

经办人　　　　　　（签名）

图1-4-15　李财伏树权证存根

259

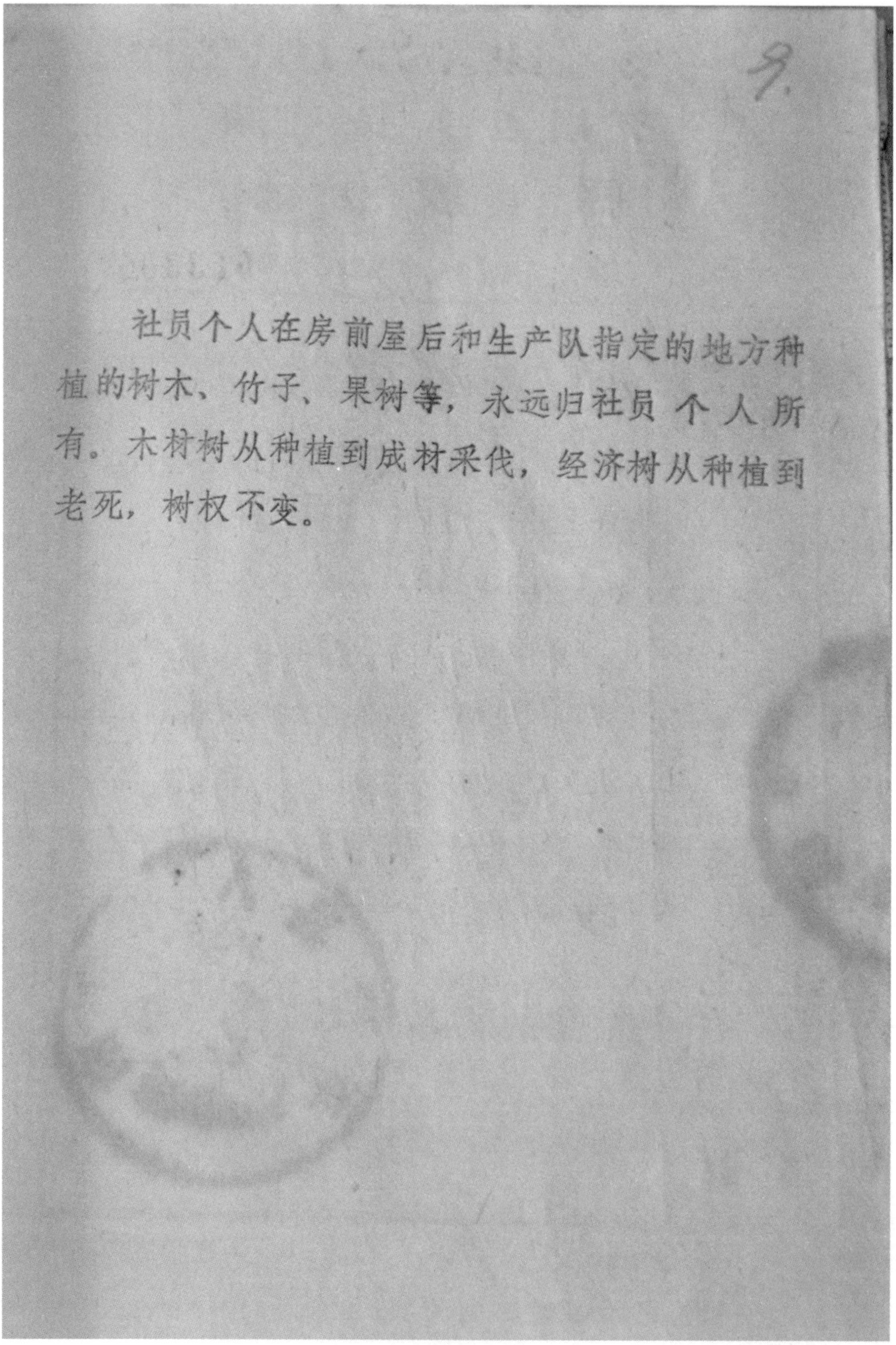

　　社员个人在房前屋后和生产队指定的地方种植的树木、竹子、果树等，永远归社员个人所有。木材树从种植到成材采伐，经济树从种植到老死，树权不变。

图1-4-16　说明页

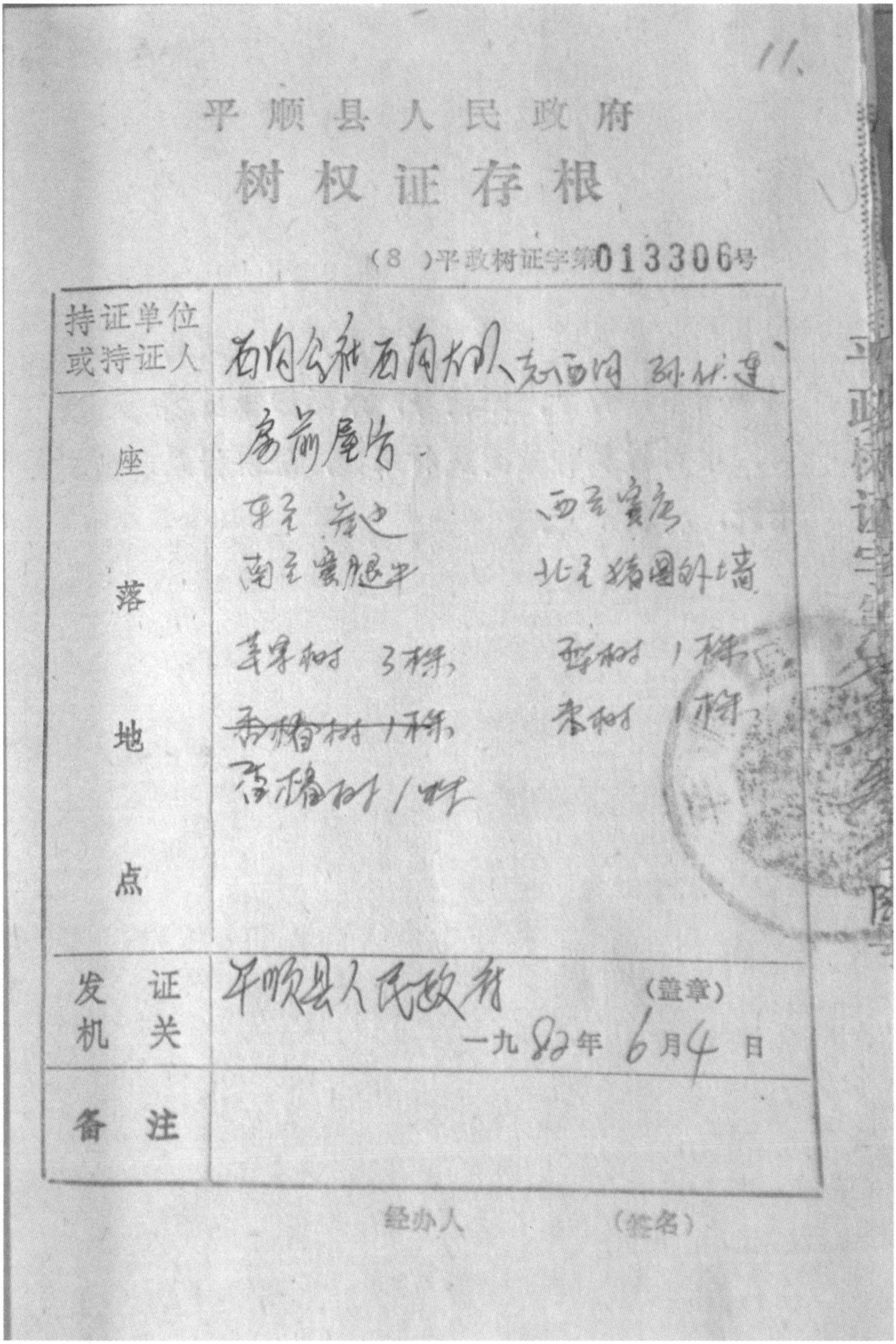

平顺县人民政府
树权证存根

（8 ）平政树证字第013306号

持证单位或持证人	西沟公社西沟大队、志西沟 孙伏连
座落地点	房前屋后 东至 院边 西至 窑房 南至 窑院进中 北至 猪圈的墙 苹果树 3株， 桃树 1株， 香椿树 1株， 杏树 1株， 香椿树 1株
发证机关	平顺县人民政府 （盖章） 一九82年 6月4日
备注	

经办人 （签名）

图1-4-17 孙伏连树权证存根

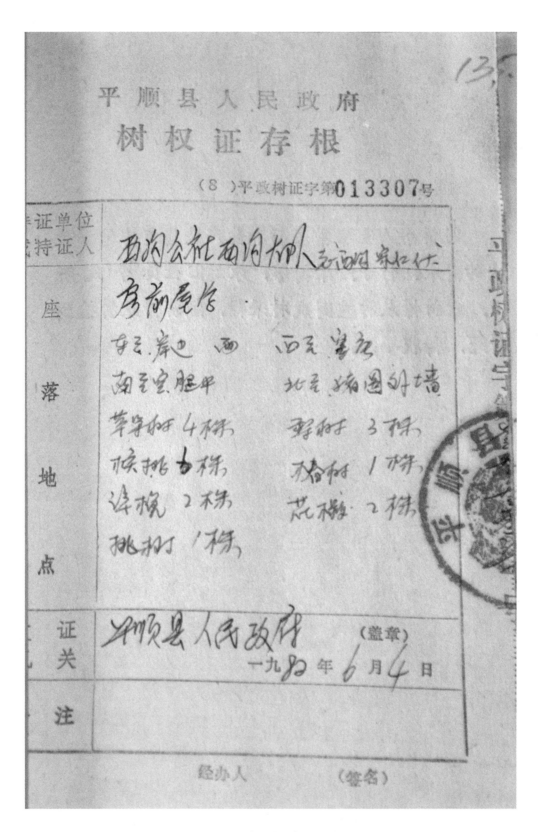

图1-4-18　宋仁伏树权证存根

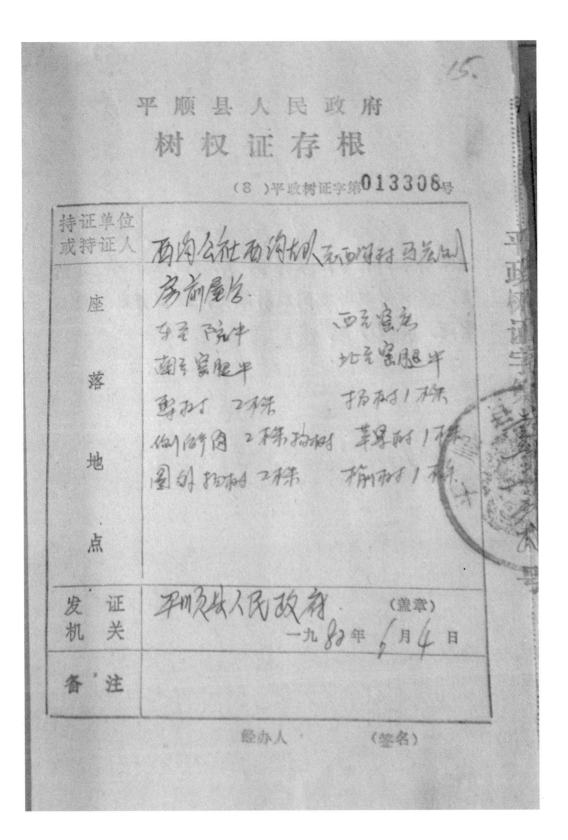

图1-4-19　马虎则树权证存根

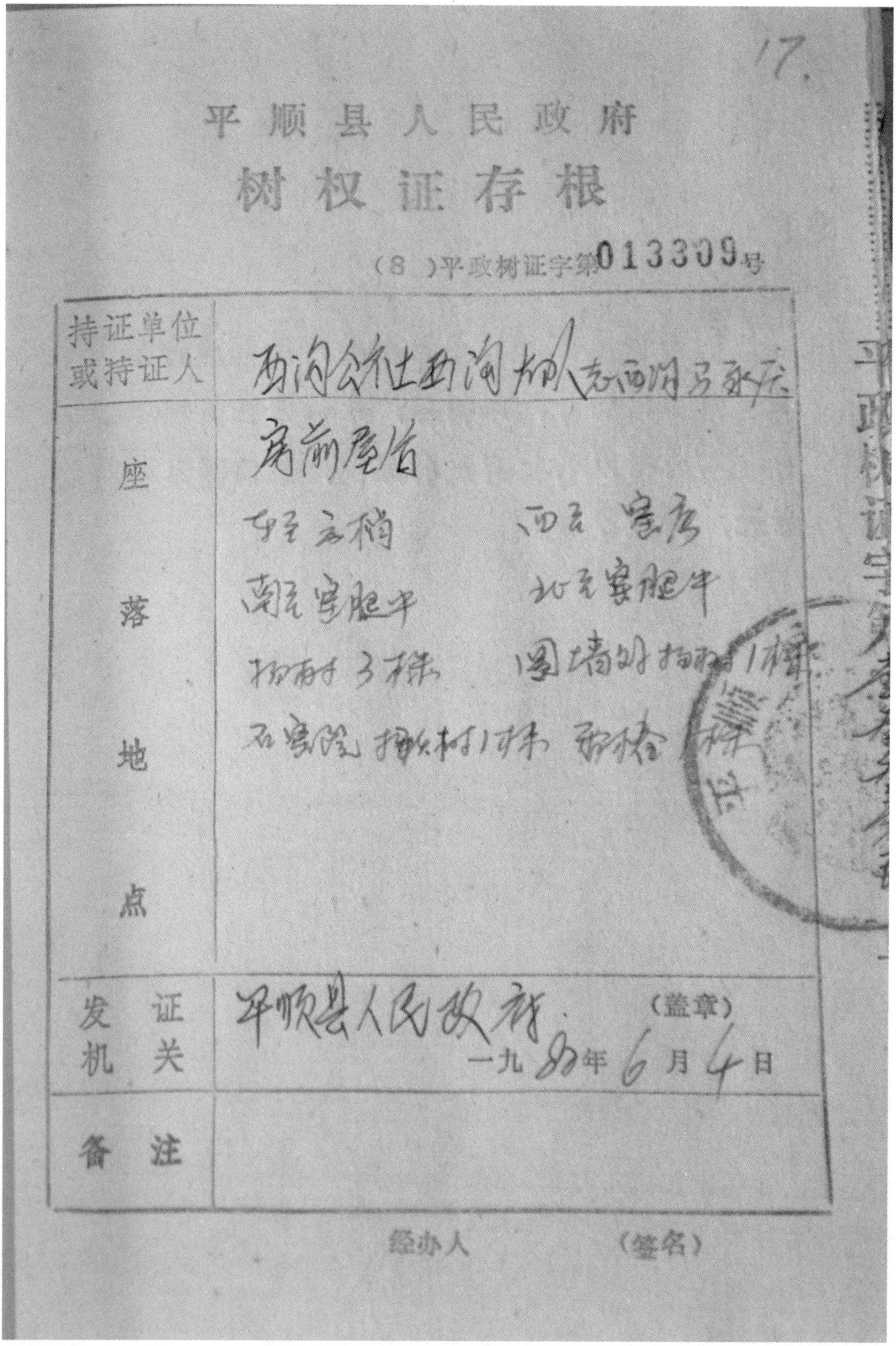

平 顺 县 人 民 政 府
树 权 证 存 根
（8）平政树证字第013309号

持证单位或持证人	西沟公社西沟[大队]……西沟马永庆
座 落 地 点	房前屋后 东至……南至……北至…… 石窑院……树……1株
发 证 机 关	平顺县人民政府（盖章） 一九八○年6月4日
备 注	

经办人　　　　　（签名）

图1-4-20　马永庆树权证存根

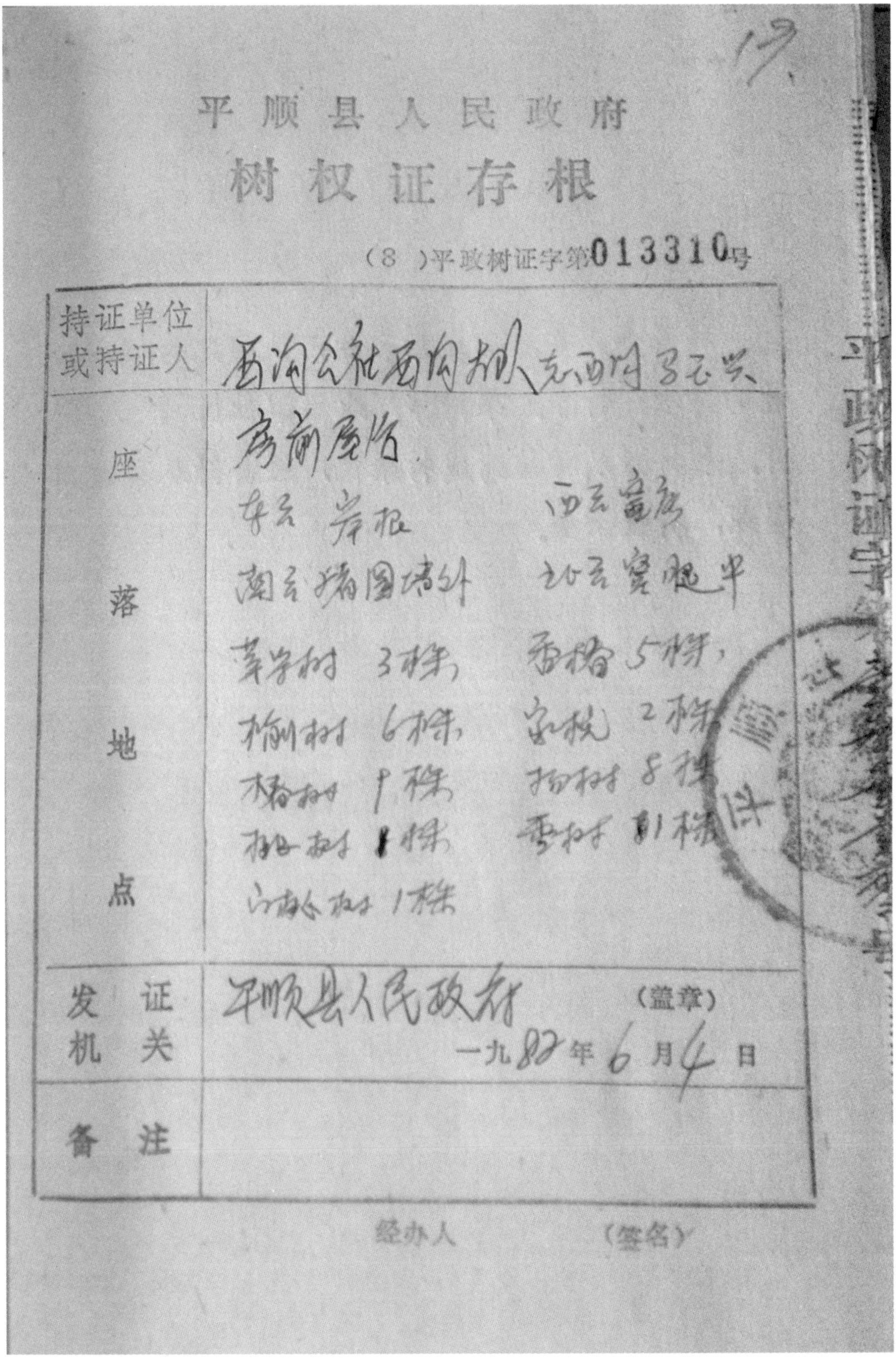

平顺县人民政府
树权证存根

（8 ）平政树证字第**013310**号

持证单位 或持证人	西沟公社西沟八队 克西村马玉兴
座 落 地 点	房前屋后. 东至 岸根　　　　西至 富房 南至 精图垴坪　　北至 宽垴坪 华岩树 3株　　　香椿 5株 榆树 6株　　　柿树 2株 椿树 1株　　　杨树 8株 桃树 1株　　　枣树 引株 山杭树 1株
发 证 机 关	平顺县人民政府　　（盖章） 　　　一九82年 6 月 4 日
备 注	

经办人　　　　　（签名）

图1-4-21　马玉兴树权证存根

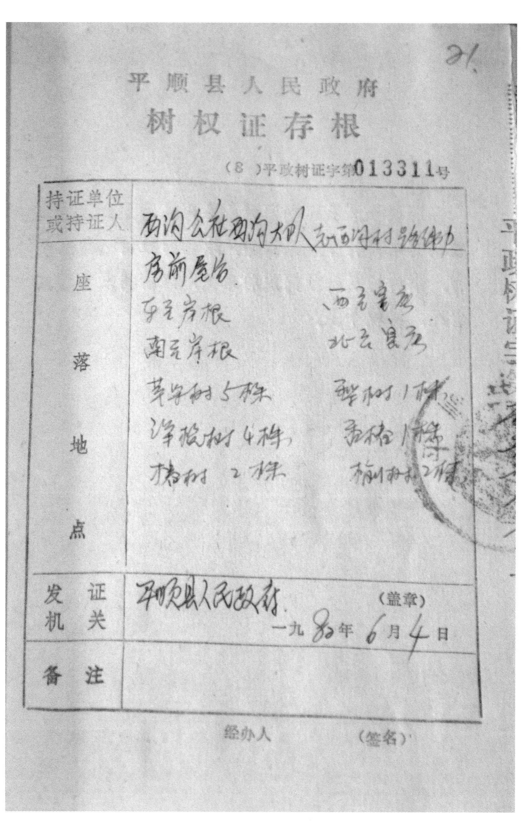

图1-4-22　路伟力树权证存根

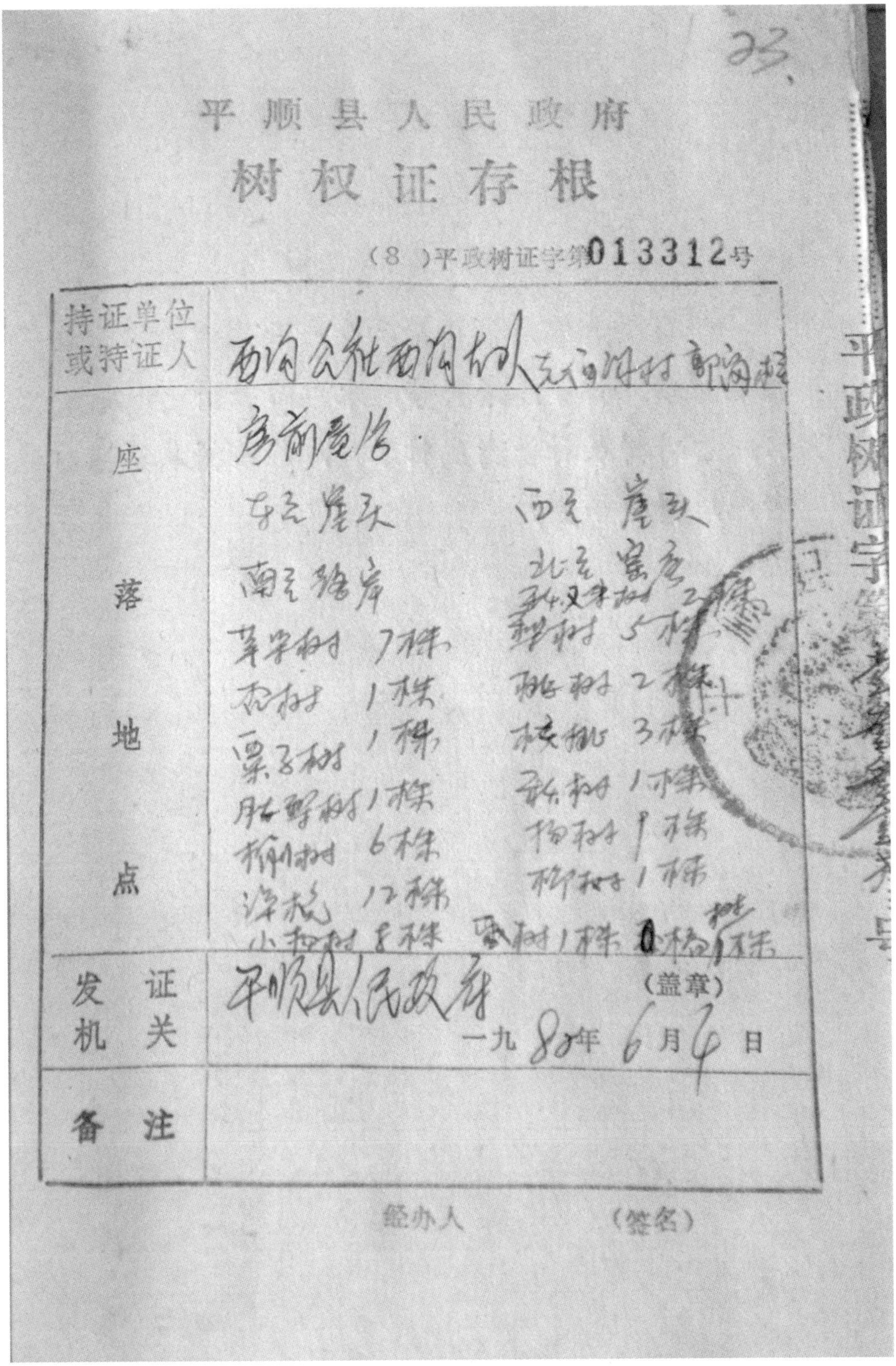

平 顺 县 人 民 政 府
树 权 证 存 根

（8 ）平政树证字第 **013312**号

持证单位或持证人	西沟公社西沟村 元庆时村 郭沟柱
座落地点	房前屋后 东至崖头　　　　　西至 崖头 南至场所　　　　　北至窑房 苹果树 7株　　　　又本黎树 5株 杏树 1株　　　　　桃树 2株 栗子树 1株　　　　核桃 3株 肥野树 1株　　　　柿树 1株 椿树 6株　　　　　榆树 1株 海花 12株　　　　杨树 1株 小椿树 8株 桑树1株 柏树1株
发证机关	平顺县人民政府　　　　（盖章） 一九8○年 6月 4日
备注	

经办人　　　　（签名）

图1-4-23　郭岗柱树权证存根

267

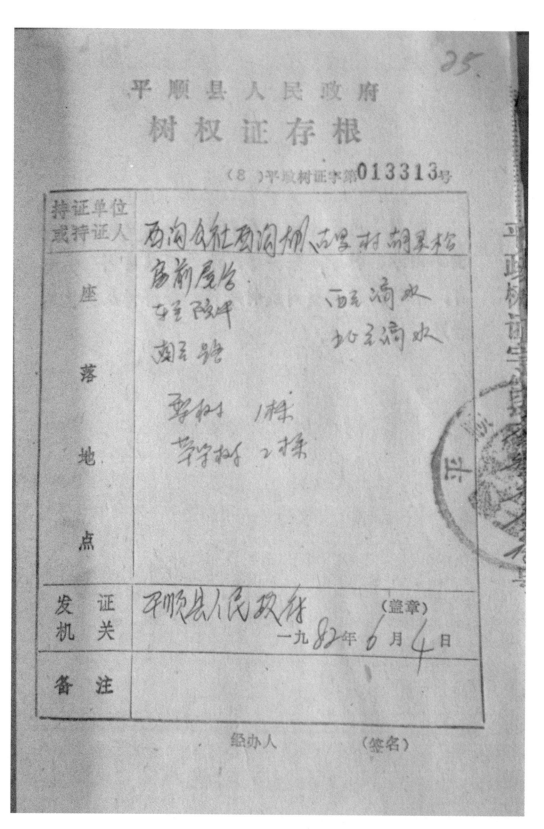

图1-4-24　胡买松树权证存根

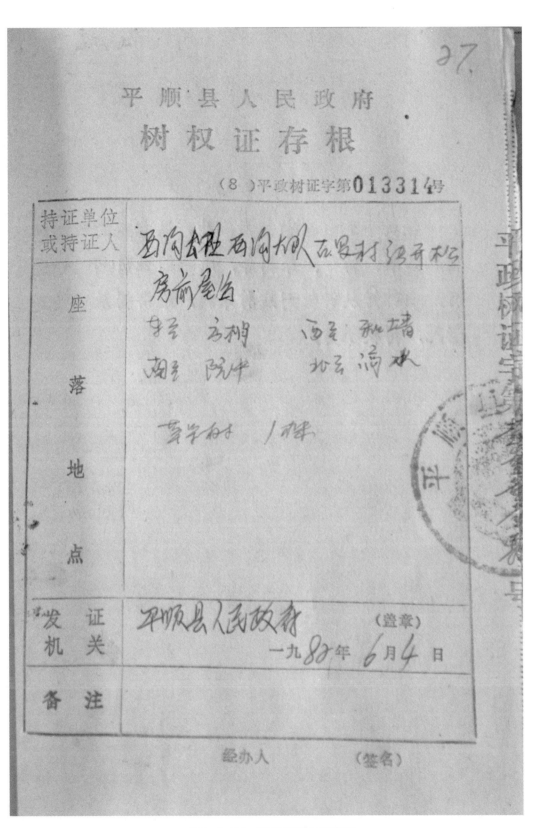

图1-4-25 张开松树权证存根

269

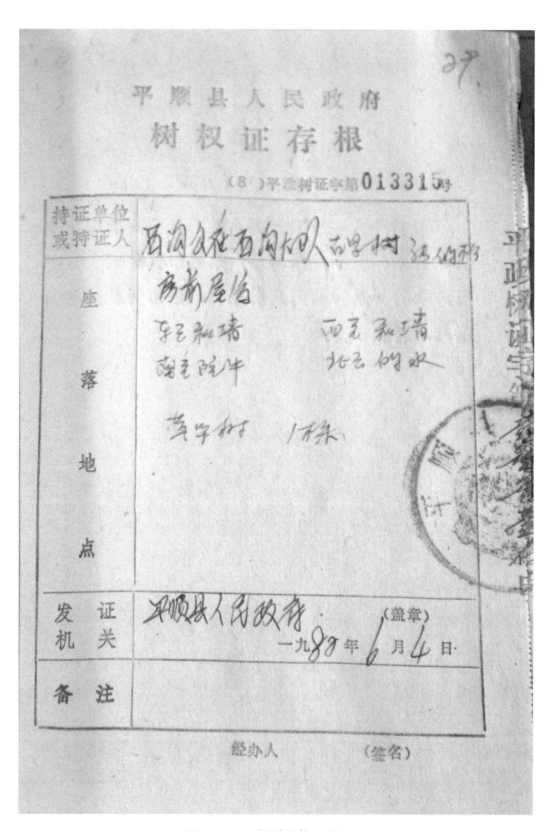

图1-4-26 张的松树权证存根

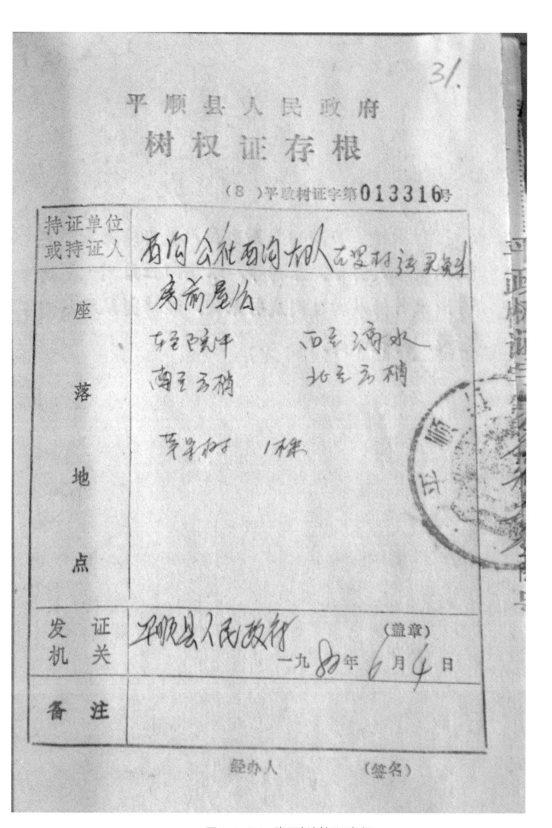

平顺县人民政府
树权证存根

（8）平政树证字第013316号

持证单位或持证人	西沟公社西沟村石坡村张买魁
座落地点	房前屋后 东至院平　　西至滴水 南至石梢　　北至石梢 苹果树　　1株
发证机关	平顺县人民政府　　　（盖章） 一九8⃝年6月4日
备注	

经办人　　　　　（签名）

图1-4-27　张买魁树权证存根

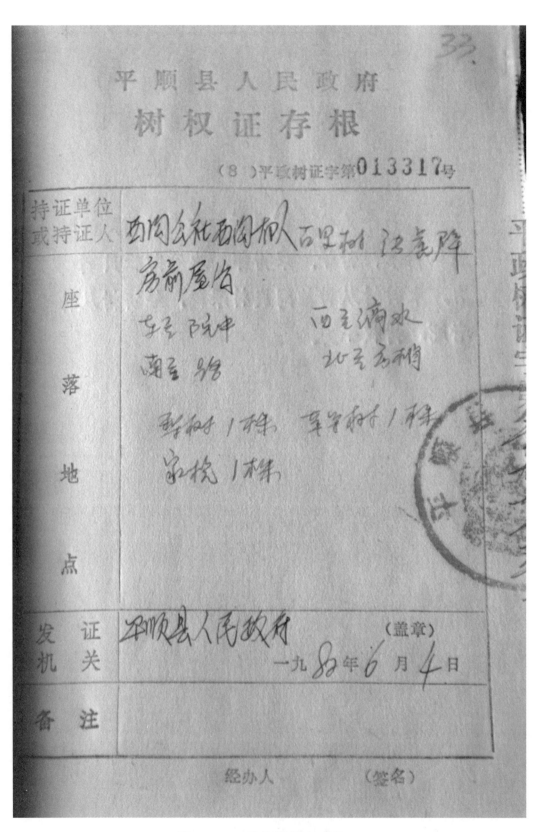

图1-4-28 张虎群树权证存根

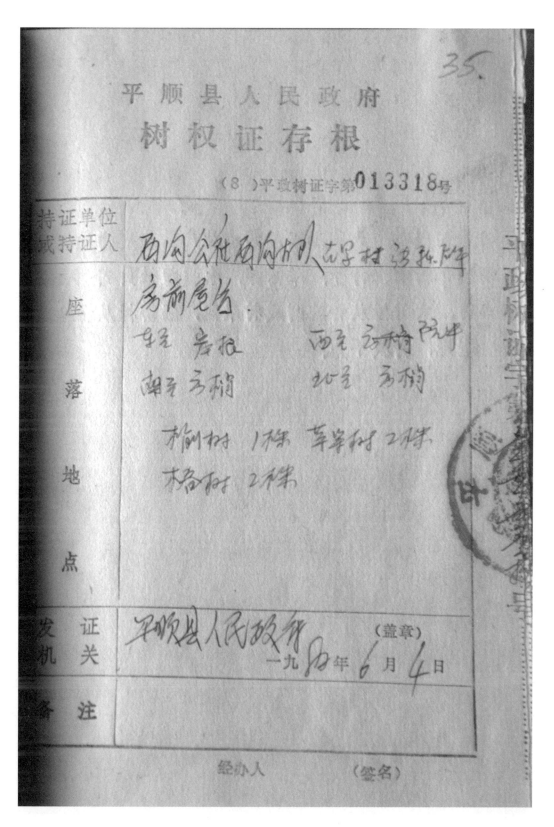

35.

平顺县人民政府
树权证存根

（8）平政树证字第013318号

持证单位 或持证人	西沟公社西沟大队古罗村村民张秋群
座 落 地 点	房前屋后： 东至 房根　　　　　西至 云杼院中 南至 云稍　　　　　北至 房稍 榆树 1株　草单树 2株 木格树 2株
发证 机关	平顺县人民政府　（盖章） 一九□□年 6 月 4 日
备注	

经办人　　　　　（签名）

图1-4-29　张秋群树权证存根

273

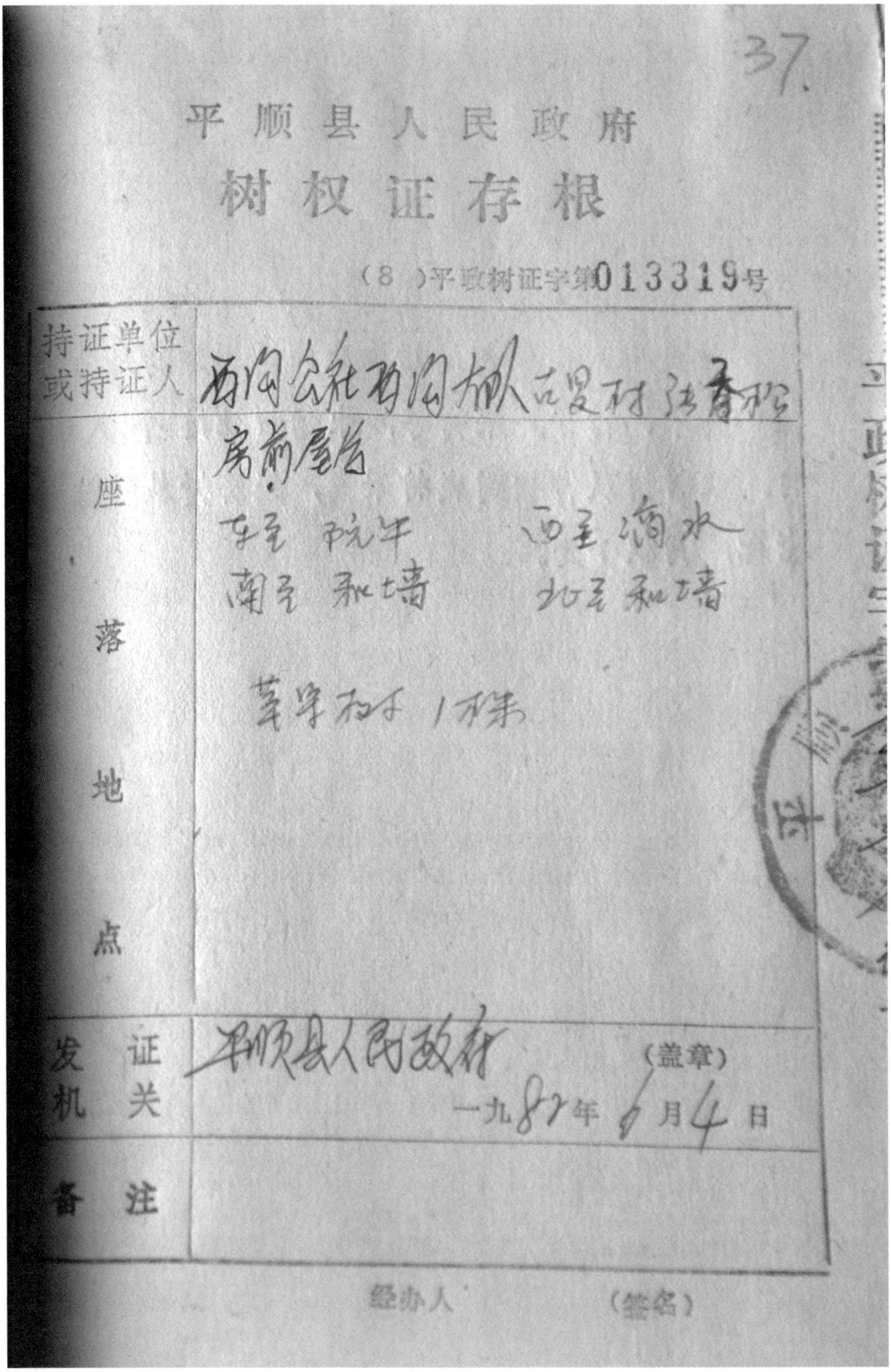

37.

平顺县人民政府
树权证存根

（8）平政树证字第013319号

持证单位或持证人	西沟公社西沟大队石皮村社员张松
座落地点	房前屋后 东至 院牛　　西至 滴水 南至 和墙　　北至 和墙 苹果树 1株
发证机关	平顺县人民政府　（盖章） 一九8 7年 6月 4日
备注	

经办人　　　　　（签名）

图1-4-30　张天松树权证存根

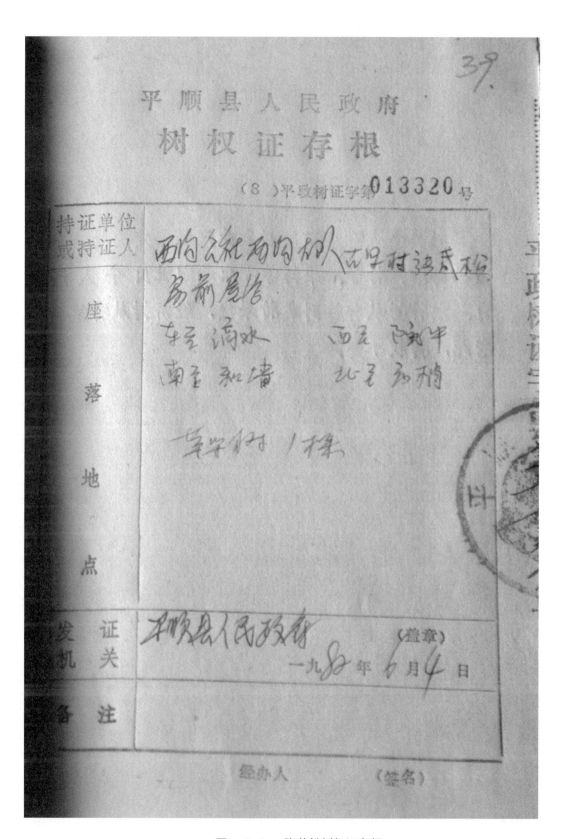

图1-4-31　张茂松树权证存根

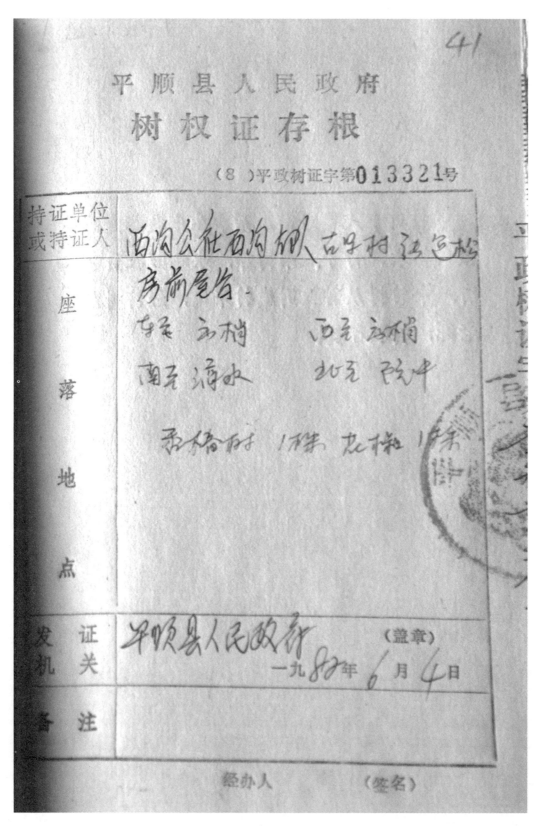

图1-4-32　张建松树权证存根

276

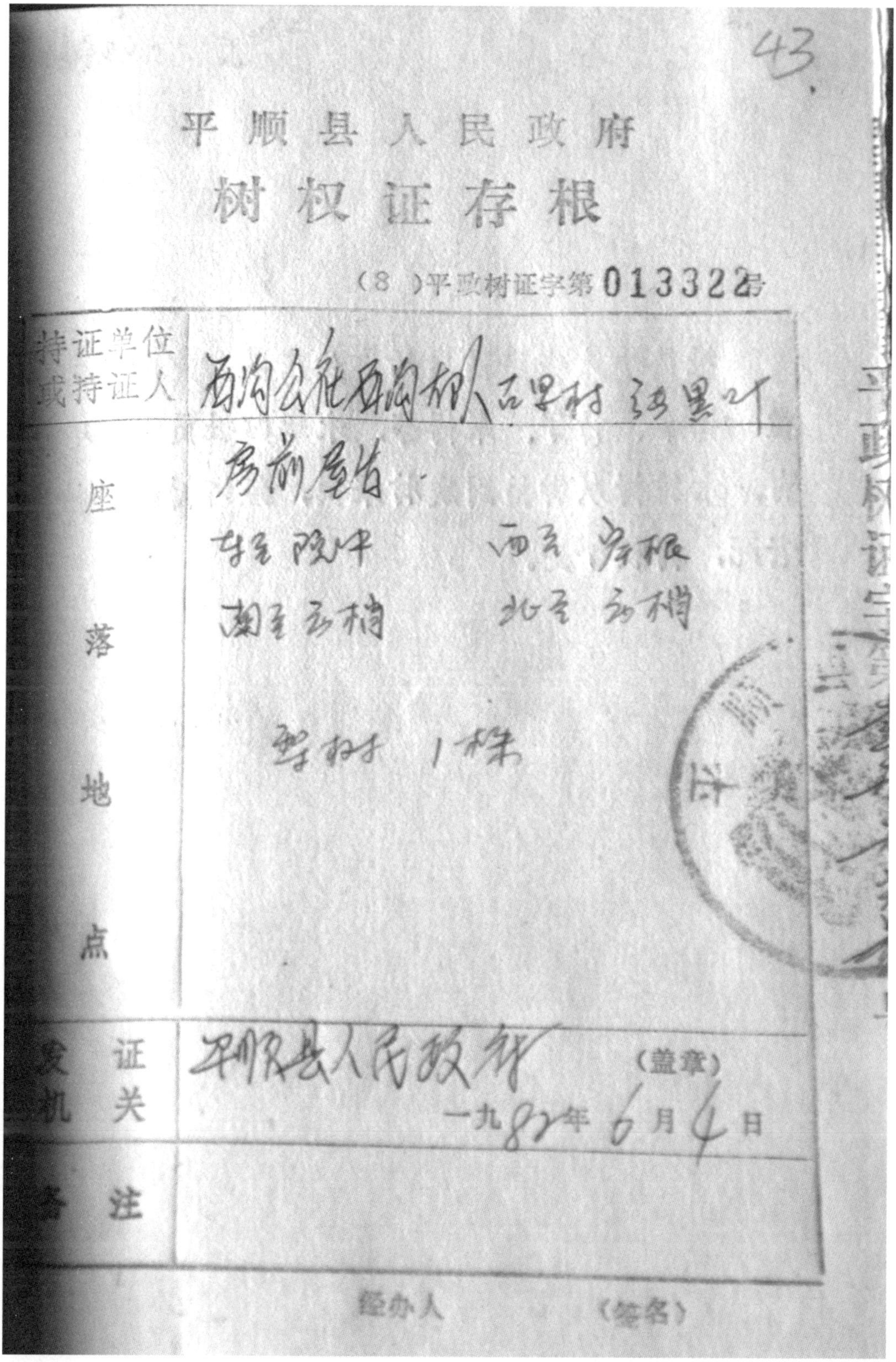

43.

平顺县人民政府
树权证存根

（8）平政树证字第013322号

持证单位 或持证人	西沟公社西沟村 古里村 张黑叶
座落地点	房前屋后 东至 陵中　　　西至 家根 南至 玉柏　　　北至 玉柏 梨树 1株
发证机关	平顺县人民政府　　　（盖章） 一九八二年 6 月 4 日
备注	

经办人　　　（签名）

图1-4-33　张黑叶树权证存根

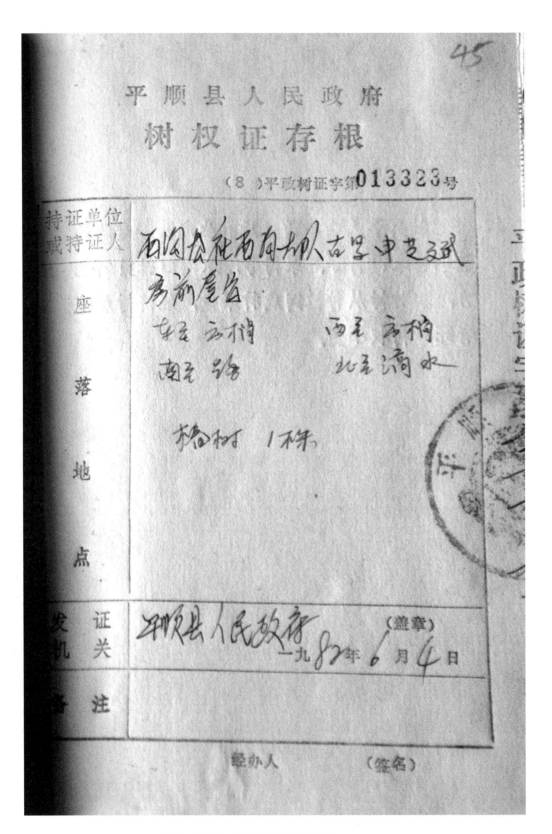

图1-4-34　申芝斌树权证存根

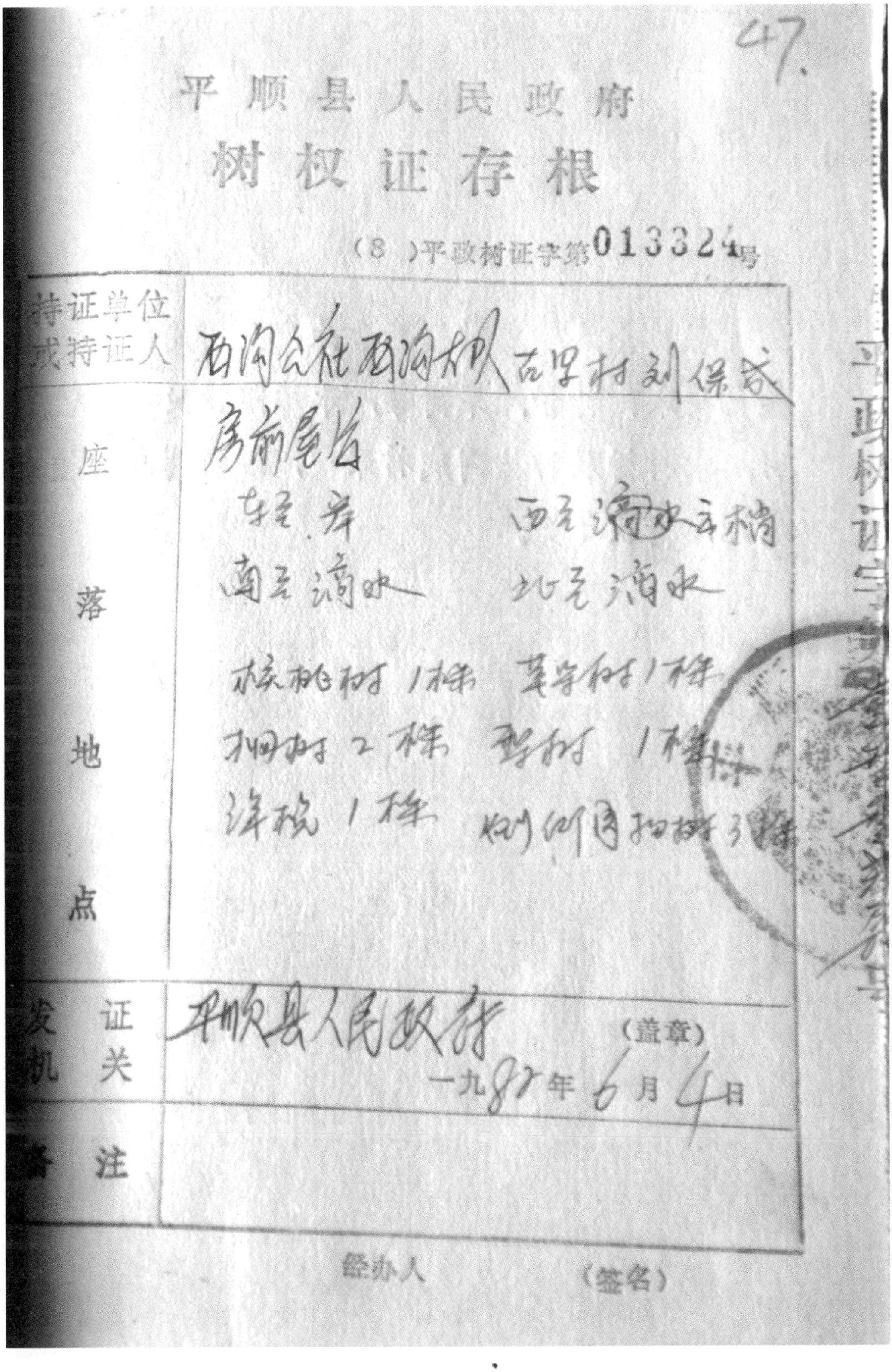

平顺县人民政府
树权证存根

（8）平政树证字第013324号

持证单位 或持证人	西沟公社西沟城古里村刘保成
座落地点	房前屋后 东至 岸　　　西至 滴水云槽 南至 滴水　　　北至 滴水 核桃树 1株　　草苹树 1株 桐树 2株　　梨树 1株 洋槐 1株　　川河园柏树3株
发证机关	平顺县人民政府 （盖章） 一九八八年 6月 4日
备注	

经办人　　　　　（签名）

图1-4-35　刘保成树权证存根

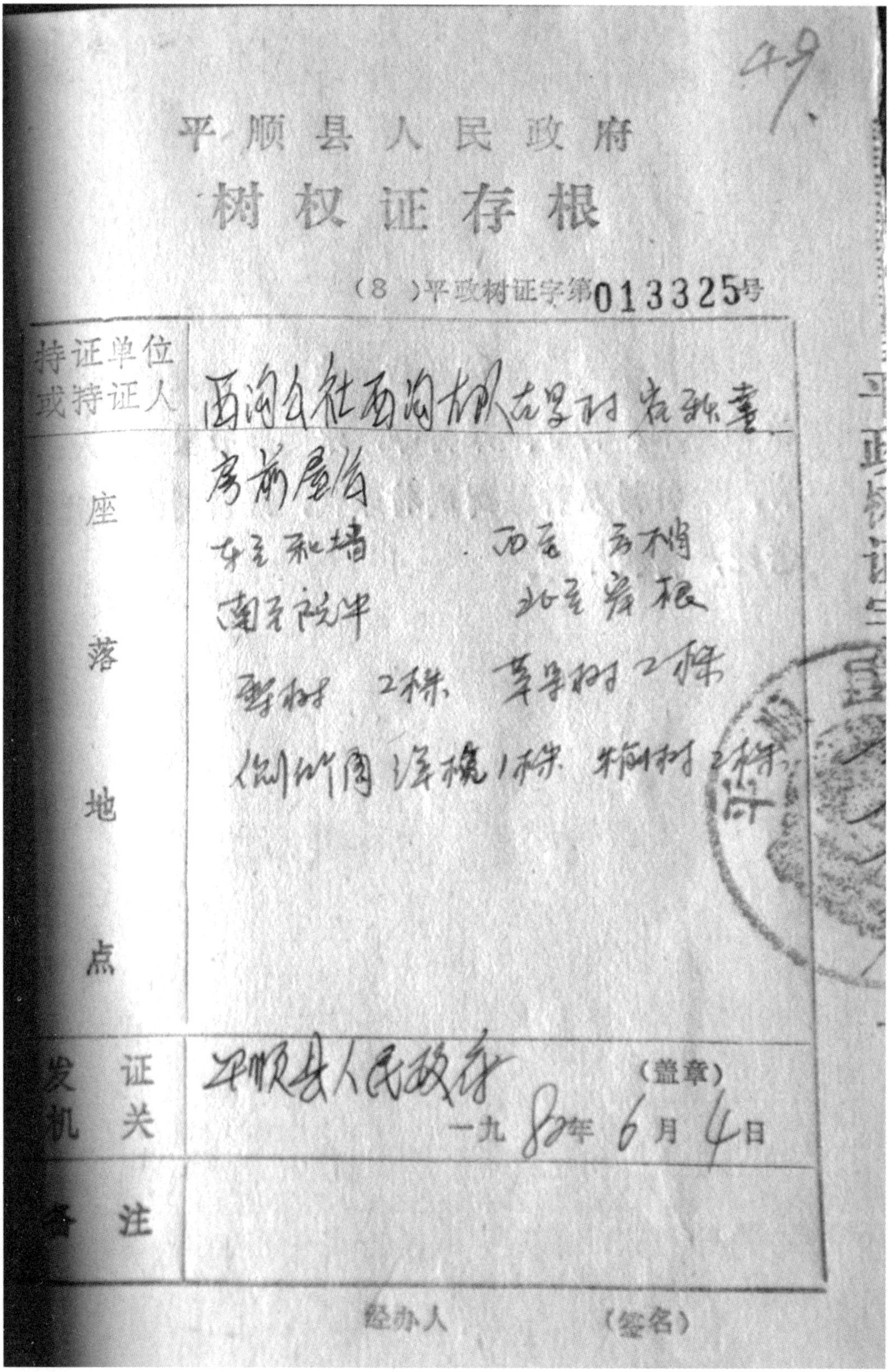

平 顺 县 人 民 政 府
树 权 证 存 根

（8）平政树证字第**013325**号

持证单位 或持证人	西沟公社西沟枫占平村 崔秋喜
座 落 地 点	房前屋后 东至和增　　西至 石树 南至院中　　北至崖根 　野树 2株　苹果树2株 　侧柏圆冠槐1株 椒树2株
发证 机关	平顺县人民政府　　　（盖章） 一九8⃞年 6 月 4 日
备　注	

经办人　　　　　（签名）

图1-4-36　崔秋喜树权证存根

280

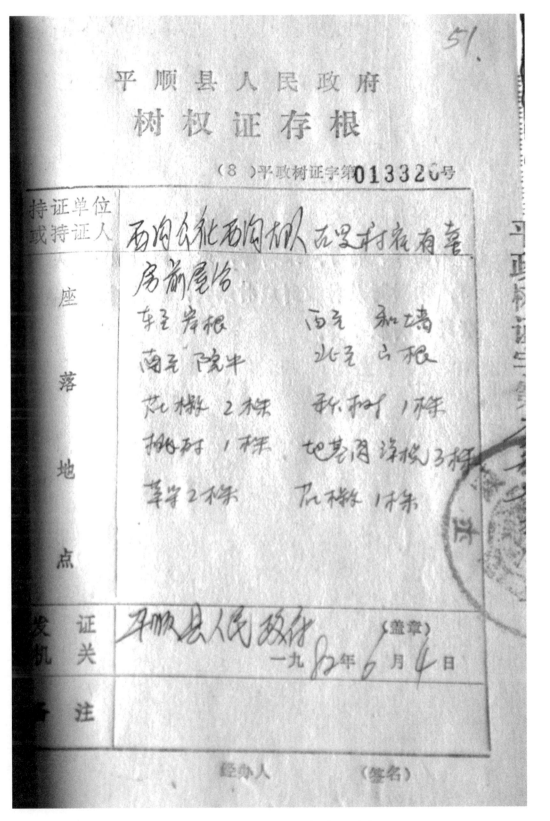

图1-4-37 崔有喜树权证存根

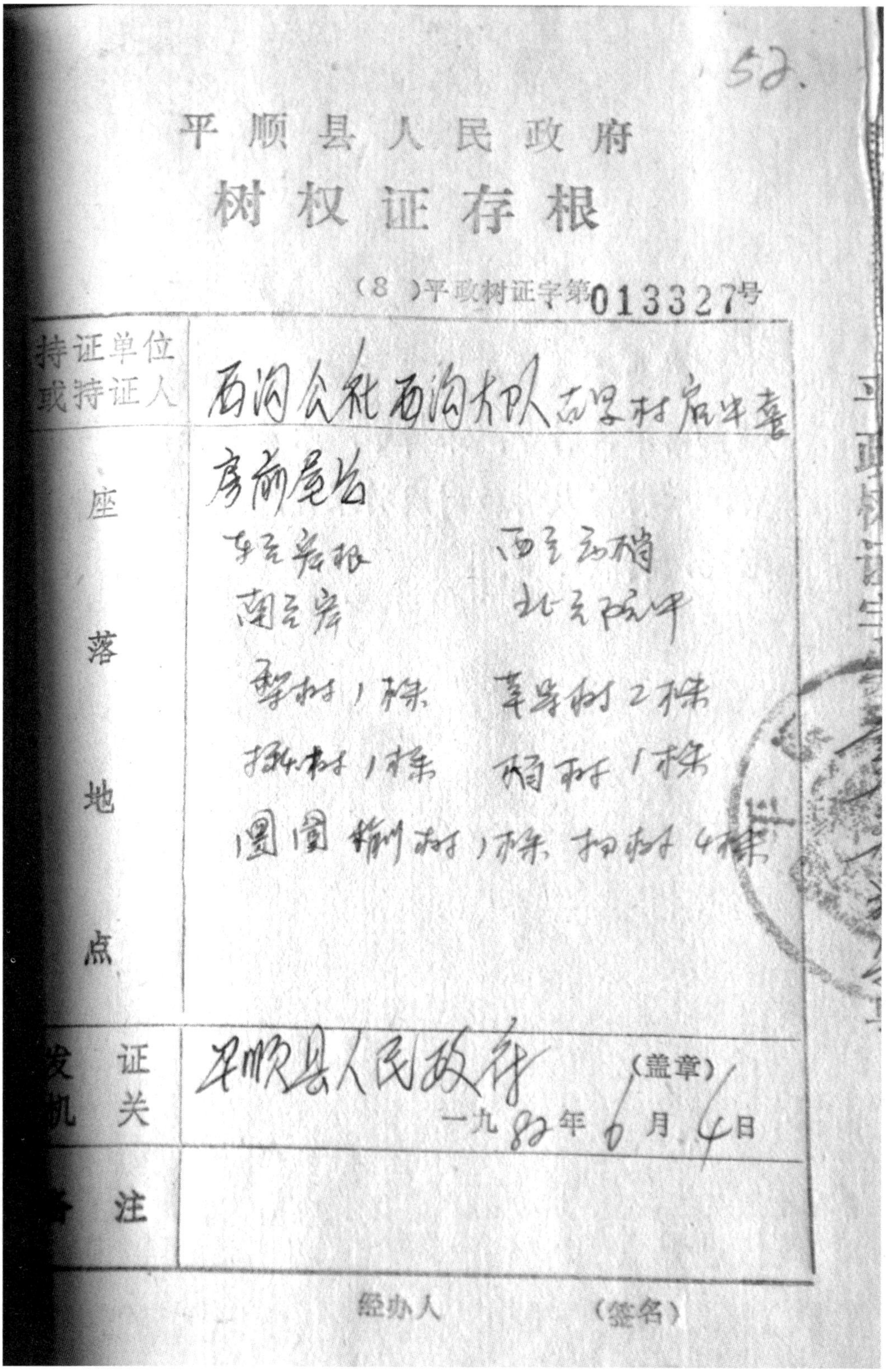

平 顺 县 人 民 政 府
树 权 证 存 根

（8 ）平政树证字第**013327**号

持证单位 或持证人	西沟公社西沟大队西坪村崔中喜
座 落 地 点	房前房后 东至岩根　　　西至高楼 南至岸　　　　北至路中 　梨树1株　　　苹果树2株 　核桃树1株　　柿树1株 　圆圆榔树1株　椿树4株
发　证 机　关	平顺县人民政府　　（盖章） 一九8?年 6月 4日
备　注	

经办人　　　　　　（签名）

图1-4-38　崔中喜树权证存根

282

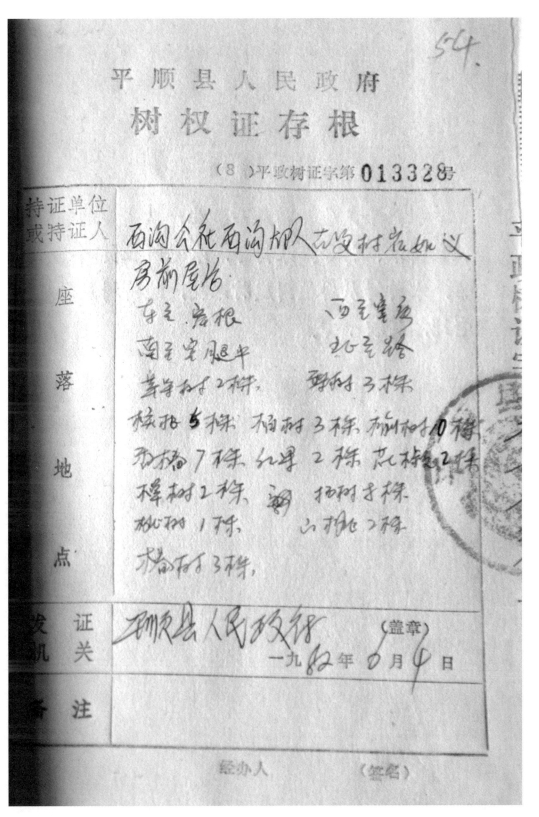

平顺县人民政府
树权证存根

（8）平政树证字第 **013328**号

持证单位 或持证人	西沟公社西沟队 古驿村崔如义
座 落 地 点	房前屋后 东至 房根　　　西至 窑顶 南至 宋风全　　　北至 圪塔 苹果树2棵　　　西树3棵 核桃5棵　柏树3棵　椿树10棵 松柏7棵　红果2棵　花椒2棵 椿树2棵　　　杨树5棵 桃树1棵　　　山桃2棵 花椒树3棵
发　证 机　关	平顺县人民政府　　（盖章） 一九82年6月4日
备　注	

经办人　　　　　（签名）

图1-4-39　崔如义树权证存根

283

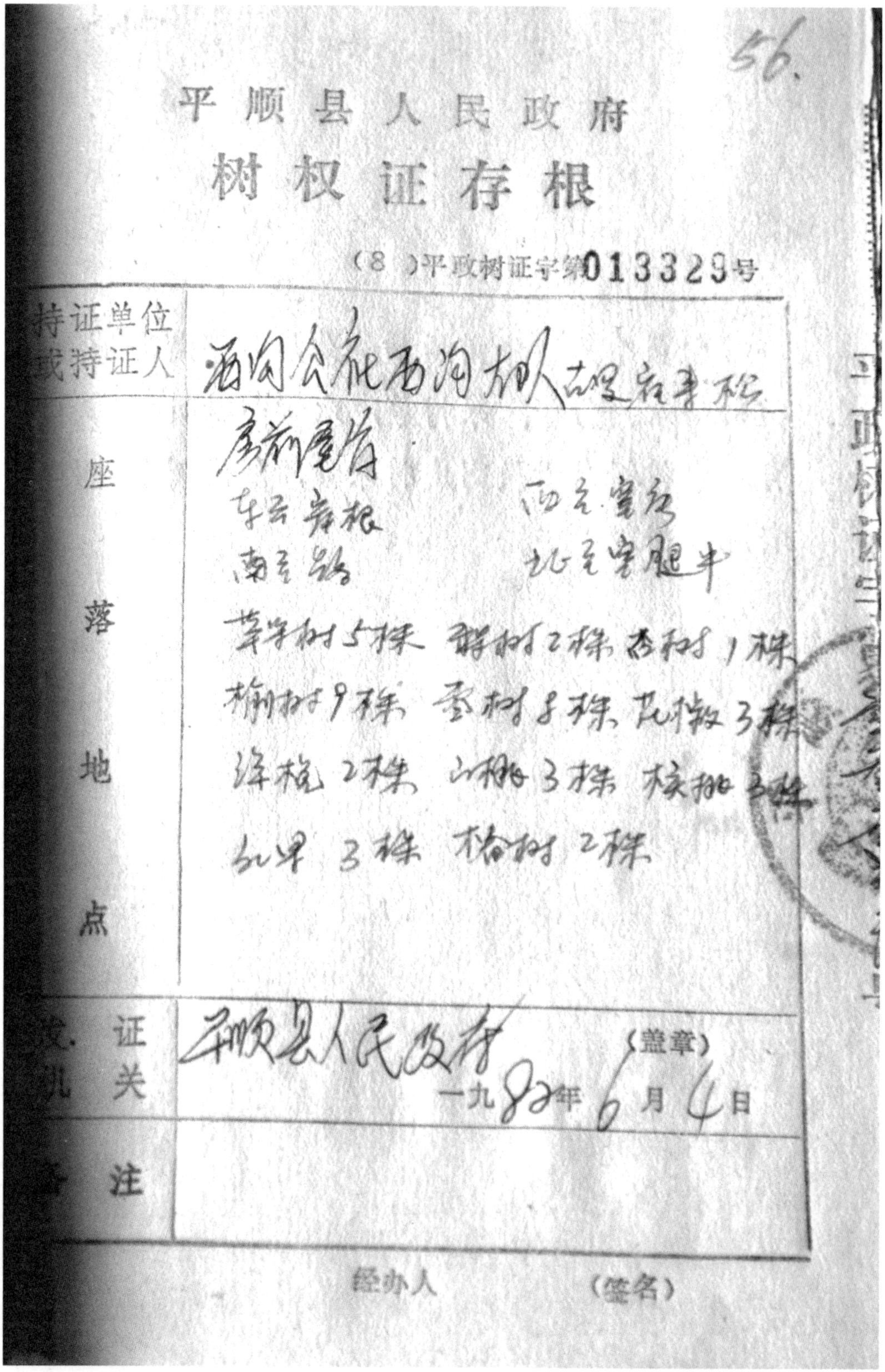

平 顺 县 人 民 政 府
树 权 证 存 根

（8 ）平政树证字第**013329**号

持证单位 或持证人	西沟公社西沟从 磁窑 手松
座 落 地 点	彦前窑房 东至庙根　　　　西至窑房 南至路　　　　　北至窑腿中 苹果树5株　群树2株　杏树1株 榆树9株　李树8株　花椒3株 洋槐2株　山桃3株　核桃3株 杜果3株　椿树2株
发 证 机 关	平顺县人民政府　　　（盖章） 一九82年6月4日
备 注	

经办人　　　　　　　（签名）

图1-4-40　崔来松树权证存根

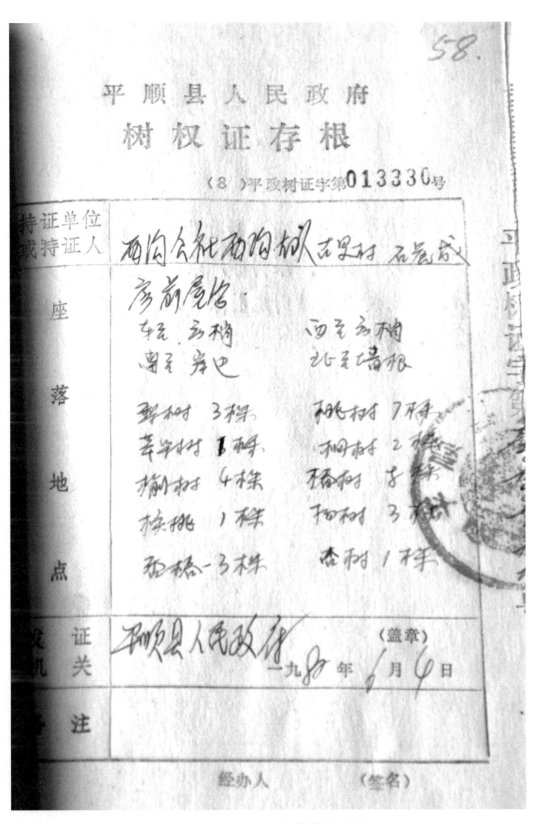

图1-4-41　石虎成树权证存根

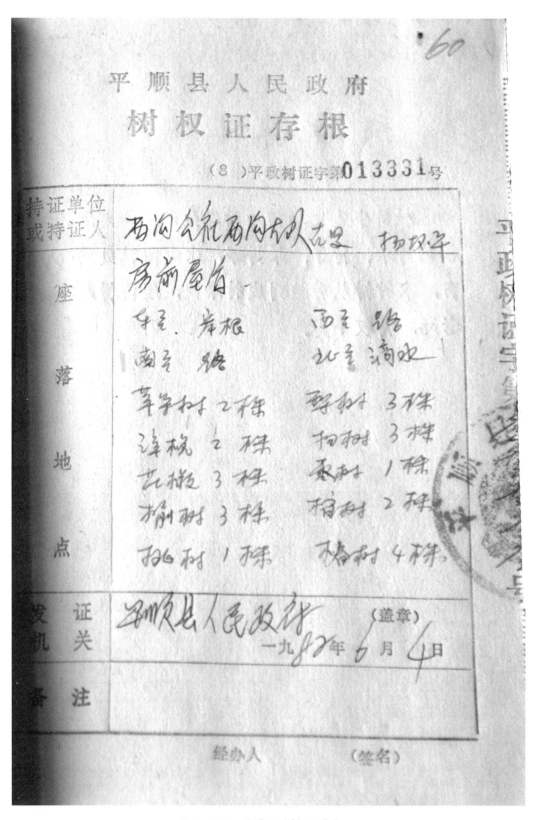

图1-4-42　杨怀平树权证存根

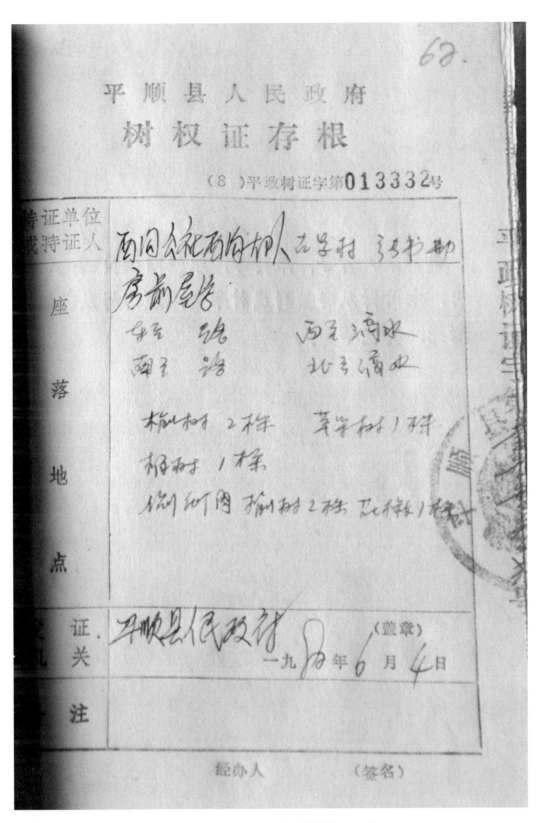

图1-4-43 张书勤树权证存根

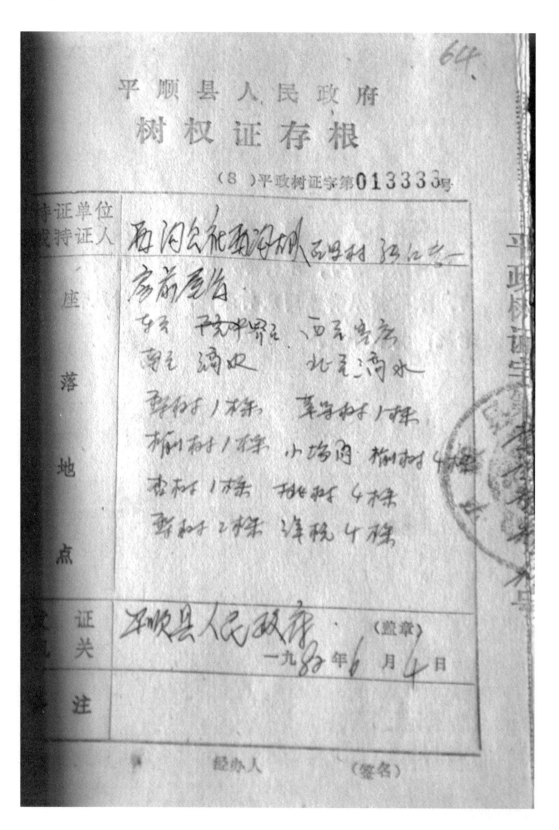

图1-4-44 张仁考树权证存根

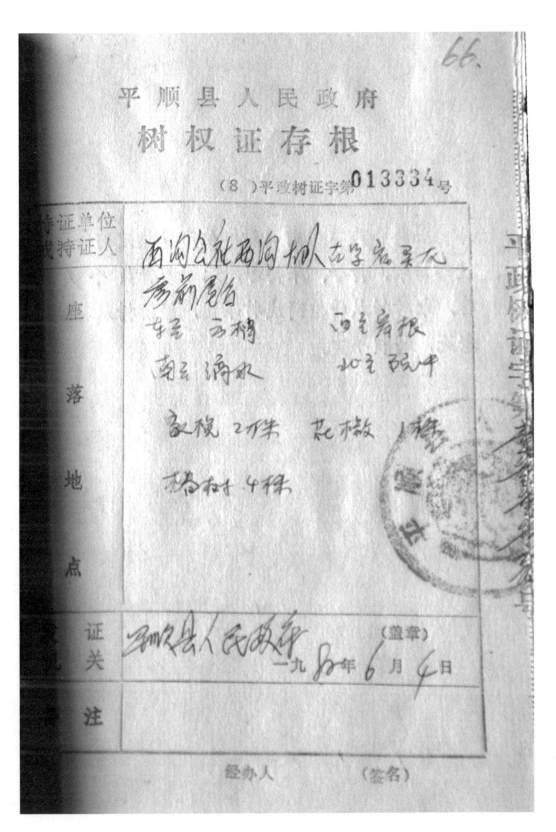

289

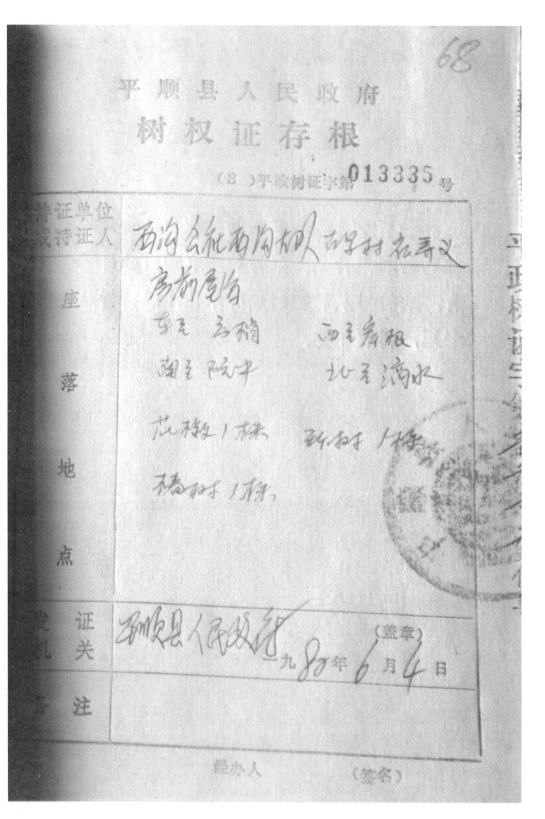

图1-4-46　崔弄义树权证存根

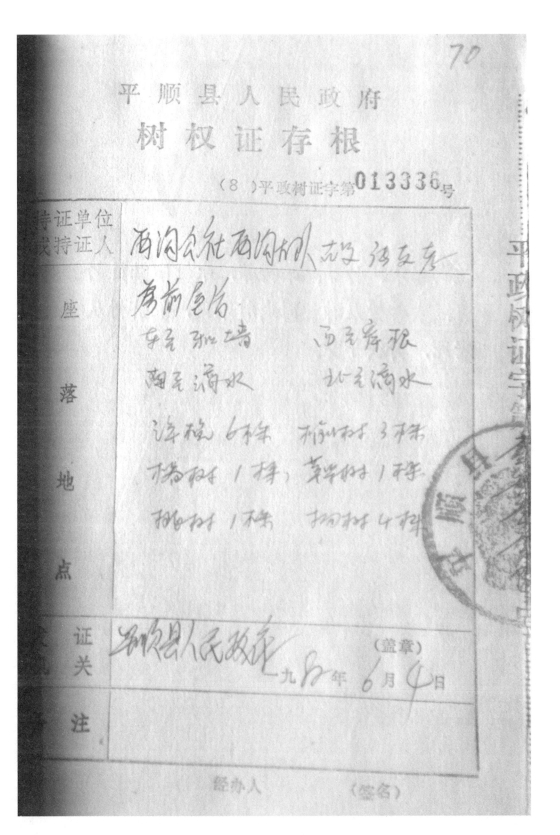

图1-4-47 张支考树权证存根

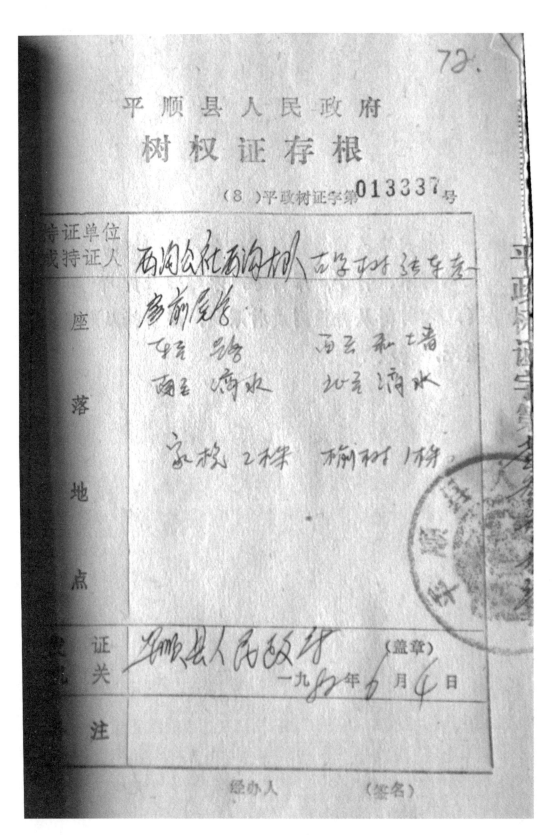

图1-4-48 张东考树权证存根

292

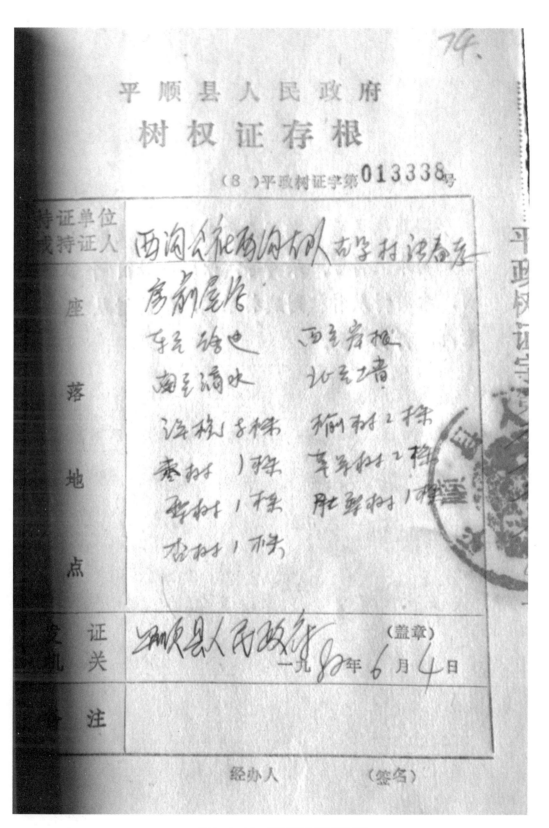

图1-4-49 张春考树权证存根

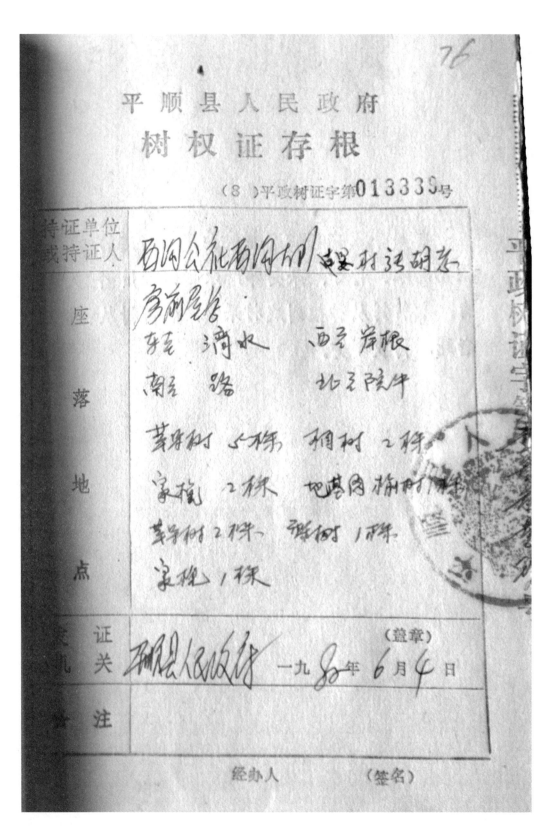

图1-4-50　张胡考树权证存根

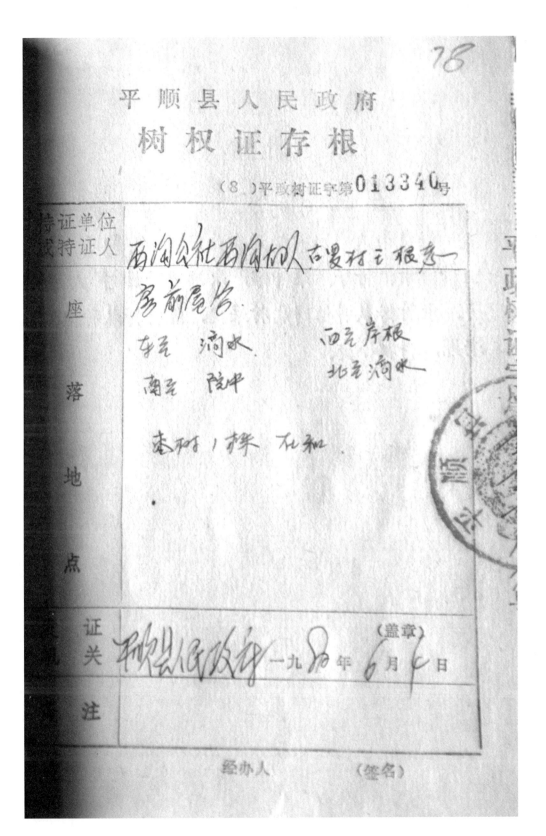

图1-4-51　王根考树权证存根

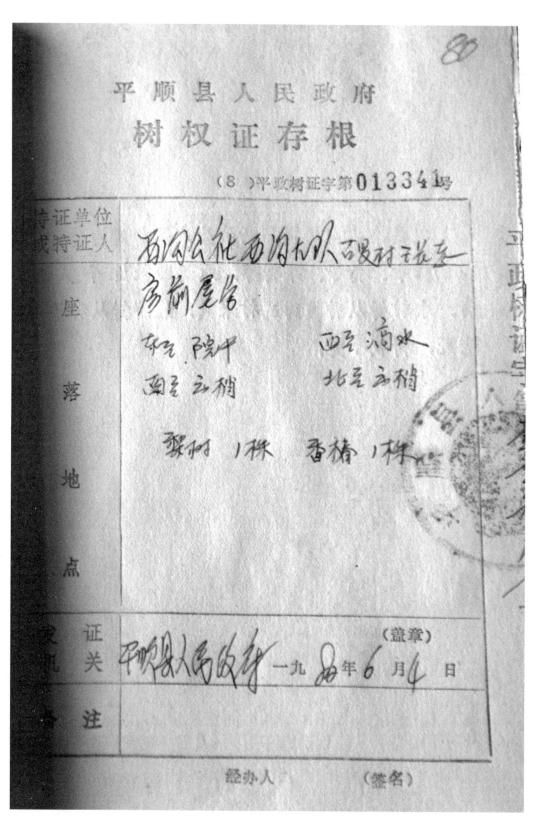

平顺县人民政府
树权证存根

（8）平政树证字第013341号

持证单位或持证人	西沟公社西沟大队古见村三送至房前屋台 东至 院中　　　　　西至 滴水 南至 云稍　　　　　北至 云稍 梨树 1株　　香椿 1株
座落地点	
发证机关	平顺县人民政府　一九 田 年 6 月 4 日　（盖章）
备注	

经办人　　　　　（签名）

图1-4-52　王长考树权证存根

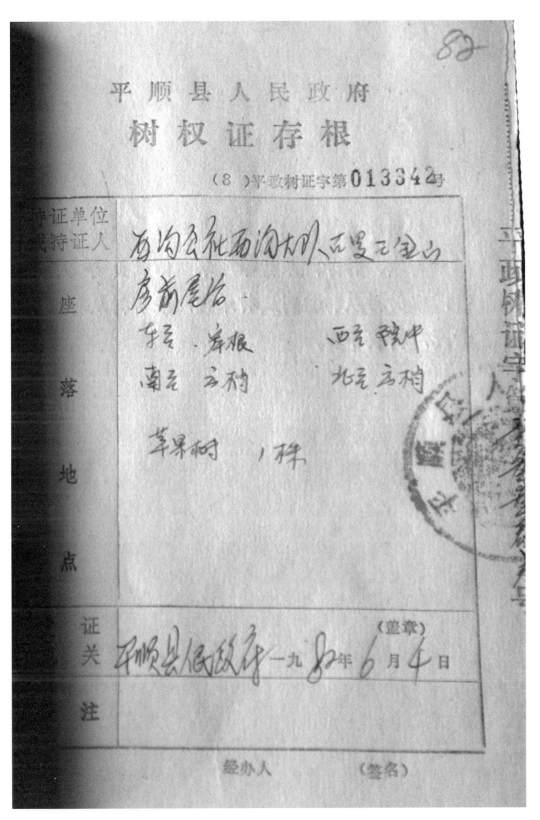

图1-4-53　王金山树权证存根

297

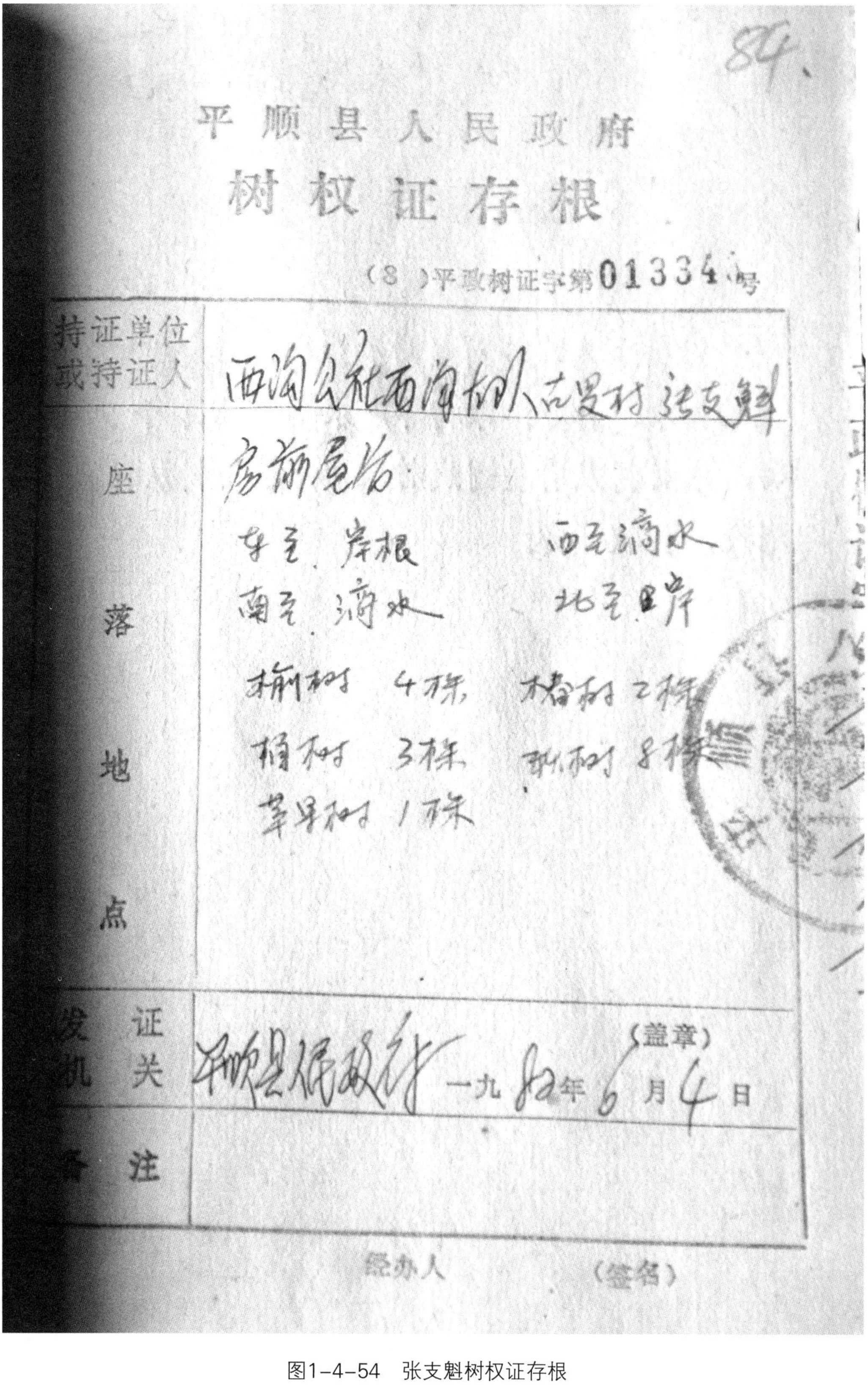

84.

平顺县人民政府

树权证存根

（8 ）平政树证字第01334号

持证单位或持证人	西沟公社西沟大队古罗村张支魁
座落地点	房前屋后 东至岸根　西至滴水 南至滴水　北至田岸 榆树 4株　椿树 2株 桐树 3株　梨树 8株 苹果树 1株
发证机关	平顺县人民政府　（盖章）　一九82年6月4日
备注	

经办人　　（签名）

图1-4-54　张支魁树权证存根

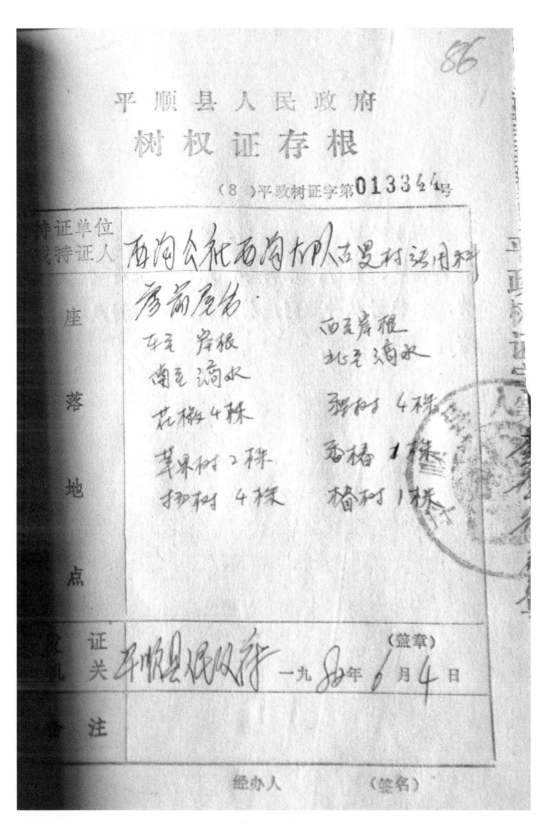

图1-4-55 张用科树权证存根

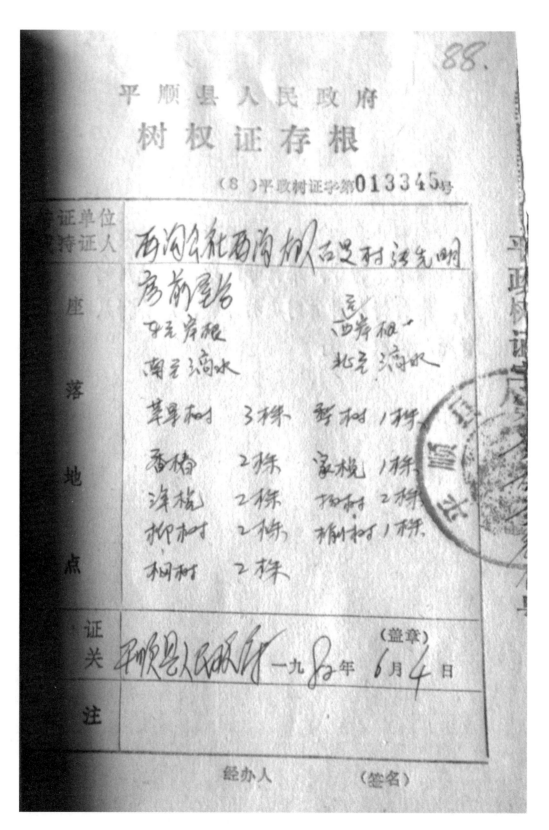

图1-4-56 张先明树权证存根

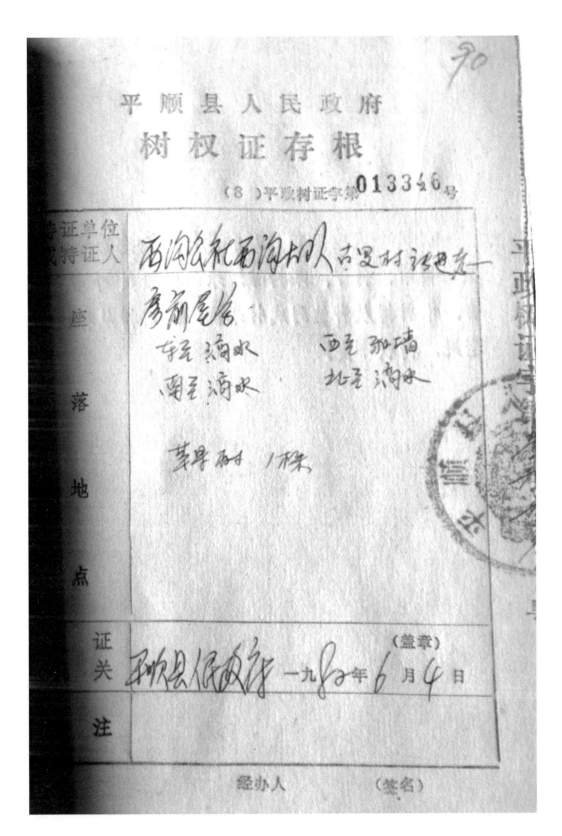

图1-4-57 张进考树权证存根

301

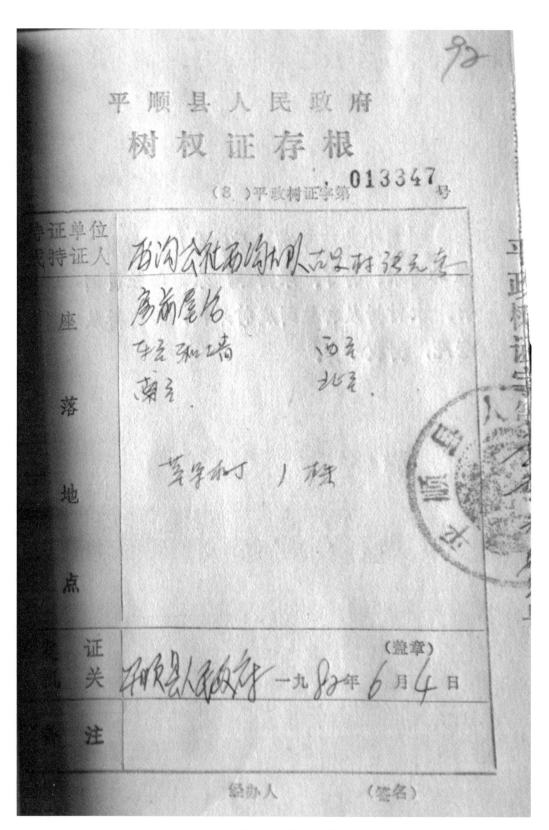

图1-4-58 张元考树权证存根

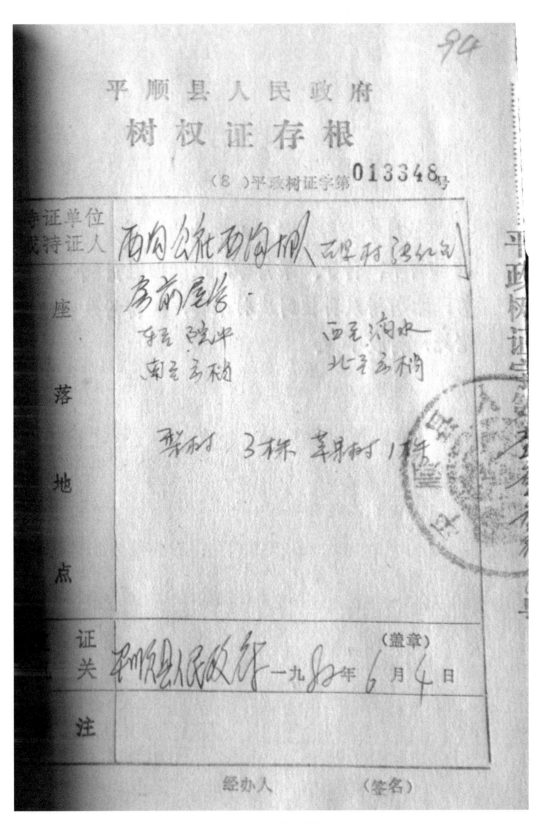

平顺县人民政府

树权证存根

（8）平政树证字第013348号

持证单位 或持证人	西甸公社西甸村王堡村张红则
座落地点	房前屋后· 东至院中　西至流水 南至本村　北至本村 梨树　3株　柿子树1株
证关	平顺县人民政府一九八三年6月4日　（盖章）
注	

经办人　　　（签名）

图1-4-59　张红则树权证存根

303

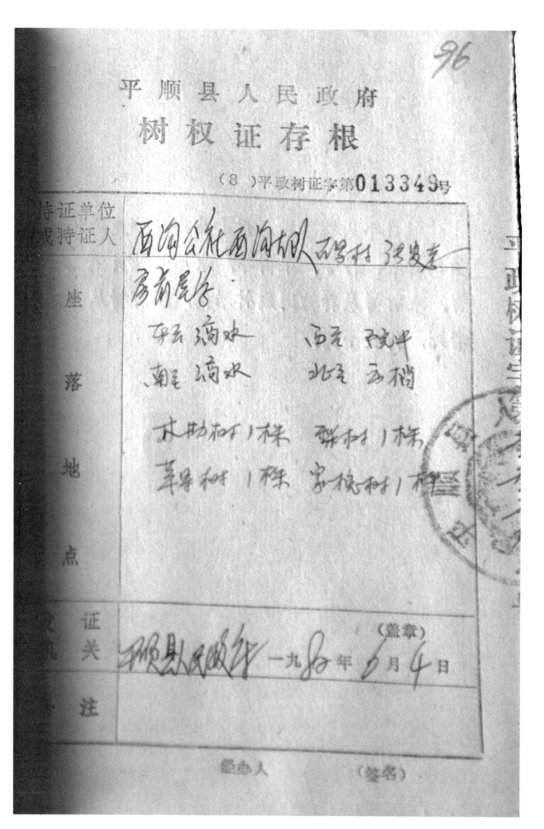

图1-4-60　张发考树权证存根

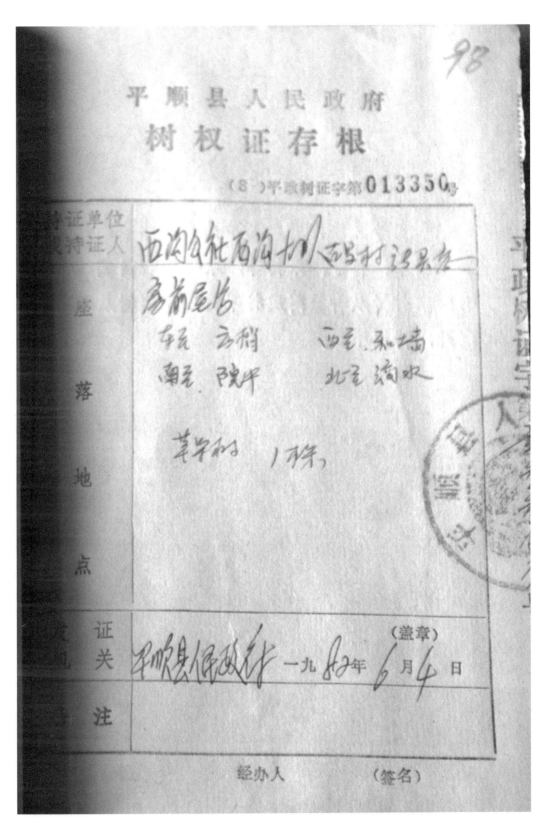

平顺县人民政府
树权证存根

(8)平政树证字第013350号

持证单位 持证人	西沟公社石湖□□路村记合作 房前屋岗 东至 □□　　　西至 石墙 南至 院平　　　北至 滴水 　　椿树　　1株
座落地点	
发证机关	平顺县人民政府　一九八二年6月4日　（盖章）
备注	

经办人　　　　　　　　（签名）

图1-4-61　张买考树权证存根

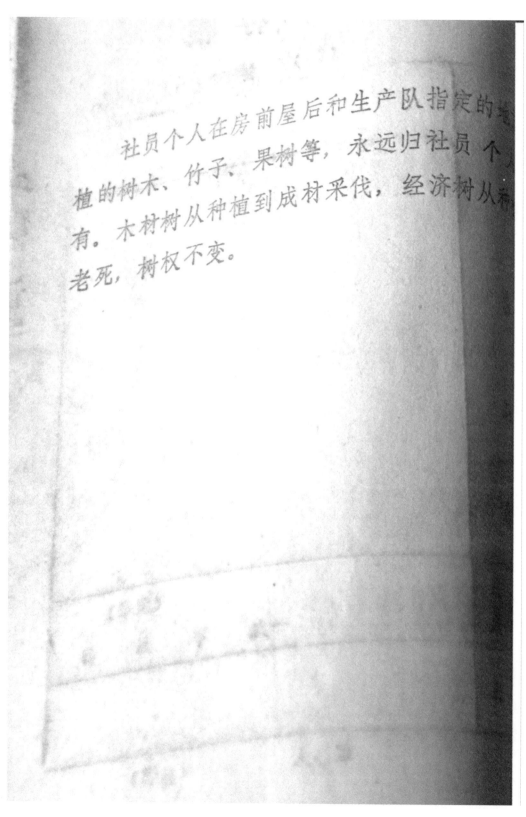

社员个人在房前屋后和生产队指定的地
植的树木、竹子、果树等，永远归社员个人
有。木材树从种植到成材采伐，经济树从种
老死，树权不变。

图1-4-62　说明页

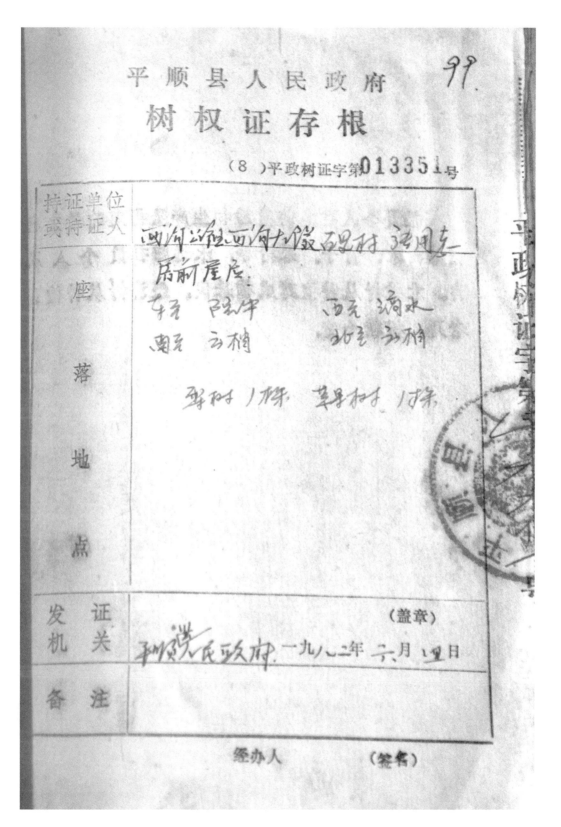

平顺县人民政府

树权证存根

（8 ）平政树证字第013351号

持证单位 或持证人	西河公社西河大队石里村 张用考 房前屋后 东至 路中　　　西至 滴水 南至 云梢　　　北至 云梢 梨树 1株　华梨树 1株
座 落 地 点	
发证 机关	（盖章） 西河人民政府 一九八二年 六月 14日
备注	

经办人　　　　　　（签名）

图1-4-63　张用考树权证存根

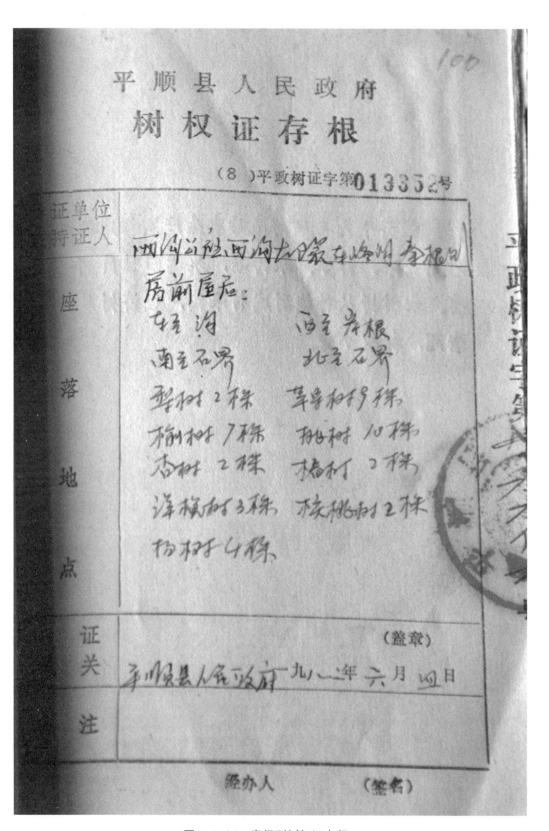

图1-4-64 秦根则树权证存根

308

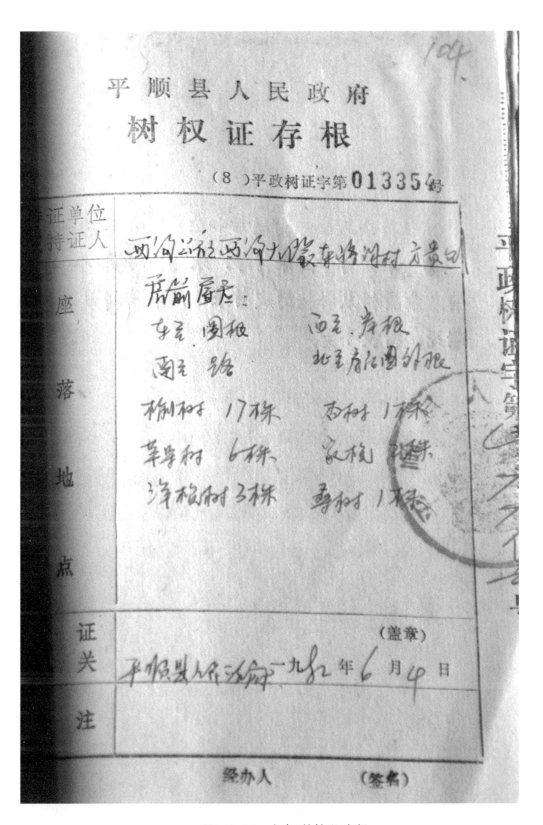

图1-4-65　方贵则树权证存根

309

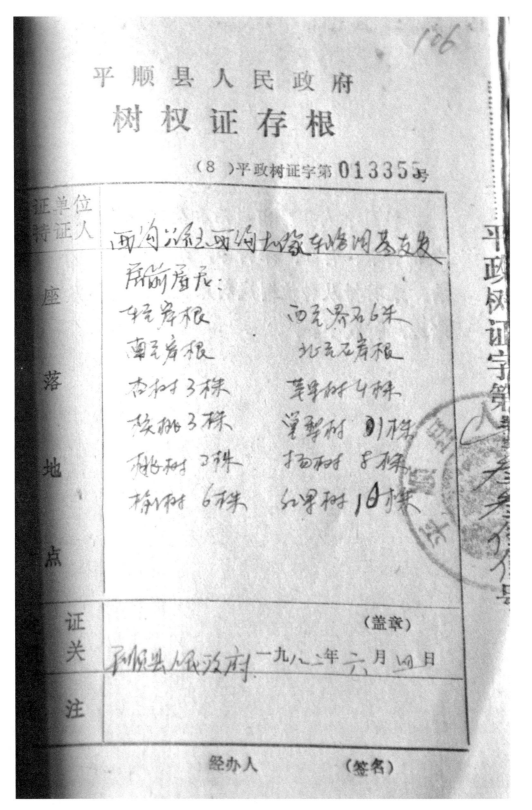

图1-4-66　董支发树权证存根

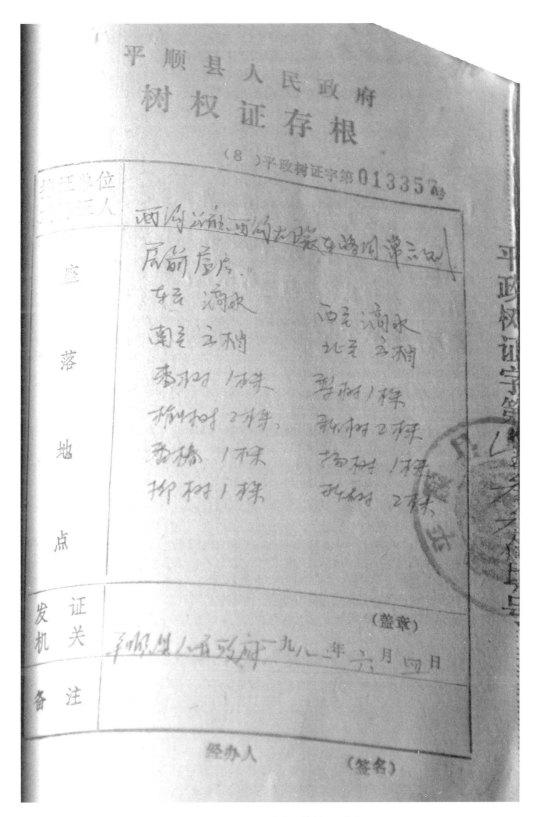

图1-4-67　常六则树权证存根

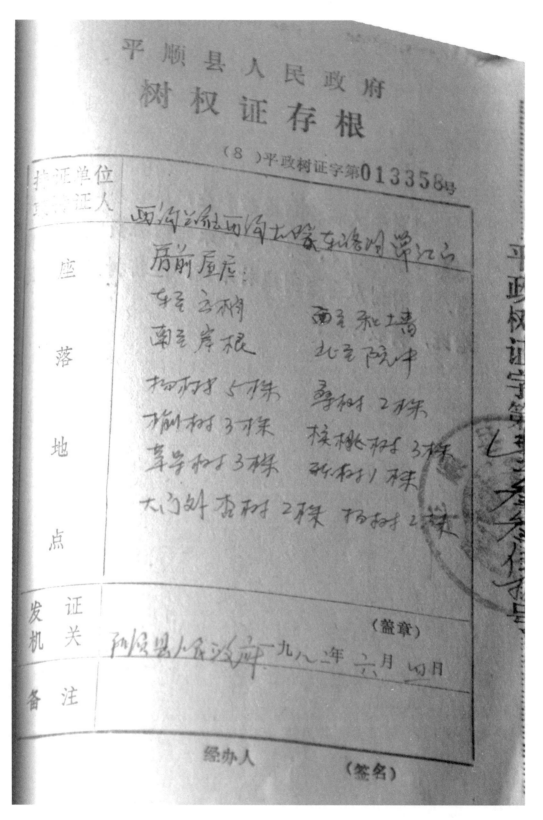

图1-4-68　常汇山树权证存根

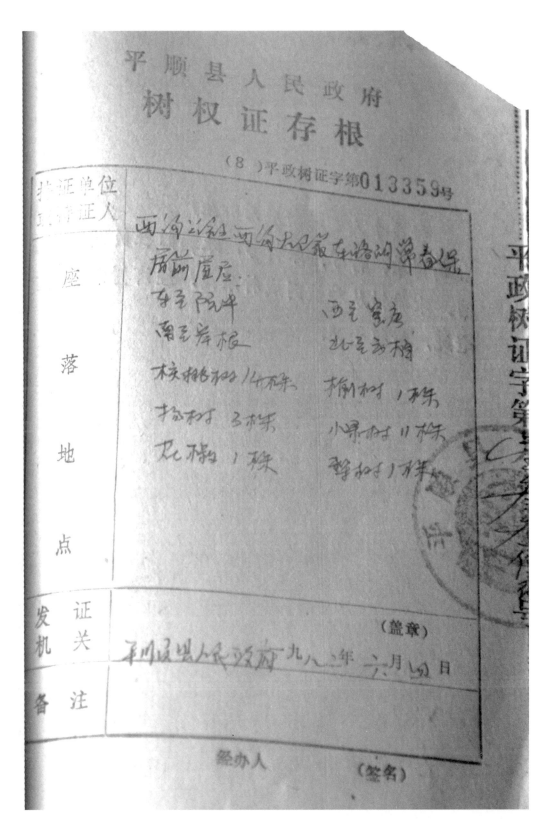

图1-4-69 常春保树权证存根

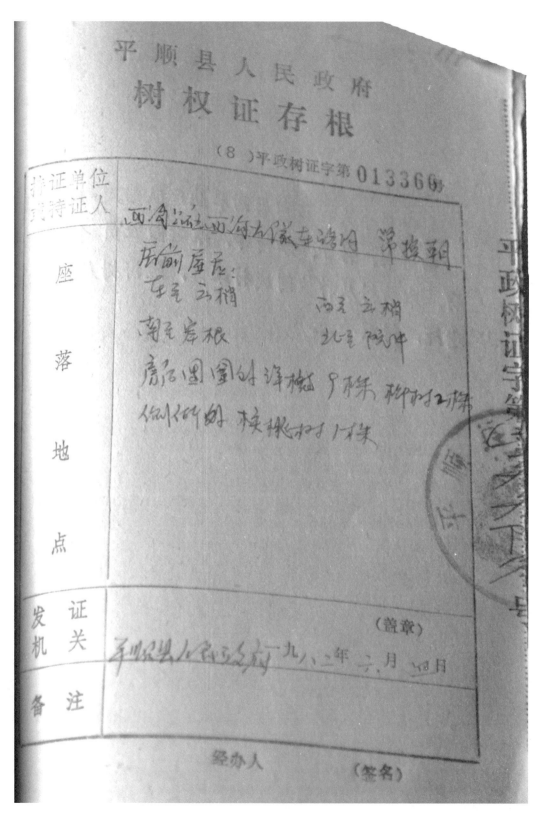

图1-4-70　常换朝树权证存根

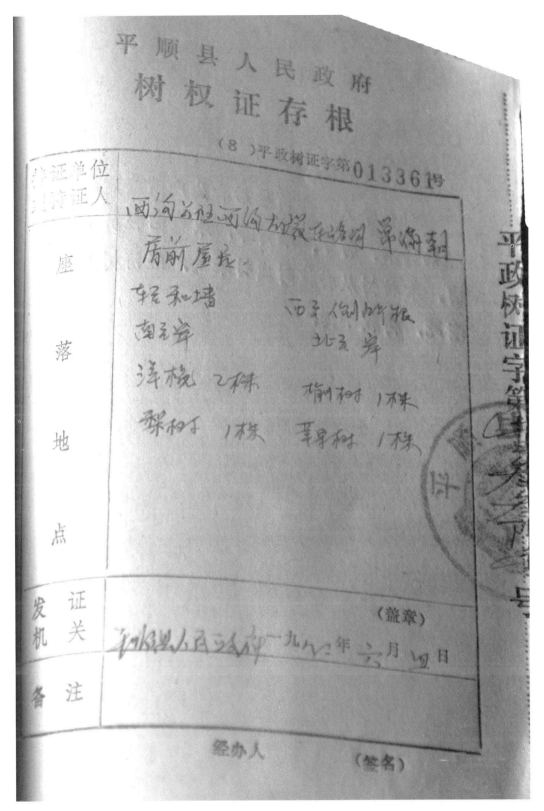

图1-4-71　常满朝树权证存根

315

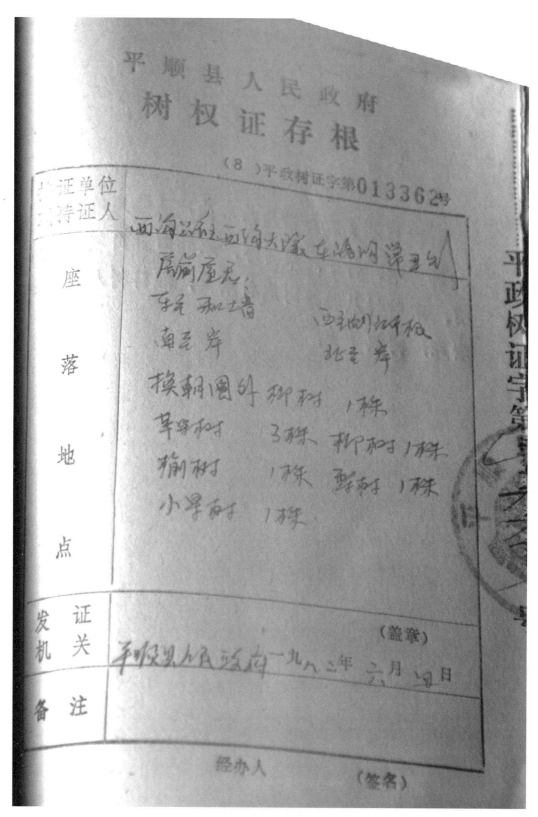

图1-4-72　常丑则树权证存根

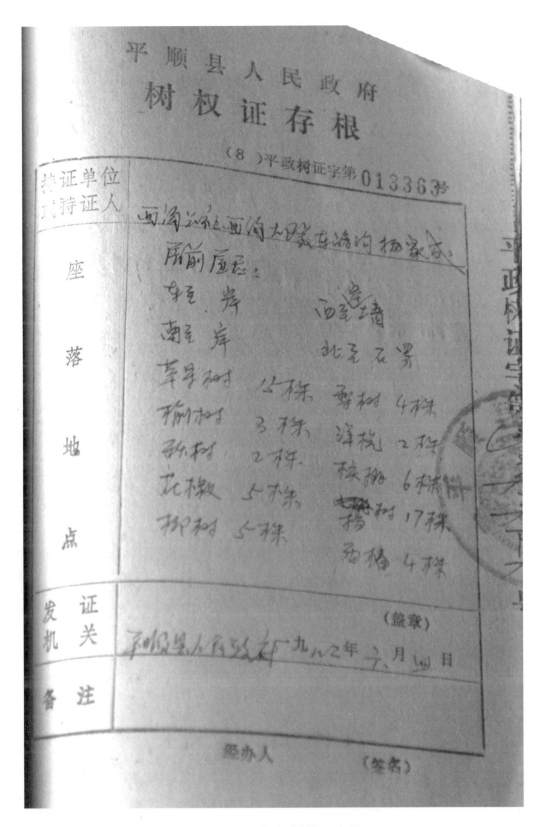

图1-4-73　杨家成树权证存根

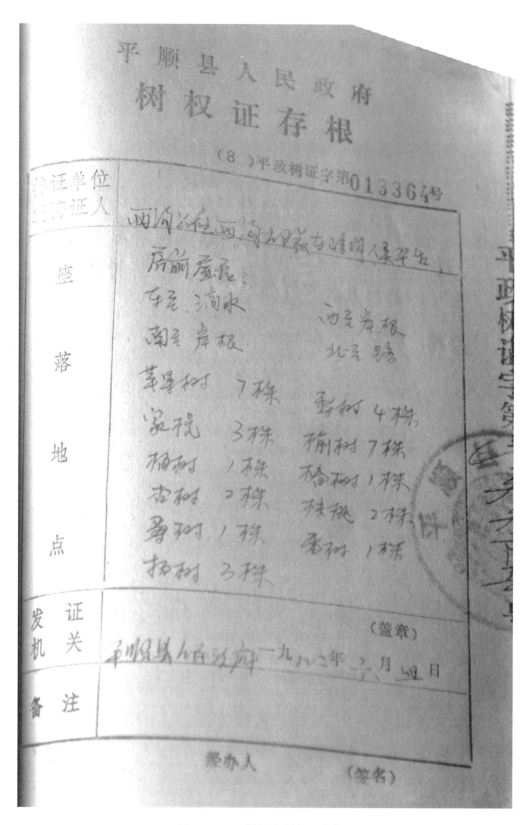

图1-4-74 侯平生树权证存根

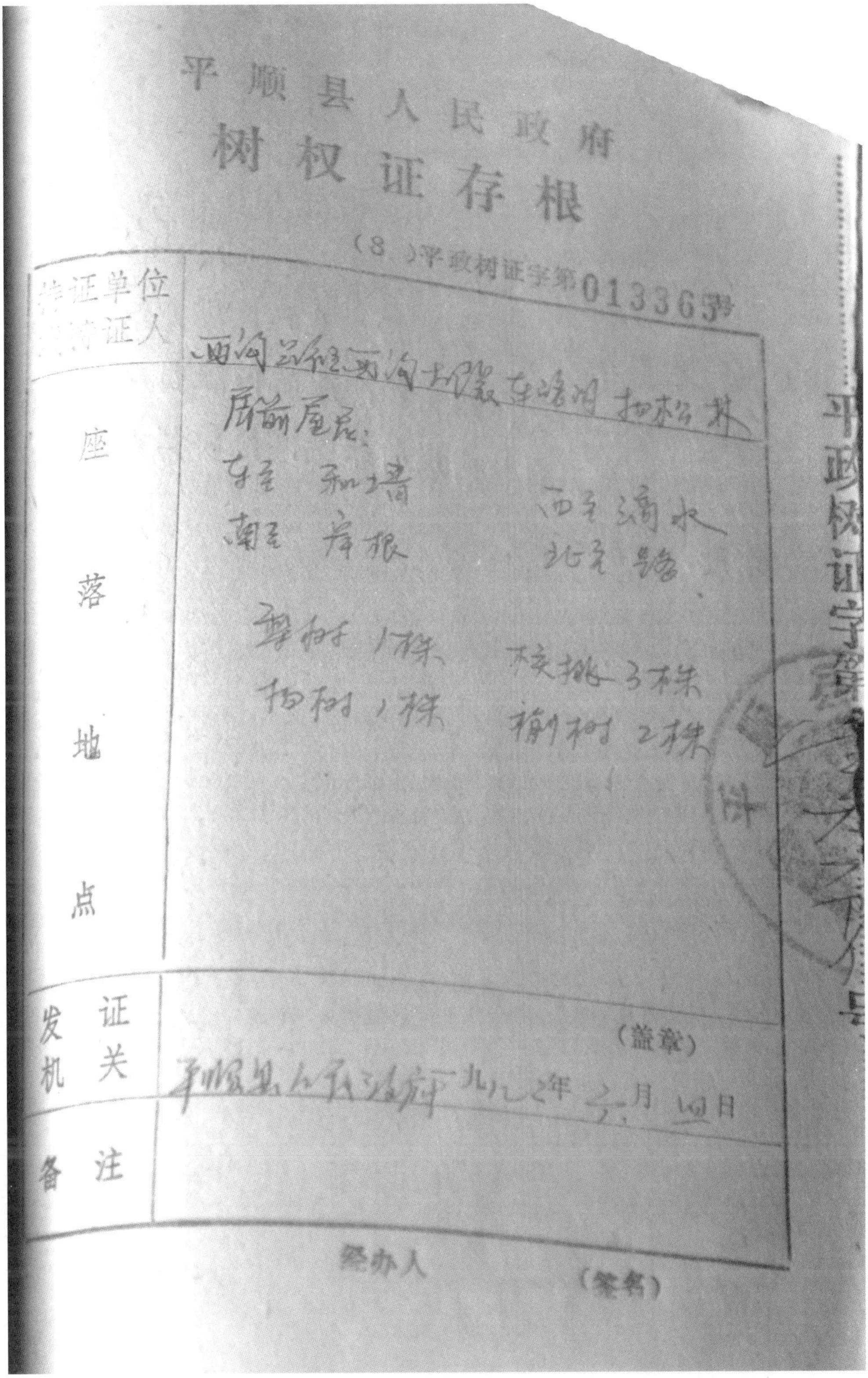

平顺县人民政府
树权证存根
（8 ）平政树证字第013365号

持证单位 持证人	西沟公社西沟大队东峪沟 杨松林
座落地点	房前屋后： 东至 和墙　　西至 滴水 南至 岸根　　北至 路 梨树 1株　　核桃 3株 杨树 1株　　榆树 2株
发证机关	（盖章） 平顺县人民政府 一九八二年 六月 四日
备注	

经办人　　（签名）

图1–4–75　杨松林树权证存根

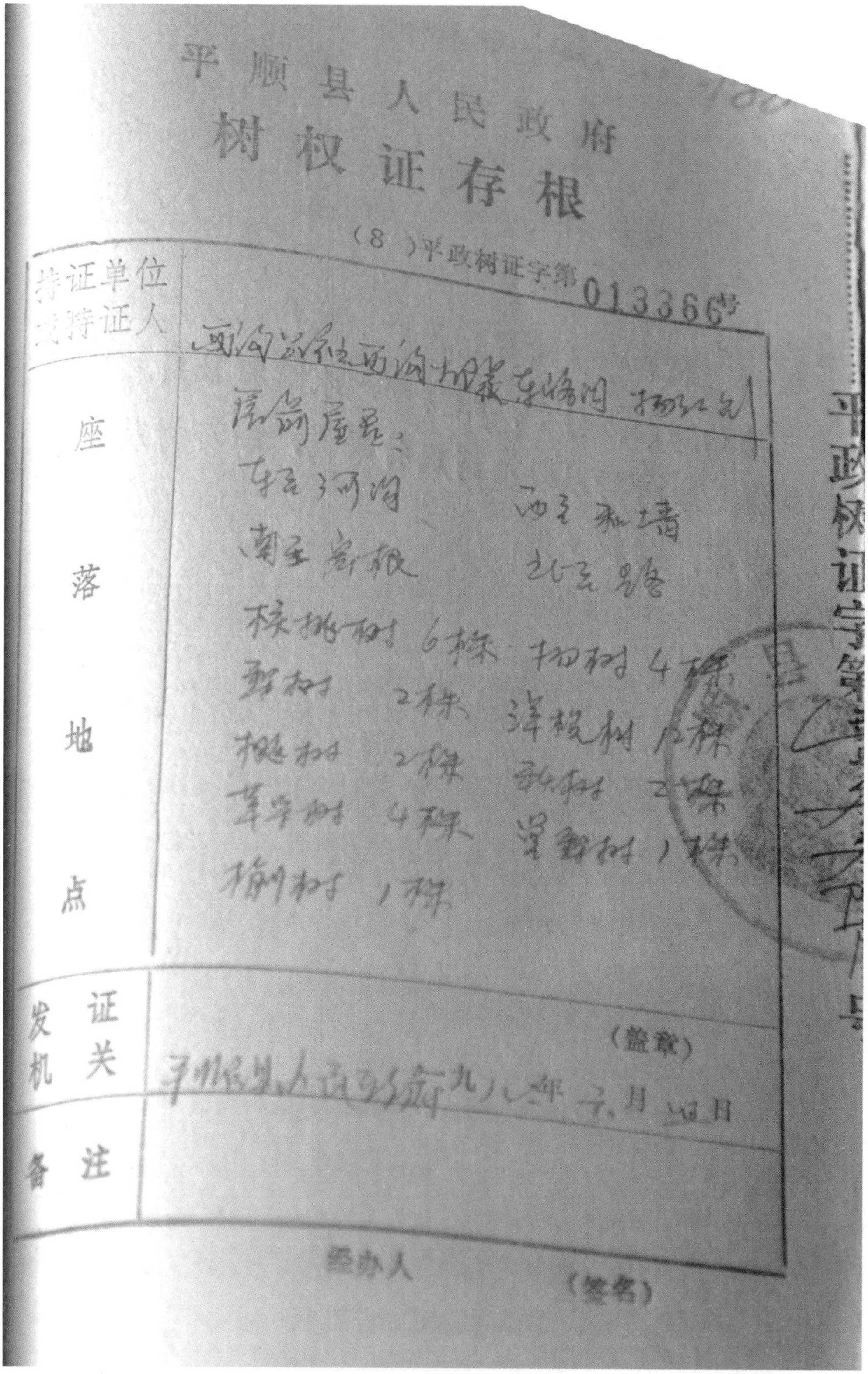

平 顺 县 人 民 政 府
树 权 证 存 根

（8 ）平政树证字第 013366号

持证单位 或持证人		西沟政社西沟大队东崎沟 杨红则
座 落 地 点		居窗屋后 东至河沟　　　西至私墙 南至崖根　　　北至路 核桃树 6株　杨树 4株 柳树 2株　洋槐树 12株 桃树 2株　私树 2株 草梨树 4株　呈萝树 1株 柳树 1株
发证 机关		平顺县人民政府九八年 二月 15日　　（盖章）
备 注		

经办人　　　　　　　　（签名）

图1-4-76　杨红则树权证存根

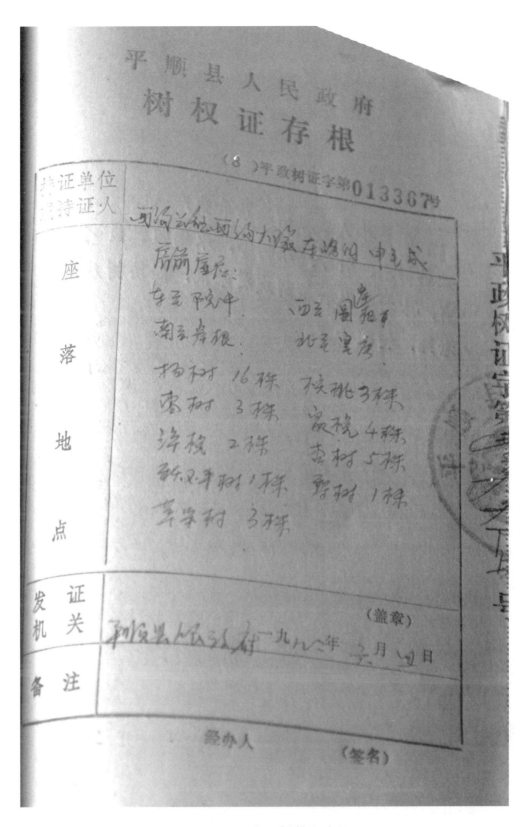

平顺县人民政府
树权证存根

（8）平政树证字第013367号

共证单位 持证人	西沟公社西沟大队存地的申毛成
座落地点	房前屋后： 东至平院中　　　西至圈崖上 南至房根　　　北至窑房 杨树 16株　　核桃3株 枣树 3株　　家椿4株 海椒 2株　　杏树5株 软叉平树1株　梨树1株 苹果树 3株
发证机关	平顺县人民政府　一九八二年 五月 日　　（盖章）
备注	

经办人　　　　　　（签名）

图1-4-77　申毛成树权证存根

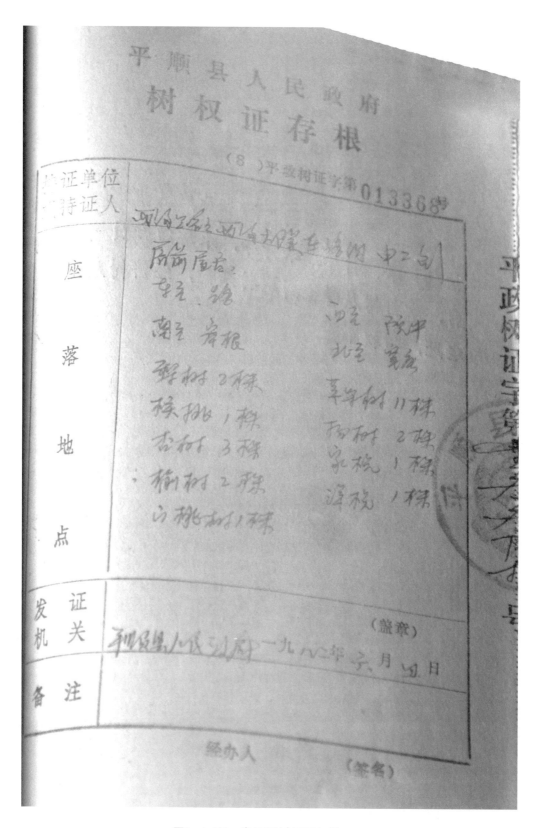

图1-4-78　申二则树权证存根

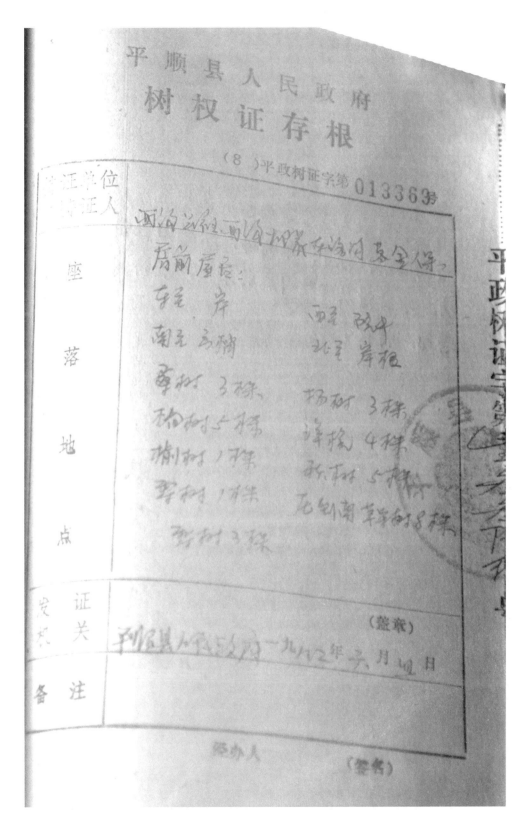

图1-4-79 董全保树权证存根1

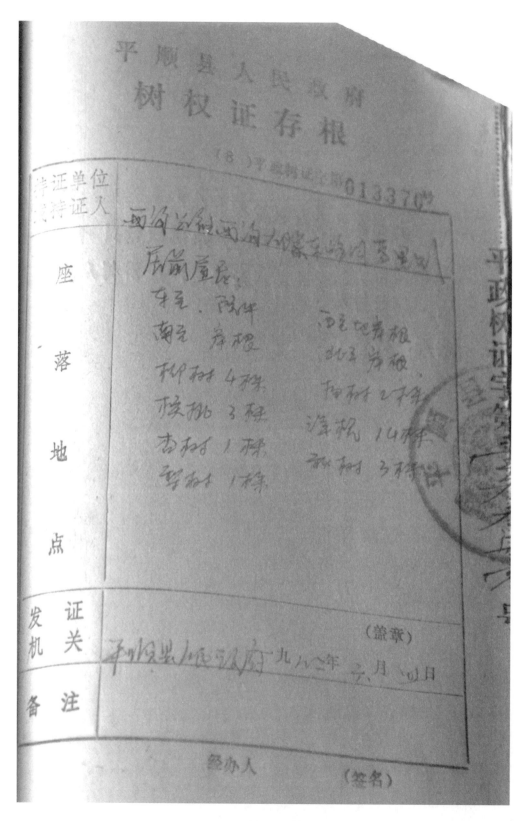

图1-4-80　董黑则树权证存根

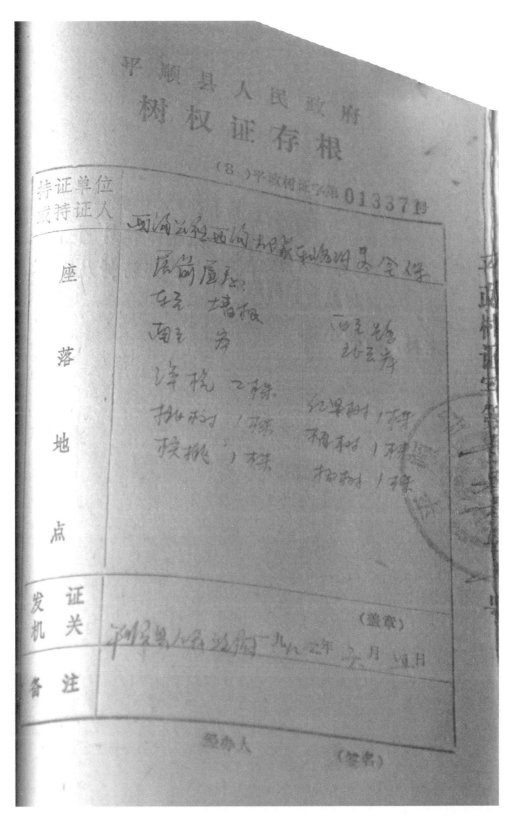

图1-4-81 董全保树权证存根2

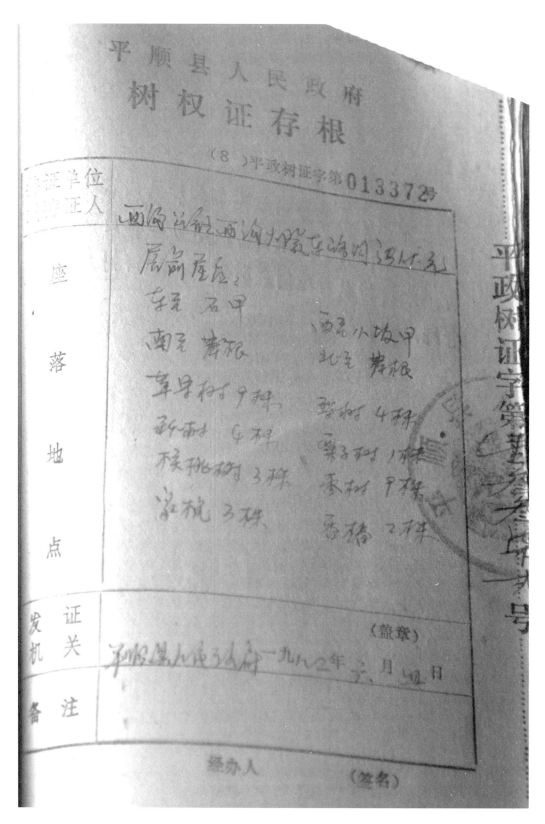

图1-4-82　张伏元树权证存根

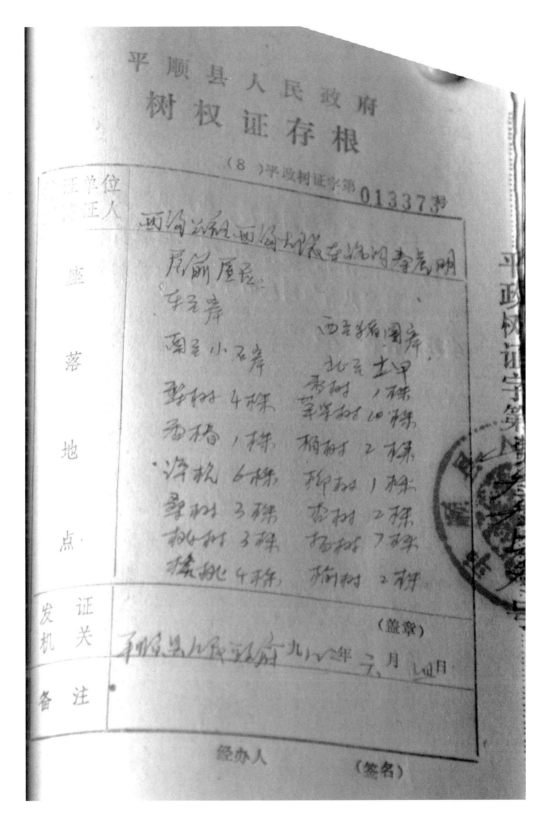

图1-4-83　秦虎明树权证存根

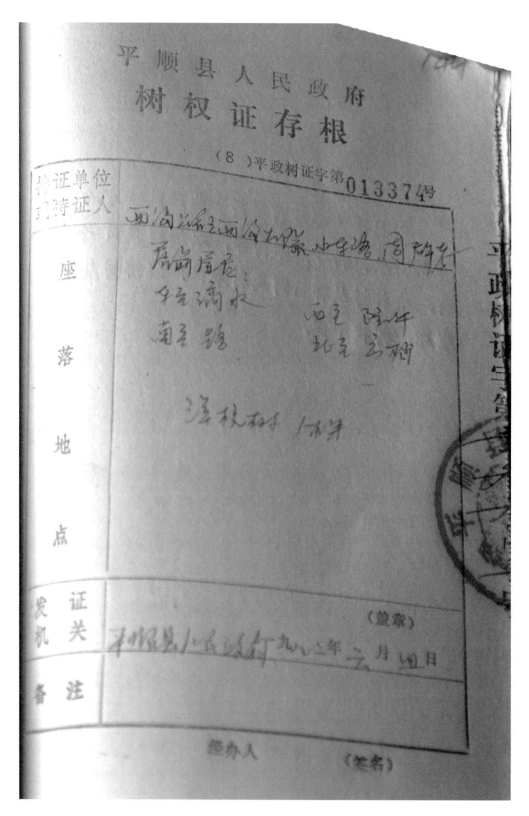

图1-4-84 周群考树权证存根

328

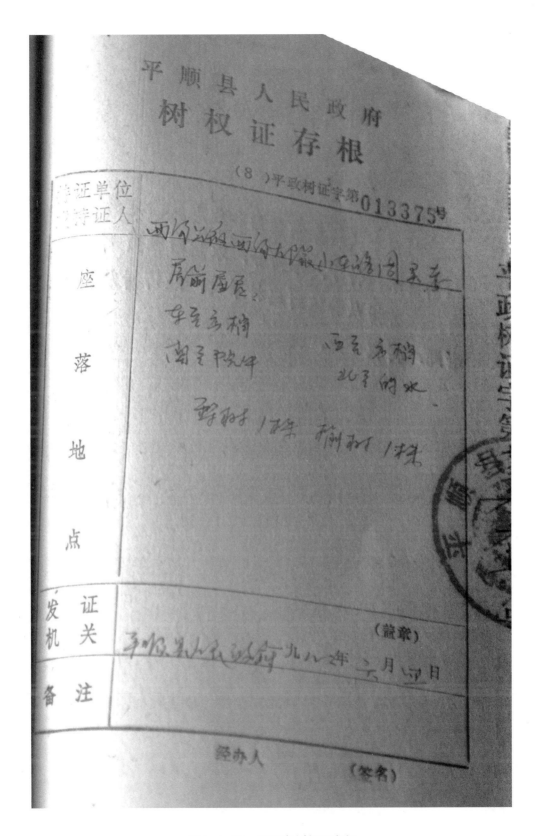

平顺县人民政府
树权证存根

（8）平政树证字第013375号

座落地点	西 村 西 大队 小 路 周买考	
	居前屋后	
	东至 石楞	西至 石楞
	南至 中院牛	北至 滴水
	野杨 1 棵 柳树 1 株	
发证机关	平顺县人民政府 九八 年 三 月 四 日	（盖章）
备注		

经办人 （签名）

图1-4-85 周买考树权证存根

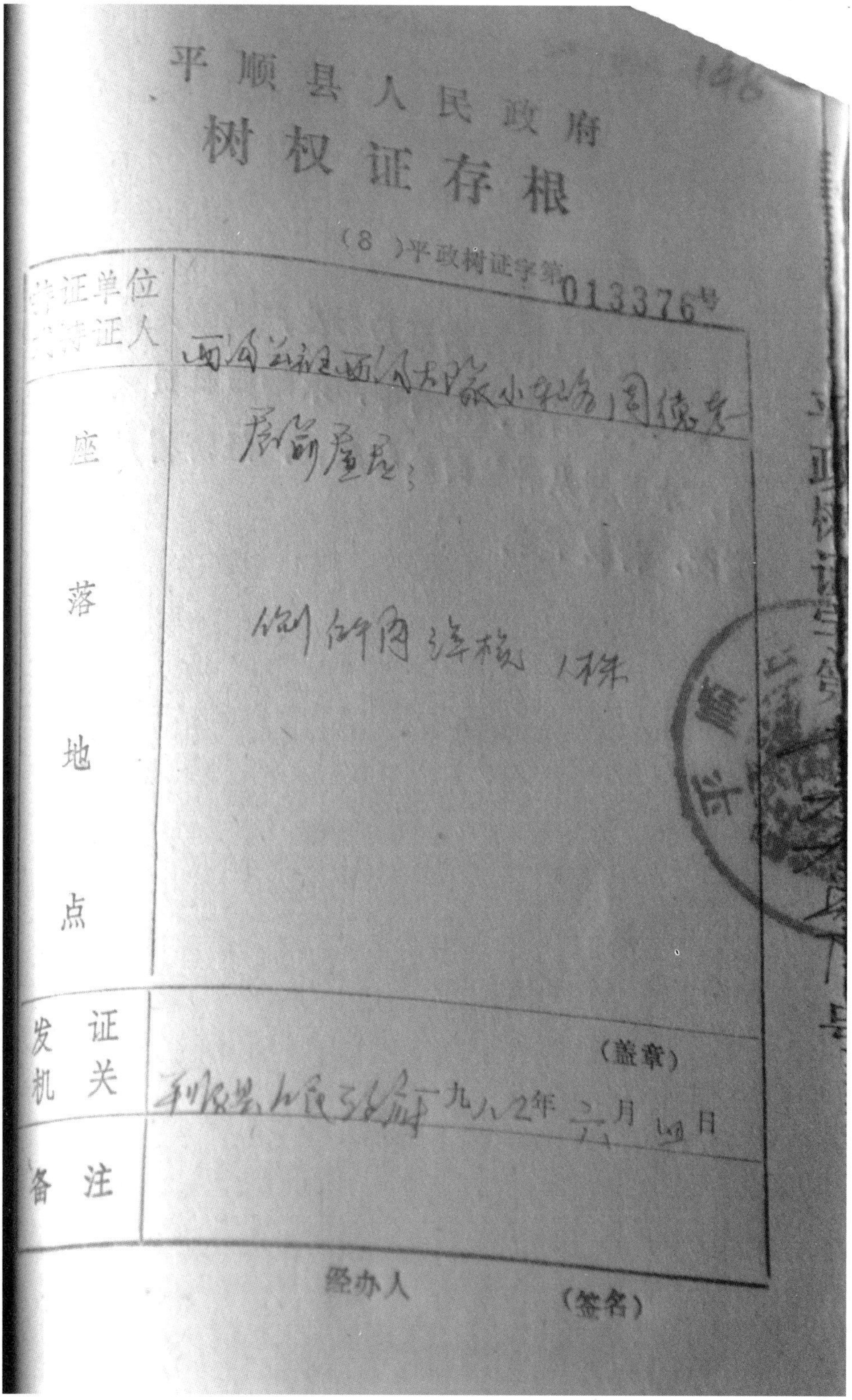

平 顺 县 人 民 政 府
树 权 证 存 根

（8）平政树证字第013376号

发证单位 或持证人	西沟公社西沟大队小工场，周德考
座落地点	房前屋后： 倒仰门洋槐 1株
发证机关	平顺县人民政府　一九八2年 六月 四日　　（盖章）
备注	

经办人　　　　　　（签名）

图1-4-86　周德考树权证存根

330

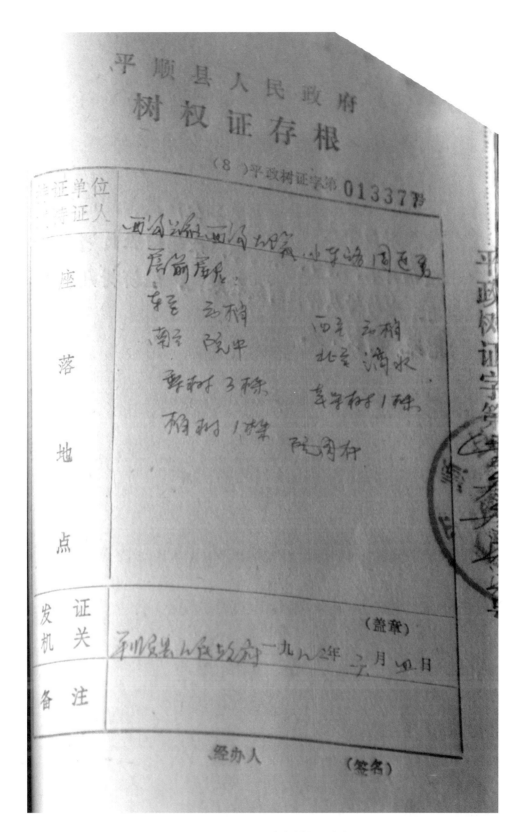

图1-4-87 周连考树权证存根

331

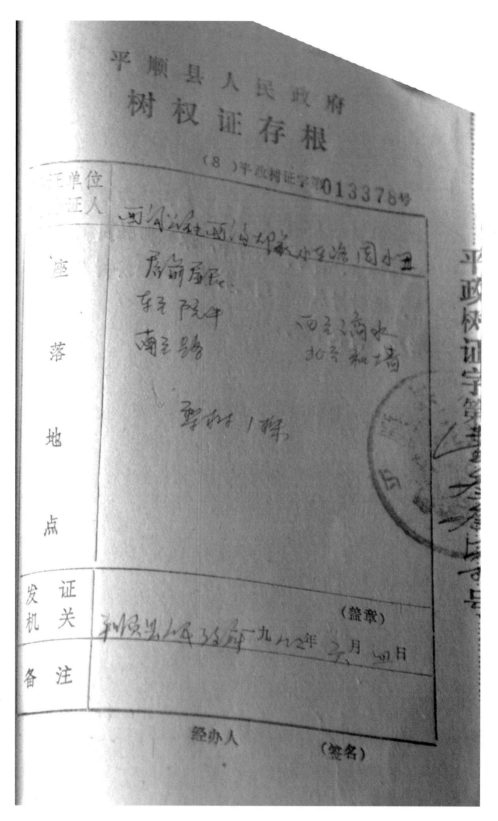

图1-4-88　周小丑树权证存根

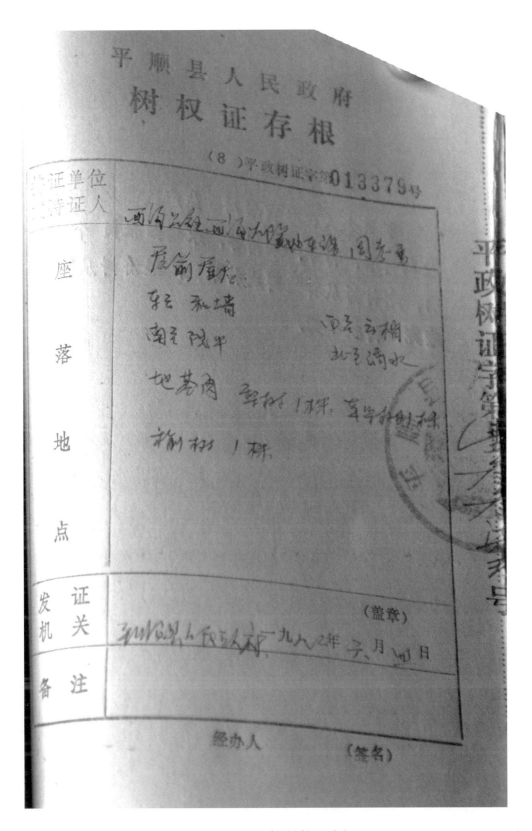

平 顺 县 人 民 政 府

树 权 证 存 根

（8 ）平政树证字第013379号

验证单位 持证人	西沟公社西沟大队社员周考秀
座 落 地 点	屋前屋后 东至私墙　　　　　西至云梯 南至院平　　　　　北至洞水 地苓内　椿树1株，苏守树2株 榆树1株
发证 机关	（盖章） 平顺县人民政府一九八二年二月四日
备　注	

经办人　　　　（签名）

图1-4-89　周考秀树权证存根

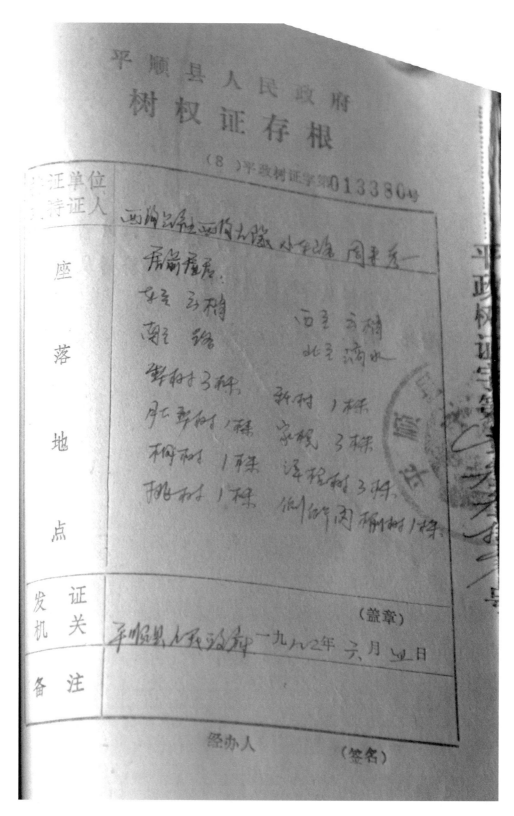

图1-4-90　周来考树权证存根

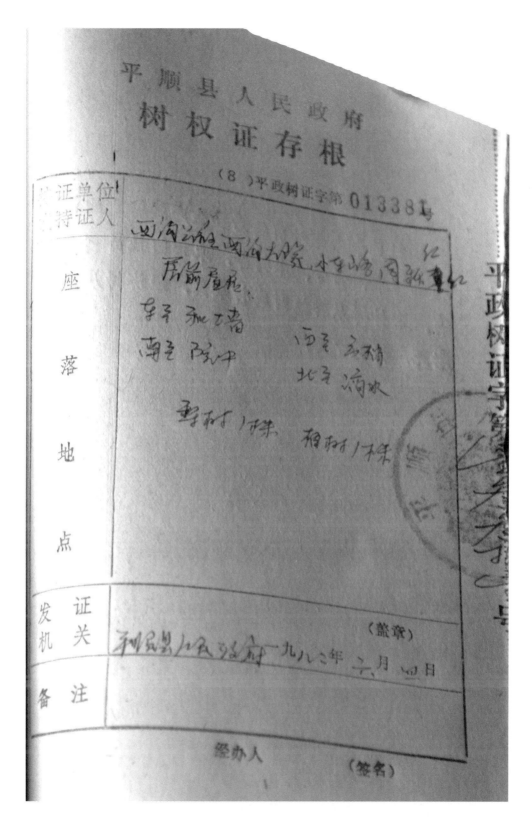

图1-4-91　周秋红树权证存根

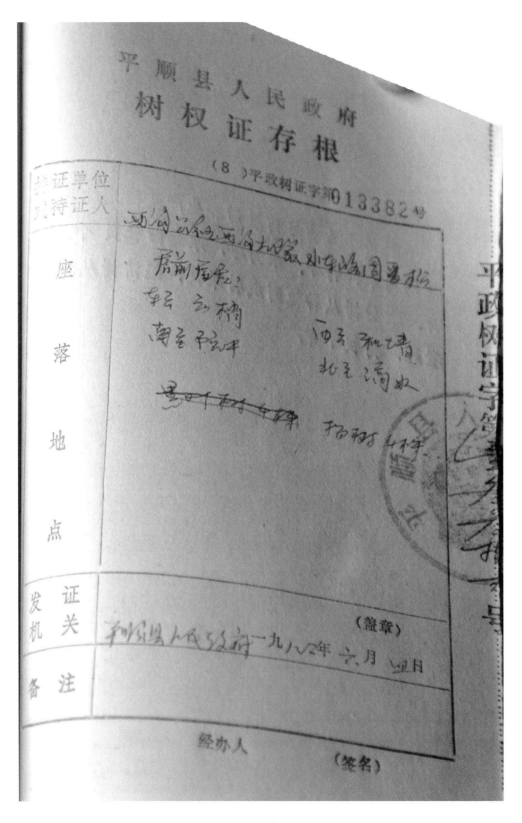

图1-4-92 周爱松树权证存根

336

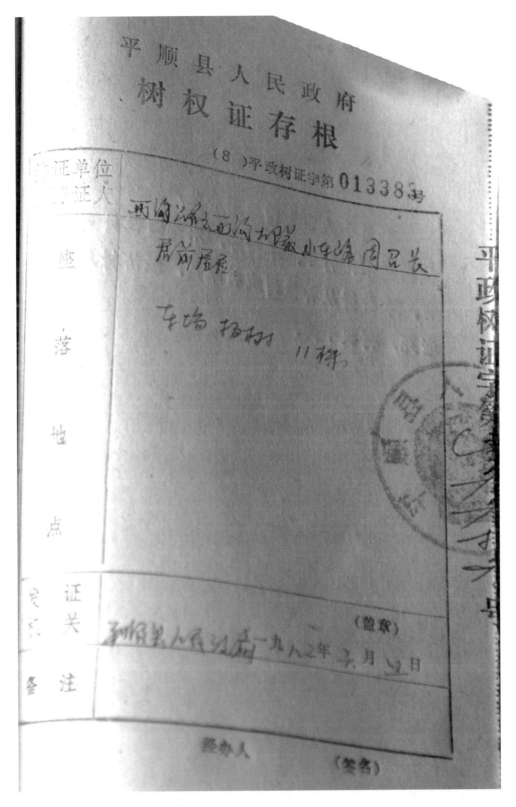

图1-4-93　周召长树权证存根

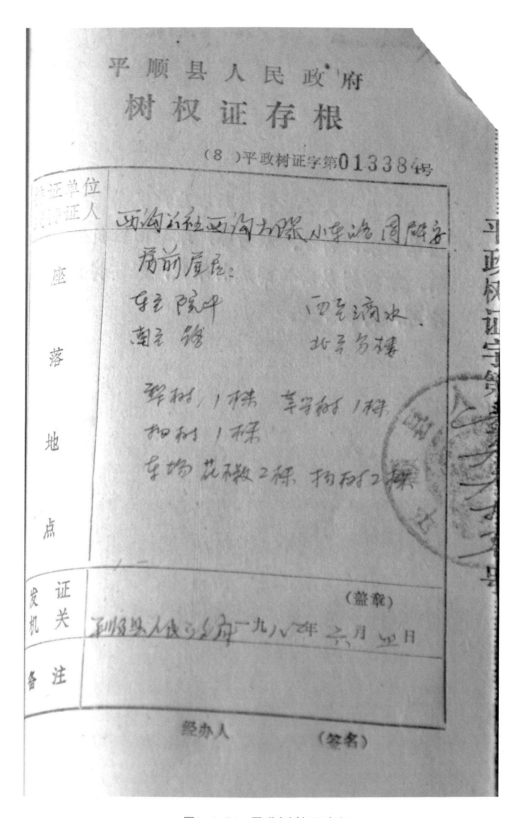

图1-4-94　周群安树权证存根

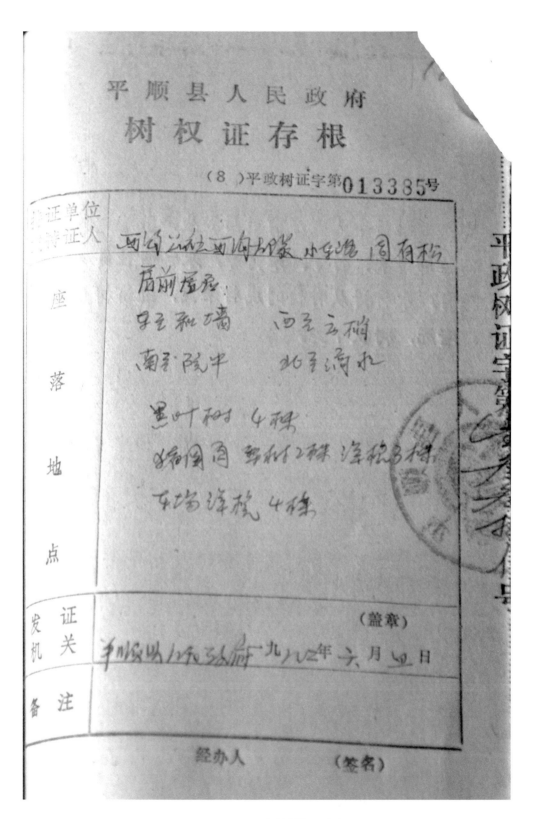

图1-4-95 周有松树权证存根

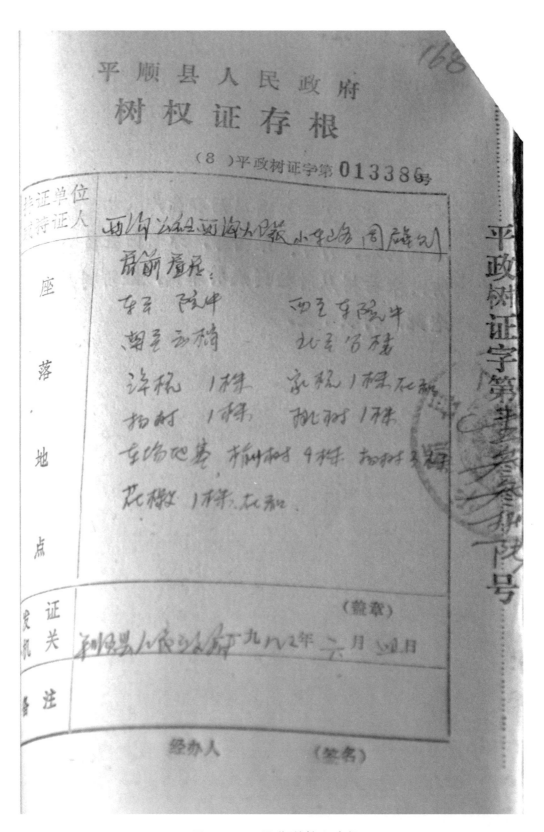

图1-4-96 周群则树权证存根

340

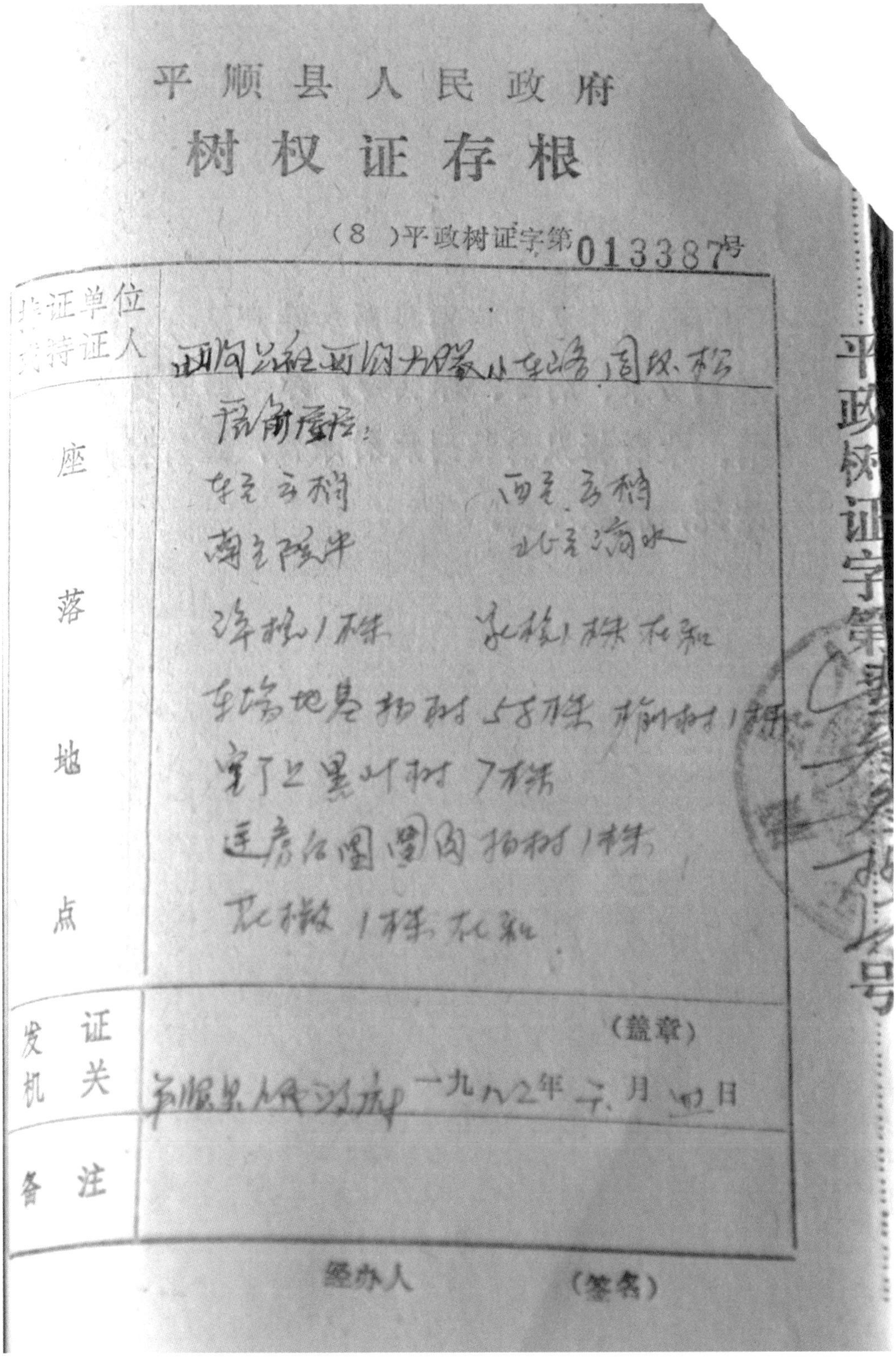

平 顺 县 人 民 政 府
树 权 证 存 根

（8 ）平政树证字第 013387 号

持证单位 持证人	西沟公社西沟大队小东峪 周汉松
座 落 地 点	周前屋后： 东至云梢　　　西至云梢 南至隆中　　　北至滴水 海松1株　　　　大核1株 在内 东塔地界 柏树 58株 栓树1株 宅上黑叶树 7株 连房台圈圈内 柏树1株 花椒 1株 在内
发证 机关	平顺县人民政府 一九八2年 二月 四日 （盖章）
备注	

经办人　　　　　　（签名）

图1-4-97　周怀松树权证存根

341

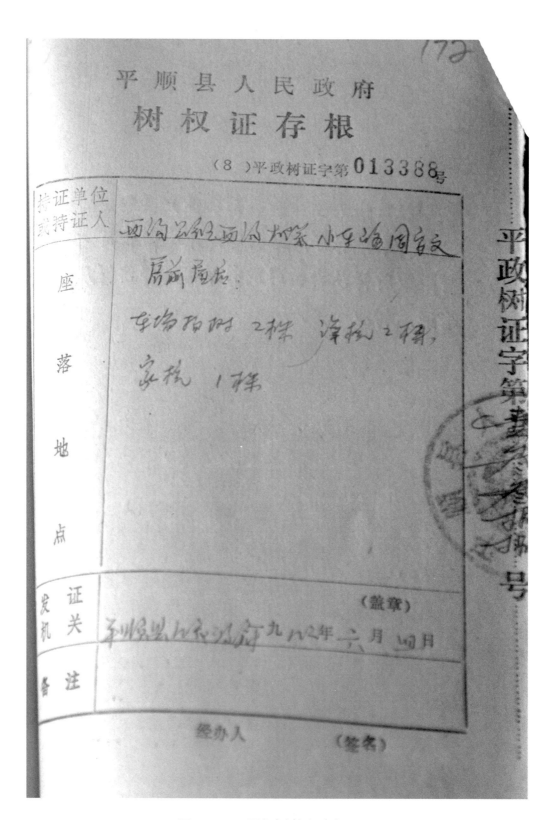

图1-4-98 周安文树权证存根

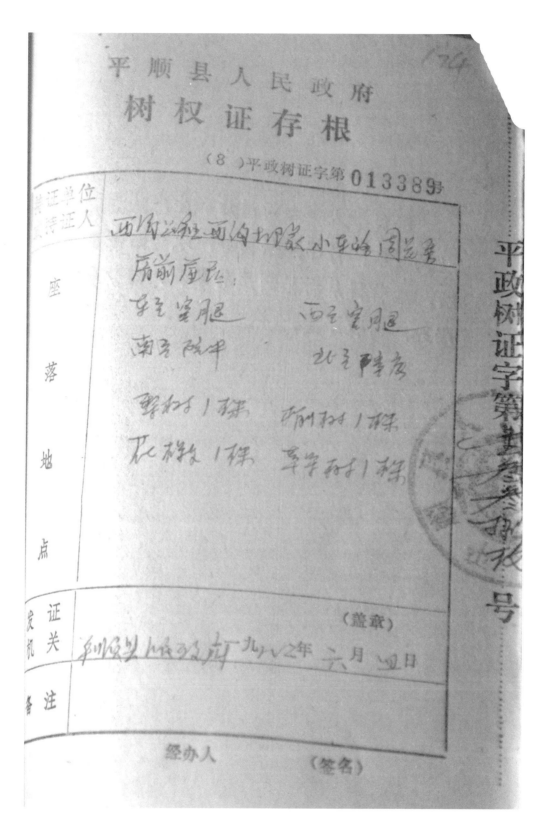

图1-4-99　周长秀树权证存根

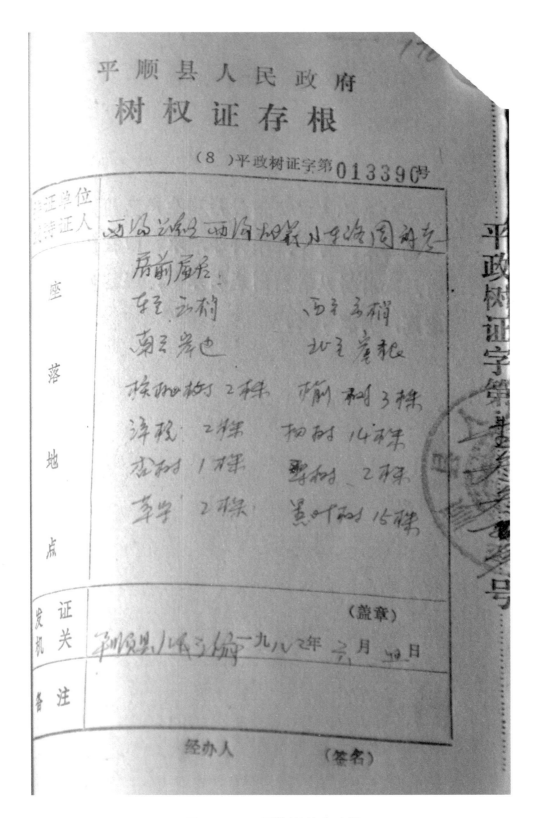

图1-4-100　周补考树权证存根

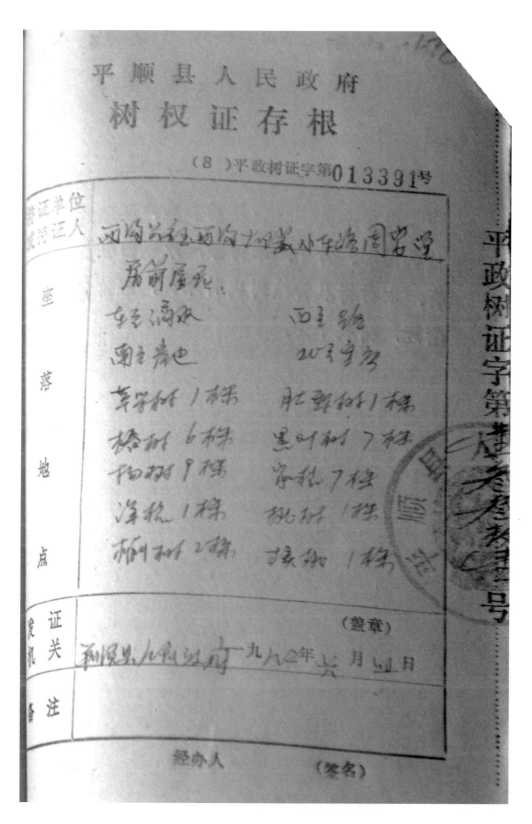

图1-4-101　周安堂树权证存根

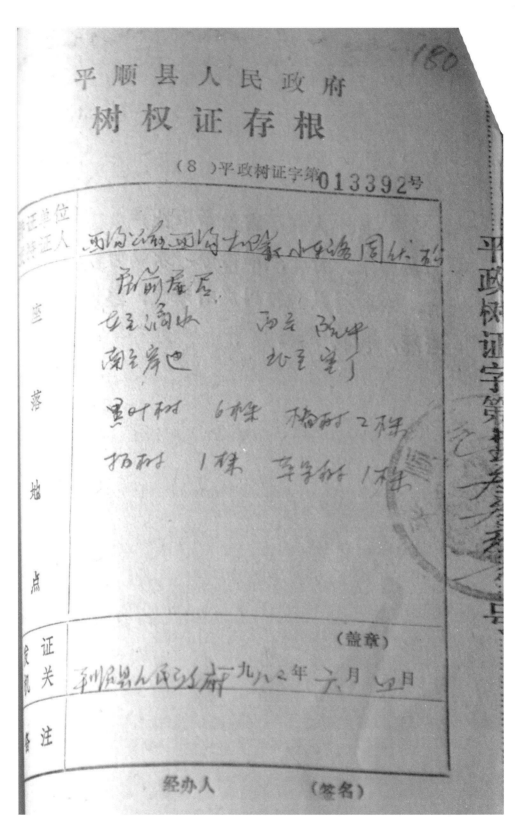

图1-4-102　周伏松树权证存根

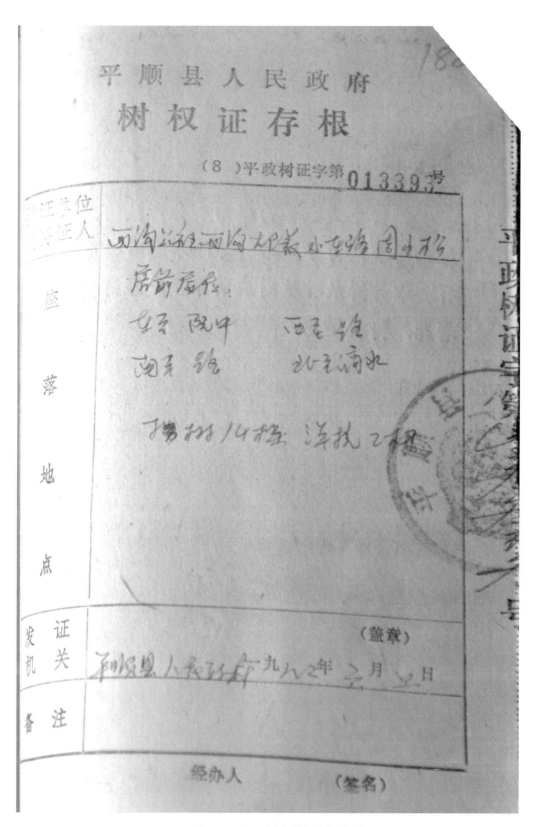

图1-4-103　周小松树权证存根

347

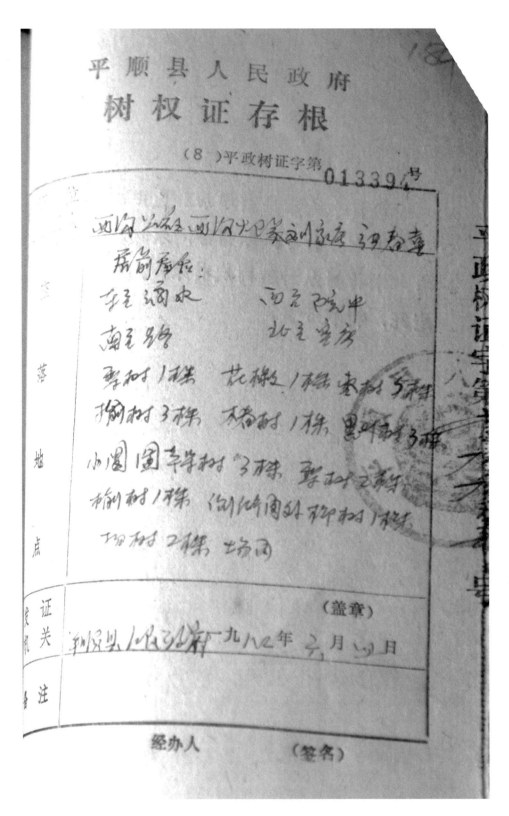

图1-4-104　张春喜树权证存根

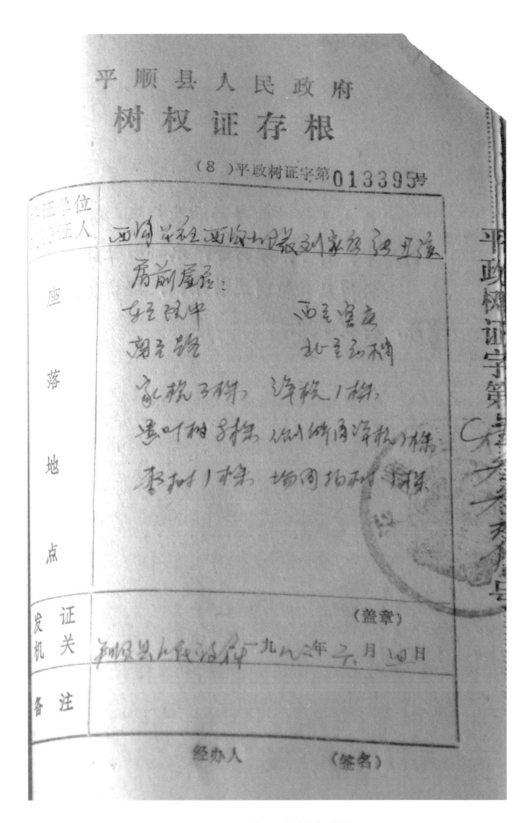

图1-4-105　张丑孩树权证存根

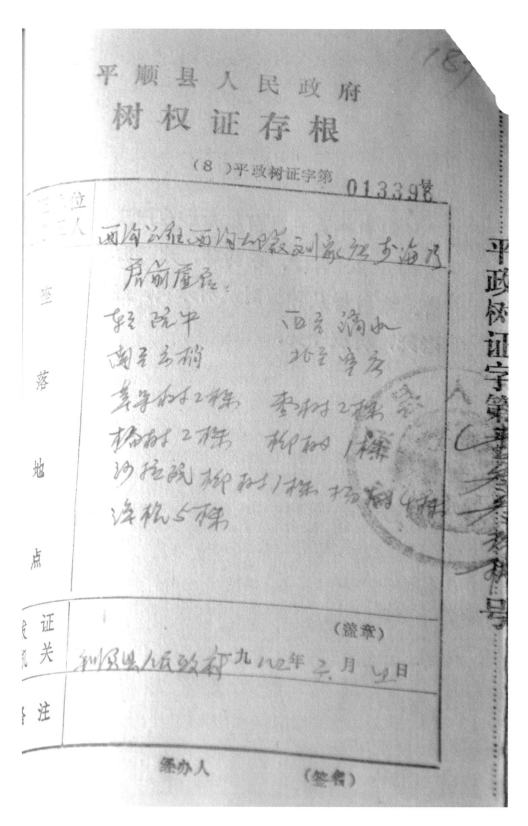

平顺县人民政府
树权证存根

（8）平政树证字第 01339号

单位或个人	西沟公社西沟四队社员刘家红之海只房前屋后。 东至院中 西至滴水 南至石稍 北至窑房 枣树2株 李树2株 榆树2株 柳树1株 沙埂院柳树1株 杨树4株 海椒5株	
座落地点		
发证机关	平顺县人民政府 九八二年二月四日	（盖章）
备注		

经办人 （签名）

图1-4-106　李海巧树权证存根

350

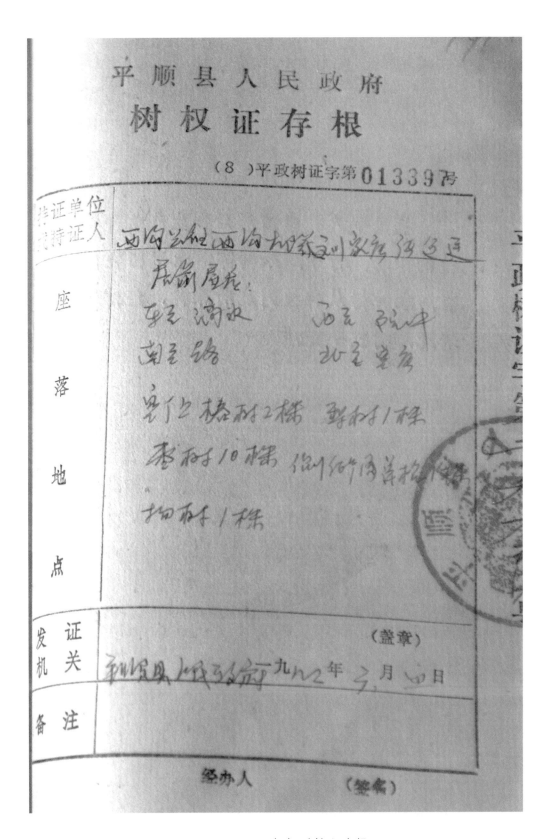

图1-4-107　张建廷树权证存根

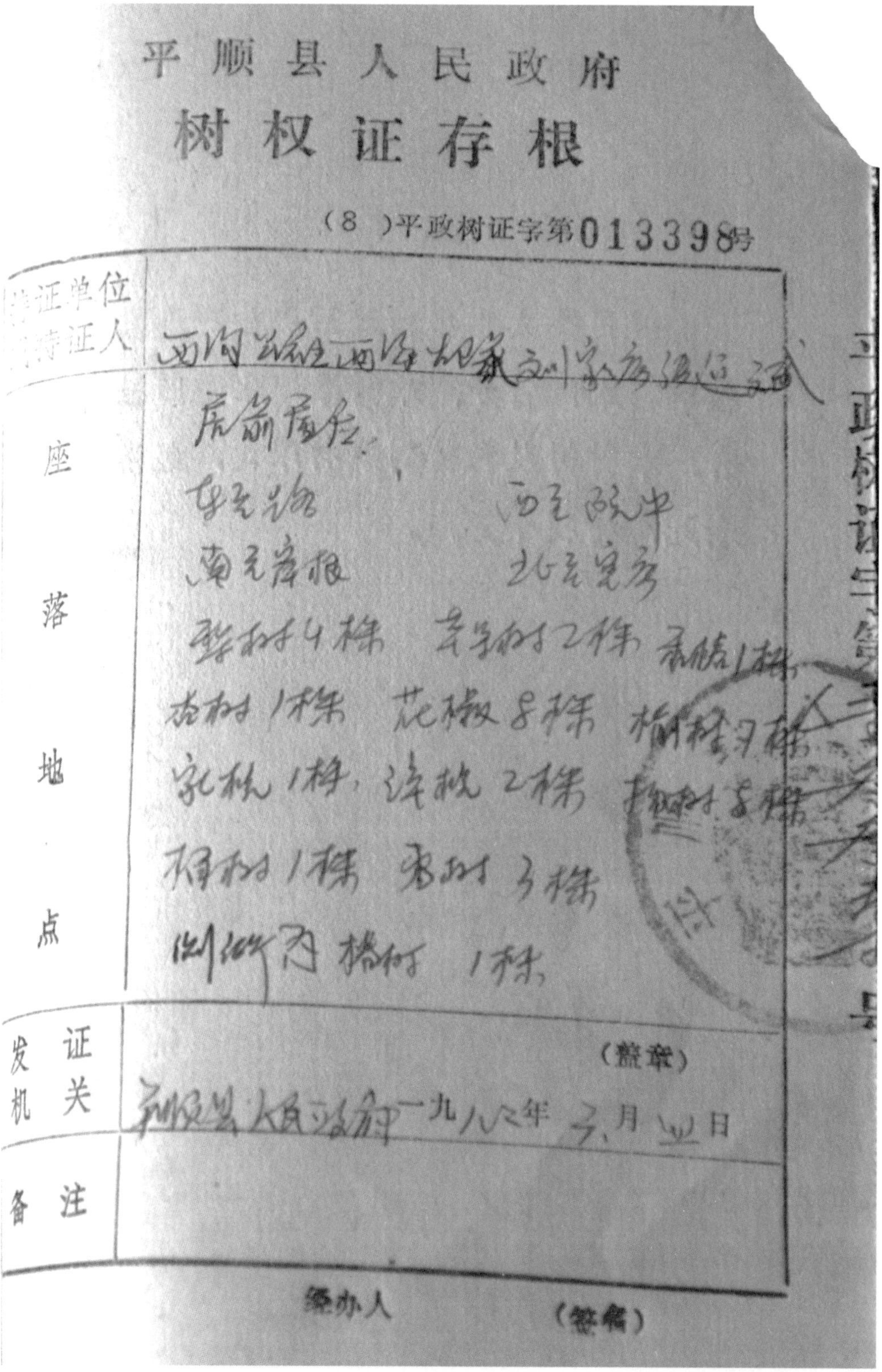

平顺县人民政府
树权证存根

（8 ）平政树证字第013398号

持证单位 持证人	西沟乡西沟村 刘家庆记 减
座落地点	房前屋后 东至路 西至院中 南至房根 北至院房 梨树4株 苹果树2株 香椿1株 枯树1株 花椒8株 柿树3株 家椒1株 淡椒2株 椿树8株 榴树1株 枣树3株 倒沟内 槐树1株
发证机关	平顺县人民政府 一九八二年 三月 廿日 （盖章）
备注	

经办人   （签名）

图1-4-108　张建斌树权证存根

（五）1982年西沟公社西沟大队树权落实综合表

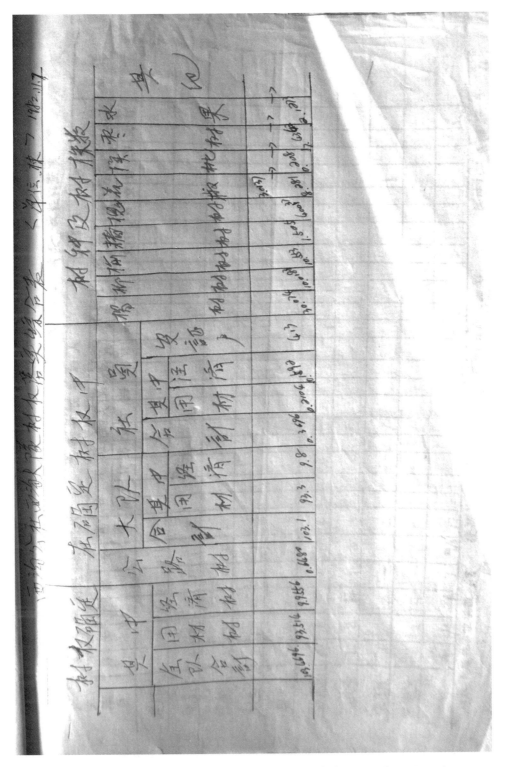

图1-5　西沟公社西沟大队树权落实综合表（1982年11月7日）

二、土地资料

（一）1956年西沟乡金星合作社土地入股登记表

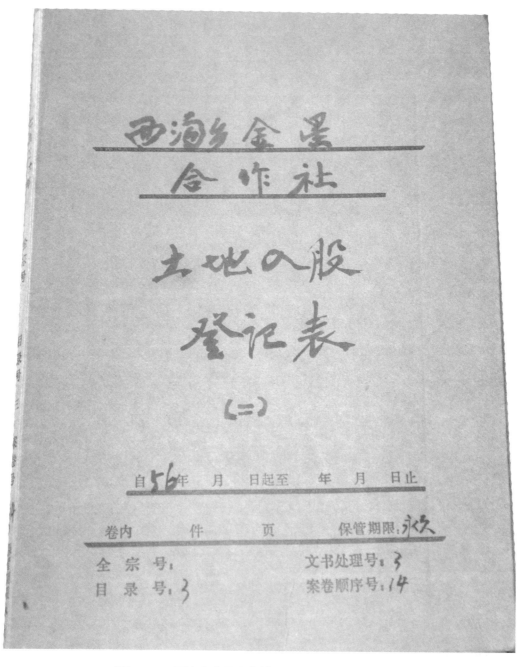

图2-1-1　西沟乡金星合作社土地入股登记表（二）封面

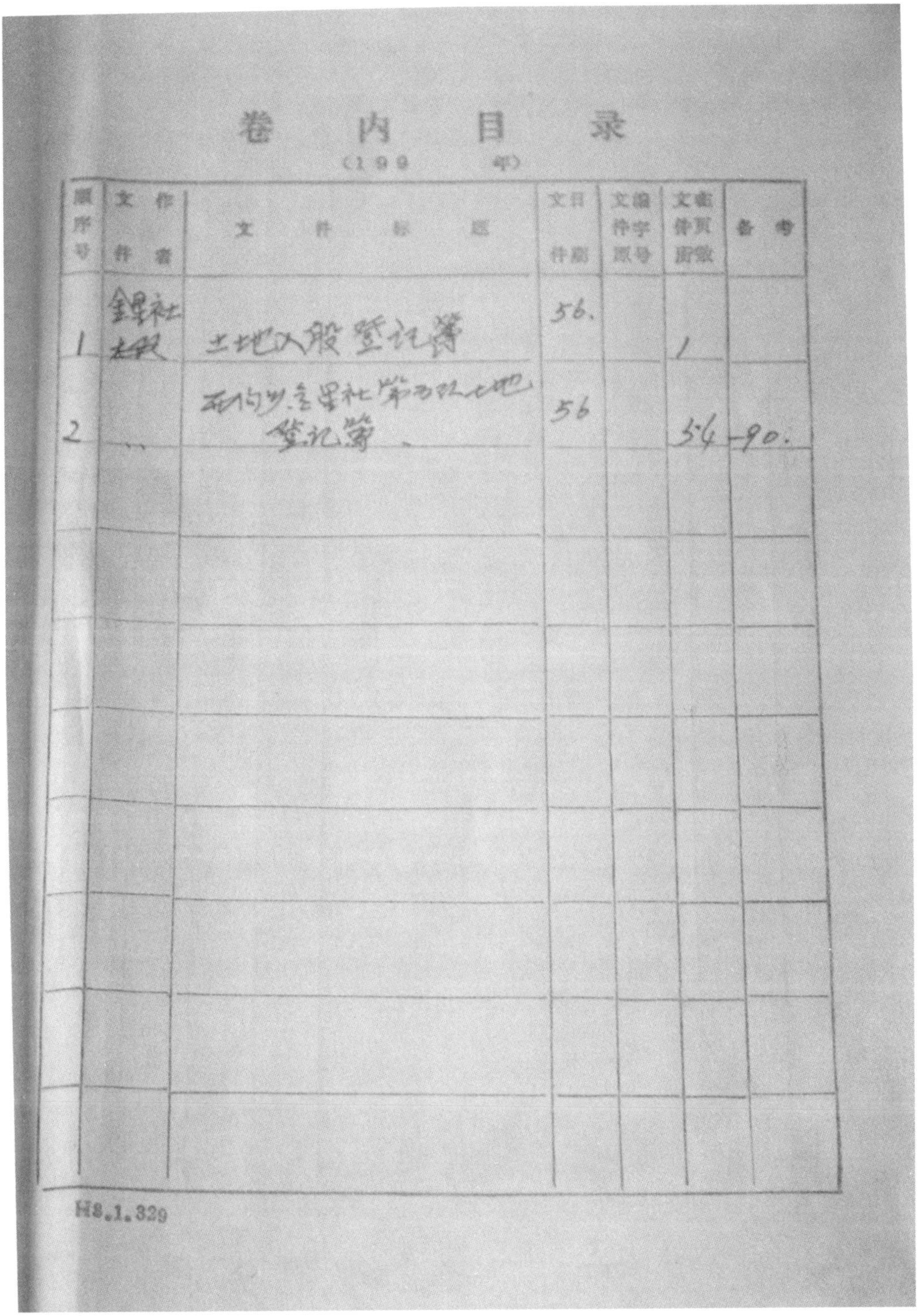

卷 内 目 录
(1 9 9   年)

顺序号	文件作者	文 件 标 题	文件日期	文件原字号	文件页面数	备 考
1	金星社土改	土地入股登记簿	56.		1	
2	...	石内乡金星社第五队土地登记簿	56		54—90.	

H8.1.329

图2-1-2　卷内目录

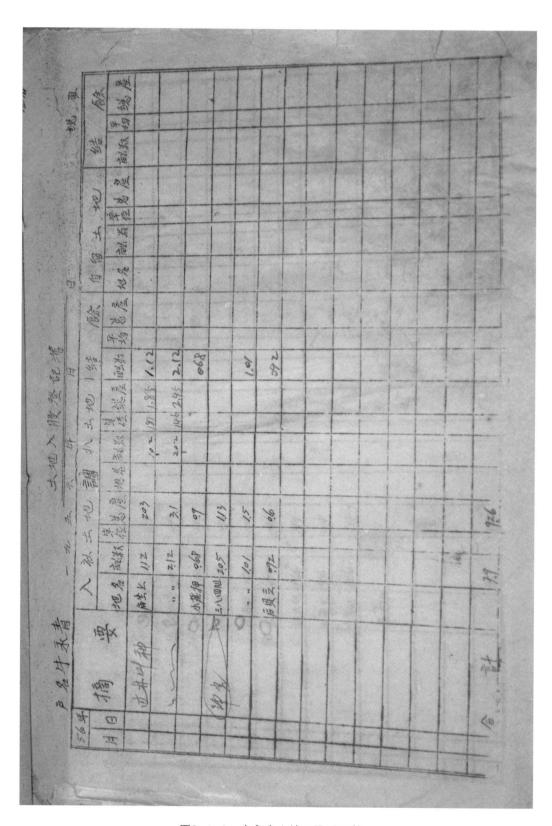

图2-1-3　牛永青土地入股登记簿

356

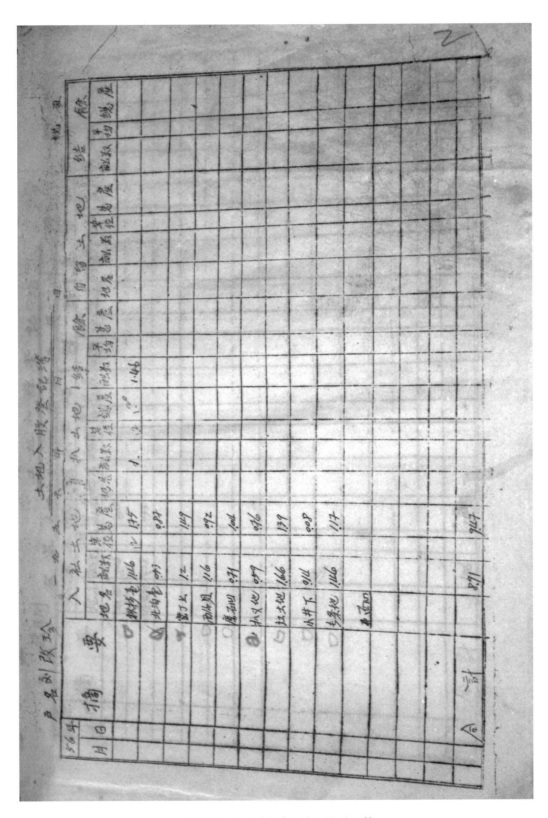

图2-1-4 刘改珍土地入股登记簿

357

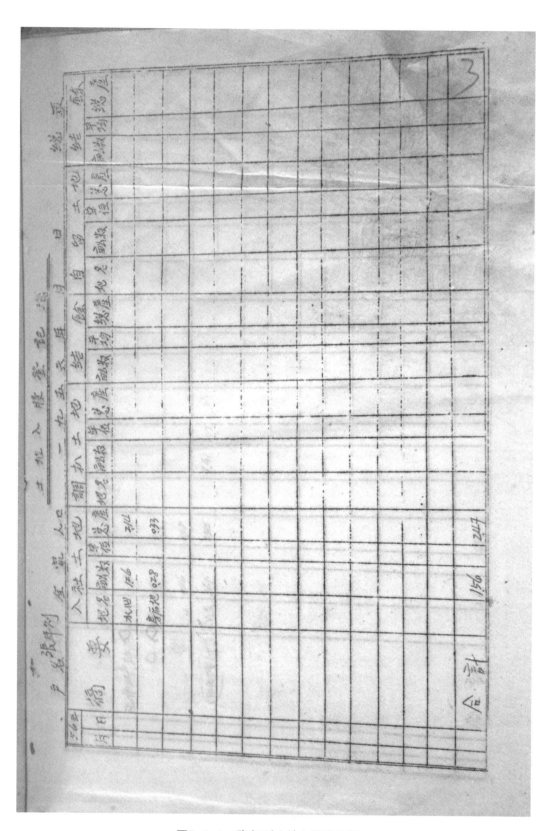

图2-1-5 张年则土地入股登记簿

358

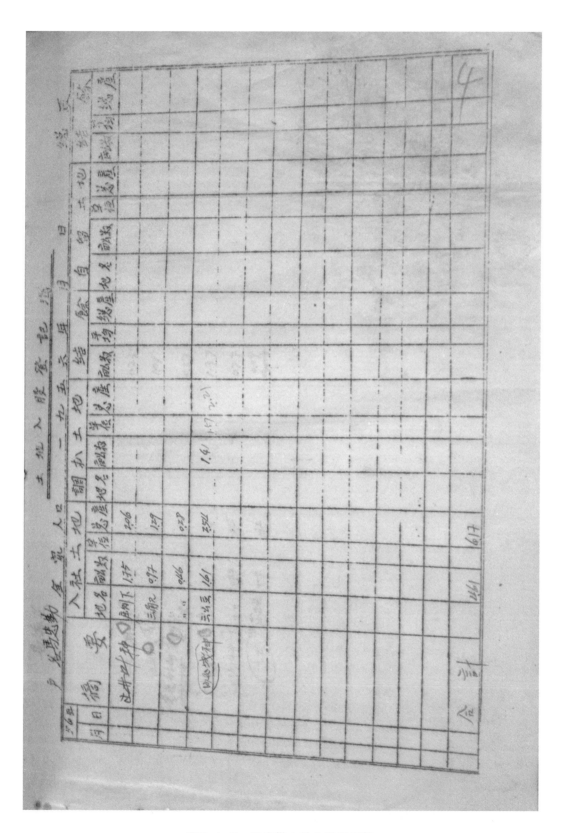

图2-1-6　马忠勤土地入股登记簿

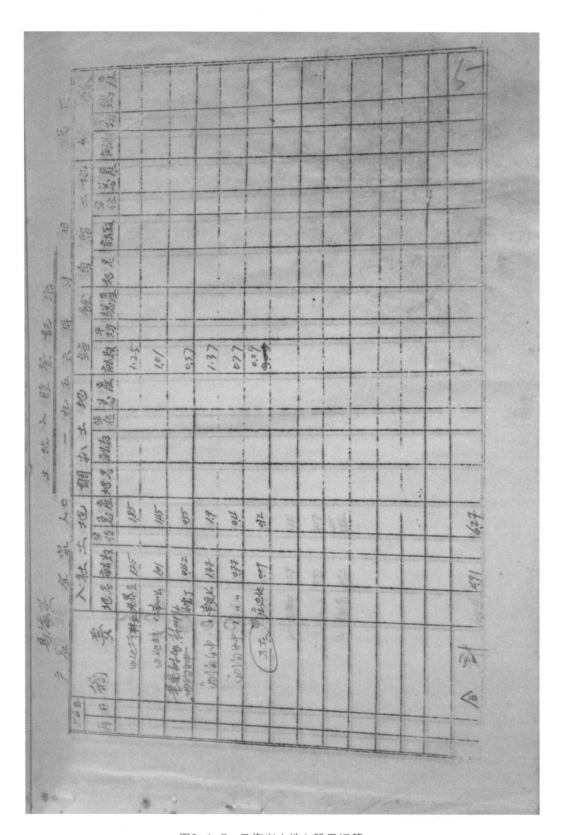

图2-1-7　马海兴土地入股登记簿

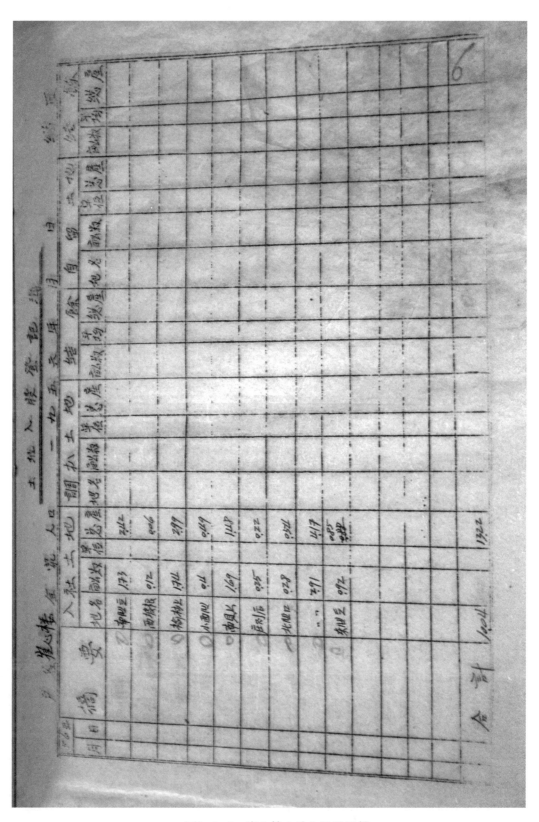

图2-1-8　崔心楼土地入股登记簿

361

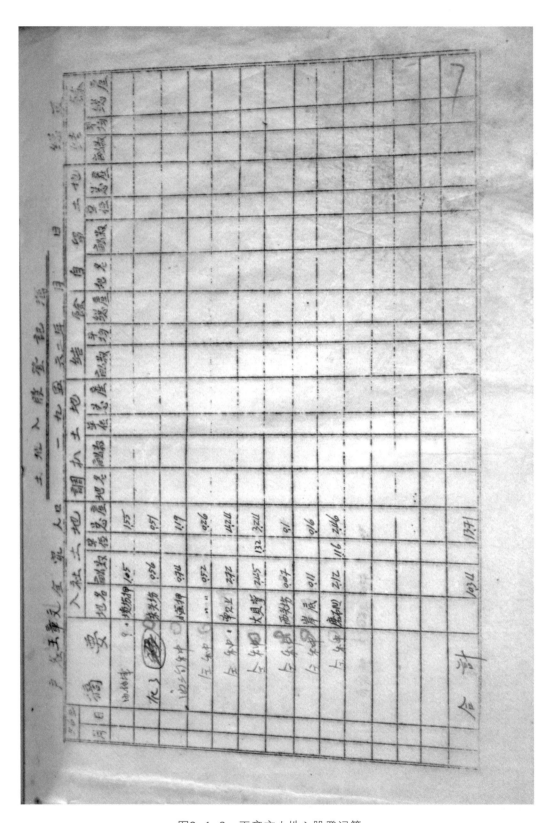

图2-1-9　王章文土地入股登记簿

362

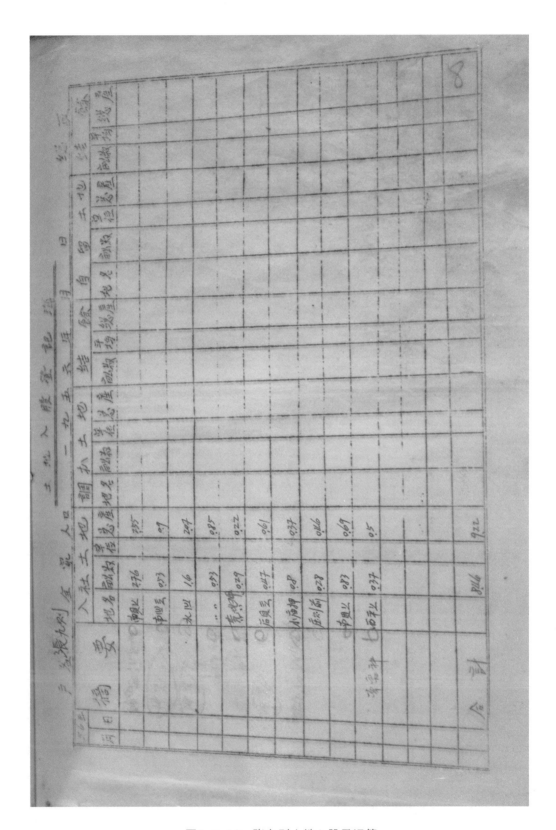

图2-1-10 张九则土地入股登记簿

363

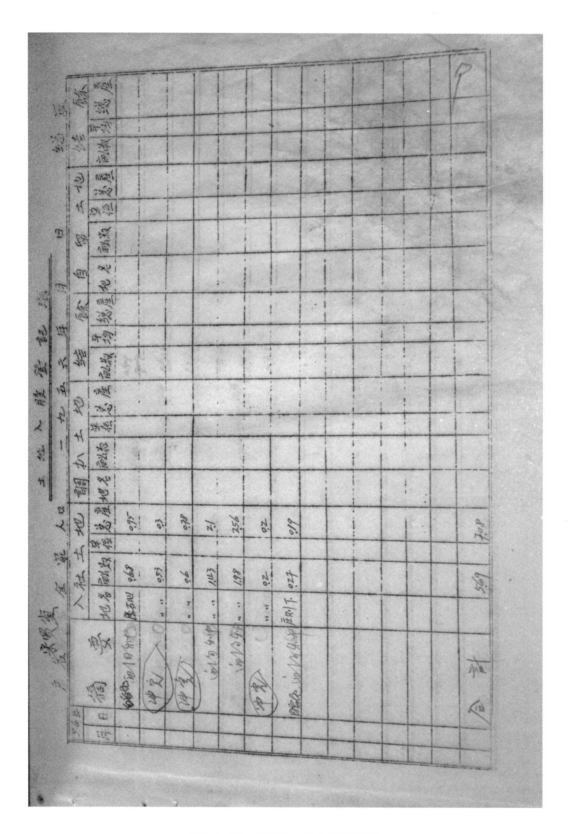

图2-1-11　宋买贞土地入股登记簿

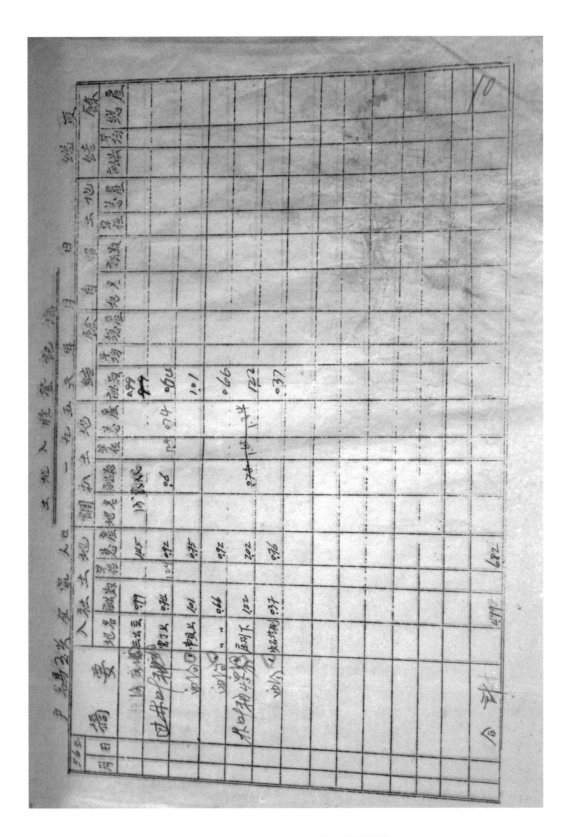

图2-1-12　马玉兴土地入股登记簿

365

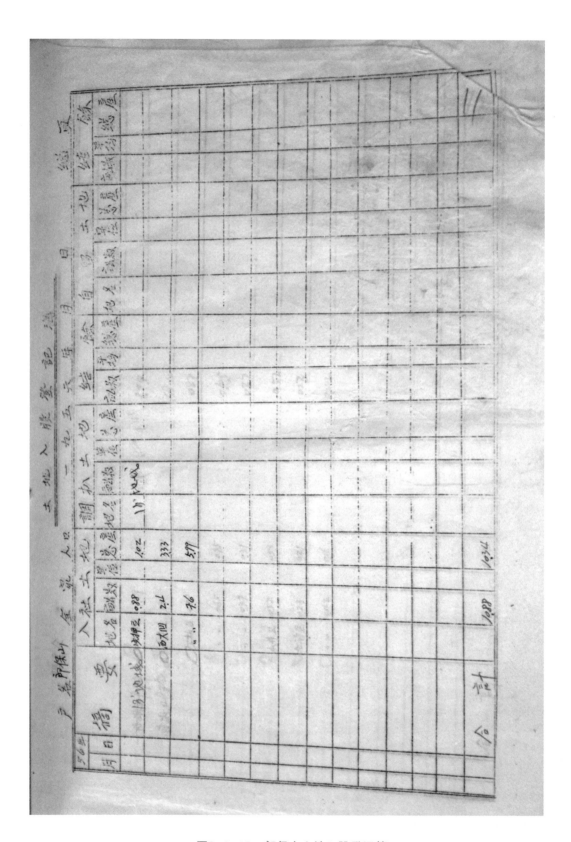

图2-1-13　郭保山土地入股登记簿

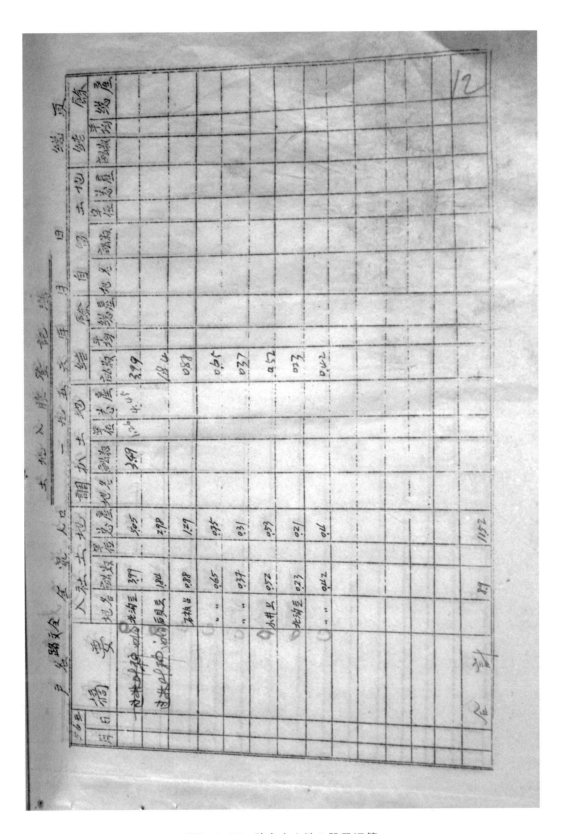

图2-1-14　路文全土地入股登记簿

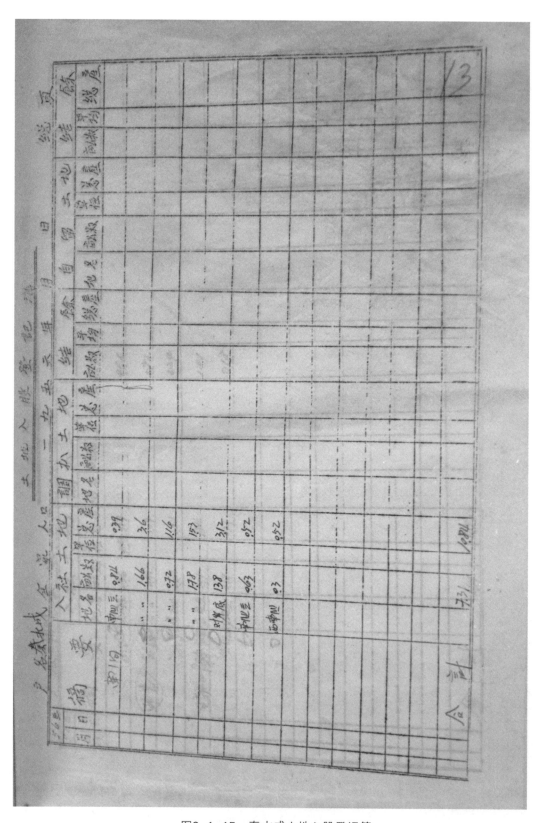

图2-1-15　秦水成土地入股登记簿

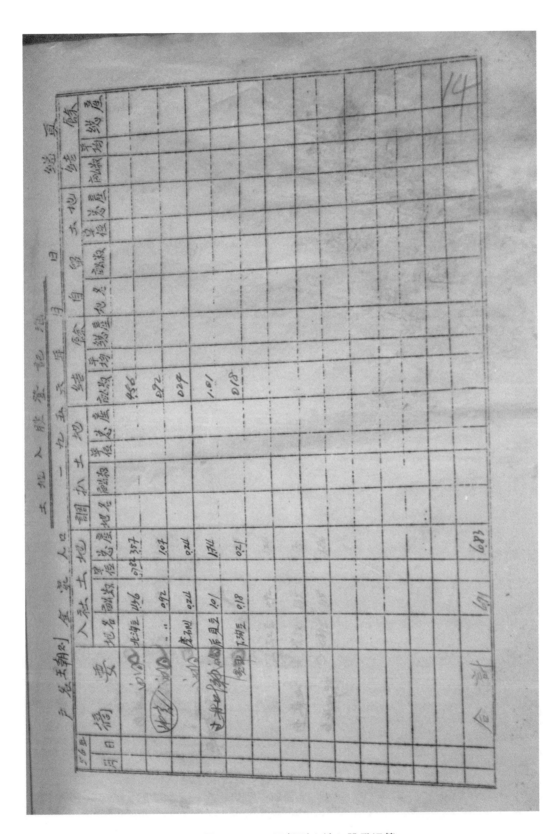

图2-1-16 王朝则土地入股登记簿

369

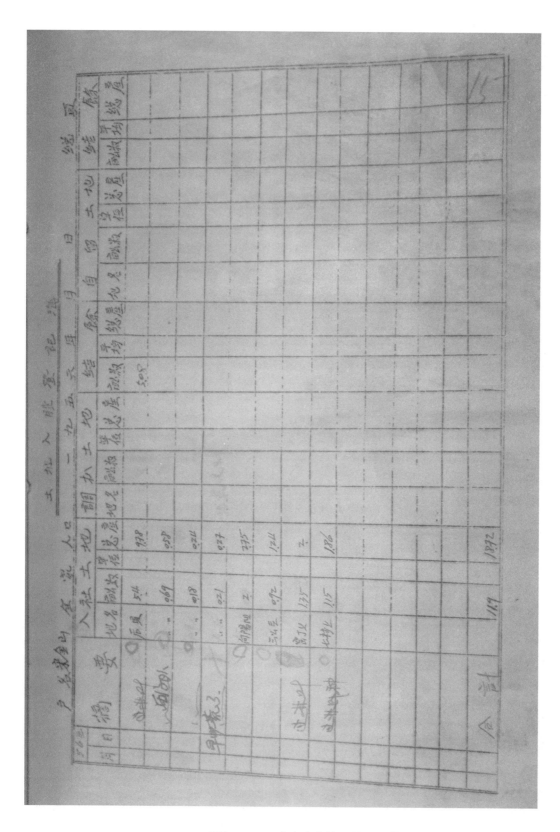

图2-1-17　宋金山土地入股登记簿

370

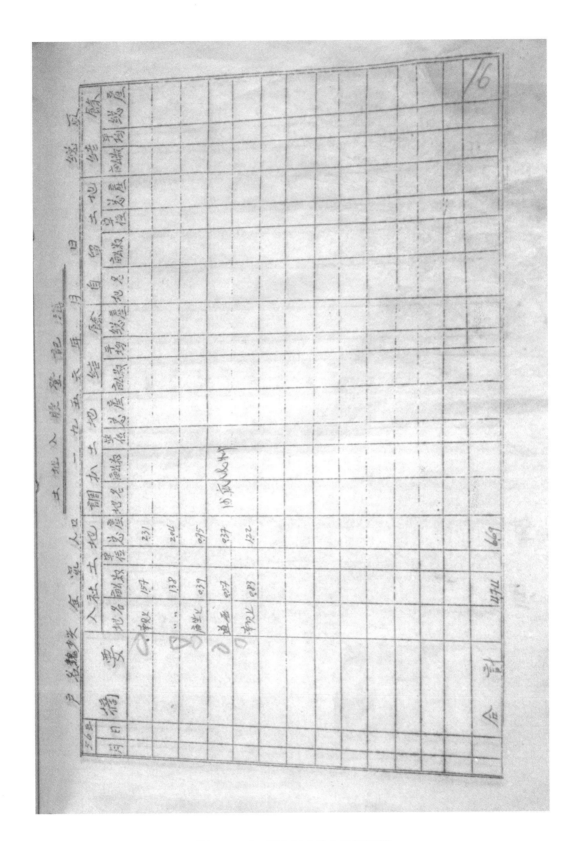

图2-1-18　魏李兴土地入股登记簿

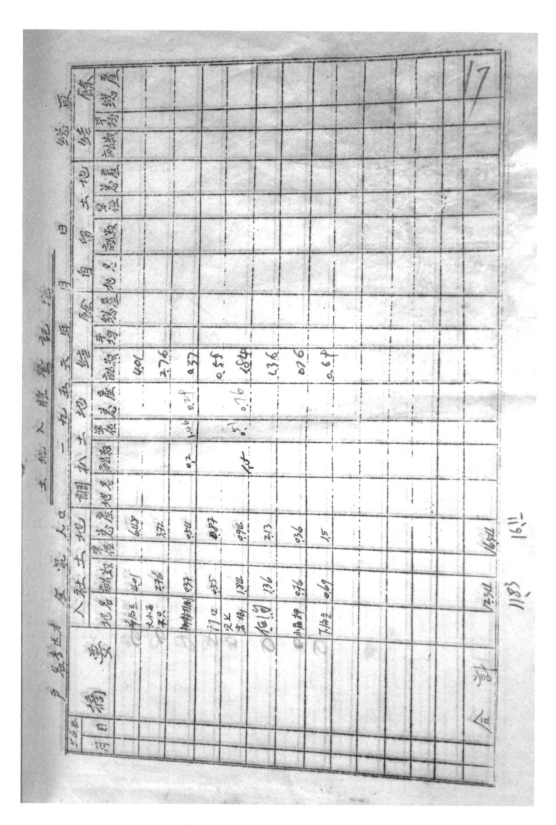

图2-1-19　李达才土地入股登记簿

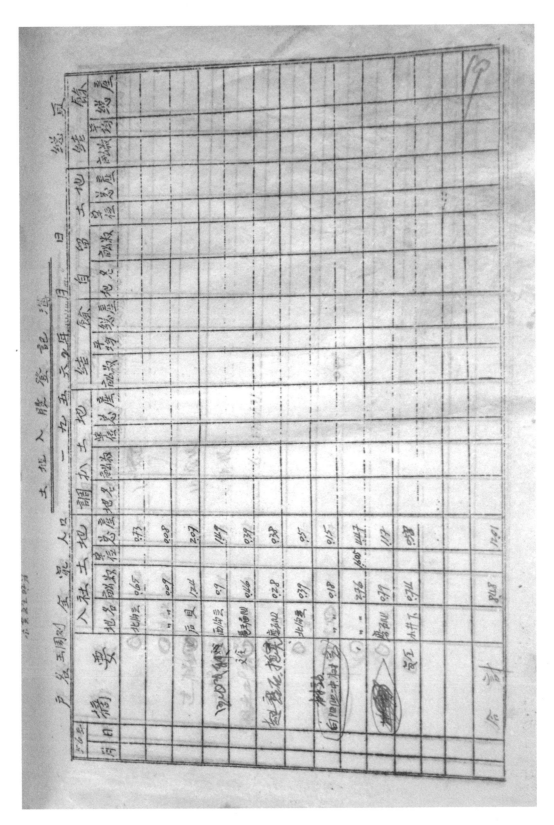

图2-1-20　王周则土地入股登记簿

373

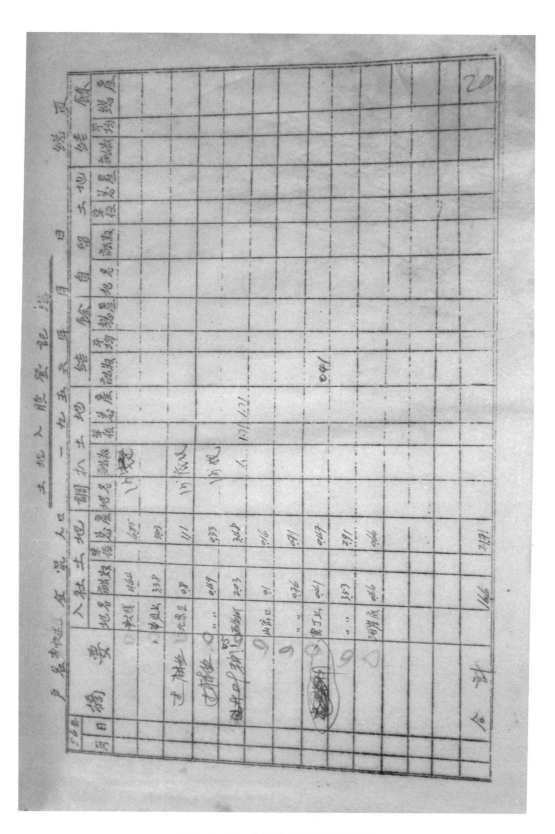

图2-1-21　李顺达土地入股登记簿

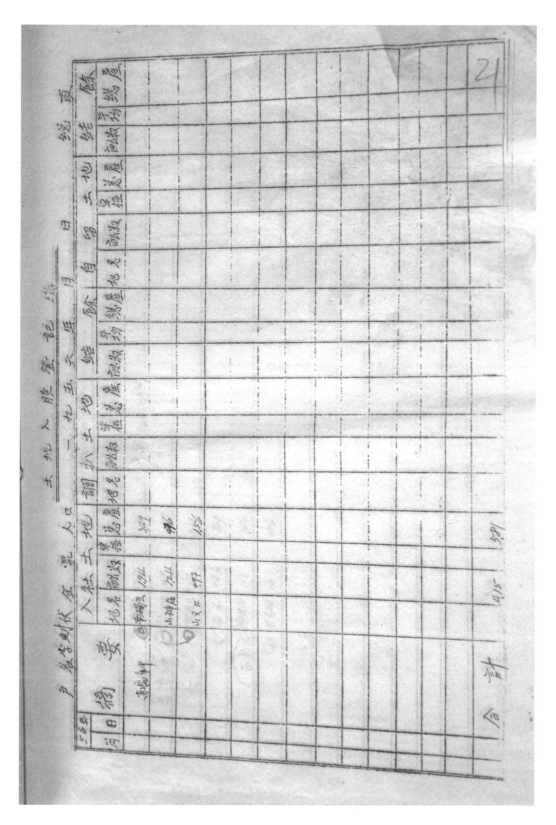

图2-1-22　李财伏土地入股登记簿

375

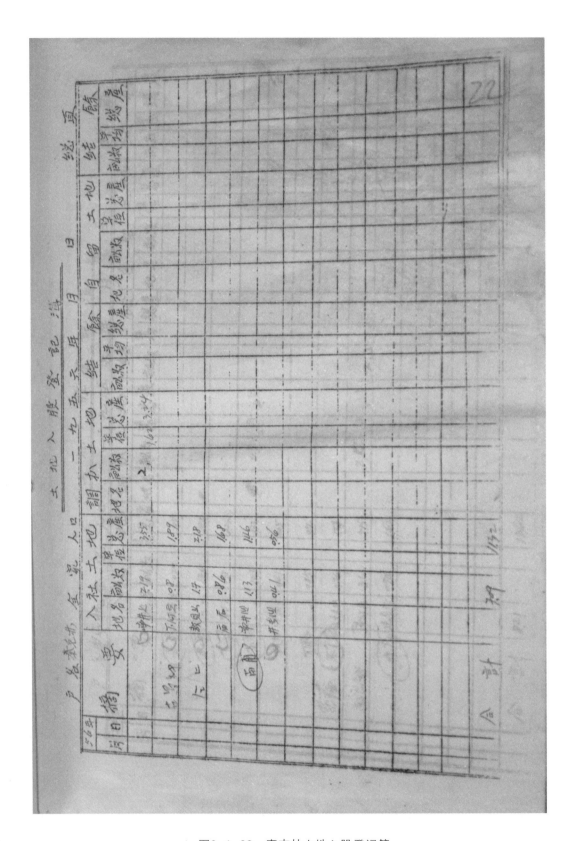

图2-1-23　秦克林土地入股登记簿

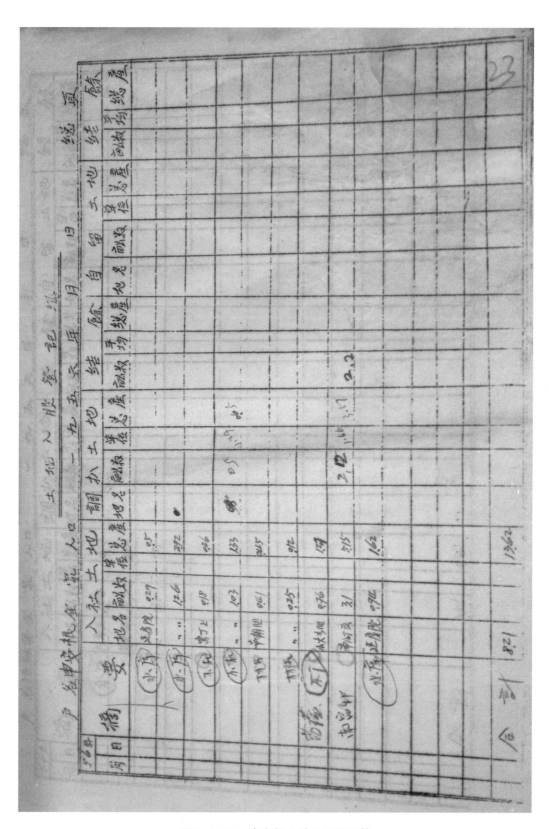

图2-1-24　申安根土地入股登记簿

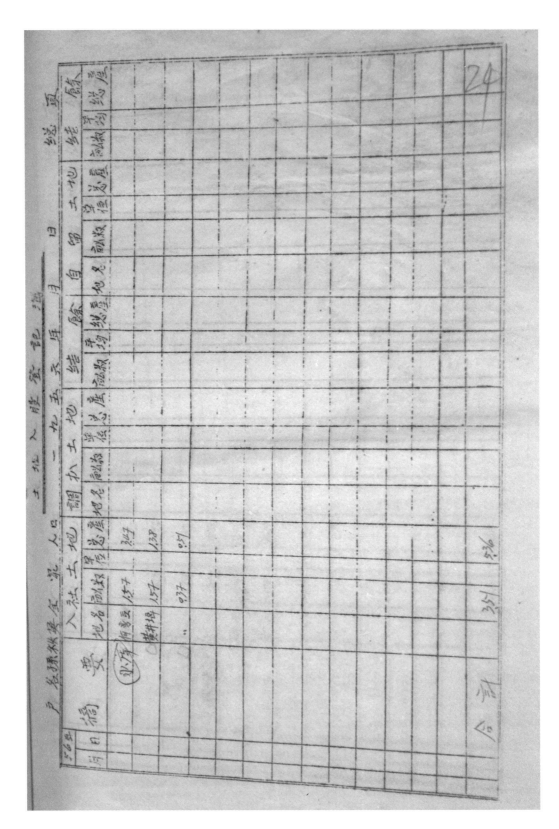

图2-1-25　孙秋英土地入股登记簿

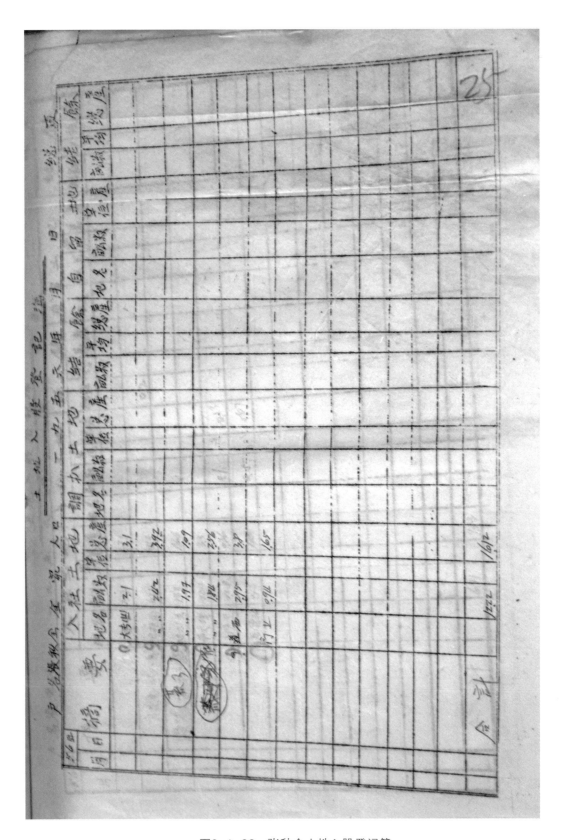

图2-1-26 张秋全土地入股登记簿

379

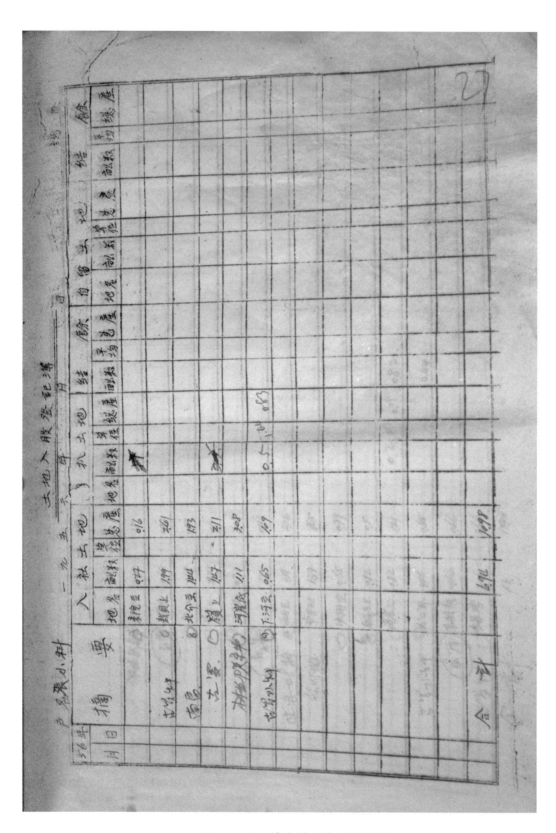

图2-1-27 张小科土地入股登记簿

380

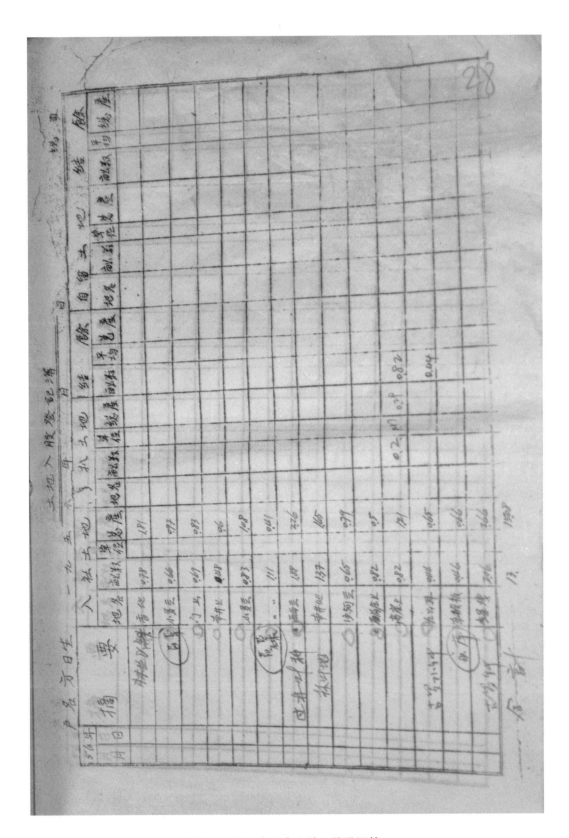

图2-1-28　方日生土地入股登记簿

381

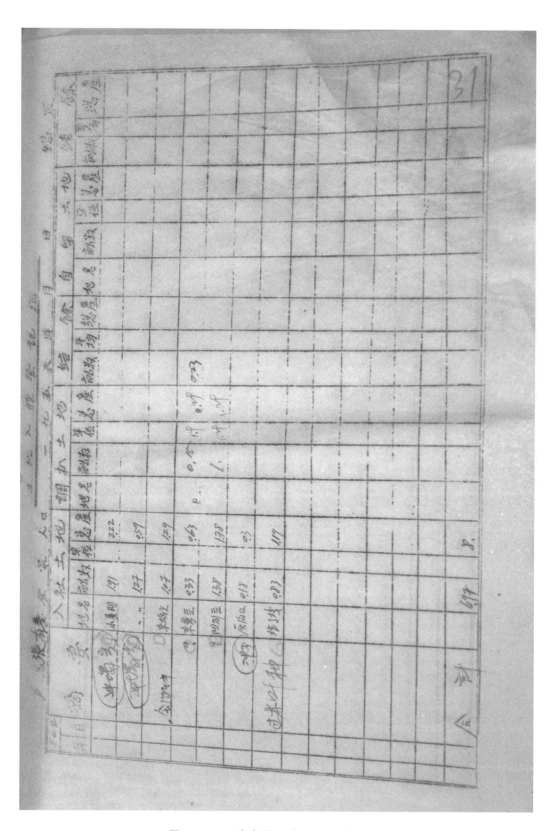

图2-1-29 张有梦土地入股登记簿

382

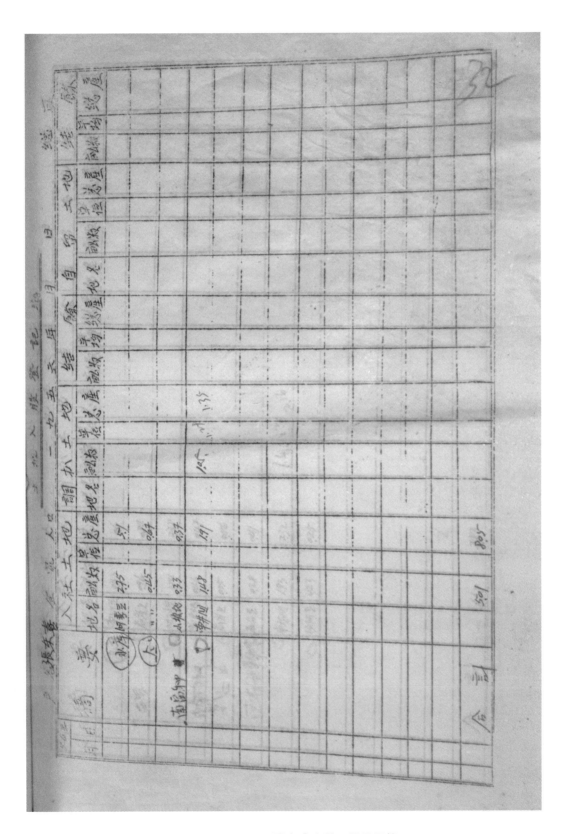

图2-1-30 张东喜土地入股登记簿

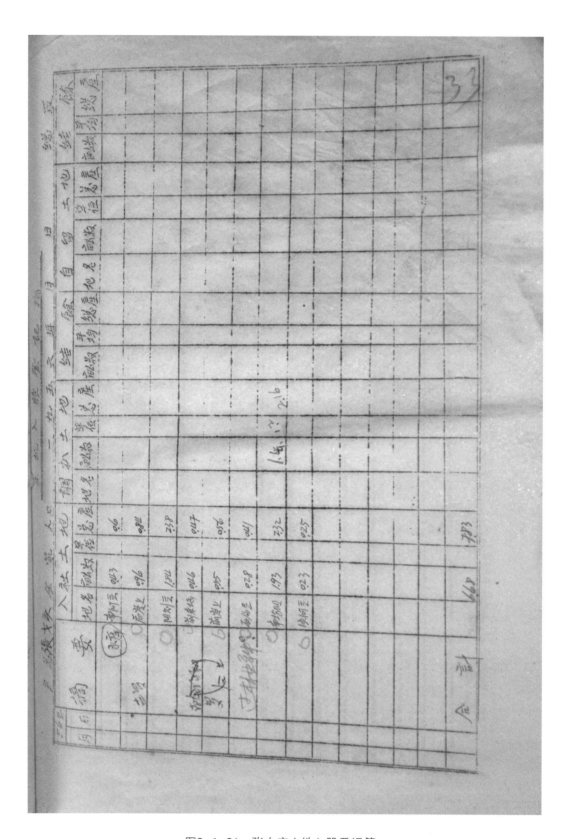

图2-1-31 张女庆土地入股登记簿

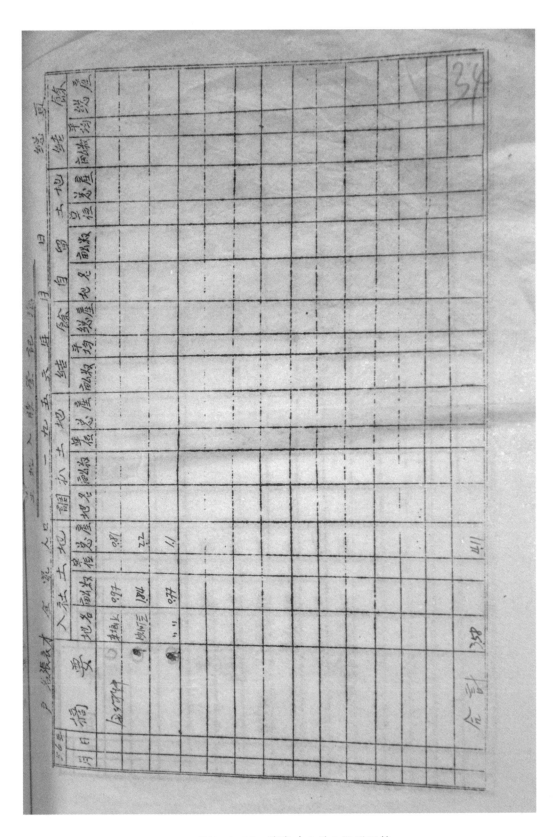

图2-1-32　张良才土地入股登记簿

385

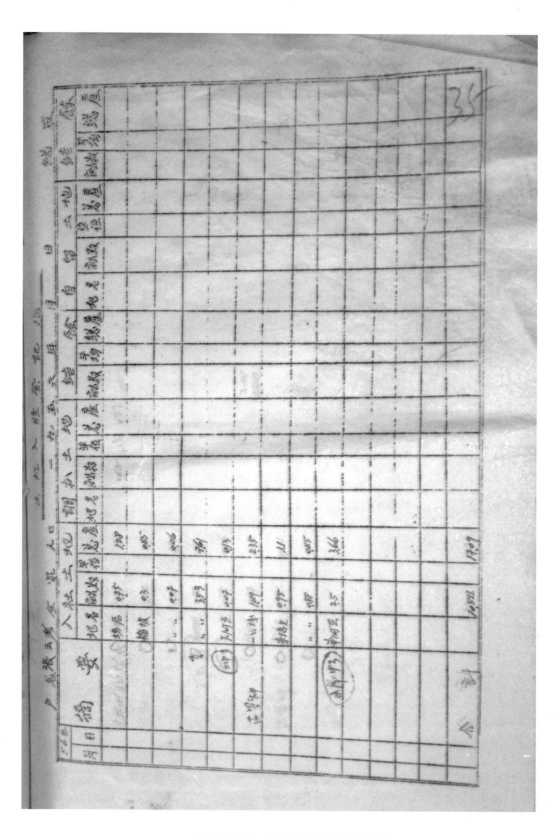

图2-1-33 张云考土地入股登记簿

386

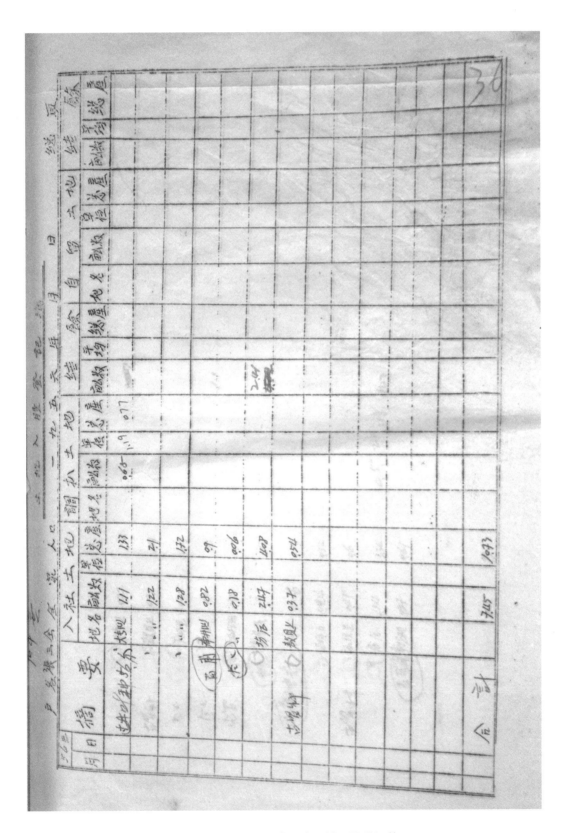

图2-1-34　张三全土地入股登记簿

387

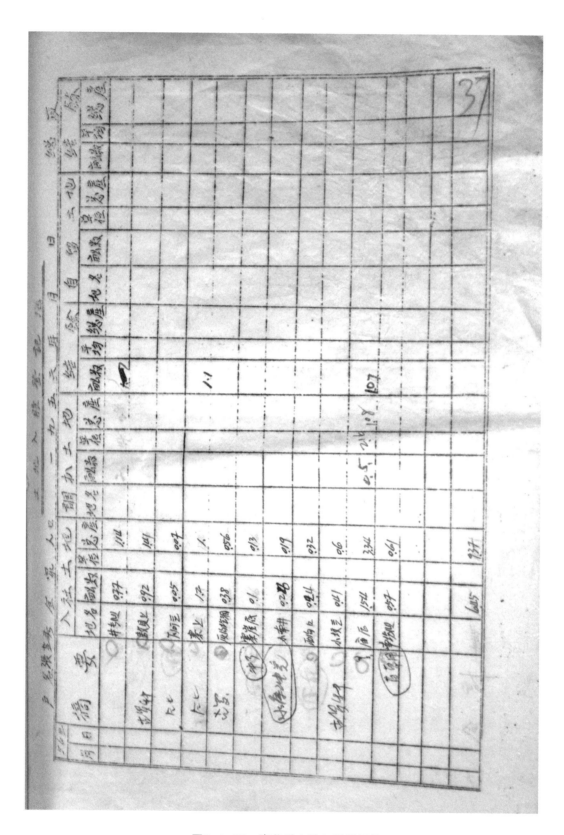

图2-1-35 张芝秀土地入股登记簿

388

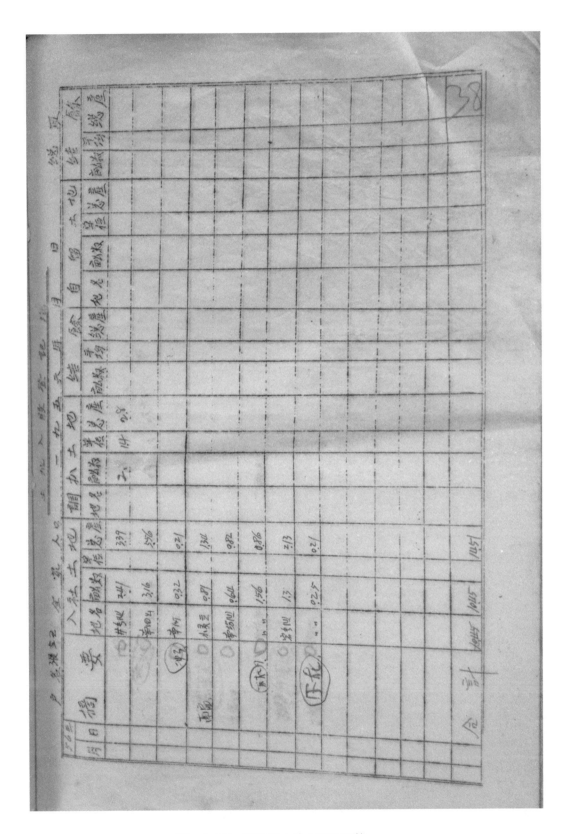

图2-1-36　张芝玉土地入股登记簿

389

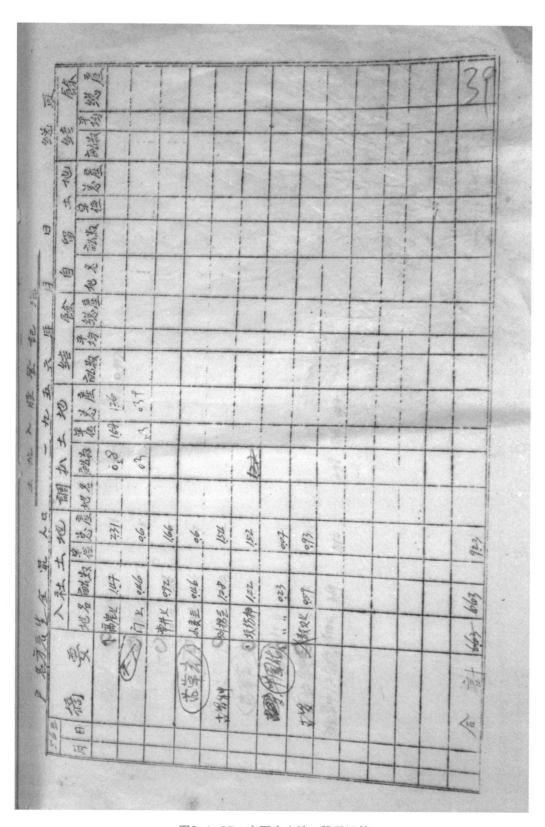

图2-1-37 方□生土地入股登记簿

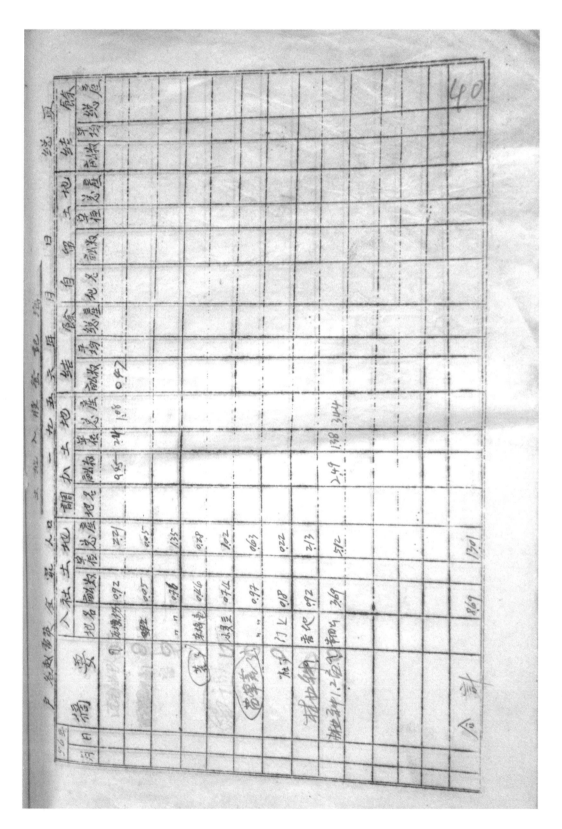

图2-1-38　赵雷英土地入股登记簿

391

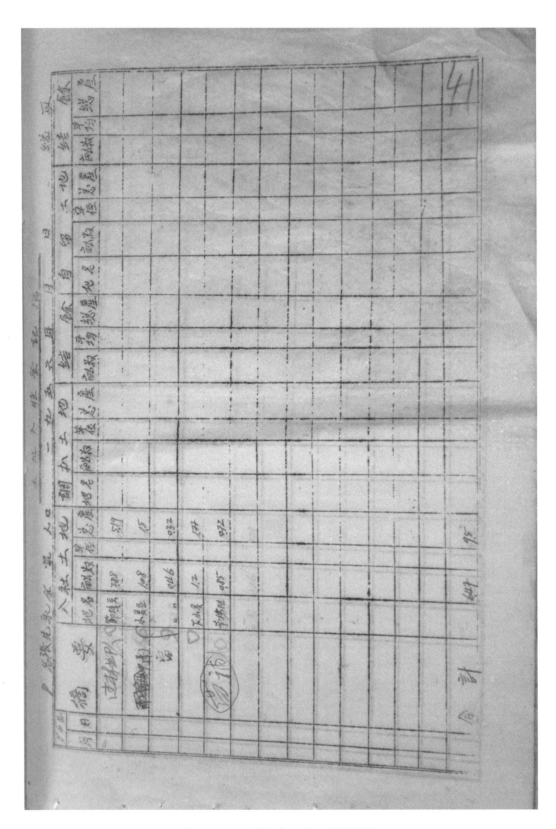

图2-1-39　张见永土地入股登记簿

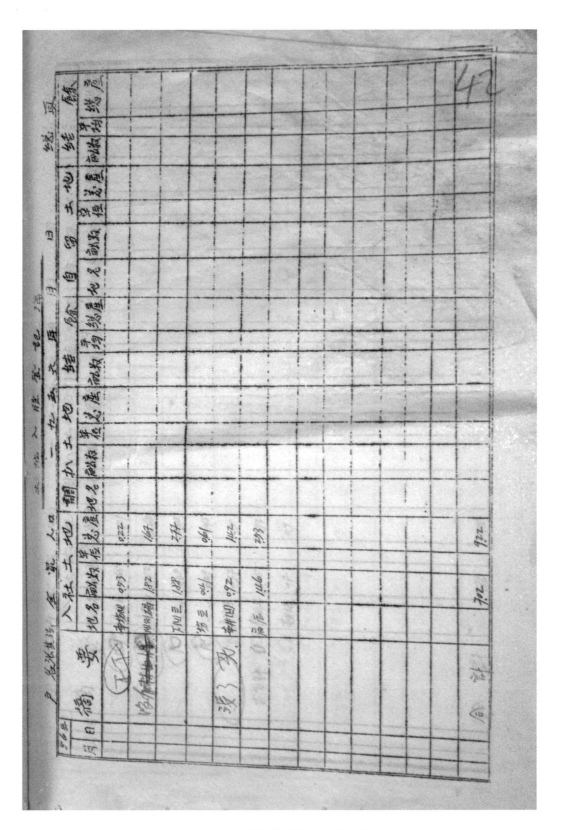

图2-1-40 张其法土地入股登记簿

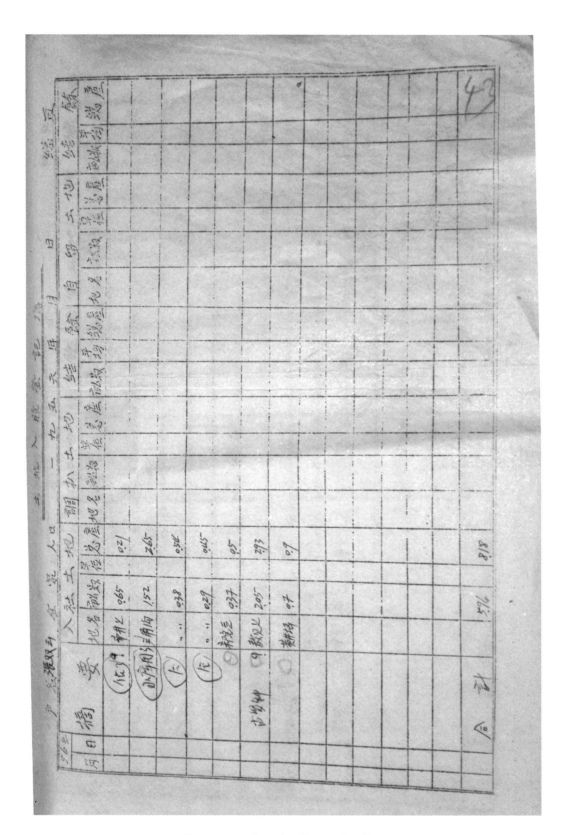

图2-1-41 张双斗土地入股登记簿

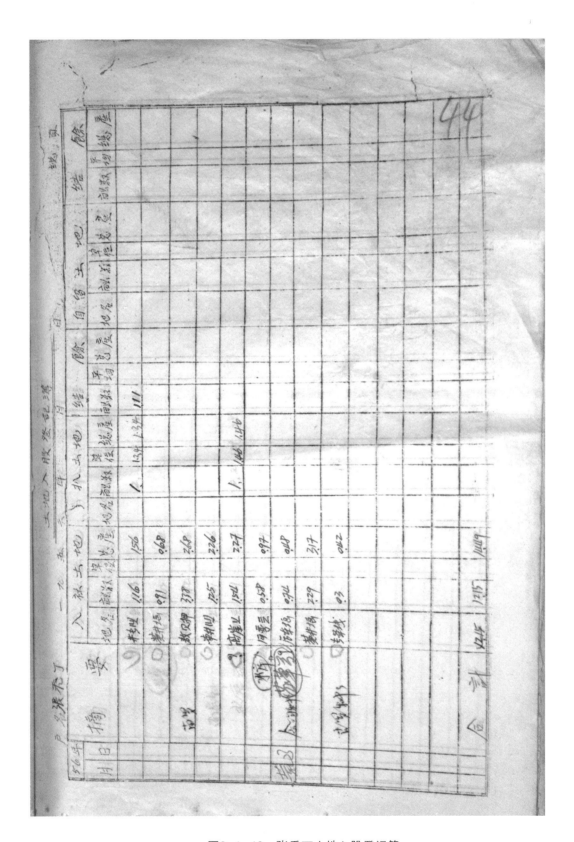

图2-1-42　张秃丁土地入股登记簿

395

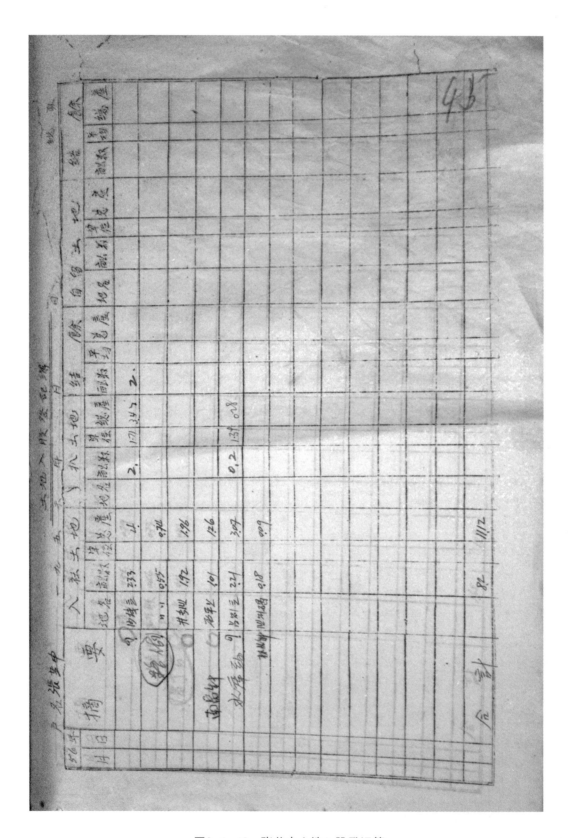

图2-1-43　张芝申土地入股登记簿

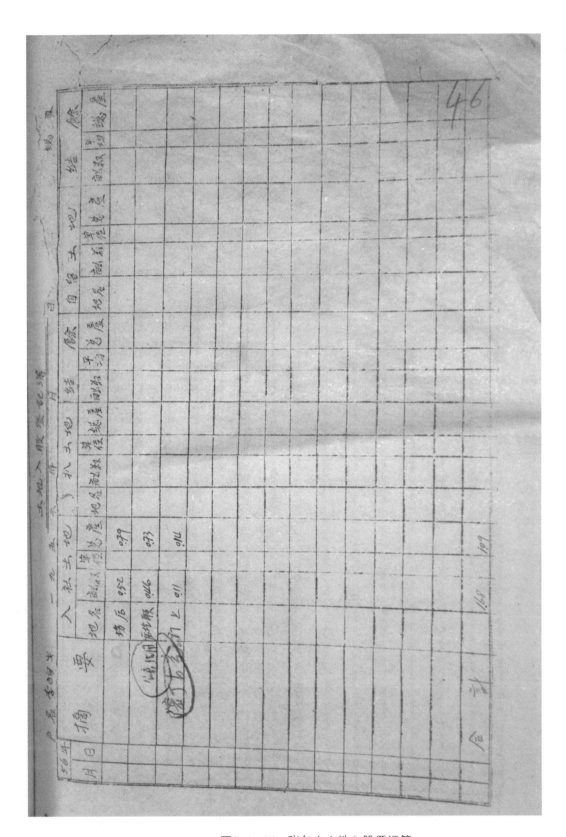

图2-1-44　张句女土地入股登记簿

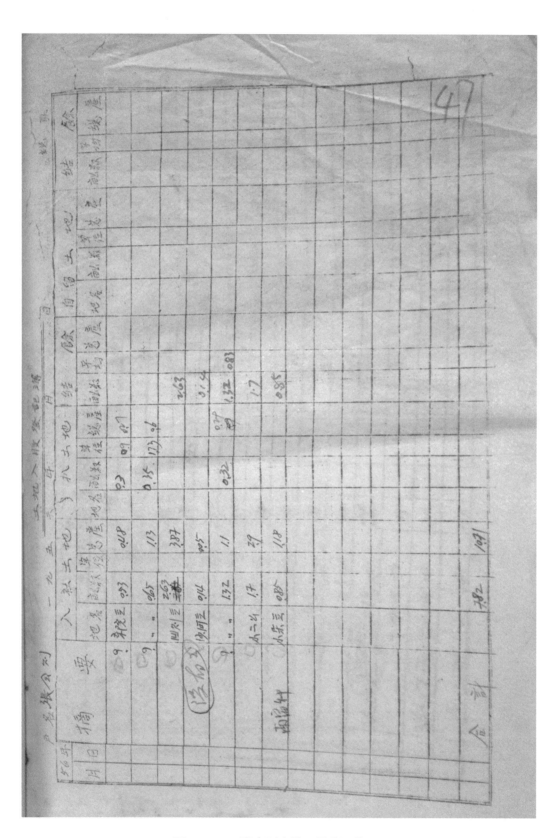

图2-1-45　张会则土地入股登记簿

398

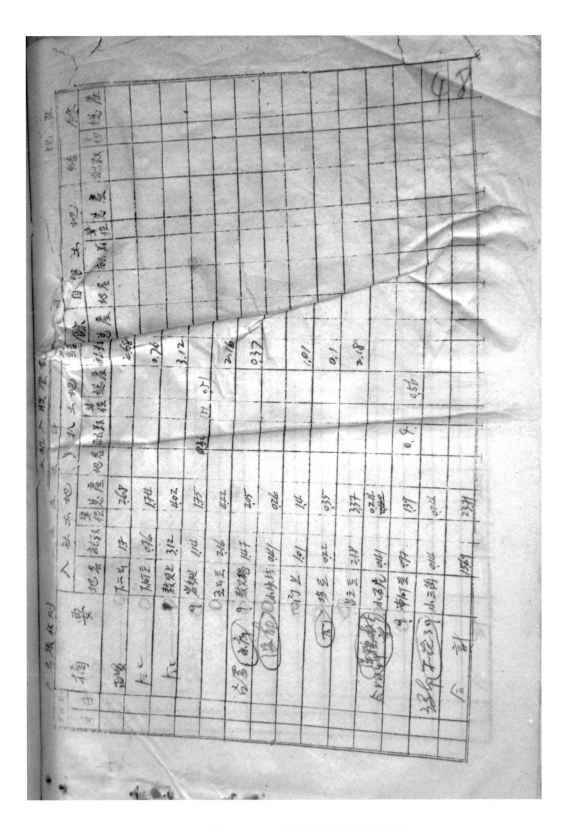

图2-1-46　张伏则土地入股登记簿

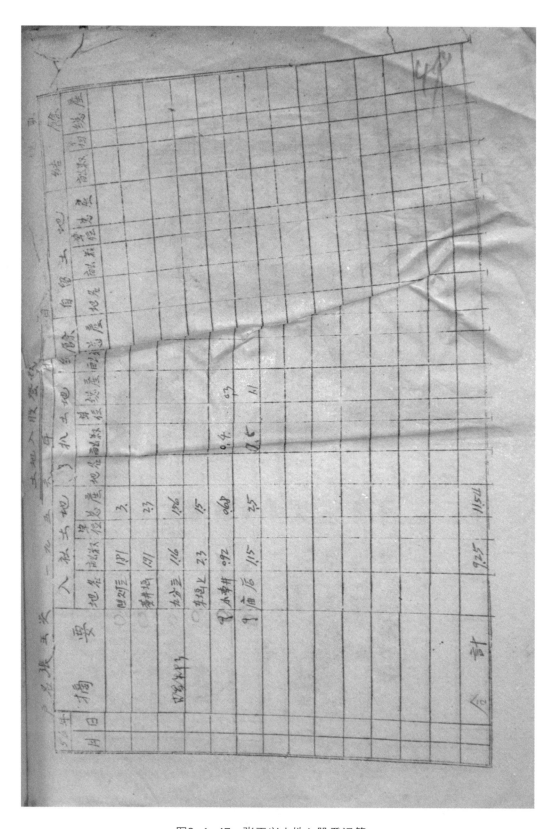

图2-1-47 张玉兴土地入股登记簿

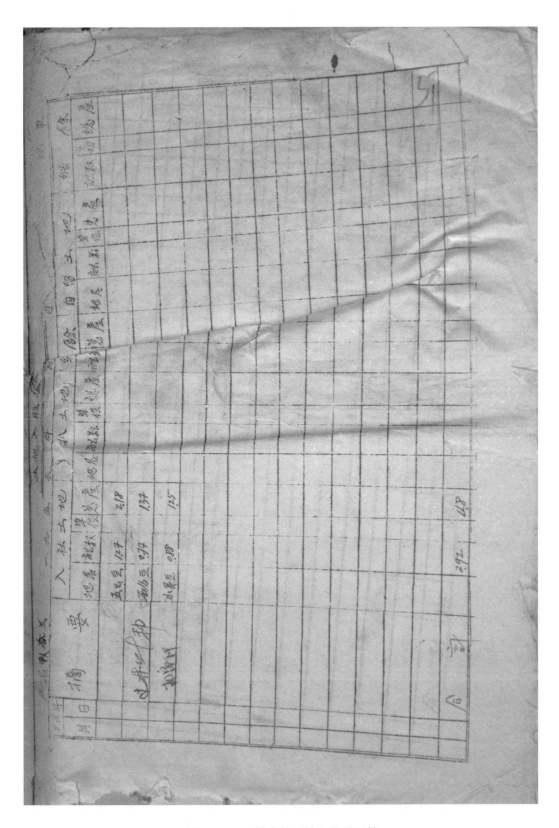

图2-1-48　韩春兰土地入股登记簿

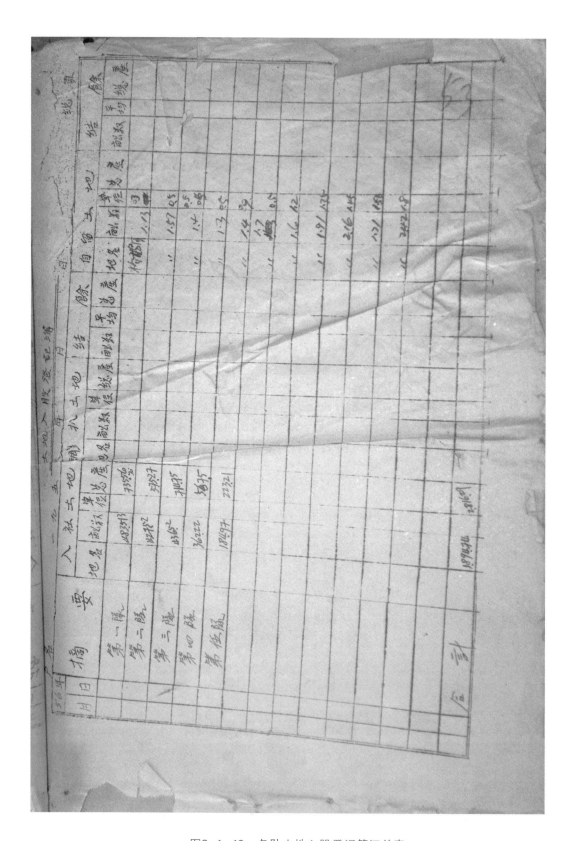

图2-1-49　各队土地入股登记簿汇总表

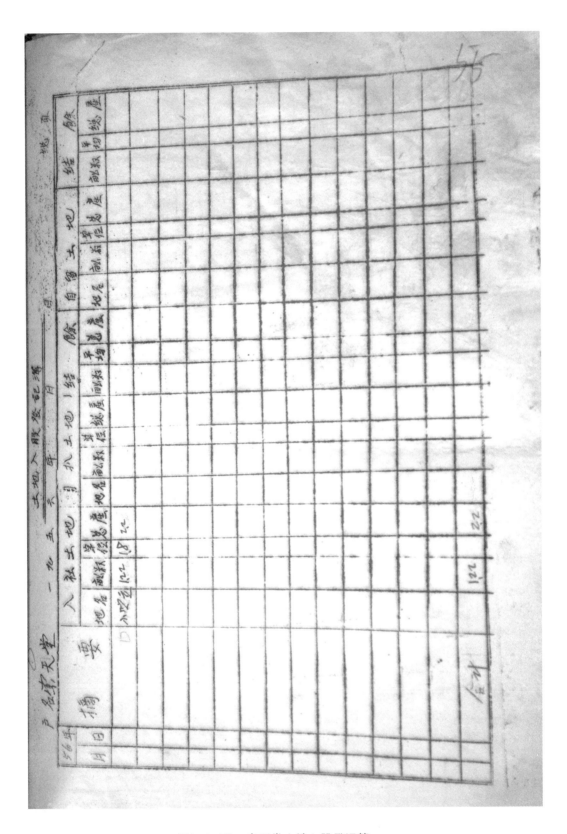

图2-1-50　索天堂土地入股登记簿

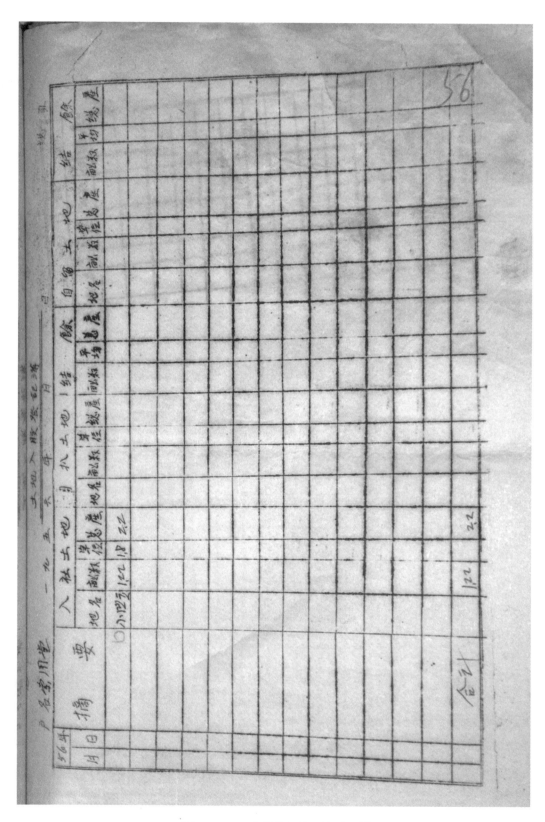

图2-1-51　索用堂土地入股登记簿

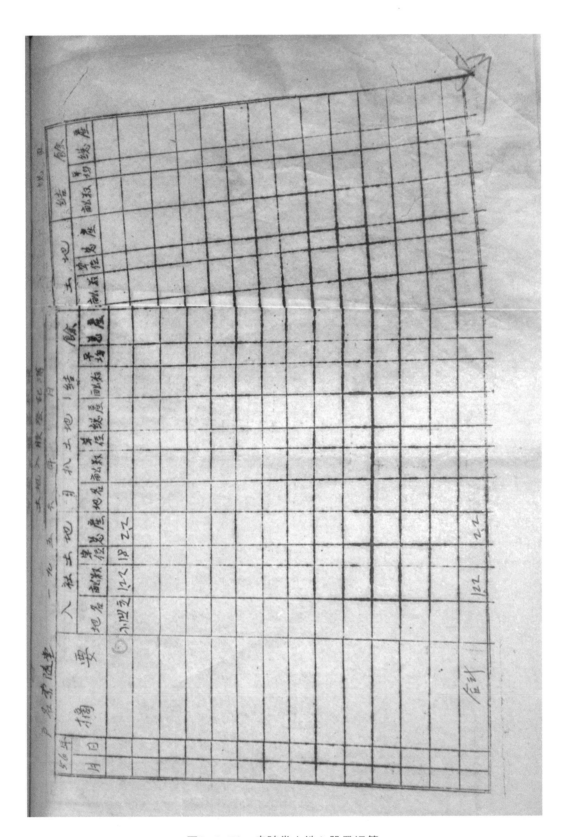

图2-1-52 索随堂土地入股登记簿

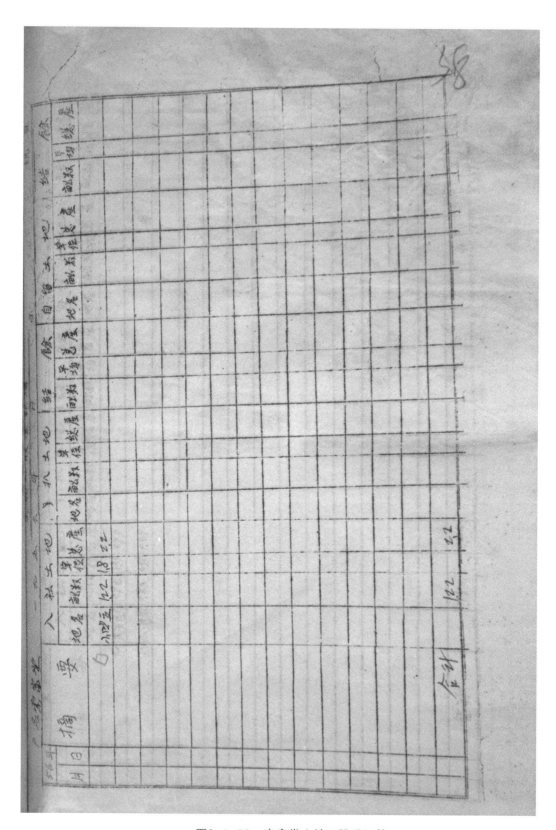

图2-1-53 索富堂土地入股登记簿

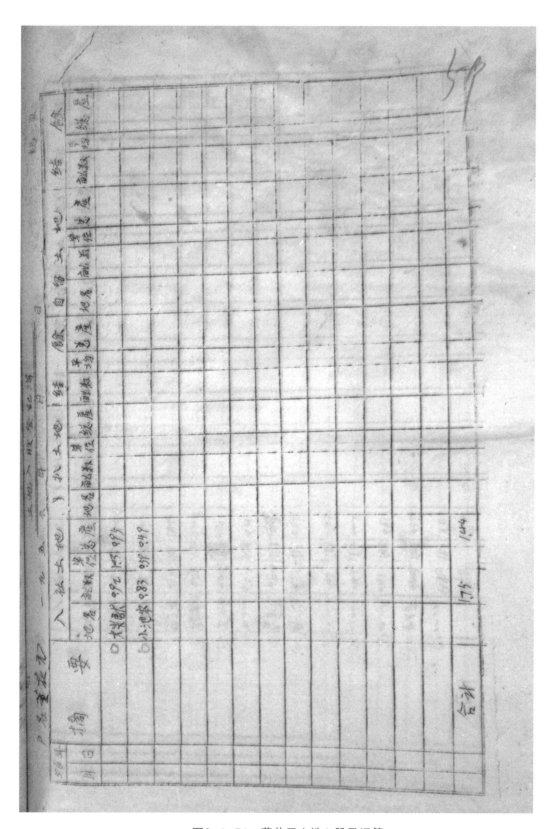

图2-1-54　董花元土地入股登记簿

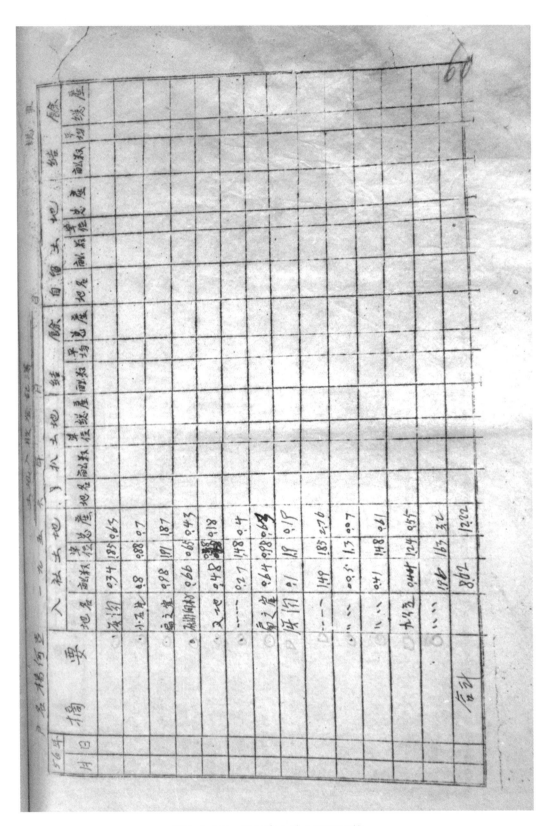

图2-1-55　杨何喜土地入股登记簿

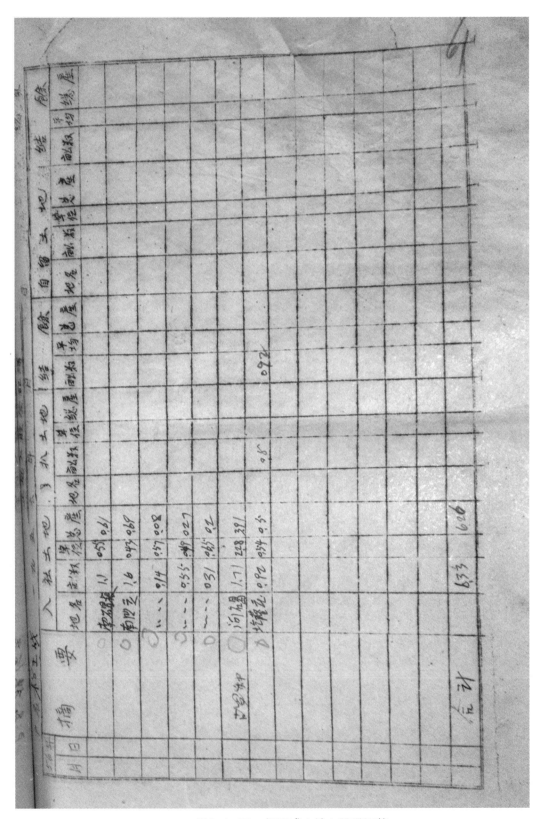

图2-1-56　杨玉成土地入股登记簿

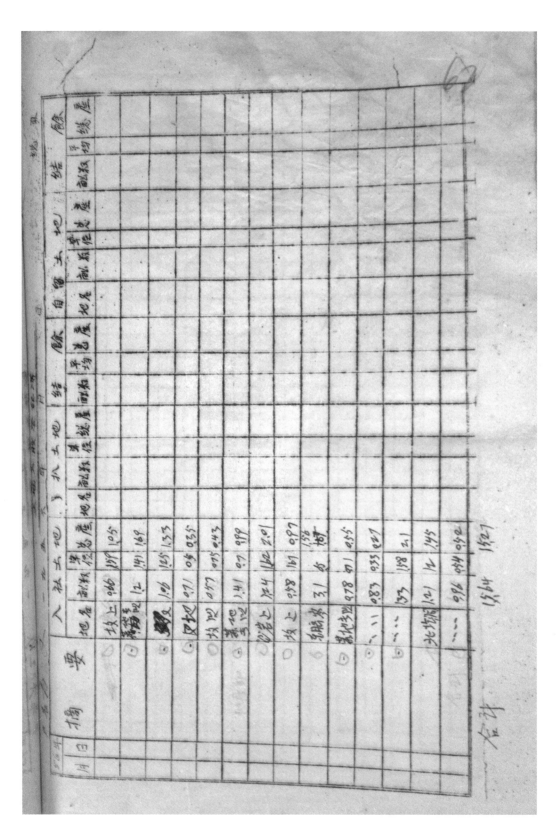

图2-1-57 □□□土地入股登记簿

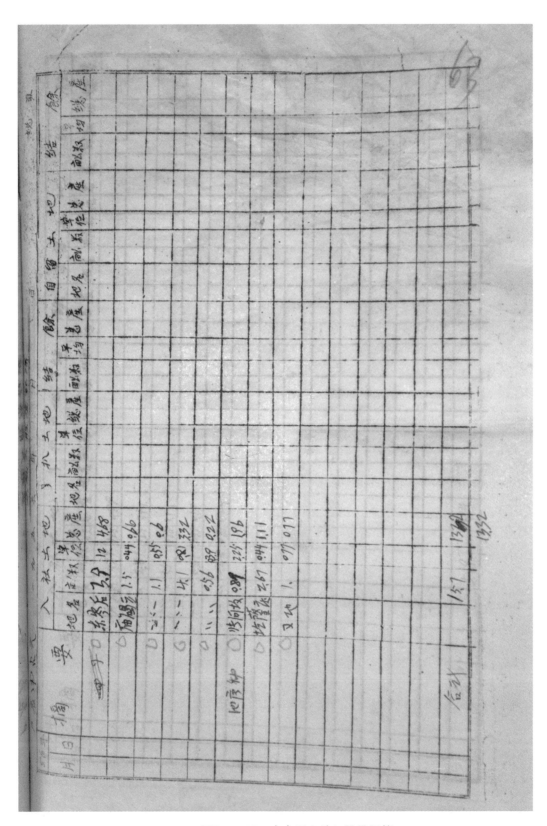

图2-1-58　申占元土地入股登记簿

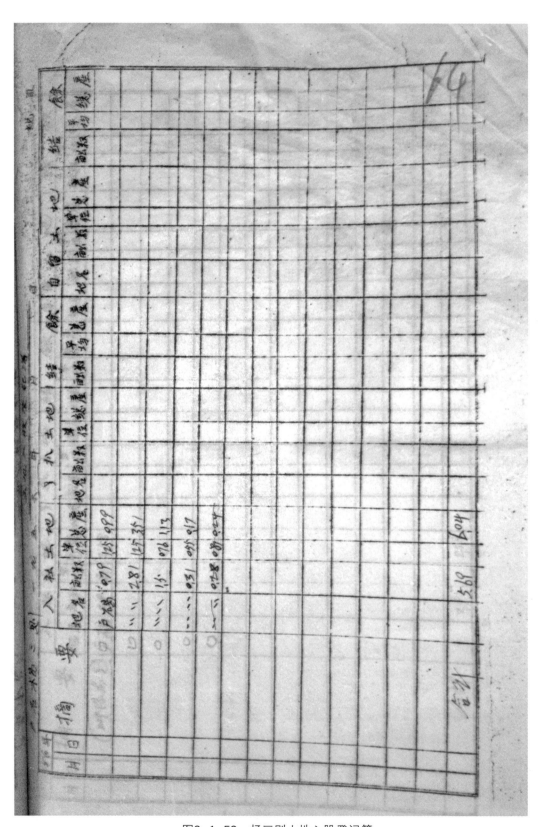

图2-1-59 杨三则土地入股登记簿

412

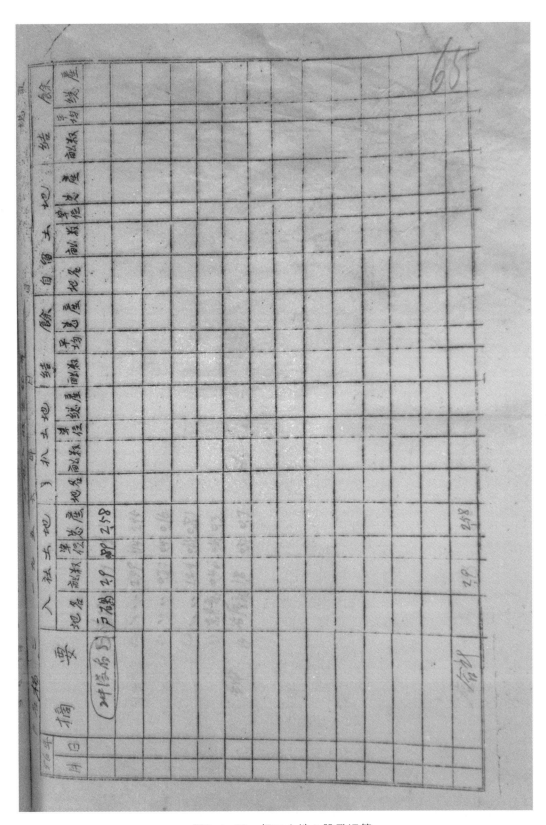

图2-1-60 杨二土地入股登记簿

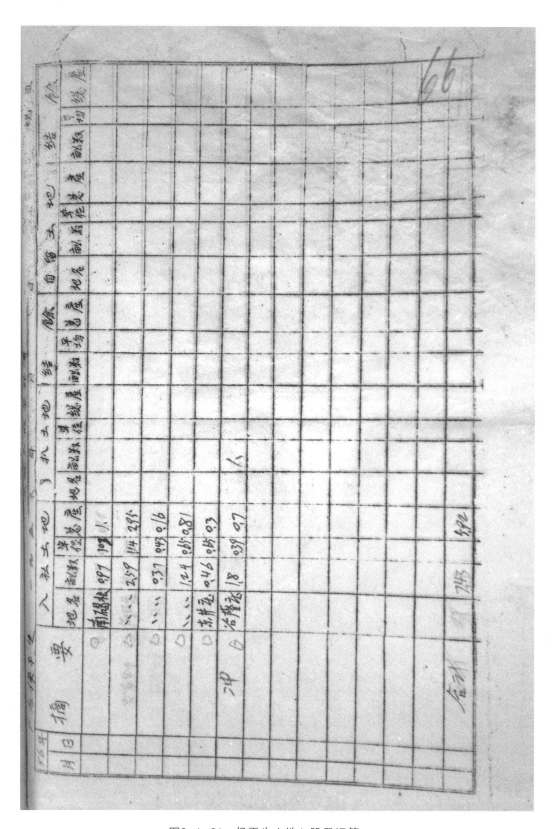

图2-1-61　侯平生土地入股登记簿

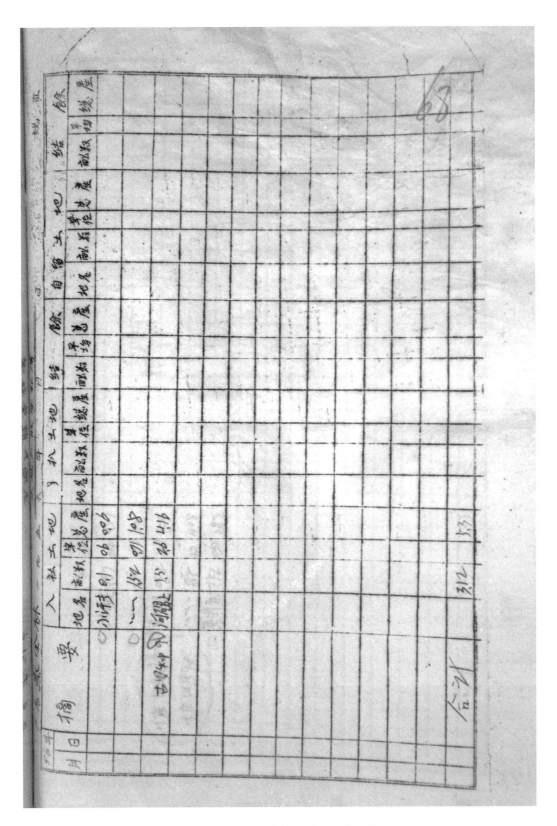

图2-1-62　秦全林土地入股登记簿

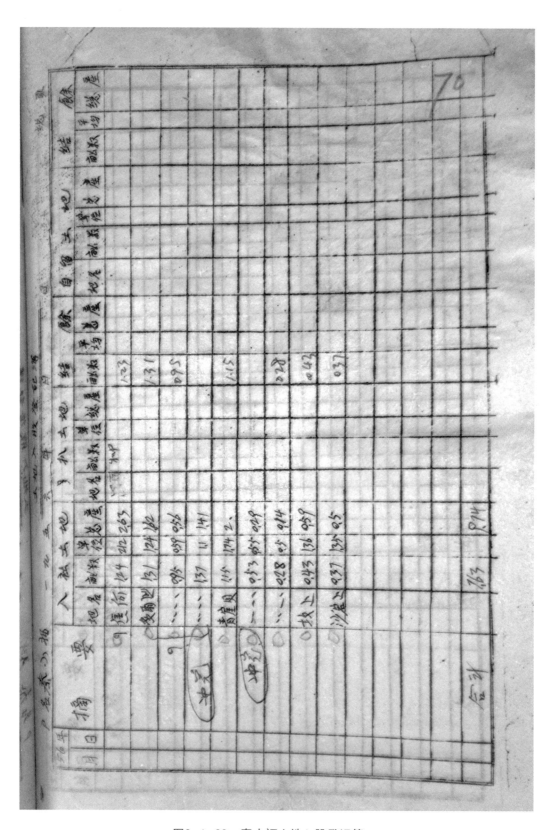

图2-1-63　秦小福土地入股登记簿

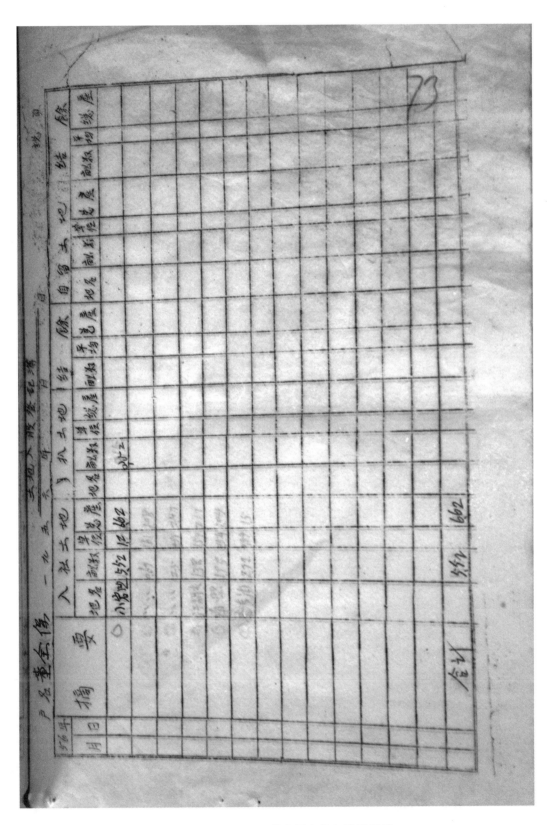

图2-1-64　董全保土地入股登记簿

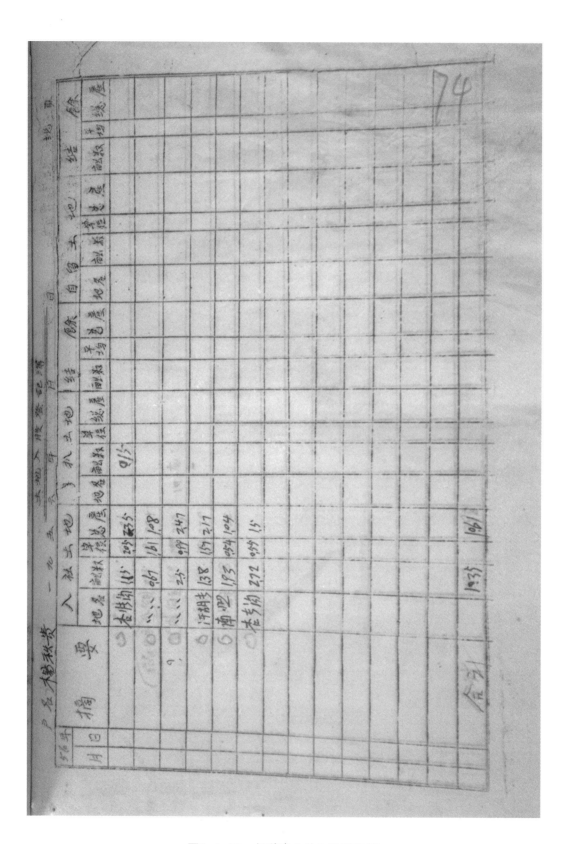

图2-1-65　杨秋贵土地入股登记簿

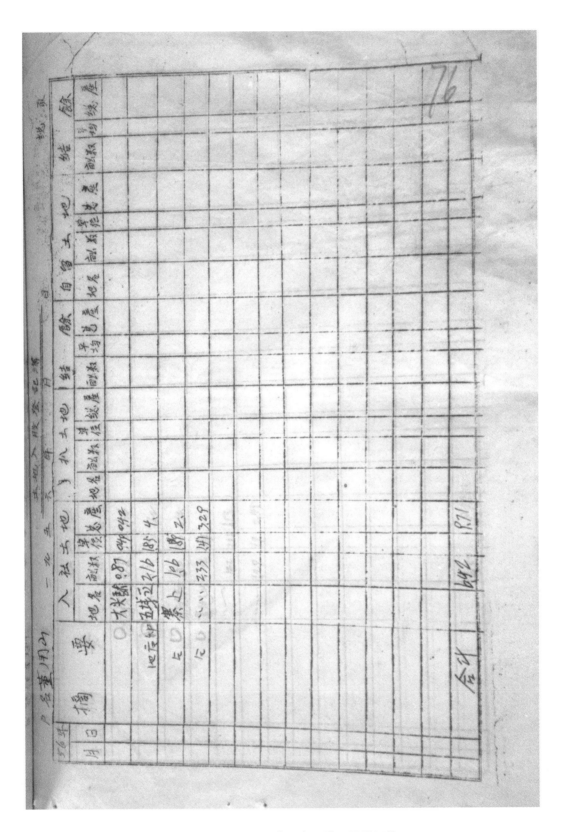

图2-1-66 董用山土地入股登记簿

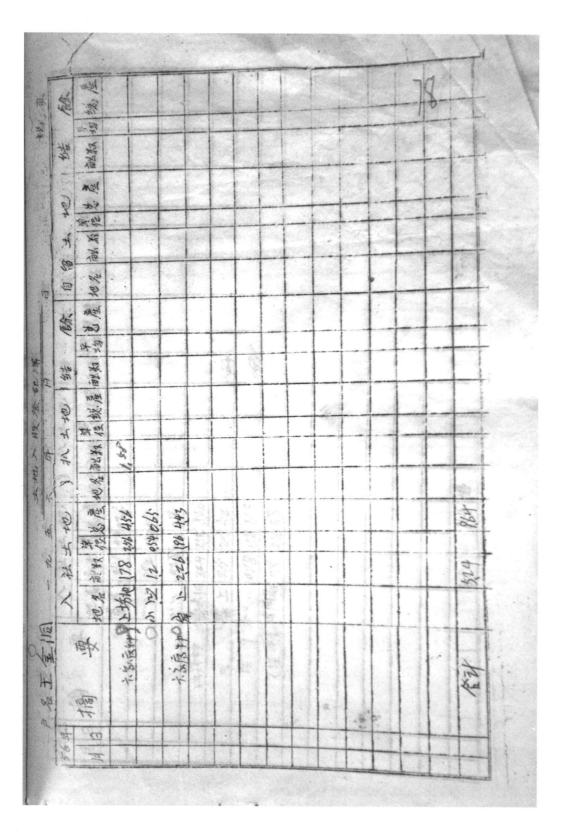

图2-1-67　王金洞土地入股登记簿

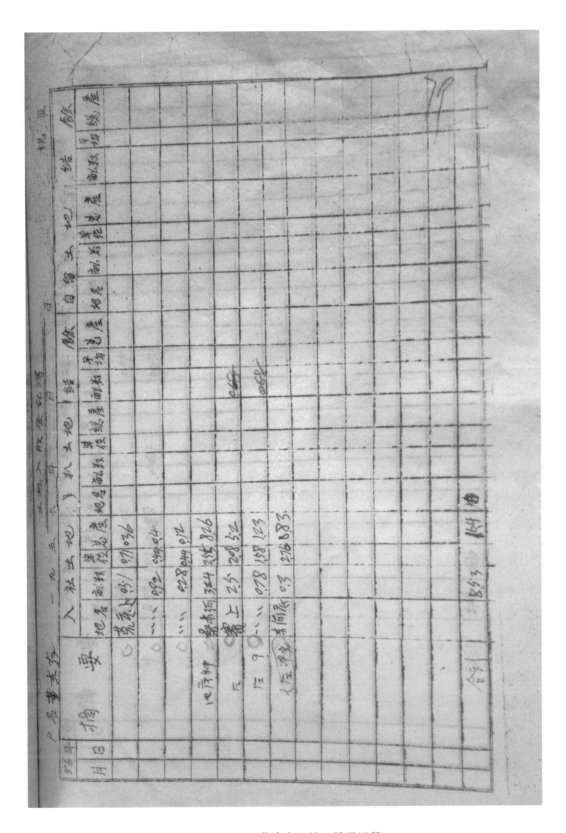

图2-1-68　董李存土地入股登记簿

421

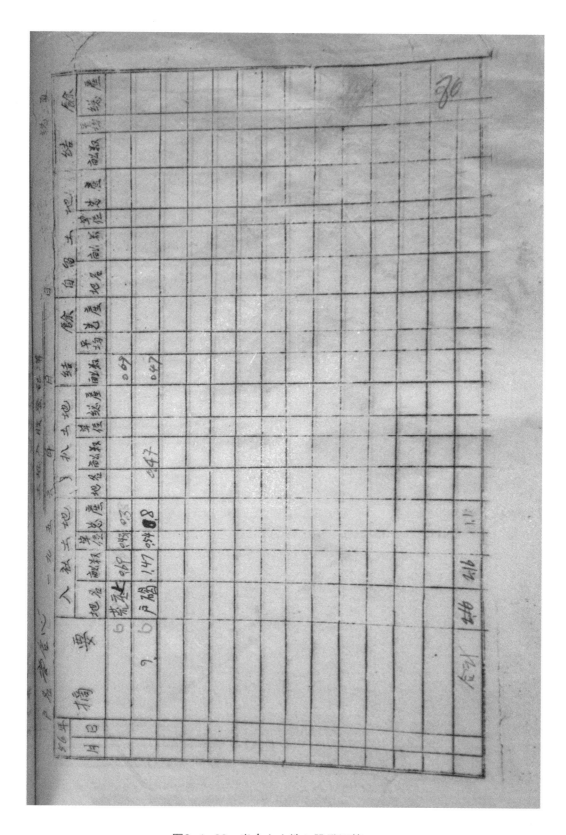

图2-1-69　尚合心土地入股登记簿

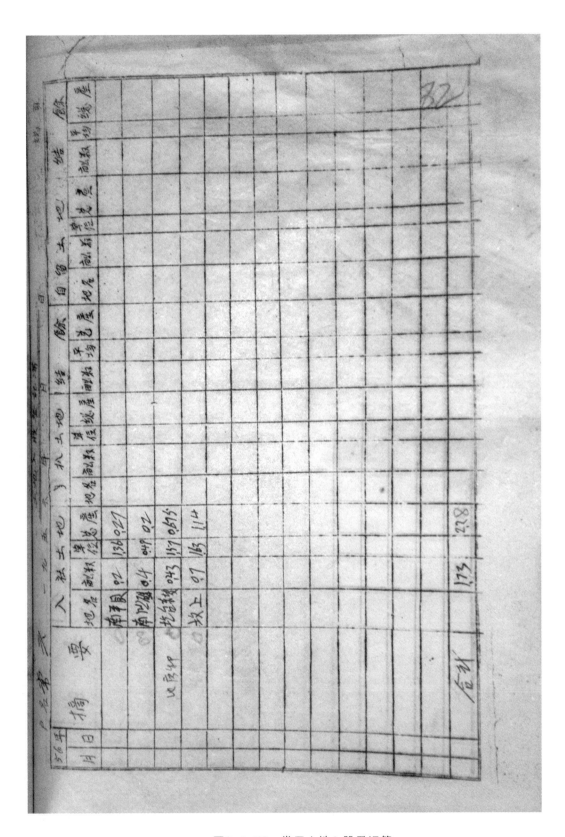

图2-1-70 常元土地入股登记簿

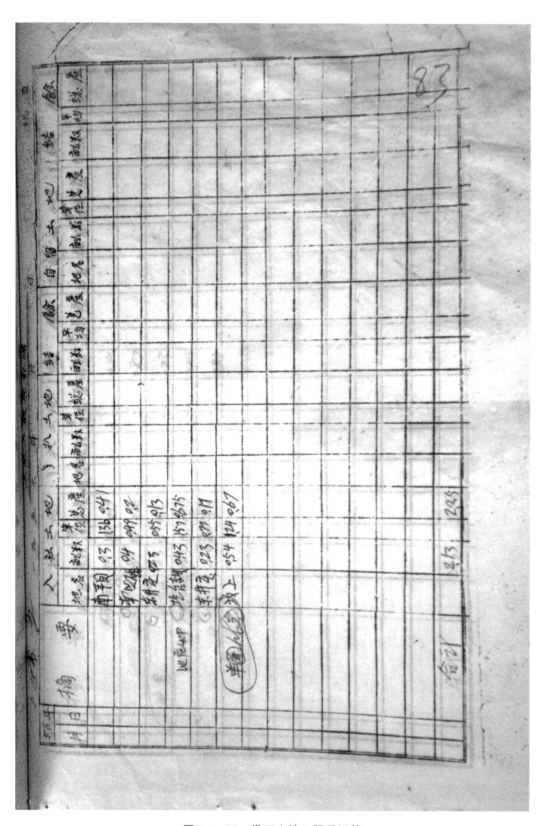

图2-1-71　常五土地入股登记簿

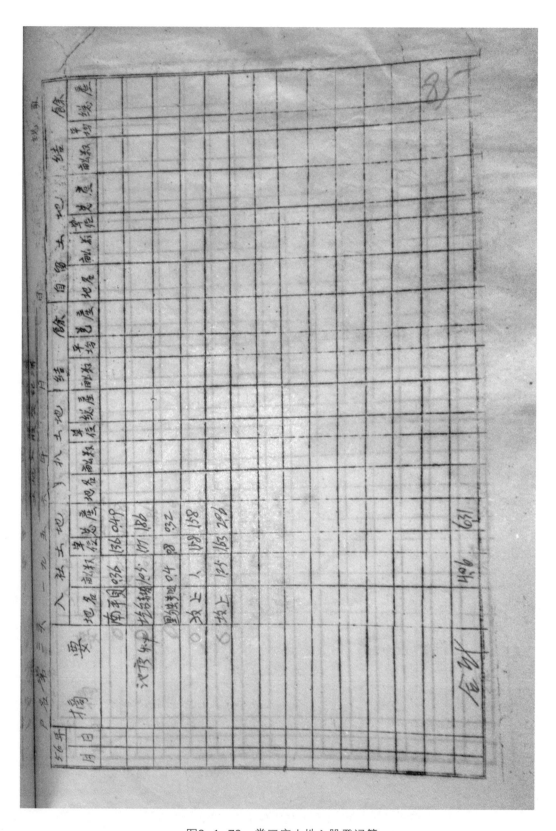

图2-1-72 常三庆土地入股登记簿

（二）2004年西沟集体土地所有证

图2-2-1　西沟集体土地所有证 封面（2004年9月）

平——集有（2004）字第2520101 号

集体土地所有证

中华人民共和国国土资源部制

N⁰ 010167089

图2-2-2　西沟集体土地所有证一

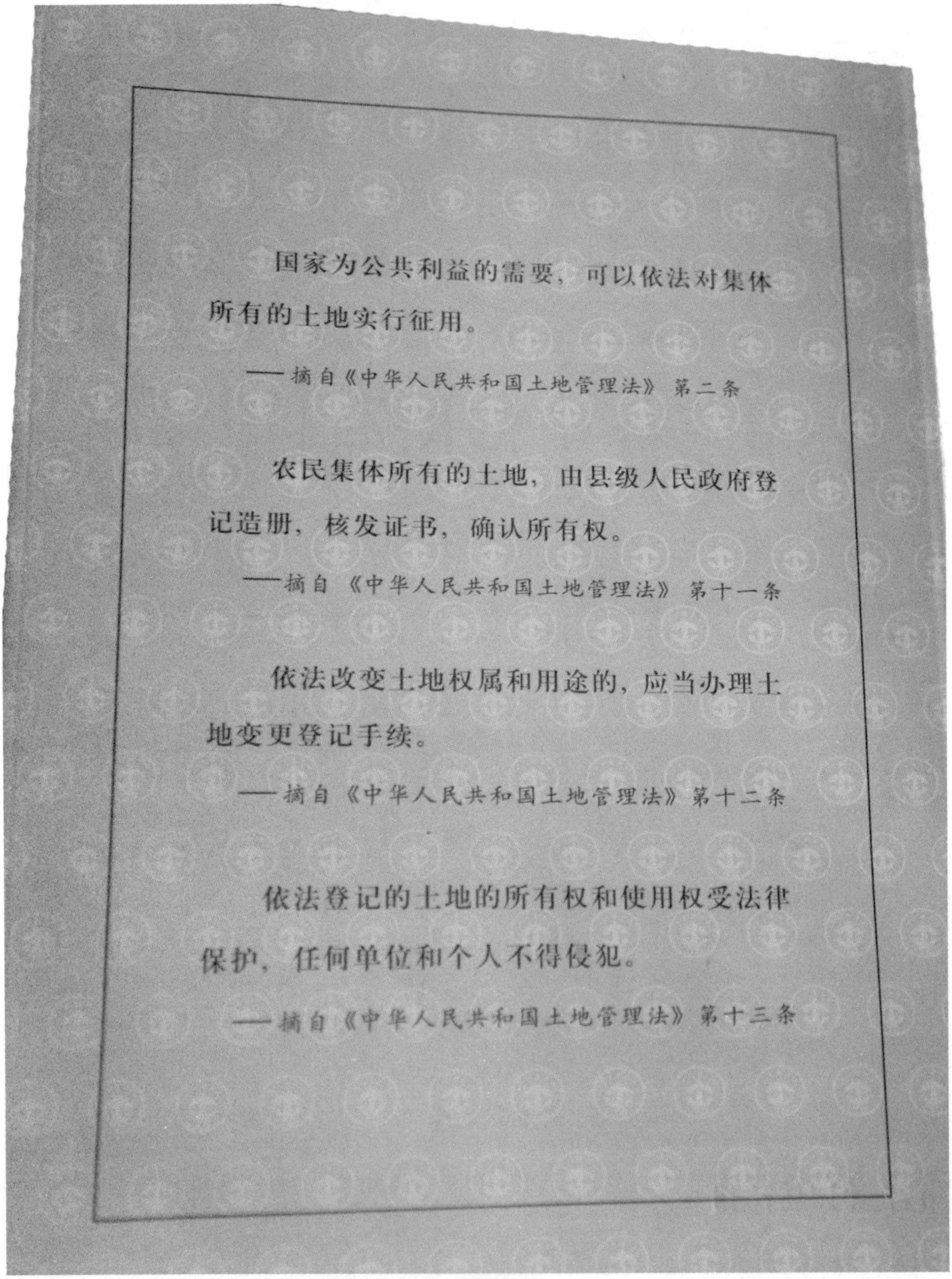

国家为公共利益的需要，可以依法对集体所有的土地实行征用。

  ——摘自《中华人民共和国土地管理法》第二条

农民集体所有的土地，由县级人民政府登记造册，核发证书，确认所有权。

  ——摘自《中华人民共和国土地管理法》第十一条

依法改变土地权属和用途的，应当办理土地变更登记手续。

  ——摘自《中华人民共和国土地管理法》第十二条

依法登记的土地的所有权和使用权受法律保护，任何单位和个人不得侵犯。

  ——摘自《中华人民共和国土地管理法》第十三条

图2-2-3　西沟集体土地所有证二

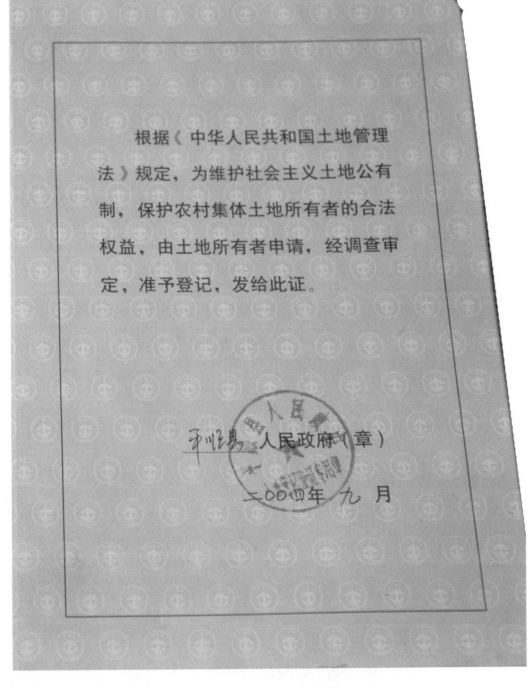

根据《中华人民共和国土地管理法》规定，为维护社会主义土地公有制，保护农村集体土地所有者的合法权益，由土地所有者申请，经调查审定，准予登记，发给此证。

平顺县 人民政府（章）

二OO四年 九 月

图2-2-4 西沟集体土地所有证三

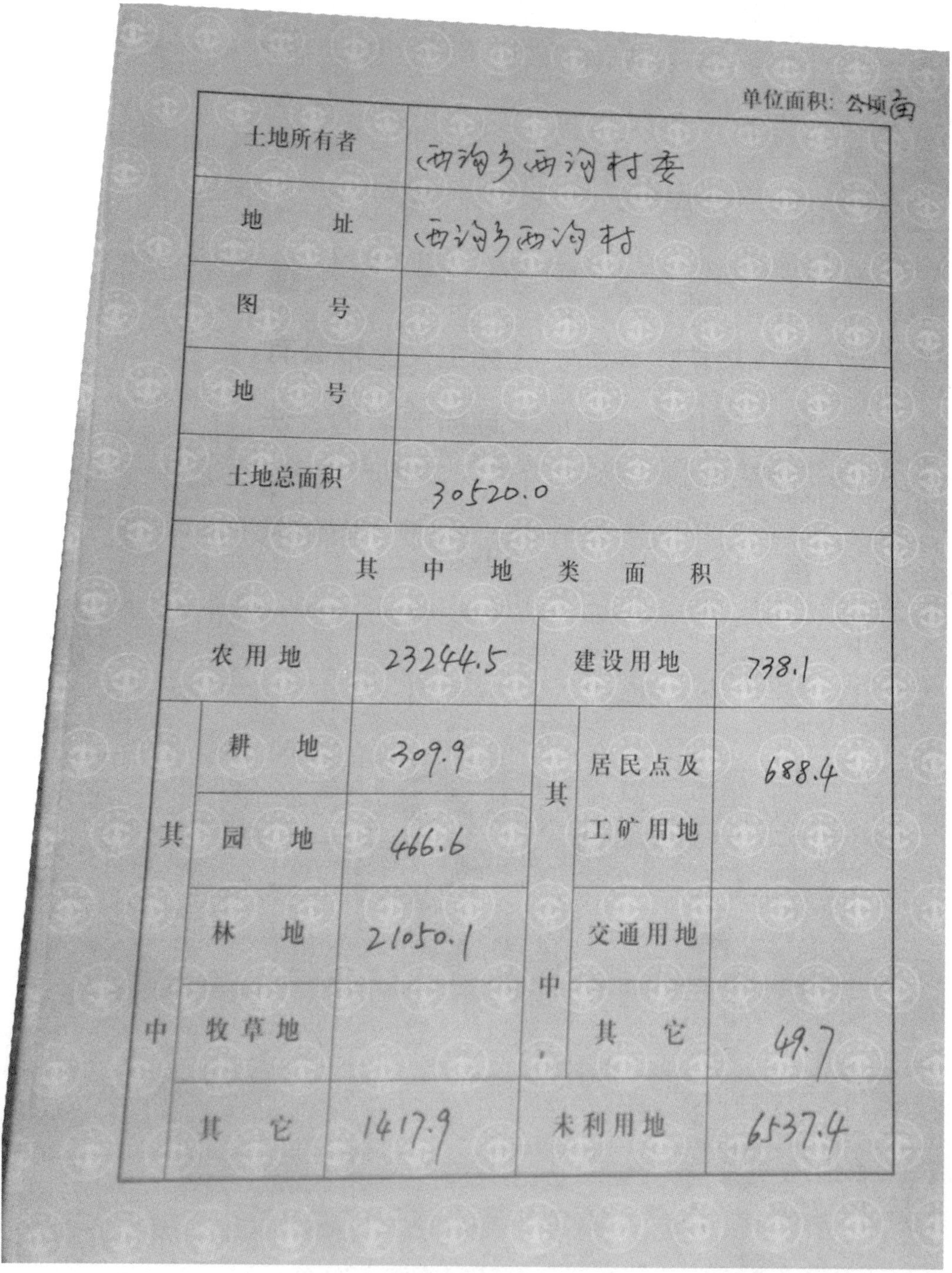

単位面積：公顷

土地所有者	西沟乡西沟村委		
地　　址	西沟乡西沟村		
图　　号			
地　　号			
土地总面积	30520.0		
其　中　地　类　面　积			
农用地	23244.5	建设用地	738.1
其中	耕　地	309.9	其中	居民点及工矿用地	688.4
	园　地	466.6			
	林　地	21050.1		交通用地	
	牧草地			其　它	49.7
	其　它	1417.9	未利用地	6537.4

图2-2-5　西沟集体土地所有证表一

430

四 至	东邻：寺头乡丝底村、常犯村
	西邻：城关镇骆家口村、西北岁村
	南邻：西沟乡东坡村、石匣村
	北邻：西沟乡流泉沟村、川底村
备　注：	
填 证 机 关	准予发证（章）　2004年9月7日

图2-2-6　西沟集体土地所有证表二

431

图2-2-7　西沟集体土地所有证表三

三、宅基地花名单

山西省平顺县西沟乡西沟村民委员会

西沟村宅基地花名单

图3-1　西沟村宅基地花名单

433

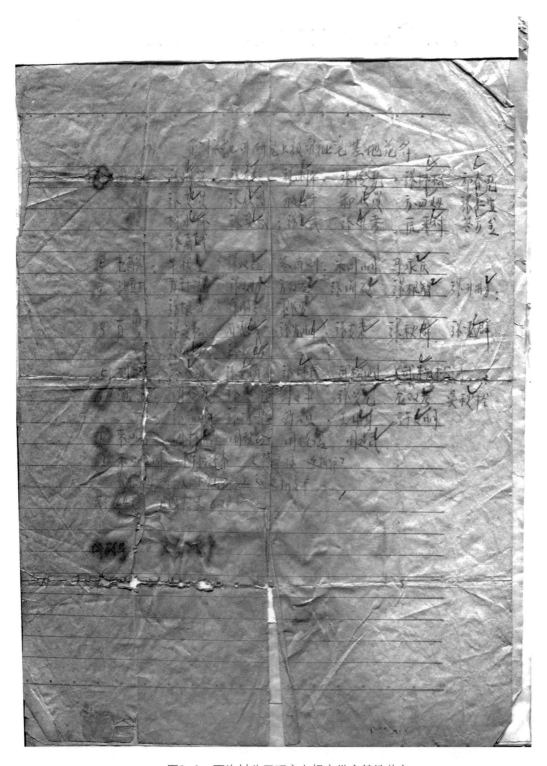

图3-2　西沟村公开研究上报审批宅基地花名

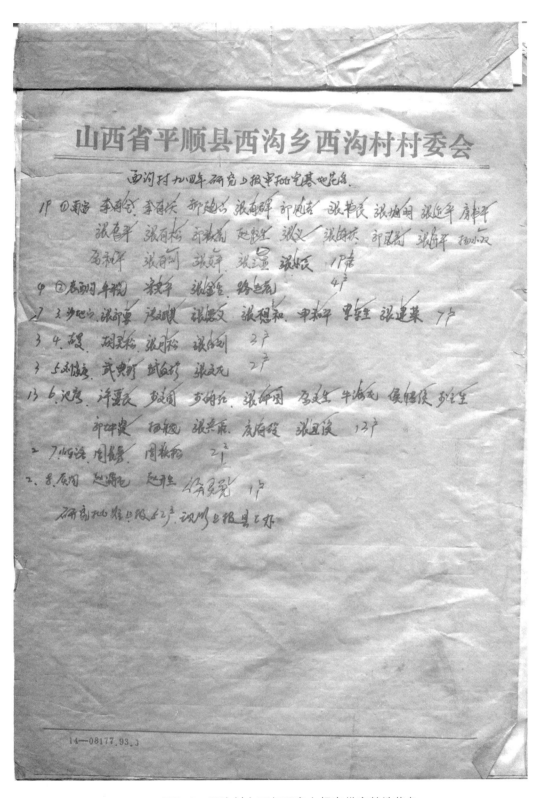

图3-3 西沟村九四年研究上报审批宅基地花名

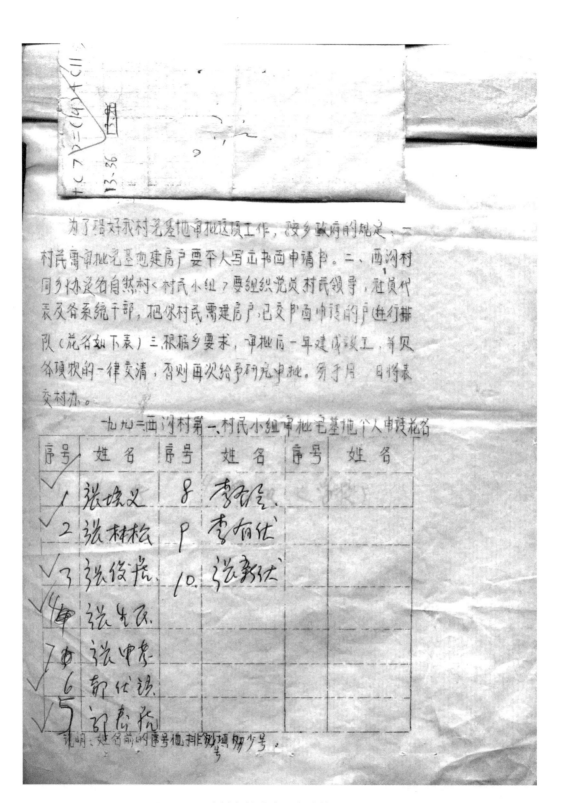

图3-4　西沟村宅基地个人申请花名一（1992年）

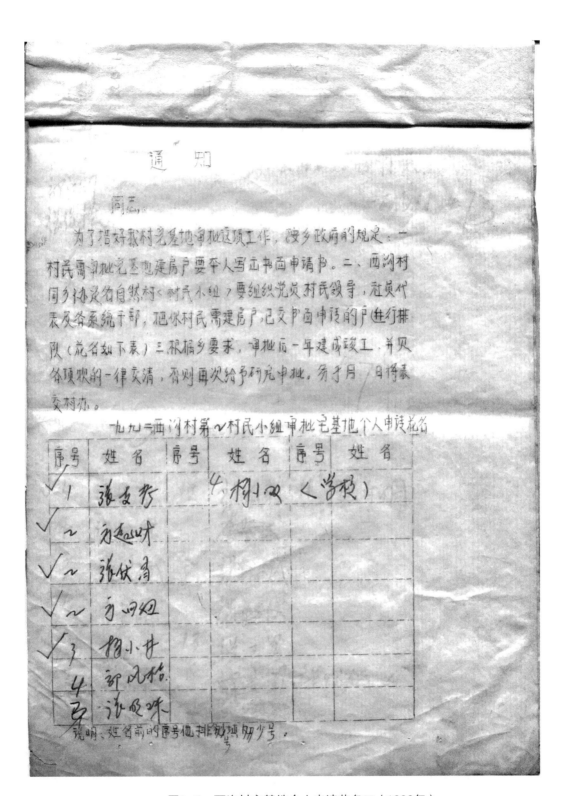

通　知

同志：

为了搞好我村宅基地审批这项工作，按乡政府的规定：一、村民需审批宅基地建房户要本人写立书面申请书。二、西沟村同乡协议各自然村（村民小组）要组织党员村民领导，社员代表及各系统干部，把你村民需建房户己交申面申请的户进行排队（花名如下表）三、根据乡要求，审批后一年建成竣工，并凡各项款的一律交清，否则再次给予补允申批。务于月　日将表交村亦。

一九九二西沟村第二村民小组审批宅基地个人申请花名

序号	姓名	序号	姓名	序号	姓名
✓1	张玉茅	4	杨小四（学校）		
✓2	方连财				
✓2	张伏秀				
✓2	方四红				
✓3	杨小廿				
4	郑风格				
5	汝风味				

说明：姓名前的序号他排规号多少号。

图3-5　西沟村宅基地个人申请花名二（1992年）

437

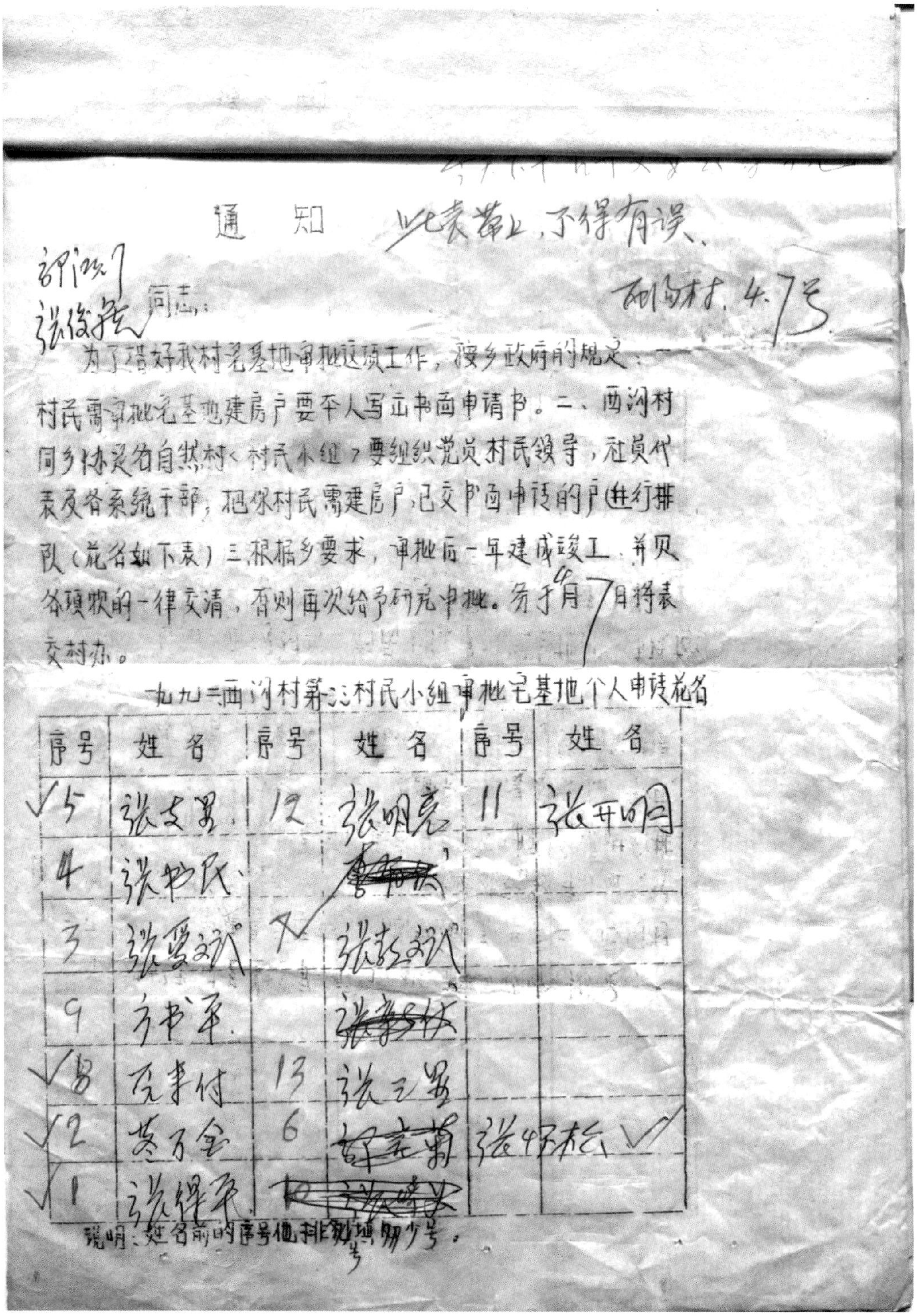

通 知　　此表带上，不得有误。

部政乡
张俊松　同志：　　　　　　　　　　西沟村8.4.7王

　　为了搞好我村宅基地审批这项工作，按乡政府的规定：一、村民需审批宅基地建房户要本人写亲书面申请户。二、西沟村同乡协灵各自然村（村民小组）要组织党员村民领导，社员代表及各系统干部，把你村民需建房户，已交呈面申请的户进行排队（花名如下表）三根据乡要求，审批后一年建成竣工，并见各项救的一律交清，否则再次给予补充申批。务于4月7日将表交村办。

一九九二西沟村第三村民小组审批宅基地个人申请花名

序号	姓名	序号	姓名	序号	姓名
√5	张文果	12	张明亮	11	张开明
4	张也民		~~李~~		
3	张要文	7	张起文		
9	于书平		张学长		
√8	互丰付	13	张玉果		
√2	苏万金	6	苦克菊		张邓松 √
√1	张得乐				

说明：姓名前的序号他排到别的少号。

图3-6　西沟村宅基地个人申请花名三（1992年）

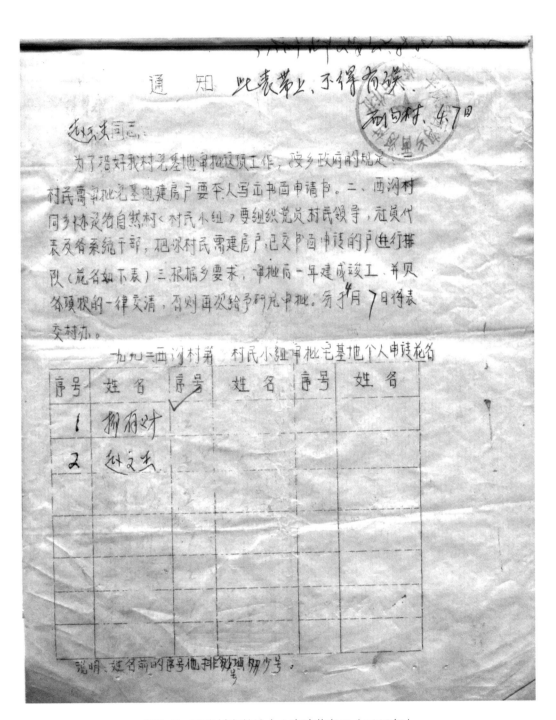

图3-7 西沟村宅基地个人申请花名四（1992年）

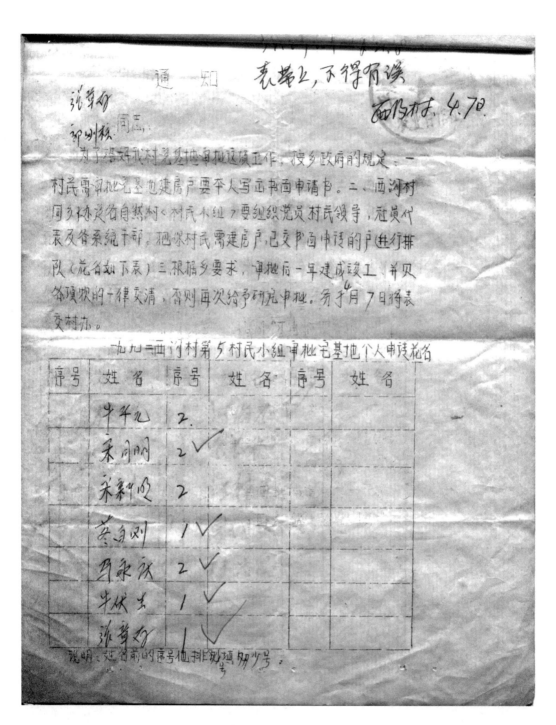

图3-8　西沟村宅基地个人申请花名五（1992年）

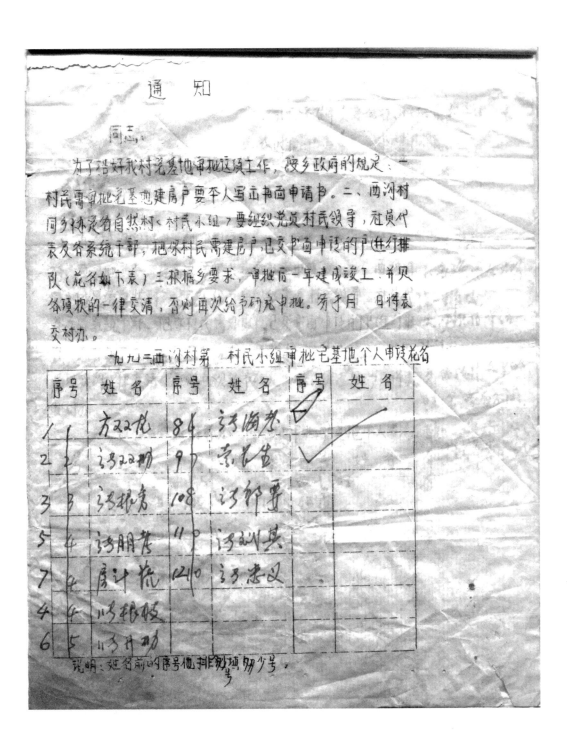

图3-9　西沟村宅基地个人申请花名六（1992年）

441

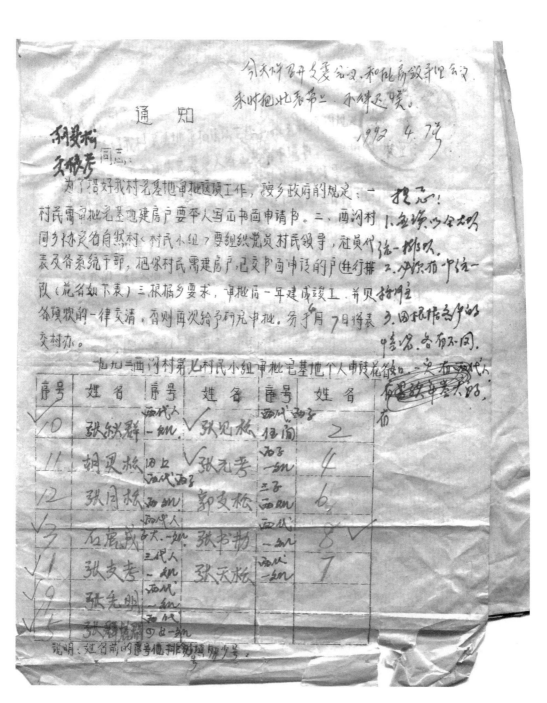

图3-10　西沟村宅基地个人申请花名七（1992年）

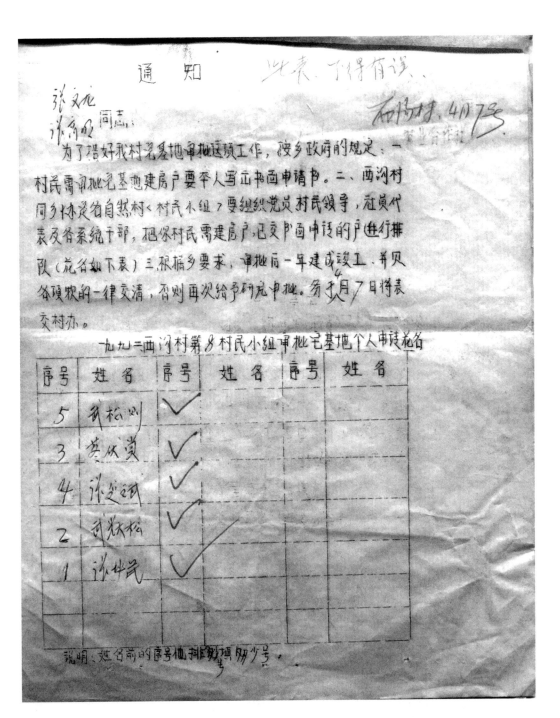

通　知　　此表 下得有误

张义姫
诉赤吧 同志：

为了搞好我村宅基地审批遗颁工作，按乡政府的规定：一、村民需用批宅基地建房户要本人写止书面申请户。二、西沟村同乡体发省自然村＜村民小组＞要继续党员村民领导，社员代表及各系统干部，把你村民需建房户，已交户面申请的户进行排队（花名如下表）三、根据乡要求，审批后一年建成竣工，并见各项欺的一律交清，否则再次给予研究申批。务于月7日将表交村办。

一九九二西沟村第8村民小组审批宅基地个人申请花名

序号	姓名	序号	姓名	序号	姓名
5	武松刚	✓			
3	黄伏莫	✓			
4	诉足试	✓			
2	武乐松	✓			
1	诉业民	✓			

说明：姓名前的序号他拥别增别少号。

图3-11　西沟村宅基地个人申请花名八（1992年）

443

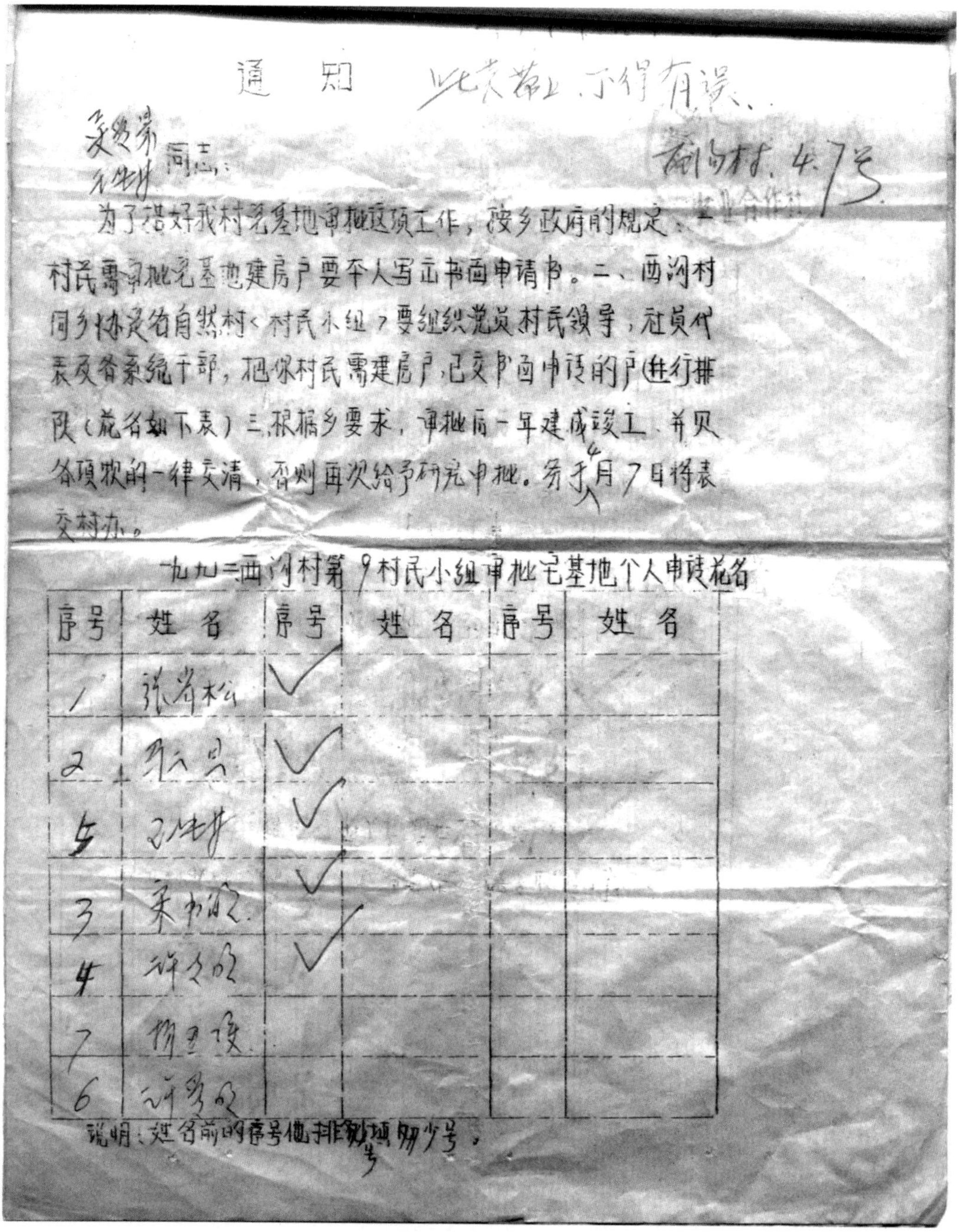

致＿＿＿＿
＿＿＿＿同志：

　　为了搞好我村宅基地审批这项工作，按乡政府的规定，村民需申批宅基地建房户要本人写立书面申请书。二、西沟村同乡协定各自然村（村民小组）要组织党员村民领导，社员代表及省系统干部，把你村民需建房户，已交书面申请的户（进行排队（花名如下表）三、根据乡要求，审批后一年建成竣工，并贝各项欠的一律交清，否则再次给予研究申批。务于月7日将表交村办。

一九九三西沟村第9村民小组审批宅基地个人申请花名

序号	姓名	序号	姓名	序号	姓名
1	张岭松	✓			
2	张吕	✓			
5	张建井	✓			
3	采中欣	✓			
4	许久明				
7	杨玉波				
6	许少民				

说明：姓名前的序号他排别顺别少号。

图3-12　西沟村宅基地个人申请花名九（1992年）

444

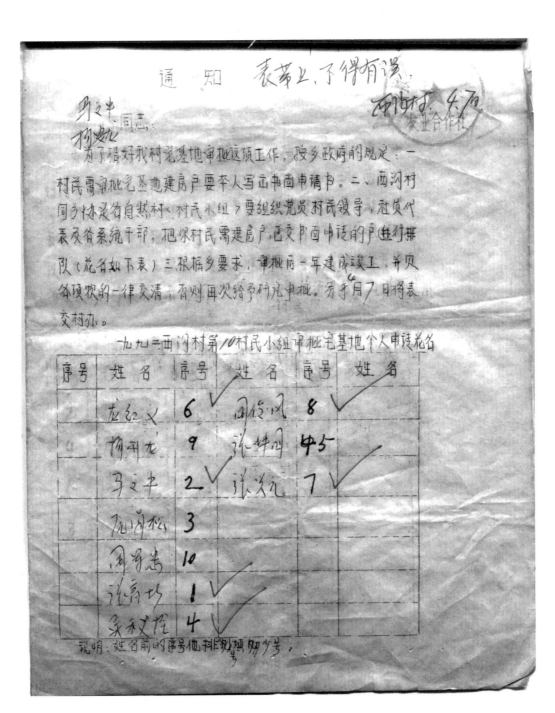

通　知　表苐上，不得有误.

马之中，同志：
杨妯，

　　为了搞好我村宅基地审批返顶工作，按乡政府的规定：一、村民需审批宅基地建房户要本人写正书面申请书。二、西沟村同乡协定省自然村〈村民小组〉要组织党员村民领导，社员代表及省系统干部，把保村民需建房户已交邦面申请的户进行排队（花名如下表）三、根据乡要求，审批同一年建成竣工，并凡备顶欠的一律交清，否则再次给予码花申批。务于月7日将表交村办。

一九九二西沟村第10村民小组审批宅基地个人申请花名

序号	姓名	序号	姓名	序号	姓名
	龙红义	6	同传风	8	
	杨再龙	9	张维同	中5	
	马之中	2	张凡	7	
	龙沟松	3			
	周哥吉	10			
	张商巧	1			
	采秋文陸	4			

说明、姓名前的序号他料划规别少号.

图3-13　西沟村宅基地个人申请花名十（1992年）

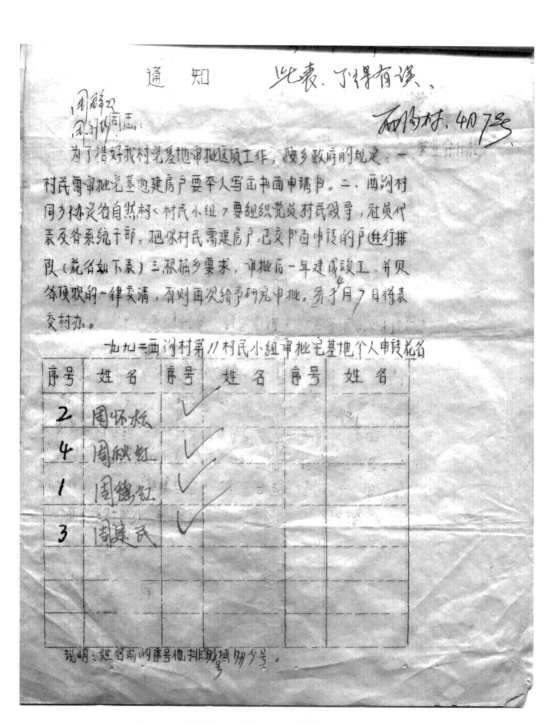

通　知　　此表、不得有误、

国群、同志：
国时珍

西沟村、4月7号

为了搞好我村宅基地审批过渡工作，接乡政府的规定。一、村民需审批宅基地建房户要本人写立书面申请书。二、西沟村同乡协灵名自然村（村民小组）要组织党员村民领导，社员代表及各系统干部，把你村民需建房户已交书面申请的户进行排队（花名如下表）三根据乡要求，审批后一年建成竣工，并贝各项款的一律交清，否则再次给予研究审批。务于月7日将表交村办。

一九九二西沟村第11村民小组审批宅基地个人申请花名

序号	姓名	序号	姓名	序号	姓名
2	国怀林				
4	国秋红				
1	国德红				
3	国建民				

说明：姓名前的序号他排别项别少号。

图3-14　西沟村宅基地个人申请花名十一（1992年）

446

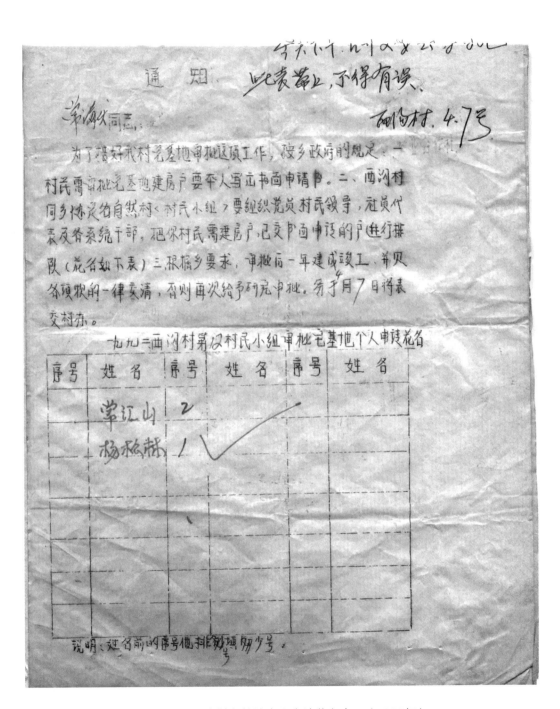

图3-15　西沟村宅基地个人申请花名十二（1992年）